检察技术与信息化系列教材

总主编 张雪樵 执行主编 赵志刚

科技强检人才讲演录

KEJI QIANGJIAN RENCAI JIANGYANLU

检察大数据

JIANCHA DASHUJU

赵志刚　刘品新　缪存孟　许榕生
邹锦沛　张　璇　窦志成　李　振
高　峰　郑小玲　江　星　童庆庆
闫仲毅　唐万辉　陈　焰　蔡　欣
陈景春　秦志超　/ 著

中国检察出版社

《检察技术与信息化系列教材》编委会

总 主 编： 张雪樵

执行主编： 赵志刚

委　　员：（按姓氏笔画排序）

王桂强　冯　新　刘　力　刘宝旭

刘建伟　刘　勇　刘品新　朱修阳

江一山　严厚甫　张向阳　张春霞

时　磊　李运策　李学军　周颂东

幸　生　姚　郑　贺德银　钟福雄

秦仲学　聂　宏　贾茂林　黄　华

程剑峰　缪存孟

总　序

2017年是全面深化改革的关键一年，是全面深化司法体制改革决战之年。在全面推进依法治国、全面深化改革的当下，在人民群众对公平正义的追求越来越迫切的今天，《检察技术与信息化系列教材》得以陆续出版，对于全面推进科技引领检察工作现代化，是一件很有意义的事情。

科技与法治，对当代中国而言，非常重要。实现中华民族伟大复兴是当前中华民族最伟大的梦想，习近平总书记指出"科技兴则民族兴，科技强则民族强"，科技越来越成为经济社会发展的主要力量。最近，习近平总书记又对司法体制改革作出重要指示，强调"把深化司法体制改革和现代科技应用结合起来，不断完善和发展中国特色社会主义司法制度"。检察技术信息工作的功能已非同日而语，随之，相应的教育培训、规范运用也日趋重要。《检察技术与信息化系列教材》不仅是研究交叉学科，更是探索科技与检察工作如何在实践中深度融合。科学有着对真理的求索，法治有着对公正的追求，这是科技与法治在价值上的契合；科技与法治都需要高度的客观理性，一个要符合自然规律，一个要符合社会规律，这是科技与法治在思维上的吻合。同时，科技与法治的差异也十分明显，联系是融合的基础，差异是碰撞出火花的前提。正是这种联系与差异，使得科技进步能够引领法治的进步，使得科技化可以促进检察工作的现代化。

为此，在世纪之初，最高人民检察院提出科技强检战略，编制这套教材也旨在通过科技手段加强检察工作。近年来，科技工作在检察工作中的战略性、基础性地位日益突出，核心战斗力作用得到充分发挥。最高人民检察院连续编制两个五年的科技强检规划，连续三年召开电子检务工程推进会,将科技强检战略摆到了前所未有的高度。曹建明检察长在第十四次全国检察工作会议和刚刚结束的大检察官研讨班上多次提到科技强检相关工作,要求在规划中重视、在实施中重视、在运用中重视,可以说重视程度是空前的。科学技术在检察机关应用的深度和广度不断提高,现代科技逐步融入各项检察工作,检察人员运用科技的意识和能力逐步加强,科技手段在强化司法办案、深化检务公开、提升司法公信力中的作用凸显。随着科技的进步,尤其是社会信息化的深入发展,以数字化、网络化、智能化为主要特征的创新浪潮席卷全球,新一代科学技术正在深刻改变着经济社会的发展模式和人民群众的生产生活方式,同时也对司法实践产生巨大影响,对旧有的证据规则、办案模式、公开方式等方方面面产生了巨大的冲击。指纹技术从发现到用诸于司法实践间隔了上千年,遗传理论从诞生到基因鉴定作为诉讼证据间隔了上百年,但计算机从诞生到信息化成果应用于检察办公办案,只用了几十年,由此可见科技发展之迅猛。

科学技术的进步会带动检察工作的进步,然而科学技术的进步,并不能自动地转化为检察工作的进步。科技强检战略的实施,不仅仅需要科技基础,更需要发挥主观能动性,需要全体检察工作者共同努力,实现科技与检察工作的融合。

《检察技术与信息化系列教材》在编制过程中格外重视科技与检察工作的结合,紧跟科技前沿发展,又深入探索思考科技在检察工作中的现实应用,这是这套教材的主旨所在、价值之处。整个系列可以分为三类:

一是偏重自然科学的研究,是整套教材的基础。检察技术与信息化发展的根本动力是科学技术的发展。这类教材站在了时代前沿,紧跟科技潮流,为新技术转化为司法成果作好准备,在科技应用于检察工作之前,将科学原理弄清楚、搞明白,指导实践,帮助读者在应用的各个环节,遵循自然科学的规律。

二是制度理论探索,是整套教材的核心。这类教材着重在科技应用层面上做功课、下工夫,强调科技与检察的深度融合,这也是检察技术与信息化工作的重点。当前，司法责任制改革、以审判为中心的诉讼制度改革，为科技应用提出了丰富复杂的应用场景和要求，相关配套措施的出台急需要制度层面的设计，也需要科技应用层面的创新。我们如何应用、消化丰富的科技资源，为检察工作提供科技支撑，值得我们每一位检察工作者深思。

三是对实务操作规范加以摸索，是整套教材的关键。只有当个人经验超脱平面，建立起有效连接，在体系中积累，在碰撞中比较，在争鸣中发展，经实践反复检验才能逐渐形成共识，不仅实务类的教材具有这样的特点，整套教材都源于实践，臻于实践，尤其是有大量宝贵的基层实践经验。这类教材几乎涵盖了检察技术与信息化的各个门类的实践经验，无论是从事法医、文检、司法会计、心理测试、同步录音录像，还是项目管理、视频系统、运维保障等，相信都能从中得到有益借鉴。

总的来说，《检察技术与信息化系列教材》，紧紧围绕科技强检这一主题，紧密联系检察工作实际，既有实务又有理论，既接地气又有高度，相信这一系列教材一定能发挥出指导学习方向，交流先进经验，探索重大理论的作用，与各位读者共同促进科技强检工作的进一步发展。丛书虽为教材，但一定还有纰漏之处需要完善，所幸教学相长，希望每位读者能够不吝意见，与编委会多多交流，同时也祝愿每位读者能够与《检察技术与信息化系列教材》一道，共同进步，共同成长。

最后我个人有一点期许，我希望能够借《检察技术与信息化系列教材》出版这一契机，不仅仅使得科技工作与检察工作深度融合，更使得科技思维与法治思维能够相得益彰，使得这种复合思维不仅在检察工作、司法工作中得以应用，也在公众之间广泛传播。

2017 年 9 月 1 日

序一：检察技术工作发展的关键词

2017年9月，最高人民检察院召开了检察技术工作发展座谈会，邀请了9个省级院的分管检察长和技术部门主要负责同志参加，共同讨论和谋划在当前背景下检察技术工作的发展问题。检察技术究竟该如何再出发？我在跟大家交流检察技术工作发展的有关问题时，总结为三个关键词：势、道、术。

一、检察技术工作的"势"

（一）"四项改革"叠加，机遇与挑战并存

1.司法体制改革。党的十八届四中全会掀开了全面推进依法治国的进程。2016年10月10日，"两高三部"联合印发了《关于推进以审判为中心的刑事诉讼制度改革的意见》，强调推进以审判为中心的刑事诉讼制度改革，全面贯彻证据裁判规则。落实"证据裁判规则"，就是强调公检法三机关在侦查取证、证据审查判断、法庭质证采信等环节，都要围绕证据开展。证据的收集、审查、判断，也就成为刑事诉讼的核心。检察技术部门承担着协助办案部门解决案件中专门性问题的专业职责，比如，勘验检查、技术性证据审查、检验鉴定等技术办案工作，这都是经过若干年来的发展，检察技术部门比较稳定的业务。从2014~2017年的情况来看，全国检察技术部门技术性证据审查的案件数量，每年保持在70000件左右（2014年74000件、2015年70000件、2016年69000件），相对比较平稳。司法鉴定的案件数量，已呈现下降趋势（2014年20000件、2015年16500件、2016年14800件）。以审判为中心的诉讼制度改革，将促使检察机关必须更加全面、客观、严格地审查证据，检察办案

部门对专门性问题的需求会逐渐上升，这将给检察技术的发展带来更大的新机遇。

2. 监察体制改革。国家监察体制改革是事关全局的重大政治体制改革，体现了中央全面从严治党、全面依法治国的决心。深化国家监察体制改革的总目标是建立党统一领导下的国家反腐败工作机构。现如今，检察机关的反贪污贿赂、反渎职侵权、职务犯罪预防等部门整体转隶。此项改革对检察技术工作带来一定冲击。长期以来，我们的司法会计、电子证据、文检等专业技术门类，主要围绕侦查办案服务并发挥了巨大作用。值此改革的背景下，如何实现相关专业的转型与发展，需要我们去思考和探索。

3. 健全统一司法鉴定管理体制改革。2017年中央深改组审议通过了《关于健全统一司法鉴定管理体制的实施意见》。这项改革是由司法部牵头，全国人大法工委、"两高"、公安部、国家安全部等部门共同参与，专门针对司法鉴定管理体制的一项改革，涉及的面比较宽。在各方充分讨论和酝酿下，检察机关、公安机关的司法鉴定机构仍坚持行业管理与备案登记相结合。此外，技术性证据审查工作得以在文件中予以列明。这是我们开展技术性证据审查工作的最权威、最直接、最明确的权力来源。

4. 专业技术类公务员改革。2016年7月，中央出台了《专业技术类公务员管理规定（试行）》，积极推进专业技术类公务员，建立专业技术类公务员职务序列。检察技术信息研究中心在充分调研的基础上，2017年5月向政治部提交了《关于成立检察系统专业技术任职资格评审委员会和专业技术职称评审委员会的报告》。依照《专业技术类公务员管理规定（试行）》《关于深化职称制度改革的意见》等文件规定，积极推动建立专业技术类公务员岗位任职资格评审制度，激励专业技术人才职业发展，加强专业技术人才队伍建设。

（二）科技发展日新月异，检察技术要积极拥抱新时代

从计算机技术、网络技术、信息技术一路走来，随着互联网时

代的到来，又产生了云计算、大数据和人工智能，科技的发展让人应接不暇，却又切切实实地改变着人类的生产生活方式。中央政法委领导同志在司法体制改革推进会上指出，大数据、人工智能新时代给司法体制改革带来了广阔的发展前景，为我们探索司法运行新模式、提升司法质量效率和公信力提供了有力支撑。要积极主动拥抱大数据、人工智能新时代，把理念思路提升、体制机制创新、现代科技应用和法律制度完善结合起来。最高人民检察院领导在大检察官研讨班上也指出，要进一步提高站位和前瞻性，顺势而为，深入研究如何运用大数据、人工智能等技术，充分发挥现代科技对证据收集和审查的指引规范功能。

（三）检察业务对检察技术的需求在重塑，检察技术亟须更上一层楼

随着叠加式改革的影响，自侦转隶，公益诉讼制度确立，司法责任制推进，检察机关的职能定位也在发生变化。加强检察监督、回归监督主业，成为全体检察人员共同的理性呼声。就当前我们了解的情况来看，公诉环节对各类新型案件的处理、公益诉讼案件中相关证据的采集、固定，等等，对检察技术的需求不是减少，恰恰相反，比以前要多得多，当然要求也会高得多。

侵犯公民信息案件中，虽然有了司法解释，但是信息的真实性怎么判断？互联网传销案件中，大量的层级和人员信息都是后台一条条的记录，这些记录能否被认定为自然人？网络和电信诈骗案件中，几十万受害者分布在全国各地，诉讼中如何解决"被害人陈述"的问题，如何计算涉案金额的问题？这都是司法实践中对技术的刚性需求，如果不能运用"法律＋技术"的思维予以应对，办理这些新型的案件，将遭遇很大的障碍。

（四）检察技术队伍建设面临严峻考验

随着司法体制改革的推进，检察技术部门被确定为综合保障部门。检察技术人员被明确为检察辅助人员，既无法进入员额，又不

能走行政职级，造成了部分技术人员流失到其他部门。这个趋势在不少地区仍然存在。

二、检察技术工作的"道"

"道"是什么？是规律，是本质。推动检察技术工作深入发展，要准确把握检察技术工作的"道"是什么。我认为，检察技术工作的"道"，就是要准确把握检察技术工作的定位。

（一）检察技术工作必须围绕检察工作大局发挥职能

各级检察技术部门要进一步强化认识，紧紧围绕检察工作大局开展各项工作。积极发挥部门优势，为充分发挥检察监督职能，着力提升检察监督实效作出贡献。这是检察技术工作的出发点和落脚点。

（二）检察技术必须贴近办案

检察技术是具有明显司法属性的专门工作，这也决定了检察技术工作必须紧密结合办案需求，通过办案实现检察技术工作和检察技术人员的价值追求。同时，也希望大家不要机械地看待"办案"，一定要创新支持办案的方式，提高案件中技术的参与度和融合度。要善于在"辅助"中挖掘办案需求，在"旁路"中实现价值提升。

（三）检察技术队伍必须提高解决问题的能力

专业技术能力是检察技术的"硬实力"，也是检察技术人员的立身之本。检察技术工作门类多、要求高，很多都是在诉讼中亟待解决的关键性问题。特别是在当今信息时代，案件中涉及的专门性问题越来越多，技术与法律、实务交织在一起，极大地困扰着办案人员，能不能解决这些问题，对检察技术人员提出了严峻的考验。

三、检察技术工作的"术"

认清"势"，掌握"道"，我们要怎么干？这便是"术"。面对叠加式改革带来的变化，既有红利，也有冲击。最高人民检察院、省级院、地市级院和基层院检察技术部门，要立足本级实际，正确理解改革，积攒新动力，积极谋作为，找准检察技术工作发展的目标和方向。

（一）全面推进检察机关技术性证据审查工作

以审判为中心的刑事诉讼制度改革以及司法责任制改革，客观上对证据审查判断提出了严格的要求和责任追究制度。这是推动检察机关开展技术性证据审查工作的积极因素，要把握历史时机，发挥职能优势，推动建立完善技术性证据审查制度，充分体现检察技术的司法业务属性。

上海市检察院通过外挂式方式研发"网上法医文证审查工作协同系统"。据统计，2016年上海全年受理公诉案件涉及的罪名中，寻衅滋事、故意伤害、妨害公务分别排在第三、五、六位，法医文证审查工作量较大，日均审查量达35份左右，工作量相比之前以委托审查为主的模式激增7倍。2017年以来（截至8月18日），共审查案件3751件6248份，发现条件采信35件，意见错误22件。[①]

通过实施证据审查，上海市院检察技术部门甚至发现这样一个现象，同一个鉴定人短短的3个月内，居然出现在8个鉴定机构。这个现象的发现，正是大数据运用的效果。通过实施技术性证据审查全覆盖，更多难以预想的高风险现象，都能够甄别和发现。

（二）稳步推进检察机关司法鉴定工作

随着国家监察体制改革的完成，检察机关开展司法鉴定工作受到一定程度影响。但这种影响并不大，从近两年数据统计来看，公诉部门委托的案件数量同比上升。各级检察机关要按照中央关于健

---

① 他们的审查结果分为直接采用、条件采信和意见错误。直接采用，是指送审材料完整、真实，鉴定时机恰当，鉴定方法科学并具有复现性，分析说明合理、充分，引用标准符合行业规定，鉴定意见正确，文字表述规范；条件采信，是指鉴定意见虽然正确，但存在分析说理不完整或者不完全正确或者不充分，或者鉴定方法不科学，无复现性，或者遗漏鉴定，或者文字表述不规范等瑕疵的鉴定；意见错误，是指由于鉴定机构或鉴定人资格缺陷，或者检验鉴定书不完整、不真实，或者鉴定方法错误，或者分析说明不符合医学逻辑，不符合鉴定标准的规定，或者其他明显违反司法鉴定规则的情形。

全统一司法鉴定管理体制有关要求，做好制度衔接，稳步推进司法鉴定工作。

（三）积极探索检察技术支持行政类公益诉讼、民事公益诉讼的手段和途径

十二届全国人大常委会第二十八次会议正式授权检察机关建立公益诉讼制度。但在具体的案件办理、线索收集、证据固定、司法鉴定、出庭示证质证等环节，公益诉讼部门还存在经验、力量、人员等不足的问题，要充分发挥检察技术部门的职能和技术优势，通过完善机制、强化协作等方式，积极探索检察技术支持行政类公益诉讼、民事公益诉讼的手段和途径。

2017年北京市检察机关领导参观访问了最高人民检察院检察技术信息研究中心。承担北京地区公益诉讼调查任务的第四分院副检察长就问到一个问题："检察机关能不能开展环境损害方面的调查和鉴定？"这都对检察技术工作提出了非常刚性的需求。

（四）创新诉讼监督中检察技术的工作方式

在审查逮捕、立案监督、侦查监督等工作中，通过检察技术的角度切入个案，加强对侦查机关侦查行为的引导和监督。

北京市检察机关积极适应司法体制改革，创新对办案的支撑方式。比如，心理测试作为一种科学技术手段，虽然不是法定的证据种类，但在甄别言词证据，增强案件承办人内心确认方面，有着独特的优势。2016年12月底，北京检察技术部门举办了面向业务部门的心理测试培训班，应用心理测试辅助办理的公诉案件数量大幅增加，涉及案件类型广泛，取得了良好的效果。

此外，在电信网络诈骗犯罪、侵犯知识产权、涉众型经济犯罪等类型案件中，北京市院经济犯罪检察部和检察技术部下发《在涉电子数据的专业类型案件中开展同步专业辅助审查工作的通知》，探索建立同步专业辅助审查技术人员信息库。

以"嘀嘀打车"为例，想打车的人把需求在平台上发出来，有车的人在平台上寻求合适的乘客。最近，为了有效解决"案件需求与技术资源的矛盾"，广东省检察机关正在探索利用"嘀嘀打车"的模式。省院构造一个平台，各地市基层院把对于技术的需求（特别是司法鉴定、技术性证据审查等），发到平台上，各个检察院的技术部门结合自身的优势，可以在平台上"抢单"。省院配套制定一定的激励手段。这是一种"智慧"意义上的"资源共享"。

（五）扎实推动检察机关科研工作

充分利用"两高一部"等平台，组织好检察机关基础科研课题研究工作。落实检察机关"十三五"科技强检战略规划，鼓励和支持各地探索大数据、人工智能等新技术应用。实事求是，务求实效。

上海市检察机关正在实施的"206"工程、贵州检察机关的大数据应用都取得了不错效果；安徽检察机关"远程提审、智能语音、检务语音输入、智能会议"等；江苏省院正在探索的办案辅助机器人，这些都是检察技术与现代科技相结合，充分运用现代科技辅助检察办案的有效尝试。

（六）积极推动建立专业技术类公务员岗位任职资格评审制度

检察技术信息研究中心在充分调研的基础上，2017年5月向政治部提交了《关于成立检察系统专业技术任职资格评审委员会和专业技术职称评审委员会的报告》。依照《专业技术类公务员管理规定（试行）》《关于深化职称制度改革的意见》等文件规定，积极推动建立专业技术类公务员岗位任职资格评审制度，激励专业技术人才职业发展，加强专业技术人才队伍建设。此项工作正在进一步推动中。

三十年来，检察技术拥抱过辉煌，经历过低谷，但在履行打击犯罪和法律监督的职责中，始终坚守着自己的位置，不断寻求突破。只要大家同力同心，拿出逢山开路的冲劲、闯劲和拼劲，不松气、不泄气，憋足一口气，检察技术未来可期！

赵志刚

2018年2月26日于北京

序二：科技强检　重在人才

"21世纪什么最贵？人才！"受电影《天下无贼》经典台词的影响，我一向看重人才推进事业发展的独特价值。自2016年5月，我挂任最高人民检察院检察技术信息研究中心的副主任，这是以法学教授身份锻炼于最高司法机关科技部门的全国首例。我得以领略一片独特的风景，亦强烈感受到人才之于战略的基石地位。当然，这里说的人才，准确地说是检察科技人才——不是像检察官那样的法律专业人才，而是更专业"范儿"的理工科专业人才。[①]

科技强检是全国检察机关的一项重要战略。它的部署至少可以追溯到2000年。当年最高人民检察院发布《关于在大中城市加快科技强检步伐的决定》，指出"科学技术是第一生产力。向科技要战斗力，依靠检察科技进步和提高检察干警素质，是今后检察工作的重要发展方向"。那么，如何做到以科学技术推动检察工作创新发展？这不可能离开检察科技人才队伍。

一、检察系统有多少优秀的科技人才

泛泛地回答，数字是明确的。我听到的工作汇报是，仅就检察技术信息化条线而言，全国有电子数据、法医、文书、理化及司法会计等类别的鉴定专家6000多名，以及从事信息化工作的专家6000多名（截至2017年10月）。再加上分散在各业务部门的理工

[①] 检察科技人才是指具有理工科背景或专业技能的检察人员。通常认为主要包括两部分人员：一是检察技术与信息化人才；二是在公诉、侦监、控告、申诉、执检、未检、民行等部门从事检察工作的理工科背景或专业技能人才。

科背景检察官、助理或行政人员，检察科技人才的底数肯定会更大。

然而，这支队伍是否足以誉为"优秀人才"？这需要往细了考虑。

2017年我们组织了一次全国性调研，调查检察科技人才现状与建议。参与填写问卷的检察技术信息化部门人员有4225人，其他部门的科技人员有2952人，他们反映的调研结果不容乐观。

这两年来，最高人民检察院加强了科技强检专题系列培训，为全国检察科技人员交流切磋提供平台。多轮培训下来，可担"师资"重任的优秀人才脱颖而出。这些检察科技"师资"中有几十年扎根于司法会计行业的元老，有投身于电子取证与声像鉴定领域的新秀，更有横跨技术大类的高手；有耕耘实验室认证认可的指路人，有敢于挑战文件时间检验之尖端课题的领先者，更有融通立体式测谎技术的实践者……而在新兴的大数据挖掘、机器学习领域，检察科技人员也敢于挑战，无论是以集团战还是以单兵战的方式，均取得了亮眼的成绩。像贵州、上海、江苏、浙江、山东等地同仁就分享了创建刑事辅助办案系统的经验。

从实战中来，到讲堂上去，总能发现"拥有金刚钻"的一流检察技术人才。尽管人数不多，但人教人、手拉手，就能复制技能，扩充全国检察科技队伍。如果再得到社会上名家的鼎力相助，这支队伍一定会茁壮地成长。

从这个意义上说，检察科技人才队伍有足够的"领军者"，而本书取名为"科技强检人才讲演录"，正是这些"领军者"（包括部分社会上名家）的"传帮带"讲稿。看一看封底绘制的"检察科技人才演讲者照片墙"，就有信心"星星之火，可以燎原"。

二、检察科技人才在经历着什么

现阶段各项司法改革如火如荼，检察科技人才不可避免地卷入到改革的洪流之中。从国家统一法律职业资格制度改革，到员额制改革，再到国家监察体制改革等，无一不对检察科技人才产生了事实上的影响。然而，检察系统一时尚未针对科技人才推出配套改革措施。

2015年底，中共中央办公厅、国务院办公厅下发《关于完善国家统一法律职业资格制度的意见》，其中设定了取得法律职业资格的条件，要求"具备全日制普通高等学校法学类本科学历并获得学士及以上学位，或者全日制普通高等学校非法学类本科及以上学历并获得法律硕士、法学硕士及以上学位或获得其他相应学位从事法律工作三年以上"。这一条件的变化是为了提升法律职业资格的准入门槛。这客观上限缩了检察科技人员朝"科技＋法律"复合型人才的转型。前述调研也表明，78%的人反映，这一改革使检察科技人员获得法律职业资格的难度增大。

2016年12月，全国人大常委会发布《关于开展国家监察体制改革试点工作的决定》，指出"实行监察体制改革，设立监察委员会，建立集中统一、权威高效的监察体系，是事关全局的重大政治体制改革"。这要求将检察机关查处贪污贿赂、失职渎职以及预防职务犯罪等相关部门实现队伍整体转隶。如今转隶任务完成，各级监察委员会建立。这看似跟检察科技人才没有关系，实则影响甚巨。调研也表明，近80%的人反映，随着反腐干警转隶和自侦职能剥离，检察技术人员的办案数量严重下滑，检验鉴定工作出现不同程度的萎缩；还有，一部分科技人才也离开检察院到了监察委员会。

这样的变化还有很多，都是悄然间发生的。一句话，检察科技人员正"经历风雨"，渐入不知是否"已触底"的"低谷"。如何"见彩虹"？如何再出发？这需要坚守与智慧。

三、检察科技人才如何走向未来

"司法办案始终是高度专业化的工作，不会有人因为权力而辉煌，却能因为专业而出众。"这是笔者以前在《谈检察改革：辅助亦主流》一文中针对"专家辅助人"写出的心得。这一论断亦适用于检察科技人才。

检察院是一个办案机构，办案是主业！如果检察科技人才能够以"专业知识"对关键性的证据一锤定音，对棘手的案情争议定分止争，那就会取得让人侧目的业绩，能为自己的未来趟出一条遍开鲜花的大道。

据了解，最高人民检察院不久前出台《关于指派、聘请有专门知识的人参与办案若干问题的规定》，为检察科技人才提供了大展身手的机会。此外，最高人民检察院也在努力出台贯彻落实中央《关于健全统一司法鉴定管理体制的实施意见》的配套文件，其中，关于"制定人民检察院技术性证据审查规定""健全人民检察院司法鉴定人培养机制"等内容，都是重大利好。

又有好消息传来，最高人民检察院2018年启动"科技强检示范院"的第二轮评选。这也是助推检察科技人才不断前进的事件。我研读过第一轮的评选指标，基本上偏向于尖端仪器设备、顶级实验室、资金投入等，建议在这一轮中增加科技办案指标，如检察科技人才对办案的贡献度等。这样做，可以更好地彰显检察科技人才的力量。

事业有变革，这本是正常的客观规律。问题在于，一旦机遇降临，我们的检察科技队伍是否做好了准备？我们的专业力量能否托举起科技强检的伟业？

"要遵循司法规律，把深化司法体制改革和现代科技应用结合起来，不断完善和发展中国特色社会主义司法制度。"这是2017年7月习近平总书记对司法体制改革作出的重要批示。我理解，将深化司法体制改革与现代科技应用相结合，就是法治国家建设中的"双轮驱动"。这离不了高水平的法律人才，也离不了高水平的科技人才。检察科技人才即将迎来属于自己的春天。

开卷有益，愿读者诸君从这两本讲演录中听到检察科技人才的声音！

刘品新
2018年2月26日于北京

目 录

1 大数据与检察工作 ……………………………… 赵志刚 001
　　一、大数据是什么 ………………………………………… 002
　　二、大数据可以做什么 …………………………………… 006
　　三、大数据的目的是什么 ………………………………… 009
　　四、检察机关运用大数据可以做什么 …………………… 012
　　五、检察机关怎样建设大数据项目 ……………………… 022
　　六、畅想不久的将来：检察大数据应用见闻 …………… 026

2 大数据司法：创新与实践 ……………………… 刘品新 029
　　一、引言 …………………………………………………… 030
　　二、什么是司法大数据 …………………………………… 032
　　三、检察开展"大数据司法"的场景 …………………… 033
　　四、如何面对未来 ………………………………………… 040

3 大数据分析方法 ………………………………… 许榕生 042
　　一、大数据分析的由来 …………………………………… 043
　　二、高能物理实验数据分析 ……………………………… 043
　　三、大数据分析的步骤 …………………………………… 046
　　四、大数据分析前期处理 ………………………………… 047
　　五、数据分类策略 ………………………………………… 048

六、大数据分析软件 ……………………………………… 050
七、数学在大数据分析中的作用 ………………………… 052
八、可视化的表达 ………………………………………… 052
九、模特卡洛模拟—数据分析的得力助手 ……………… 055
十、大数据的安全 ………………………………………… 056
十一、大数据人才培养 …………………………………… 057
十二、展望与设想 ………………………………………… 058

4 关于深入推进检察机关大数据应用落地的思考 ………… 缪存孟 063

一、检察机关大数据应用落地的意义和作用 …………… 064
二、检察机关大数据应用落地的现状和任务 …………… 065
三、检察机关大数据应用落地的思路和措施 …………… 067

5 基于大数据的网络社交媒体情报预测分析

……………………………………………… 邹锦沛　张　璇 071

一、引言 …………………………………………………… 073
二、网络社交媒体情报与大数据 ………………………… 074
三、基于大数据的网络社交媒体情报分析 ……………… 079
四、网络社交媒体情报分析案例 ………………………… 089
五、总结与展望 …………………………………………… 100

6 文本大数据分析技术在司法行业的应用 ………………… 窦志成 101

一、引言 …………………………………………………… 102
二、司法行业文本大数据分析的机遇 …………………… 104

三、司法行业文本大数据分析的挑战 ……………………………… 105
　　四、文本分析在司法行业的应用 …………………………………… 108
　　五、结束语 …………………………………………………………… 112

7 浅谈大数据挖掘　　　　　　　　　　　　　　　　李　振 113
　　一、大数据的基础知识 ……………………………………………… 114
　　二、检察大数据思考 ………………………………………………… 118
　　三、检察大数据挖掘 ………………………………………………… 124
　　四、检察大数据展望 ………………………………………………… 127

8 视听资料审查鉴定与大数据应用　　　　　　　　高　峰 128
　　一、视听资料检验鉴定内容和方法 ………………………………… 129
　　二、大数据思维在视听资料检验、审查和补查中的运用 ………… 139
　　三、关于视听资料技术工作的发展设想 …………………………… 142

9 检察大数据：从业务需求到技术方案　　　　　　江　星 143
　　一、前言 ……………………………………………………………… 144
　　二、关于大数据及大数据误区 ……………………………………… 145
　　三、互联网、金融、公安等行业大数据建设经验借鉴 …………… 150
　　四、大数据平台涉及的相关技术问题 ……………………………… 163
　　五、以检察数据为核心，布局检察机关大数据平台 ……………… 174

10 如何利用信息化手段查找涉案人员　　　　　　 李　振 194
　　一、从手机入手，全面掌握对象的手机号码和手机 ……………… 196

二、银行账单分析要点 200
　　三、初查阶段如何查找涉案人员 201
　　四、取证阶段如何查找涉案人 207
　　五、追逃阶段如何查找涉案人 207

11　刑事检察办案辅助系统构建思路和方法　童庆庆 210

　　一、系统建设背景 211
　　二、系统建设目标 212
　　三、刑事检察办案辅助系统的特点 216
　　四、技术实现方式 217
　　五、系统功能介绍 221
　　六、系统构建路径 225
　　七、系统整体框架设计 230

12　检察大数据在实践中的运用
——基于北京市人民检察院大数据实践应用的分析　闫仲毅 233

　　一、大数据的一般认识 234
　　二、检察机关信息化的趋势 235
　　三、大数据辅助决策分析实践 236
　　四、大数据辅助司法办案实践 241
　　五、大数据辅助管理监督实践 243
　　六、大数据下一步行动计划 245

13 大数据在量刑中的运用 ················ 唐万辉 陈 焰 **250**
  - 一、大数据的特征 ································ **252**
  - 二、检察机关大数据的应用 ························ **253**
  - 三、大数据在量刑中的运用 ························ **254**

14 如何运用人工智能提升检察工作 ············· 蔡 欣 **258**
  - 一、人工智能的爆发点：深度学习 ·················· **259**
  - 二、人工智能现在能做什么 ························ **272**
  - 三、一些反思 ···································· **305**

15 机器学习在检察机关案件办理中的应用 ········ 蔡 欣 **310**
  - 一、什么是机器学习 ······························ **311**
  - 二、检察机关为什么要使用机器学习 ················ **320**
  - 三、如何将机器学习应用在检察机关案件办理中 ······ **321**
  - 四、结语 ·· **326**

16 电子数据与反贪侦查 ···················· 陈景春 **327**
  - 一、背景与现状 ·································· **328**
  - 二、全国侦查信息综合平台 ························ **331**
  - 三、各地检察机关的探索 ·························· **337**
  - 四、最高人民检察院电子数据云平台 ················ **341**
  - 五、课程小结 ···································· **342**

17 互联网数据在检察办案中的应用 ……………… 唐万辉 343

- 一、示例 …………………………………………… 344
- 二、互联网侦查的背景 …………………………… 346
- 三、开展互联网侦查的必要性 …………………… 349
- 四、互联网侦查的方法 …………………………… 350
- 五、互联网数据的应用 …………………………… 355
- 六、总结 …………………………………………… 365

18 职务犯罪侦查中电子数据的获取和使用 ……… 秦志超 366

- 一、电子数据与职务犯罪侦查 …………………… 368
- 二、电子数据的提取 ……………………………… 377
- 三、电子数据的处理与引导侦查 ………………… 384
- 四、电子数据的证据形成 ………………………… 400
- 五、结语 …………………………………………… 406

大数据与检察工作

赵志刚

[讲演者小传]

赵志刚，最高人民检察院检察技术信息研究中心主任，中国检察官文联影视协会副会长兼秘书长，中国政法大学法律与文化研究中心兼职教授。发表过各类新闻作品400余篇200余万字，有10多篇获全国性新闻奖项。

业余时间创办微信公众号"法律读库"，以时政、法治为主要内容，每日向用户推送优质法律类文章1—4篇。如今，"法律读库"头条的月阅读量最高可达100万，每个月的文章总阅读量超过400万，粉丝已超过50万人，居全国职能政务微信第四位。

一、大数据是什么

20世纪五六十年代，著名的芯片制造商美国Intel公司的创始人戈登·摩尔提出了著名的"摩尔定律"，他预言"集成电路芯片上所集成的电路的数目，每隔18个月就翻一番；微处理器的性能每隔18个月就提高一倍，而价格反而下降一倍"，回望过去50多年计算机硬件产业的发展历史，可以发现，计算机的存储和运算能力"18个月翻一番"而成本却在不断被腰斩的轨迹是被基本遵循的，伴随着硬件的不断升级，软件的快速迭代，同时，当人类飞快地进入移动互联网时代，数据的量和基于数据的需求，以及人类存储、管理、处理和分析数据的能力都达到一定程度的时候，突然就意识到——"大数据时代"来临啦！

"大数据"有四大特征，用英文概括，即为"4V"：Volume（数据量大）、Variety（类型繁杂）、Value（有价值的）、Velocity（实时高速）。

（一）大数据一般是海量数据

说到数据量大，我们可以回忆一下，就在几年前，咱们还曾经因为电脑里存储着较多的音乐或电影等"大块头"文件，时不时得清理一下电脑空间，否则就会像家里住宅太小摆放不下心仪的家具一样苦恼；转眼看当下，现在的硬盘价格平均大约3毛钱1 GB，如果你用的是较新的设备，是否会突然发觉，即便习惯将一切喜欢的东西都纳入囊中，也都很久没必要再清理电脑存储空间了。

这只是家庭民用存储的状况，低廉的成本使得普通民用存储走进TB时代，企业级存储则早已迈入"云"的时代，在大型企业的"云端"，动辄已经是PB乃至EB级的数据量了：国际数据公司（IDC）的研究结果表明，2008年全球新增数据量为0.49ZB，2009年新增0.8ZB，2010年新增1.2ZB，2011年新增更是高达1.82ZB，与此同时，截止2012年，全人类所有的印刷材料的数据量仅仅是200PB，全人类历史上说过的所有话的数据量也大约只有5EB，IBM公司在2013年研究声称，整个人类文明所获得的全部数据中，有90%是过去两年内产生的，他们预计，到2020年，全世界所产生的数据规模将达到今天的44倍。

（二）大数据的类型繁杂

如此海量的数据，并不都是由人类手工输入或人为制造的，事实上，大数据的来源可归为三类：商业数据、人为数据和机器数据。

1. 商业数据：人类从事商业活动的直接内容记录，比如银行的存取款交易记录，企业产量和购销情况记录，纳税情况记录，等等。这部分仅占整个人类数据总量的2%。

2. 人为数据：是人类有意识通过大脑创造的内容，包括写作的文字（博客、微博、聊天记录）、绘制的图画、录制的声音、拍摄或制作出来的图片和视频，我们看的书、听的音乐、电视电影，这些都属于"人为数据"；随着Web2.0兴起，社交网络鼓励"人人创造、人人分享"，人人都可以是自媒体，使得人为数据量爆发式的增长。目前，人为数据占整个人类数据总量的8%。

3. 机器数据：顾名思义，就是由机器产生的数据，当然，这些机器都是由人类事先部署好，通过各种探测仪和传感器获得数据。比如，城市监控摄像头、医院的CT扫描仪、飞机性能传感器；还有一些科学实验，例如大型强子对撞机，其中有1亿5000万个传感器，每秒发送4000万次的数据；随着"物联网"技术越来越普遍的应用，越来越多的机器将被部署在各行各业，机器数据将会越来越大，当然，有一些机器数据并不来自有形的探测仪和传感器，而是来源于应用程序本身的设定，如服务器的运行日志、电脑清理内存的行为记录、电信网络中通话时间与时长、手机等移动终端会记载地理位置信息以及行动轨迹……机器数据占整个人类数据总量的90%，是"大数据"行业崛起的重要因素。

上述三类数据，格式异构、类型繁杂、形式多样。仅仅在数年前，将庞大的异构数据在短时间内改造得整齐划一还是一个不可能完成的任务，通过"语音识别"和"人脸识别"这些技术提炼出多媒体文件中的"文意"还几乎是天方夜谭，而今，我们却看到了"掌握全球知识"的IBM机器人沃森在知识竞赛中击败人类，看到了每秒需要处理1GB数据的谷歌无人驾驶汽车安全上路,看到编剧们通过分析社交网络的数据使美剧《纸牌屋》走红……不仅仅因为 50 元 1G 的内存"白菜价"起了决定性作用,不仅仅因为 Nosql 概念的兴起、Hadoop 等工具和 MapReduce 等方法的发明,更是因为一些互联网技术企业推波助澜,他们架设分布式网络向普通开发者提供高性能工具,如百度的"人脸识别"、科大讯飞的"语音识别"、新浪云的"中文分词"等("中文分词"是自然语言识别的一个基础性门槛,自然语言识别就是要让机器可以理解人类的话语),甚至像亚马逊的 AWS 云服务里面有 MapReduce、谷歌 GAE 云服务里面有 BigQuery,"百度预测开放平台"开通后提供的是一个几乎零技术门槛的大数据计算工具,这些成熟的大数据基础处理和分析平台,都是当我们面对大数据纷繁芜杂类型时仍然自信满满的原因——不但可以应对数据之"多",而且足以应对数据之"杂"。

(三)大数据是有价值的,但价值密度较低

"大数据"之所以成为热门词语,从功利的角度来说是因为它"有价值"。当然,大数据领域并非遍地黄金;相反,有人打了一个比方,大数据计算是如"沙中淘金",价值密度很低;或者,用另外一个更形象的比喻,大数据就像原油,提炼之前毫无用处,提炼之后价值连城。

其实"大数据(Big Data)"这个概念早已有之,20 世纪 90 年代,数据仓库之父比尔·恩门就经常提及"Big Data";"大数据"相关的应用则可追溯到更早,只是在那时,"海量的数据"基本限定在科学研究的领域,运用的是超级计算机,价值"提纯"的成本非普通人所能想象。

真正促使大数据"飞入寻常百姓家"的社会背景,是移动互联网的崛起。我们曾经说,乔布斯的 iPhone 改变了世界,实际上,在那之前已经有了诺基亚的"塞班"和微软的"Windows Mobile"等"智能手机"。但是对于大多数务实的普通人来说,一般的功能手机足以满足日常需求,智能手机的优势也就是看看电影、玩玩小游戏,而这实际上还不如山寨厂商的廉价 MP4 设备来得方便,并且绝大多数人仍然是坐在家庭电脑前面的,所以,即使是早在 2005 年,苹果的发烧友论坛上,将 Linux 系统装进带屏幕和按钮的 iPod 音乐播放器的方法已经在圈内普及,这样一个装着操作系统的 iPod 与后来的

iPhone本质上并无二致，但却没有"改变世界"，因为那时没有或者说没有足够快、足够廉价的移动网络。伴随着近几年移动互联网时代的到来，各种设备随时随地接入网络，在给人带来便捷和网络社交、网络消费等习惯的同时，也无时无刻不在通过摄像头、感知器、通讯终端、可穿戴设备采集人的行为数据，源源不断地向中心汇聚，形成"大数据"的仓库。你会发现，移动互联网时代的"大数据"，虽然依然保持着"价值密度低"的特征，但是，相比用户坐在家庭电脑面前的"数据"，相比离线的"数据"，其价值含量是猛增了的，它能更全面、真实地记录用户的行为，虽然如今仍然是"沙中淘金"，但"金"的含量更高了，简言之，移动互联网让数据中的价值大幅增加，吸引了各路"淘金者"们的到来，"大数据"遂成为了一门显学。

（四）大数据是高速流动的数据

"大数据"的运算应当是实时的、高速的。在淘宝网上寻觅一件商品，后台有超过10亿条的备选项，通常点击"搜索"按钮后，不到一秒钟匹配内容就会呈现，试想，如果是传统的技术架构而不是"大数据"的架构，也许等一个小时内容都出不来；大数据的"实时"还反映在"永远在线"，大数据随时产生、随时使用，你根本没有时间把它导出来，而且有时也没有必要把它导出来，因为它可能是一个临时数据、用过就可删除的数据，只会在很短的一个时间段里蕴含价值效用，比如向浏览某个商品的用户推荐相关商品，如果不能在打开网页的瞬间、趁用户在线时向其展示推荐，那么一切都是没意义的；又比如手机地图，需要综合道路距离远近、拥堵状况以及交通管制等信息智能规划行车路线，如果不能迅速形成结论，那估计没有人会用这项功能了。试图把"大数据"导出放在某个地方的想法就像"刻舟求剑"一样荒谬，"大数据"就像冰淇淋，不赶快吃就化掉了。

当大数据洪流滚滚而来，传统的统计学已经不能胜任，统计学中没有对实时变化数据的分析方法，统计学技术也只能基于较小规模的抽样、随机样本来开始，面对"全貌"的大数据、面对需要即时反馈的需求，好似农民面对着上百公顷需要耕种的土地却只有锄头一样的尴尬。在大数据的时代，需要更新的不仅是方法和技术，最需要的是更新思维——大数据思维！《大数据时代》一书的作者维克托教授指出,"大数据时代最大的转变就是,放弃对因果关系的渴求,取而代之关注相关关系",在大数据时代,我们研究的对象不再是随机样本,而是全体数据;我们研究的方法不再是精确分析,而是混沌分析——统计学方法是预设了某些变量之间的关联,然后做分析去证明或证伪,大数据方法是不设具体预期的,做的是全变量的碰撞,在混沌之中试图发现的是一些意想不到的关联;我们不必再去追求事物之间的因果关系,而是掌握要素之间的相关关系即可,假如大数据分析显示喜欢红色的人讨厌三角形,那么企业的产品就应该避免这样糟糕的组合,而并不需要从生理学或心理学去剖析其中的原理(也许这在科学上是一个"剪不断、理还乱"的问题,但这不重要,相信大数据的结论,运用它就是),也就像农民用拖拉机耕地,达到目的并不需要掌握拖拉机的机械原理一样。

二、大数据可以做什么

大数据的"4V"特征听起来似乎有点玄乎,用网络语言就叫"不明觉厉"(虽然不明白,但是感觉很厉害的样子),那么我们来介绍一下大数据究竟可以做什么,看几个例子,应该能使理解更直观。

大数据并非一定"高大上"(网络语言:高端、大气、上档次),实际上,"接地气"才是"大数据"受欢迎的原因。三国中的司马懿就是大数据的实践者,他派人全面了解其对手诸葛亮的各项行为数据,包括诸葛亮几点睡觉、吃几碗饭,当司马懿听说诸葛亮连军中杖责五十都要管(事无巨细,累呀),便断言"孔明命不久矣"。需求驱动技术发展,古人的需求是行军打仗,今人的需求是企业盈利,所以不得不承认,大数据行业的主力军其实是商业企业,以营销为主导的业界学者将大数据思维概括为三个层次:定量思维、相关思维和实验思维。

(一)定量思维,其核心的原则是"一切皆可测量"

通过各种途径、运用各种方式,获得尽可能详尽的事物描述性信息,不仅仅是销售数据和价格,包括顾客的年龄、性别、高矮胖瘦等体貌特征,甚至顾客的情绪,如对色彩、空间位置的感知,都是可以被测量和记录的,数据化描述消费行为的方方面面是大数据营销的第一步。

近期，美国迪士尼推出的 MagicBand 手环，内置 RFID 芯片（RFID，即"无线射频识别"，是一种无线通讯技术，近来广泛应用于物联网相关领域），既可以作为迪士尼酒店房间的电子钥匙，也可以作为快速通关票证节约在园中的排队时间，还可以绑定信用卡在园中作为支付手段，但最重要的，是它将可以实时记录游客的所在位置、活动轨迹、消费记录、游乐项目，根据园中游客的分布状况建议最佳游玩路线、疏散拥挤，根据游客的偏爱、喜好推荐项目以提升游玩体验。

这个例子告诉我们，不仅仅互联网线上的事物可测，线下的行为也可以通过某种方式获得数据；很多过去难以量化的事物，如情绪、偏好，基于科技处理数据能力的提升，都能够很好地用数字化的方式记录和表达了。

（二）相关思维，其核心的原则是"一切皆相关联"

大数据与基于"数据仓库（Data Warehouse）"的"数据挖掘（Data Mining）"技术密不可分，在经典的数据挖掘教科书上，美国沃尔玛将啤酒与尿布摆放在同一货架是最常见的入门案例，这是沃尔玛通过其积累的大数据挖掘出的规律——年轻的爸爸们去超市买尿布，很多时候会顺带买些啤酒犒劳自己，于是沃尔玛将啤酒与尿布捆绑销售，不出意料，销售量双双增加。

但沃尔玛的案例还不够有力，还不够"跨界"，还没有表达出大数据"关联"的意义。2014 年 9 月，有三则业界的重要新闻：中国人保、中国石化与腾讯基于大数据"跨界融合"；万科与百度达成战略合作伙伴协议之后的首个大数据项目"V-in"结束封测正式上线；阿里巴巴 28 亿元入股酒店信息服务商石基信息。中国互联网企业的三巨头"BAT"都在加速大数据的步伐。

第一则新闻里，中国人保、中国石化等传统行业看中了互联网企业腾讯在虚拟网络社交领域的海量活跃用户（QQ 月活跃帐户数达 8.29 亿，微信的月活跃帐户数达 4.38 亿），可以设想，腾讯一定会通过社交数据（心情、朋友圈、QQ 空间，甚至包括聊天记录）和地理位置信息（带着安装着 QQ 或微信的手机所在的位置、运行的轨迹），分析出一批合适的用户，向这些大数据选出的潜在消费者适时推送保险和车辆加油的优惠信息，这样的广告并不会遭人厌恶，相反很可能是在雪中送炭。

第二则新闻中，房地产企业万科最看中的是百度的大数据技术，"V-in"将部署在万科旗下的商场和购物中心，作为运营商、商户和消费者的信息汇集平台，基于它，消费者可以拥有便捷的购物体验，商户可以获得增值服务，而运营商则可以藉此获得前面二者的信息，汇总形成大数据，从而更好地为商户的经营方式、促销手段提供科学理性的依据，实现商家和购物中心的共赢，也为消费者提供更加个性化的服务，提高消费者的粘性。

第三则新闻中，石基信息是一家主要从事酒店信息管理系统技术研发和销售服务的企业，阿里巴巴巨资入股，实际上就是想掌握酒店行业的大数据，将这些数据整合进阿里旗下现有的旅游、餐饮品牌"淘宝旅行"之中，"将旅游行业从过往卖产品转变为卖服务"是阿里此举的野心。

（三）实验思维，其核心的原则是"一切皆可尝试"

在艺术领域有一种"陌生化"理论，认为有些事物司空见惯、太熟悉、没有新鲜感，直觉就会忽略掉一些感受，甚至直接"越过感受"进入认知。为了避免忽略掉重要的信息，防止先入为主，需要营造一种"陌生的"环境，使人站在一个不同的观察点去观察事物。也就是说，在熟悉的环境下，我们容易"不识庐山真面目，只缘身在此山中"，而在一种"陌生化"的环境中，我们可以"采菊东篱下，悠然见南山"——谁能想到，与尿布最有关联的商品居然是啤酒，如果不是出自沃尔玛的大数据分析，看起来就会很可笑，但这就是客观的情况。传统的统计学思维不会把这两者放在一起比较，而大数据思维则是全要素的碰撞、混沌分析，因而才有了这个"意料之外、情理之中"的大发现。可以说，"大数据"是我们在现实工作和生活中克服先入为主、还原事物之间关系的法宝。

当我们量化了一切，便是用数字描述了一切（定量思维），便可以建立各种算法，试图挖掘出要素之间的关联，试图通过数据的变化来预测未来和未知（相关思维），但也许算法不够完善，预测也许是错误的，所以，我们还需要大胆的尝试，这便是第三层的"实验思维"。

现在的电商网站上，随处可见"推荐商品"，主要展示的是"购买当前商品的顾客还购买了哪些"或者"浏览了当前商品的用户还查看了哪些"，展示的位置是有限的，随便的推荐达不到效果，必须要推荐最合适的商品，而最合适的商品必然要基于大数据的分析。有研究称，这样的推荐会带来10%左右的转化率，也就是说，十个人中有一个人会去点击推荐的商品链接，这是该做法整体上较为成功的例证；然而也有不那么理想的个例，在阿里巴巴入股新浪微博、互通微博与淘宝数据之后不久，便发生了"网友无聊搜索棺材，被骨灰盒广告缠一月"的事情："由于好奇，网友小陈在淘宝上搜了一下'棺材'，之后的一个月里，每当他打开新浪微博，都会看到骨灰盒、寿衣之类的广告推介信息。"大数据产业不断的尝试，带来了隐私问题的挑战和法律的逐步完善，技术界也在以算法的"人性化"来回应，"遗忘是一种美德"的说法被越来越多的提及。整个大数据行业其实仍然都在探索中，是进行时，只有勇敢的尝试，才有越做越好的可能。

三、大数据的目的是什么

在西方学者看来，最早的大数据应用是在1855年《关于海洋的物理地理学》（*The Physical Geography of the Sea*）的出版。航海家莫里组织人力，根据堆积在库房里面快要发霉的航海书籍、地图、图表和几乎是信手涂鸦的日志、打油诗，提取特定日期、特定地点的风、水和天气情况的记录，绘制了包含120万个数据点，通过分析这些数据，莫里为后来的出航者提供了一张全新的航海图，在这张航海图的指引下，路线可缩短1/3，节省了航海的成本，也减少了半路出事故的风险。这个例子很好地诠释着大数据的三个目的：提高效率、节约成本、减少风险。

（一）提高效率

不知你是否还记得，过去在医院住院，护士会一天三次来给你测量血压、血糖或其他指标，然后医生通过这些记录，做出病情的判断。而现在，在现代化的病房里，是可以没有护士的，病患所有的生理指标全部被各种探测仪记录着，它实时、完整地传递到医生工作的电脑前，需要的时候随时快速调取，还可以以特定图、表的形式呈现，方便医生做出判断和处置，甚至有时，常规的判断和处置方案已经由电脑分析了出来，医生所做的只是对这些机器结论把一下关。对于过去的医生来说，看 X 光片是一件很纠结的事情，面对着成千上万的患者资料，患者个体信息千差万别，要在短时间内仔细观察，这本身就是不科学的要求，因而遗漏 X 光片上重要的信息是较常发生的事情。如今，当计算机呈现给医生一张 X 光片的时候，它会根据过往患者群体的大数据，结合患者个体信息，运用图像识别等技术，先筛查一遍，将 X 光片上异常的点、疑似有风险的点都标注出来，提示和引导医生的观察行为，医生不必再从头开始阅读患者的病历，不必再从零开始去观察一张 X 光片。

也许我们一直都身处不断变化的世界，但没有感受到改变带来的不适，可是试想，如果拿现在的状况与十年前相比，你会惊讶地发现，生活发生着巨变。在这十年里，各行业科研人员大费周折，不断提升行业的科技化含量，建立了各种信息化系统，而今又整合为大数据的中心，从而使工作效率大幅度提升。大数据是一个需要长期投入、建设和不断发展的行业，其功效不是立竿见影的，可一旦有回报，就是"超高回报"。

（二）节约成本

商业企业都是趋利的，他们之所以研究和应用大数据，实际上主要的原因还在于可以节约企业成本。"数据就是一种资产"的理念兴起的背后，实际上是 O2O 的商业价值生产模式（"线上到线下"或"线下到线上"）：互联网企业通过向用户免费提供某种服务，获得关于用户的大数据，通过挖掘获得用户群体或个体的行为、偏好及其他特征，精确投放商业广告实现精准营销或者引导消费者行为，到这一段才算是实现了"闭环"，才算产生了"商业价值"，通俗地说就是"变现"。

亚马逊是最早使用"个性化推荐引擎"的网上商城，这个引擎就是能够迅速从百万商品中匹配当前用户喜好的商品并推荐，能够迅速从百万用户情景中匹配与当前用户相似的情景，然后告诉潜在消费者"购买 A 商品的用户也买了 B 商品"。就是基于这样的大数据计算，使今天亚马逊商城 35% 的销售额来自"个性化推荐引擎"。精准的商品推荐和广告投放，可以获得更高收益，节约成本。

在国内法律尚未完备的当下，各行各业都在通过自己的渠道"疯抢"用户的数据，从应用层的搜索引擎（百度）、应用程序（360手机助手）到操作系统（刷机ROM、手机桌面）和硬件（定制手机），甚至包括通信层的路由器、公共Wi-Fi、基站和通信管道，都有各种部署，网络中的我们一举一动都被机器忠实地记录着。一位朋友曾吐槽，说他上午刚拿到新买的小米3手机，顺手打开UC浏览器搜索了一下"西北大学"，中午就接到留学咨询公司打来的电话，不知道是小米手机底层的问题，还是安卓系统的问题（谷歌掌控），抑或是UC浏览器的问题（阿里巴巴控股）。我们当然鄙视这种盗取隐私和滥用信息的做法，但这件事从另一个侧面反映出，数据确实是一种资产，通过运用数据确实可以大规模地节约成本，否则企业才不会踩着法律的红线对大数据趋之若鹜。

（三）减少风险

知名作家余华曾经描述过他在1977年高考填报志愿时的混乱情景，"同学中多数人都填写了北大清华和复旦南开，还有人报了牛津剑桥"，他写道，"我们无一例外都落榜了"。数年后，信息传播的发达也没能改变这样的混乱，央视主持人张越因为在第十志愿中填写了优先录取的师范院校，而"不情愿"地被首都师范大学录取。如今，由百度自然语言处理部主持开发的"百度考霸"上线，它的目的就是利用大数据来终结高考填报志愿时的混乱，主要的功能包括"录取分数查一查""专业大学找一找""大学好坏评一评""适合专业测一测"和"热门问题问一问"，考生们通过"百度考霸"提供的全方位服务，最大可能地减少了信息的不全面、不对称，避免了不切实际的志愿填报，减少了被不适合的专业录取的风险。

事实上，作为中国最大的技术型互联网企业，百度一直在尝试各种各样的大数据项目："经济指数预测"项目，监控中小企业景气状况，预测国家宏观经济走势；"疾病预测"项目，监控城市流感、肝炎等11项疾病的指标，协助做好疾病防范（最早利用大数据来预测流感爆发的是谷歌）；"城市和景点预测"，监控人流迁徙状况，特别是在节假日，为人们短期出行提供参考；甚至百度还推出了一款依托"食材溯源搜索"的实体设备"百度筷搜"，戏称通过这双筷子，可以避免用户吃到地沟油。大数据为普通人的生活和工作提供了便捷，减少了投资失败、生病和出行拥挤等各种风险。

控制风险在金融领域一直是一个重大问题，而现在，大数据在帮助小额贷款企业做资信评估时可谓如鱼得水：美国最大的 P2P 平台 Lending Club，当有用户申请贷款时，它会利用企业自身内部交易数据、社交媒体数据、信用卡刷卡历史记录数据以及用户行为数据（一些习惯，如姓名全小写、全大写还是规范的首字母大写），在短短的 7 分钟内做出风险评估，确定贷款额度。这件事如果按照传统来做，估计得要 7 天（申请信用卡通常需要一周的时间），而现在竟然只要 7 分钟，我们都知道，资本在流转中增值，效率确实提高了，那么风险如何呢？拥有互联网金融野心的阿里巴巴将 Lending Club 的做法带到了国内，据称，阿里巴巴已经放贷 300 多亿元，坏账率只有 0.3% 左右，大大低于商业银行。

四、检察机关运用大数据可以做什么

关于大数据本身，其实还可以聊很多，各行各业都在用大数据勾勒未来，但此时，我们已经没有时间夸夸其谈，我们是为务实而来。我们需要问：检察机关应当怎样利用大数据？检察机关运用大数据可以做什么？不为追求新潮，只为解决检察工作中的"痛点"——"痛点就是创新点"！

通过一场头脑风暴，结合前文提到的大数据的三个目的（提高效率、节约成本、减少风险），我们归纳了检察工作中存在的若干"痛点"，包括：领导赖以决策的依据不够精确、不够直观；自侦案件初查、侦查中缺乏全面的情报数据，或者有情报数据没有充分挖掘利用；法律监督没有建立起数值标准化的体系，对违法事项的反应缺乏敏感性、及时性；办理批捕和公诉案件，尚未有具体的案件风险防控体系，办理大案要案时缺乏集体有机协作的平台；队伍管理和工作考核量化指标体系相对僵化、不够弹性；检察机关普遍不够注意控制办案成本。

接下来逐一分析这些"痛点"，然后看看大数据是否能解决这些问题：

（一）解决领导决策依据的问题——大数据产生决策力

仔细想想，咱们检察机关的领导每天的工作内容似乎与十年前差异并不大，每天学习上级文件精神，批阅下级的请示汇报，遇到具体问题开会听取众人的意见，绝大多数的决策依据信息来源仍然是平面的文字和语言。语言文字有其艺术和诗意的一面，但对于工作和决策要求来说，往往是存在风险的，因为语言文字有时所指不定、饱含歧义，最主要的是，语言文字对具体事物的描述能力不够精确，同样的"很重要"、同样的"要加强"，只有放在具体语境中比较，才分得出层次高下、轻重缓急；对决策者来说，整合语言文字信息需要足够强大的抽象思维能力，因此，主要通过语言文字来作为决策依据，实际上是一种难度较大、效率较低的方法。

当然，检察机关现在的文件材料里面是有数据和图表的，只是太初级，所用到的仅限于小学的数学水平，例如案件办理数，不起诉率百分比，最多也就是与往年同期相比的上升或下降比例了，这样粗糙的数据尚不足以支撑起决策，简陋的图表也不足以让人看出事物的端倪。再看我们的领导、决策者，其实是很辛苦的，每天接触那么多的文件、开那么多的会议、与那么多人交谈，获得的大多数是一些平面和抽象的文字语言描述，先要从中去粗存精、去伪存真，再结合过往积累的知识和技能，将异构的信息以各种曲径通幽的思维整合成逻辑，进而进行分析、推演，得到结论，予以权衡评估，最后做出决策。

所以，针对领导决策依据的问题，检察机关可以运用大数据做两方面的尝试：

一方面是要尝试用数据来描述检察工作。在业务上，我们已经有《检察机关执法工作基本规范》；在技术上，我们已经建立起"全国检察机关统一业务应用系统"，虽然还需要不断地改进完善，但已经有足够的变量和数据，用来描述一个案件、一项工作。在设计数据描述时，要考虑与其他数据的结构转换和耦合，如果数据之间难以互通，利用起来就会很麻烦。在用内部数据描述好检察工作的基础上，需要引入外部数据做比较，因为没有比较就没有意义。比如，各地检察机关都开展过"查办民生领域职务犯罪专项活动"，常规的汇报中的"干货"无外乎包括：合计一下案件数、罗列一下重要的案件、总结一下经验和教训，至于这项活动究竟开展得如何，是否取得了预期的社会反响，人民群众是否认可办理的案件，除此之外，实在也是没办法；而当我们很好地用数据来描述了检察工作之后，结合外部数据，比如来自互联网的网络舆情数据（传播热度、好坏评价），将内外数据进行比较，将"专项活动"的效果具体用数字、图表来体现，各项指标的高低升降反映举措的得失成败，一目了然，让工作效果能够真正被"看"到，从而切切实实的有助于决策。

另一方面，要尝试运用数据来智能化地服务决策。用数据描述检察工作可以非常深入，数据结构也可以设计得很精致，比如前述提到的"查办民生领域职务犯罪专项活动"，可以进一步细分为"医疗卫生""教育就业"和"土地规划、房地产建设"等领域，然后对行业特点一一梳理，整理出全面立体描述查办该行业领域职务犯罪案件的相关变量（字段），但是不要忘了，用数据描述检察工作并非目的本身，我们的初衷是要助力于领导作出决策，而且最好是智能化的决策。我们有数据了，下一步应该怎么做？你是否还记得前面谈到的大数据理念？预设两个或几个变量有关，然后试着分析，那是传统的统计学方法，大数据的理念是，把所有的变量做随机的、混沌的碰撞，然后念上一句"嘛咪嘛咪哄"（也许很可笑，但其实，这咒语也不是那么突兀吧！因为在普通人看来，大数据还是一个很神秘的神奇事物，就像古代人看见飞机会飞一样），机器经过计算，会告诉你一些令人惊讶的结论，也许你从未想过今年公诉案件被告人的配偶收入与去年自侦案件证人的学历成正比例——当然，笔者举这个例子，也许并不一定就是如此，实际上，笔者绞尽脑汁想出这么一个怪例子，是想再强调下大数据"不问因果、只问相关"的思维方式：这个客观世界中事物关联错综复杂，并非所有的关系脉络都是一个人的大脑所能及，常规的统计学思维是人的思维，只会挑选那些相对直观的变量关系来做尝试；而大数据思维是机器的思维，机器拥有人脑所不能及的机械算力（机器擅长执行重复性计算，人擅长的是创造性），能够超越直觉，直接且可靠地呈现真相。不过，人们即便通过机器获得了真相，也未必能想明白真相背后的因果，因为有些事物之间关联的复杂图景非一个大脑所能容纳和想象，如果你认可"蝴蝶效应"，也便是承认了一个人类大脑的局限。回到笔者刚才举的怪例子，之所以"今年公诉案件被告人的配偶收入"与"去年自侦案件证人的学历"成正比例，是因为去年侦查的自侦案件程序走到今年才公诉，同时被告人的配偶恰是自侦案件的证人，而且一般来说，学历高，当然收入就会高一些。如此纠结、拐弯抹角的关联，用统计学思维是不可能去发现的，而只有运用大数据的分析，才有可能发现诸如此类的相关关系。至于得到相关关系之后，是否要探究因果，也许并不那么重要，我们认为，重要的是要运用好这个分析结果，运用好这个"陌生化"的语境，针对检察工作做出一个理性、适当的决策。所以，"运用数据来智能化服务决策"并非要多么特别和刁钻，我们只是希望借助大数据计算，发现一些人脑想象不出却又客观存在的事物关联，提供给领导，作为决策的重要依据。

已经投入使用的北京市检察院的"检立方"辅助决策平台，将北京市三级检察机关执法办案、业务管理、队伍建设和检务保障的各种数据和应用系统进行整合，灵活组合，生动呈现，特别是职务犯罪预防领域已经有了较为成功的实践（通过大数据风险预警，向相关单位及时发出检察建议、提出职务犯罪预防对策）。"检立方"已经在辅助决策平台的探索道路上迈出了坚实的第一步，当然，这离"大数据产生决策力"的目标还有很长的一段距离，未来我们将期待"检立方"辅助决策平台朝着更加丰富、有力的方向发展。

（二）解决法律监督标准的问题——大数据塑就规范性

在基层检察官的眼里，"法律监督"其实是一项很"虚"的工作，大家普遍存在畏难情绪，主要原因是两方面：一方面"监督"会得罪人；另一方面监督者和被监督者往往是自说自话，对事实、法律、量刑情节的理解不同，作为监督者的检察机关有时很难拿出过硬的、压倒性的论据，来证明法院和公安机关是错的或不合适的，在这种情况下，往往会让前一方面原因的效果更加放大，法律监督工作步履维艰。然而，宪法将检察机关定位为国家法律监督机关，法律监督就是检察机关的立身之本，这项工作必须要做，而且要做好，既然缺乏公检法统一认同的直观且硬性的规范是法律监督工作难做的原因，那我们不妨利用大数据技术做一些尝试，将作为"依据"的"事实"和作为"准绳"的"法律"以数据标准的形式体现出来，用数字、用图表、用无可辩驳的硬规范来证明监督是合法、合理的。

2005年的时候，一位铁路检察院的检察官整理了该院三年内起诉的所有盗窃案件的起诉书和判决书，从中提取了若干的可量化的变量，运用SPSS软件做统计学分析，后来2006年，又将湖北省铁路两个基层院的盗窃案件数据加了进来，形成了一个较为完整的区域范围、特定罪名的量刑要素模型。他当时的想法就是，将来法院再对盗窃犯罪的被告人进行判决，判断量刑是否适当，就用新的判决来套这个模型，如果发现有异常点，就可以借此作为法律监督乃至抗诉的重要依据。这个略为庞大的计划没有官方支持，纯粹是该检察官个人业余时间实施的，它的依据就是马克斯·韦伯所谓的"法官是'自动贩卖机'"理论："投进去的是诉状和诉讼费，吐出来的是判决和从法典上抄下来的理由"，"法官只是法律的被动的、机械的实施者"；后来，霍姆斯法官在《法律的道路》中，也从另一个角度表达了类似的思想，他说："对于法律的理性研究，懂得法条的人可能掌握着现在，但掌握未来的人则是统计学与经济学大师。"那个时代，没有"大数据"，如果有，我们相信，韦伯和霍姆斯都将会是"大数据"的忠实粉丝。在2005年的时候，也还没有如今"大数据"的理念，所以那位铁路检察院的检察官面对案件事实和判决过程中诸多抽象的、不普遍的事物难以量化、难以运用统计学分析而发愁，这项实验就此暂时搁置。

2006年，他从公诉部门调去了监所部门，在那里他编写了一套"监所检察信息系统"，其中一项功能，就是自动采集公安看守所的软件系统里面的数据，主要是在押人员基本情况、监号人员分布、羁押期限、送换还押情况。原本这些数据在看守所的系统里面只是一些例行公事的表格，但将这些数据导入"监所检察信息系统"里面去之后，就可以做很多事情了：计算、提醒和预警羁押期限，避免超期羁押；通过分析监号人员情况，避免成年人与未成年人、已决犯与未决犯混关混押；重大案件犯罪嫌疑人不可监号相邻，不可同一时间换还押，避免串供；还通过掌握的在押人员籍贯信息，向看守所提出建议，不要出现同籍贯扎堆现象，避免出现牢头狱霸……自从监所部门有了这样一套硬规范，驻所检察室的年轻人即使很腼腆，看守所长即使脸色很难看，看守所的管理却是越来越变得规范了。

运用"跨界"数据，服务自身业务，这是典型的大数据思维的做法。正是看到了"硬规范"的强大功效，所以从2006年最高人民检察院会同有关部门发布《关于在行政执法中及时移送涉嫌犯罪案件的意见》开始，各级检察机关陆续将与地方行政执法机关共享信息的"两法衔接"工程提上议程，各地"两法衔接信息平台"陆续建成。有了这样一个行政执法与刑事司法衔接的大数据资源，行政执法机关以罚代刑、有罪不移送、迟移送的行为将得到有力的监督。

未来，检察机关应当尝试建立更广泛的数据网络，将各行各业的数据都纳入到分析池中，基于足够充分的大数据建立起标准化的法律监督体系，运用技术手段建立起敏感反应的法律监督预警机制，助力于业务部门及时、有效地开展对社会全领域的法律监督。

一方面是检察院官方的努力，另一方面，检察官群体也在为检察事业贡献着自己的智慧。目前，随着"统一业务应用系统"在全国各地正式启动，"人民检察院案件信息公开网"开始运行，前面那位铁路检察院的检察官也在思考，是否能运用检务公开的大数据做点什么，8月份，他和另外4名小伙伴（2名检察官、1名正义网编辑、1名"统一软件系统"承建方的工程师）一起代表检察技术信息研究中心参加了在北京举行的"百度云编程马拉松"大赛，与另外52支参赛队伍一道角逐仅有的5个奖项，凭借轻应用作品"51平安"一举获得"最佳创意奖"："51平安"轻应用的副标题叫"远离犯罪侵害"，它通过收集整理来自"案件信息公开网"的已决犯罪案件数据，进行适当的粒度、维度和重要性加权处理，将常见侵犯财产和人身安全犯罪的案发地点标注在百度地图上，并针对特定区域内的用户推送做好安全防范的提醒，以帮助用户远离犯罪侵害。实际上，这款大数据轻应用不仅仅对普通用户有用，检察机关自身也是需要的，如果发现某个地方特定类型犯罪多发，公安机关是否应当多派一些警力或者采取其他有效的措施呢？如若不然，难免有渎职之嫌！这一思路无疑为检察机关又打开了一扇监督之门。

据介绍，"51平安"的灵感源于国外警方的一项举措，2007年，美国加州颁布法令，禁止有性侵罪前科的人员在距离学校或公园2000英尺（约610米）以内的范围居住，警方给有前科的人佩戴了一个电子设备，实时监控，将他们有效地控制在"2000英尺"距离之外。事实上，我国的一些基层警方和检察院也开始运用"智能手环"等形式，实时监控、监督取保候审的犯罪嫌疑人、监外执行和社区矫正的罪犯的行动轨迹，但是，总的来说，我国的法律还相对原则，极少有像"2000英尺"这样精确的规定，因而可操作性还不够强，监督力度也相对有点弱，随着"大数据塑就规范性"的理念越来越深入人心，相关的实践越来越多，相信技术力量也会对法律本身的进步有"反哺"功效。

（三）解决批捕公诉办案风险和大案要案集体协作的问题——大数据创造聚合力

新一轮司法改革提出了检察官"办案终身负责制"的发展方向。在基层，检察干警除了关注与自身利益直接相关的"员额制"外，也对在现有状况下严格实施"办案终身负责制"心存疑问：基层案件数量大，检察官承担的其他工作任务繁杂，案外因素对公正办案的干扰难以消除，这些都会造成在办理案件时产生风险，只有尽快采取一系列的配套措施，才能控制风险，使"办案终身负责制"有生长的土壤。在我们看来，运用技术手段控制批捕和公诉办案风险的方式，将是可预期和有效的，"大数据"为之所用，可谓生逢其时。

批捕和公诉办案，以阅卷为工作的主要内容，这与之前介绍过的医生看X光片颇有几分相似，也正是受那样一个例子的启发，我们不妨利用大数据建立起"辅助阅卷系统"。该系统作为"统一业务应用系统"升级的一项功能，嵌入其中。未来，收到侦查机关移送案件后，纸质卷宗由高速扫描仪全部转化为电子文件形态，这样做不仅仅是为了方便案卷管理（有些地方检察院已经实现了，但目前主要应用是为了方便律师阅卷和复印），重要的目的是能通过"图像识别""OCR（Optical Character Recognition，光学字符识别）"等技术，使计算机能"理解"其中内容。实现了如此的前提条件后，结合"法律法规知识库""统一业务应用系统"中过往案件办理情况等几部分的大数据，将可以计算分析出目前这起批捕和公诉案件中若干有风险的点，在案卷内容的电子图片之上以圈标提示阅卷人（类似于医生所阅的X光片上有若干机器标注的风险点，甚至于这些圈标还可以更丰富，以不同的颜色、大小，代表不同的因由和重要程度），或者在业务系统中特定的程序节点流转处弹出提示窗。

运用如此的技术手段，将为检察官提供一个聚精会神办理案件的平台，将阅卷重点聚焦在重要的"标注点"上，从而提高效率、降低风险。但是，

"辅助阅卷系统"只整合了单个人的力量,这还不够,我们期望还能够通过建立"团队协作系统",实现人与人、团队与团队力量的协调配合、有机聚合。其实在管理学上,有很多值得借鉴的理论,各地检察机关在"专案"办理中也有较多的实践,已经积累了很多成熟的经验,只是确立制度是一回事,落实制度又是另一回事。我们认为,关键是制度落实缺乏有力的督促和直通要害的抓手,可以寄希望于技术手段给力——通过大数据计算,根据办案组各人员的专长、经历、办案习惯、协作能力等要素(甚至可以包括过去的失误),对案件进行有机的拆解,实现科学合理的分工(一定要强调"有机",现在很多专案办理仅仅只是甲办理123笔事实、乙办理456笔事实,在这样的分工体系下,大家都只顾着耕种自己的一亩三分地,效果就像是在盲人摸象,这不是"有机"的;按照案件事实笔数来分工,是最直观的一种方式,但并不是唯一的,也不一定是最好的,我们可以借助大数据计算对案件有全面、整体的认识,然后可以从更多的角度、依照不同的标准对案件内容进行划分;这在过去是做不到的,因为一个人的大脑不足以处理如此抽象的事物,但现在机器可以,计算机绘制和处理数以万计、亿计的数据点依然得心应手,依然可靠稳定),用大数据的方法计算出最佳的分工选项,由计算机来划分"拆分点",由计算机来创制团队信息互通的"标准接口"(工作衔接、信息交流,使用同一套规范话语体系),使每个办案人对案件都能有立体的、全貌的认识,达到"一花一世界,一树一菩提"的境界。实际上,也相当于是借助大数据实现最理想的"分布式网络"知识形态(在"分布式网络"中,每个节点都能以最短的路径互通信息,从而最大程度地减少因节点的增减带来的损失,此时,我们可以把团队中的人理解为网络中的节点)——大数据计算之所以算力强大,就在于它是"分布式架构",我们这里要做的,实际上,也就是希望将计算机世界中的优良组织架构延伸到人与人的体系(团队协作)中,实现办案力量的最大聚合。

现在,检察技术信息研究中心已经在推进一个以"聚合"为目的的大数据项目,就是"电子检务工程"体系中的"检察机关电子证据云平台"工程。我们将在最高人民检察院司法鉴定中心建构大规模高性能的电子证据分析鉴定平台,实现对电子证据的快速镜像和取证分析,构建电子证据的"云端",

各地检察机关通过客户端软件接入，可以进行电子证据的远程取证和分析鉴定，无须往返移交设备和介质；同时，藉此实现电子证据的统一管理：集中存储、索引归档，可快速查询检索；在此基础上，运用大数据方法，通过数据碰撞，发现证据学规律，挖掘可服务于检察业务的各种信息（包括但并非仅限于发现自侦案件线索）。将来，还计划实现各种系统之间的互通与融合，实现大数据之上的大数据，以期汇聚更大的能量。

（四）解决队伍管理和工作考核量化指标的问题——大数据增强认同感

无论是在公司企业还是在国家机关，工作绩效考核一直都是一个很棘手的领域：过于宽松和宽泛，相当于没有约束，队伍的组织纪律涣散；而过于严格和细致，往往又扼杀了创新和活力，还会有遭致"不切实际""一刀切"等非议。考核的"度"之所以难以把握，是因为客观世界的事物本来就是流动的、弹性的，"度"是会根据不同的情境有变化的，除非能了解并消化事物的全貌，否则必然会在制定考核标准的时候缺失一些要素，特别是一些"过程"。

任何工作都会有"吃力不讨好"或者"没有功劳只有苦劳"的时候，检察工作也是如此，要说的是，如今的考核也许有些僵化、弹性不够、只注重结果，那是因为过去没有"大数据"，所以在制定队伍管理和工作考核标准时缺乏全局的、过程的要素（甚至是因为人脑的极限、理解成本太高而有意忽视的），而今我们可以运用"大数据"的方法，描绘检察工作的全面图景，除了将工作成果数据化，更可以将工作的行为内容和工作过程数据化，将来不但是领导作为人能理解检察干警的付出，计算机中的考核指标也能理解这份"苦劳"。

我们设想通过在"统一业务应用系统"中开辟专门的"检察工作日志区"，提倡检察干警每日将自己的工作内容和状态，特别是与正在办理案件相关的所作和所想记录下来（很多人其实都是有记录工作的习惯的），形成一个"检察工作写实记录"云平台，数据的留存不仅仅是为了记录本身，更是为了服务于未来的工作：利用"自然语言识别"技术让计算机理解云平台中检察官们记录的内容，进行大数据的处理和分析，更全面的、更精细的数据，特别是行为数据和过程数据，必然可以从中挖掘出对于检察工作考核有帮助的客观规律，进而使考核机制更加完善。可以设想，"统一业务应用系统"中的时间节点显示，近来整个部门的工作效率都很低，同样类型和规模的案子，上个月办理平均只要 5 天，这个月平均办理却超过了 7 天，探究原因，是因为这个月的会议次数增多了。理解往往是解决矛盾的最有效办法，当电脑开始像人脑一样理解，考核标准将会越来越增强检察官们对其的认同感，这一切将拜"大数据"所赐。

（五）解决办案成本控制的问题——大数据整合杂问题

实际上，我们已经开始自发地做着节约成本的事情（如我们在前面谈到的很多检察机关应用大数据的项目），只是还没有树立起普遍的"成本意识"，还没有系统、完整地来构筑起节省成本的检察工作体系。运用好信息化手段，毫无疑问是最节约成本的，当我们探讨"大数据与检察工作"的时候，只有拥有了"成本意识"，才算是有了真正的需求：因为如果不考虑成本多少，只考虑提高效率和减少风险，一切的方案在成本可以无限大的情况下，都是没有意义的。

成本问题其实是检察工作的一个全局性问题，如果说最近一次司法改革提出的"省级院通管人财物"有包含成本节约的考虑的话，那么，我们就应当建立至少是全省统一的智能化资产管理体系：所有超过一定价值的检察院资产，都应当安装 RFID 芯片，从其购置、分配、使用、损耗到报废都需要被数据库掌握；车辆需要安装卫星定位和网络信息传输设备，实时上报地理位置、路线、油量以及车况；所有检察院大楼内的闸门、用水开关都要安置感知器，用电用水的情况也需要被数据库收集……如此，形成一个检察院内部资产管理的大数据体系，然后管理者便能知道，哪个院用水量显著高于平均值，哪个部门下班经常不关空调，哪种品牌型号的笔记本使用寿命最短（今后再不采购那种），还有就是可以统一调配车辆——根据 GIS（地理位置信息）结合交通状况，统筹安排出行路径，用大数据计算得出一定成本控制下的效率最优解。

此刻，我们从资产管理的角度来建立试图控制检察工作成本的大数据体系，但这并不是唯一的方案，之前我们提到的所有关于大数据与检察工作的尝试其实都是方案之一，这些体系和网络未来都将有不同的发展，逐渐向邻近的工作领域延伸，互相交织，不断演化是必然趋势，我们将看到大数据与大数据的融合，看到越来越多的大数据之上的大数据应用，对于自侦办案、对于法律监督、对于批捕和公诉业务等各个方面，将会有越来越整体的、智能的规划。正是大数据的理念、方法和技术，使眼下颇为杂乱的问题能够得到较好的梳理，能够向新时代的检察工作注入一股新鲜的活力。

五、检察机关怎样建设大数据项目

虽然我们整篇都在倡导"大数据"，为"科技力量"大唱赞歌，但是我们必须要了解"大数据"的软肋，除了广泛热议的安全和隐私问题，最大的忧虑来自它并不够坚实的哲学基础。大数据号称能通过过往数据来预测未来，用已知数据来指引未知，但是两百多年前，大卫·休谟就曾诘问："太阳每天都从东方升起，一定能保证明天的太阳依旧从东方升起吗？"也许随着大数据在越来越多的社会领域展现其威力，这个问题不再会被人提及，但是作为较早一批"大数据"的观察者和拟实践者，我们的内心应当至少保持最低限度的审慎，避免盲目自大。

作为科技的"大数据"并非无所不能，然而从社会层面看，科技力量的发展却已成为一股历史潮流，不可阻挡，所以，检察机关也应顺潮流而行，建设我们的检察大数据项目。同时，我们认为，在这样一个与往昔都非常不同的时代，检察技术部门的定位也应当有所改变，不应该再归为"检务保障机构"，而应当从职能上将其逐渐过渡为"综合业务机构"："检务保障机构"在案件办理和事物决策过程中是没有主导权的，但是，随着大数据应用在检察工作领域的全面铺开，技术部门越来越类似于政策研究室那样的决策辅助机构，唯一的不同只是研究室是用文字和逻辑来表达，而我们技术部门是用嵌入在大数据系统中的代码、算法和数据来表达着观念和看法；技术部门也越来越类似于案件管理中心，案件管理中心管理的是文书和案件流程，而技术部门将来掌控的将是所有的电子证据，以及运用大数据碰撞计算得到的超然于证据之上的案件规律。

无论如何，让我们回到主题，来看一下检察机关应当怎样建设大数据项目吧！所有的大数据项目都是以云计算为架构建立的分布式处理系统，从现阶段各级检察机关的技术研发和运用能力来说，我们的大数据平台都只能是 SaaS（Software as a Service，软件服务），也就是说，要做出来的是直接面对最终不懂技术的用户的软件应用层，在 SaaS 之下是 PaaS（Platform as a Service，平台服务，包括数据处理引擎、数据库等），在 PaaS 之下是 IaaS（Infrastructure as a Service，基础设施服务，如存储、虚拟化技术）。因此，我们要以此解决五个方面的问题：

（一）数据来源

检察大数据的来源渠道多种多样，在描述的时候，试着对它们按照不同标准进行分类，会有助于我们的理解：

1. 依行业领域分类：

（1）检察内网数据：统一案件管理软件、电子证据管理云平台（业务数据）；资产管理系统（非业务数据）；

（2）其他国家机关和企业数据：民航、金融、房产、证券、期货、虚拟货币信息；城市监控、通信、游戏娱乐、消费网；即时聊天、IC 卡、互联网企业的行为数据、广播电视、有线电视电话网、雷达、GPS 定位……

（3）互联网公开数据。

2. 依互相之间的差异分类：

（1）同构数据（来自同一系统的数据，来自不同系统却可耦合的数据）；

（2）异构数据，指存在形式、类型、结构有差异的数据（又分为可转换和不可转换数据，当然，只是相对区分，没有绝对界限）。

3. 依形态规律分类：

（1）结构化数据，指结构具有普遍意义的数据（该意义可被所有计算机理解），如 SQL 等关系型数据库数据；

（2）半结构化数据，指结构有一定规律，但并不具有普遍意义（该意义可被部分特定的计算机所理解），如 XML、HTML 等特殊格式的数据；

（3）非结构化数据，指外在表达形式松散，结构规律不显著，意义很难在不同计算机之间传递。

4.依意义分类：

（1）业务数据，即实体数据，指达到操作目的的数据，对操作人有直接意义；

（2）行为数据，即行为人在过程中的操作数据，对操作人没有直接意义。

如行为人打字"好好学习"，这四个字属于"业务数据"，但是"行为人打这四个字花了10秒钟"，就属于"行为数据"了。

5.依据文件类型和格式分类：

（1）依照类型分类：文本、图片、音频、视频等；

（2）依照格式分类：如图片文件可分为jpg、png、gif等；视频文件可分为mpg、wmv、avi、mov等。

6.依据数据表达的分类：

（1）文本语义型；

（2）数值标注型；

（3）混合类型（文本语义和数值标注兼而有之）。随着物联网的发展，传感器获得的数据参数众多、粒度和维度复杂、实时流变，实际运用中实在是不适合归为某一类，但是，这样分类的意义在于，可以帮助我们理解数据以及数据信息传播的本质。

（二）数据处理

1.优化同构数据：特征提取、元数据分析、业务解析、字段映射；

2.改造异构数据：文本预处理、特征表示和特征提取、挖掘含义、组合或分解、关联、改造；

3.整合所有数据：筛选、数据清洗、数据除噪（防止恶意干扰、排除个案影响）、基础语义、延伸语义（上下文语境、情境演进）；

4.管理数据分类（依据粒度、维度、变量、属性、原始来源）：添加索引、标签化管理、统一表示、建模、数据交换、组合。

数据处理的意义：建立模型、建立元数据词典、建立行业规范。

数据处理应充分考虑数据的"基本属性"，包括数据主题、数据类型、数据模式、数据量、数据周期、更新频率、时间线、摘要、标签、提供者、数据生产者、业务背景、语言、领域，确保处理后的数据：精确、标准、完整、有效、无冗余、清洁。

（三）数据存储

由于大数据的海量及实时高速等特征，决定了必须采用能够动态同步的存储形式，首先目前的普遍看法是JSON格式是占据空间最小的格式，而主流大数据均是采用成熟的Hadoop Distributed File System(HDFS)和Cassandra存储，根据业务需求，构建内存数据库集群，进行高性能事务数据处理，实现非结构化数据的海量存储；而对于那些难以转化的非结构化数据，则可尝试进行统一表示，以实现文本预处理、特征表示和特征提取等处理方法。

（四）数据分析

大数据时代，虽然传统的方法失效，但并不代表大数据的所有方法都是另起炉灶，事实上，大数据的分析方法仍然都是从传统的方法改进、发展而来，包括统计学方法、数据建模、机器学习、目录树、决策树、数据挖掘、数据仓库、商业智能(BI)，而新的技术则包括：分布式、并行计算、内存数据库等。

我们正在一个从IT（信息技术）到DT（数据技术）的时代，以美国为代表的发达国家的一个经验或许值得借鉴，政府没有能力处理所有的大数据，所以设立了专门的数据公布网站，公开免费提供各种数据，让有兴趣、有能力的组织和团体来进行大数据分析。如美国政府2009年在《开放政府指令》的影响下建立的Data.gov网站。阿里巴巴作为全球最大的电商企业，也通过"阿里云"开放其大数据。

当然，还有一种思路，就是直接运用商业企业部署好的云端的大数据分析环境，如亚马逊的AWS云服务里面有MapReduce，谷歌GAE云服务里面有BigQuery，百度还有更傻瓜的"预测开放平台"（当然，太傻瓜了其实用处是不大的）。

（五）数据服务

大数据分析以形成数据服务为最终形态，数据服务从低级到高级依次是：数据检索、数据可视化、数据推荐。依照服务决策的形式，可分为主动和被动两类：

1. 被动决策服务：数据检索（搜索）、数据可视化（以图表形式直观展示数据意义，或者以数字化方式还原客观事物形态，后者如《阿凡达》中外星人实际为数字化还原3D影像）；

2. 主动决策服务：数据推荐——利用大数据碰撞分析，发现有意义的客观规律，根据特定需求进行主动推送。

六、畅想不久的将来：检察大数据应用见闻

未来的一天，中国的一家检察院，审查批捕和公诉部门的检察官走进办公室，计算机屏幕自动亮起（人脸识别），同时用柔和而自然的语音介绍着新一天的任务："××检察官，欢迎开始今天的工作，本月你已经办理了15起案件，平均每17个小时办理一起，超过部门平均水平，但是很遗憾地告诉您，您还有6起待办案件，其中2起处于急办状态（统一业务应用系统），所以您不得不加快进度，根据您以往的习惯，如果您在投入工作40分钟的时候喝上一杯咖啡，整天的工作效率可以提高30%，您觉得需要这样做吗？（检察人员生活习惯数据库）""是吗？看样子，你比我更了解我自己，我恭敬不如从命吧！"检察官故意说话拐弯抹角，但计算机仍然准确无误地收到并理解了指令（语音识别、自然语言语义分析），并将40分钟后送咖啡的指令传送到了后勤服务中心（检察后勤服务系统）。

"开始办理案件！先办一个简单的案件热身吧！"检察官指示。"好的！"计算机得令，过了几秒钟，屏幕上开始展现某案件的卷宗目录，同时传出语音："本案是一桩普通的贩卖毒品案件，事实清楚，证据充分，难度系数只有0.2，建议在20分钟内办理（案卷内容数据及难易度评估）。"检察官在屏幕上点击，案卷材料即展现出来，几百页的案卷中，只有3个提示点，检察官分别仔细查看了这3组提示，被提示的是经过大数据计算后被认为有风险的点，不同的风险性质，标注的颜色是不同的，不同风险强度，也以不同的大小来标示——"在这里，辩护律师有超过63%的概率会提出异议；在这里，理论界有21%的人认为适用这条司法解释是有破绽的；这里，是您在4月的一起类似案件中曾错误理解的知识点（办案风险控制系统）……"检察官忙争辩："你说我错了，你拿出证据来啊！"计算机立刻将相关知识库搜索结果予以呈现（法学知识库），检察官有点脸红，立刻转变话题："我并不认为只控

制这几个风险点就能把案子办完美,在法庭上,辩护律师可能会提这样的问题……"计算机回答道:"您多虑了,事实上在以前的案子中遇到过比现在情况严重得多的情况,这里是一段去年已经退休的老检察官办理那件案子时的出庭视频节选……"(多媒体数据文意提取、异构数据转换、机器学习)。

　　检察机关已经设立了一个新的岗位"数据分析师"。在数据分析师的工作台,我们看到他正在圈点一些图、表和某种奇怪的符号标注,他时而在拟向有关部门发出的检察建议文档中打一段文字;时而又在编写代码,好像是将地理位置和时间趋势加了进去,这下让他得到了满意的图、表,大手一挥,内容便呈到了检察长的面前(检察决策辅助系统)。仔细看数据分析师发来的内容,似乎同时涉及了两个不相干的领域,大数据计算的结果显示,企业管理的漏洞与未成年人犯罪之间有某些变量的相关性,这还真是稀奇,要好好补补脑(大数据混沌分析、碰撞分析)。

　　在控申接待窗口,来访人希望检察机关能够提起抗诉,支持他的请求。他拿出了新证据,属于一份电子证据,控申人员接入"电子证据云平台",对该份电子证据进行了鉴定,确定了真实性,将该证据要素与既有大数据进行碰撞分析,得到的分析结果建议检察机关支持来访人的请求。

　　五年前在百度云编程马拉松上获奖的"51平安——远离犯罪侵害"已经从一款 Demo 版轻应用变成了正式的便民软件,除了提醒群众远离犯罪侵害,这款应用还在每个标注点都开设了讨论区,群众可以针对该案件、时间和地点发表意见和看法。这个举措不是任意为之,是有目的的,检察机关希望借此收集关于犯罪民意的大数据,结合区域特定类型案件多发的情况,用大数据分析的方式发现潜在的渎职侵权犯罪。

　　"监所检察信息系统"全国版已经启用,不但自动采集所有公安看守所的实时数据,而且该系统也成为"统一业务应用系统"的外围延伸,互通信息,使中心数据库的数据更加丰富。此外,监所部门还与侦查监督部门一起,联合公安机关、法院,通过智能芯片实现了对取保候审、监视居住犯罪嫌疑人、监外执行和保外就医罪犯的地理位置行踪管理和监督,并以此为基础建立了"非羁押强制措施评估体系"和"监外执行犯罪行踪监督档案"等。最近,公诉部门也有意尝试将这款智能芯片用于保护重要证人的人身安全。

在检察官学院，一群年轻的初任检察官正在与计算机就具体场景斗智斗勇（检察知识库、推理模型），当要对一份法院的判决进行审查的时候，检察官熟练地调用该类型案件的判决大数据，很快就分析出这份判决中事实认定的不合理之处以及量刑的偏差，扮演法官角色的同伴目瞪口呆，无话可说（审判监督评估系统）。

检察官们的每日工作和学习，都被大数据中心忠实地记录着，无论他们是幸运，还是遇到暂时的挫折，计算机都能及时掌握一切状况（检察工作写实日志），不但在考核的时候有人性化的增减分机制（绩效考核系统），而且还会给予必要的关心、建议和心理辅导，让每一名检察人员都能学有所用、人尽其才（检察人员生活习惯数据库、队伍管理系统）。

又到了人民代表大会召开的季节，当检察长上台汇报工作，我们欣喜地听见了"成本"这个词，大数据给检察工作带来了效率的提升、风险的减少，带来了成本的降低。当天的大数据舆情专报很快出炉，检察长兴奋地说：我们自己说好，那是王婆卖瓜，我们到底做得好不好，得要群众说了算，群众可以口头上不表达，但只要他们上网，他们的轨迹就被我们的计算机记住了，他们在心里点赞或者拍砖，我们都会是知道的（行为数据分析、基于互联网的心理策略）……

拥有一个神一样的队友，是每个人梦寐以求的，对于全国的检察官来说，如此美妙的事情就在不远的未来，那时的检察工作，就像有一位无处不在的"智慧检察助手"，他全知、全能、反应快速，而且成本低廉：机器尽情地运用大数据做它擅长的事情，而人尽可以最大限度地发挥创造性……我为何如此肯定？只因西方谚语有云："预测未来最好的办法就是创造未来！"

大数据司法：创新与实践*

刘品新

[讲演者小传]

刘品新，中国人民大学法学教授、刑事法律科学研究中心副主任、证据学研究所副所长、刑事错案研究中心副主任、反腐败法治研究中心副主任、网络犯罪与安全研究中心执行主任，最高人民检察院检察技术信息研究中心副主任（挂职）、智慧检务创新研究院副院长。

近年来讲授的"检察大数据"课程包括："智慧法治的学术观察"、"大数据时代治理转型与法治建设"、"大数据司法：实践与创新"、"公诉如何智慧"、"全国智慧检务工作会议精神解读"、"反腐与大数据科技"、"大数据在检察办案中的运用"、"大数据的证据价值、侦查模式与权利保障"等。

---

* 本文为笔者 2017 年 7 月 18 日在西藏林芝举行的全国检察机关侦查监督高级研修班上讲课的整理稿。为行文方便，本文整理时对讲课中的部分案例和图表进行了删减。同时，本文为 2016 年国家社科基金年度项目"大数据时代电子文件的证据规则与管理法制建设研究"（项目批准号 16BFX033）的初步研究成果。

一、引言

2014年是中国的大数据元年。自此以后,"司法+大数据"就很快跃升为中国法治的一个大热门。2016年5月,中央政法委举行政法干部学习讲座,讲解了提升大数据时代运用先进科技打击犯罪的探索和成效。10月21日,中央政法委再次举行政法干部学习讲座,邀请马云讲解"科技创新在未来社会治理中的作用"。2017年1月中央政法工作会议上,中央政法委书记也多次谈到了大数据在司法领域的深度应用,他讲话的两个高频词是"新技术"和"大数据"。在谈及打击新型犯罪时,表示要善于运用大数据关联犯罪嫌疑人行为轨迹;在提及诉讼制度改革时,强调要让大数据技术为推动改革落地奠定基础。随后7月的中央司法改革推进会上,中央政法委书记再次强调,要更加积极主动拥抱大数据、人工智能新时代,把理念思路提升、体制机制创新、现代科技应用和法律制度完善结合起来,全面落实司法责任制及相关配套改革,深入推进以审判为中心的刑事诉讼制度改革,推动中国特色社会主义司法制度不断完善发展,努力创造更高水平的社会主义司法文明。简要回顾这些正在发生的事件,给全国法律工作者的启示是,每个人必须深刻认识到现代科技对司法工作的巨大推动作用,要与时俱进地转变观念,着重把握以下两点:

(一)准确把握司法改革与大数据司法之间的关系

当下法律界主要有四种观点:

其一,两者是"车之两轮,鸟之两翼"的关系。也就是说,这两者都是现阶段司法革新的重要任务,两者是并驾齐驱的。其二,大数据司法是司法改革的一部分。也就是说,司法改革包括员额制改革、刑事诉讼中审判中心的改革,也包括大数据应用等方面的改革。大数据司法使司法工作从传统上的靠人来干转变为未来的靠机器来干,它也是司法改革的一个部分。其三,司法改革是大数据司法的一部分。也就是说,目前正在进行的司法改革,在某种程度上是为了适应深度运用大数据的需要,如减少员额制法官、员额制检察官以及司法辅助人员等。其四,大数据司法极大地促进了司法改革的攻坚克难。现如今在司法改革中遇到的一些难点（如对员额制司法人员的非审批式的监管），现在看起来只能借助大数据司法来破解。上述四种观点，从不同立场、不同角度给我们展示了大数据司法的地位，具有启发意义。

（二）准确把握中国法治模式与大数据司法之间的关系

什么样的法治道路，才是最适合中国的法治道路？回答这个问题，必须思考中国的法治模式。这是一个更为宏大的角度。以此为立场，能够更清楚地看清中国当下选择大数据司法的伟大意义。同西方典型的三权分立的法治道路相比，中国司法积极拥抱大数据已然构成一种并列模式。这突出体现为大数据司法能够起到四种重要的功能：其一是实现"同案同判"。西方国家主要是通过判例法来做到同案同判。现如今，通过大数据的方法，我们可以在某一案件发生之后，从全国范围内的海量案例中找出与其相类似的案件，用作参考。其二是提高司法公信力。西方国家的司法公信力一般认为源于司法独立，裁判者行使的是与立法权、行政权分立的司法权，司法"独立"提升公信力。在中国，借助大数据的力量辅助办案，提供一种公开透明的参考裁判结果，在很大程度上也提高了司法公信力。其三是提高司法效率。这是基于前两项的必然结果。"同案同判"了，司法公信力提高了，缠诉、缠访的情形就会大大减少，自然而然也就提高了司法效率。其四是助推司法改革的落地。员额制检察官、法官制度施行后，还要不要对员额检察官、法官办案进行监管？这个问题的答案是明确的。但是，这种监管绝不是以前的领导审批制，也不是变相的审批制。在今天只有通过大数据技术找到不同业务条线办案的规律，以办案偏离度等机制对相关办案情况进行监管。这四项功能的实现，将极大地增加我国法治的道路自信、理论自信、制度自信、文化自信。因此，大数据司法不仅仅是一种新的技术形态，也是中国法治模式的现代化转型，是中国法治道路的"换道超车"。

在这样的理念指导下，中国的检察院和法院也展开了卓有成效的探索。2017年5月，在全国法院第四次信息化工作会议上，最高人民法院周强院长明确提出了智慧法院3.0的概念。他指出，法院的信息化工作已经进入3.0时代，即智慧法院时代；所谓智慧法院，是指在人类基于信息化智能化时代，在一系列先进的信息系统支撑下，法院新型的组织建设和运行的形态。同样，检察机关的智慧检务也有了升级换代进入了信息化4.0的时代。曹建明同志指出，"大数据时代信息科技应用的广度和深度直接关系到检察工作的综合实力和工作水平，要加强人工智能在检察重点领域的深度开发和应用"；"要积极运用现代科技推进以审判为中心的刑事诉讼制度改革，在更高层次上实现惩罚犯罪与保障人权相统一"；"要积极推进检察智能辅助信息系统建设，全面推进侦查监督平台，讯（询）问语音同步转录等智能系统建设，科学把握智能评判与司法判断的关系，促进提升办案质量和效率"。这些判断引人深思。无论是智慧法院，还是智慧检务，两者的核心东西是一致的，即都要求人工智能和大数据的全方位深度运用。

二、什么是司法大数据

大数据的存在和运用都十分广泛。2014年后，网上开始出现广告精准推送，就是基于上网痕迹的大数据。具体来说，人们在使用电脑或手机上网时，网络服务商都会提取有关使用者的位置信息、爱好习惯、关注点等数据，汇聚而成海量数据，再进行商业开发。在大数据时代，人们通常连自己产生和留下了哪些数据都不知道。美国前总统奥巴马将大数据称为新的"石油"。

早期，人们认为，大数据是指在互联网行业中，互联网公司在日常运营中生成、累积的用户网络行为数据。现如今，通常可以认为大数据是由大交易数据、大交互数据以及大运行数据构成的。大交易数据是指在电子商务、电子政务中日常累积的电子数据。像阿里巴巴的天猫平台，2014年双"11·11"一天的交易额为571亿元（已经超过沃尔玛中国一年的销售额），2015年双"11·11"一天的交易额超912亿元，2016年双"11·11"一天的交易额更是高达1207亿元，这就是大交易数据；人们在日常生活中使用微信、微博、QQ、邮件等电子通信工具，可以自由地表达意志和相互沟通，这就形成了大交互数据；人们使用电脑、手机等电子设备，更会形成巨量的运用和运行痕迹，这可以称为大运行数据。

检察机关是一个拥有或者应当拥有大数据的部门。这主要是一些专门化的司法大数据。经过调研，笔者认为检察机关的司法大数据主要包括以下内容：

1. 以起诉书、裁判文书为代表的海量法律文书。最高人民法院在裁判文书网上发布了3000多万份裁判文书。最高人民检察院全国检察机关的大统一软件系统也累积了1400多万份案件的法律文书。

2. 海量的案卷资料。这主要是试点电子卷宗系统的部分省市累积的案卷资料。每份案卷的信息量远远大于法律文书，可用于机器学习辅助办案，能起到更好的效果。

3. 海量的同步录音录像资料。在山东等地，检察院要求讯问中的同步录音录像，全部、同步上传到省检察院的机房进行统一存储。这就构成了另类的司法大数据，可用于机器学习，学会怎么甄别不当审讯，未来学会怎么"机器代替人"审讯。

4. 智能语音语料资料。去年最高人民检察院在全国选了几十个试点单位，部署科大讯飞的智能语音系统，辅助审讯、庭审、会议、教培、双语等，也积累各种语音语料资料。此外，随着数据共享的展开，检察机关还会接入公安法院数据、行政执法机关数据、大数据公司数据等。

三、检察开展"大数据司法"的场景

大数据在检察系统的运用是全方位的，可以区分为办案、办公和管理三大部分。其中，重中之重是检察的大数据办案，又可细分为大数据侦查、大数据预防、大数据公诉、大数据侦监、大数据民行检察、大数据刑事执行等。下面，对主要运用场景进行举例说明。

（一）大数据侦查

大数据侦查的原理就是检察机关侦查部门通过采集海量数据建立数据库，建立关联性分析、数据碰撞、数据可视化、数据画像等规则，对犯罪嫌疑人进行画像等，获取破案的线索和情报。目前全国许多地方的检察机关已经应用得很有成效了,典型的有徐州市检察院的"职务犯罪侦查信息云平台"、无锡市检察院的"职务犯罪智慧侦查情报分析系统"等。

这些系统最简单的功能是将所有搜集到的数据关联起来,从而可以在一个平台里实现"一键搜索"。比如过去要分别搜集商业银行的流水信息、公安机关掌握的出行信息、以及行政执法机关掌握的公用信息(如房产信息)等,单独进行研判。现在这些独立的"小数据"被整合到一个平台之后,就成了"大数据",可以轻而易举地实现一键搜索,进行关联研判。

第二项功能就是进行智能分析。目前比较成熟的应用有针对话单、账单和资产的智能分析。人工分析要求主导分析的人具备一定经验,且分析的数量比较有限。现在可以设计一些分析条件,比如针对电话号码设置敏感时段、通话时长、是否被删除等进行智能搜索与过滤,又如针对账单(尤其是大额资金往来情况)可以设置关联条件等自动发现问题。这些都可以通过机器自动化完成。还可以进一步对人物进行建档,也可以进一步按照时间轴还原案件事实。

随着监察体制改革和公益诉讼入法的展开,检察机关的办案业务会有一些调整。一些地方先行先试的探索表明,现阶段用于侦查部门的大数据侦查平台,可以做些简单的调整,就能运用于刑事执行检察部门的侦查、侦监公诉部门的补充侦查和民行检察部门的民行调查。

(二)大数据预防[①]

大数据的更大价值在于预测预防。在大数据时代,通过数据分析掌握人、掌握单位的各种细节,从中发现一些不规范、不寻常行为的蛛丝马迹,从而对其作出职务犯罪风险预测已完全具备了可行性。检察机关通过大数据防范腐败犯罪,事实上是完全可行的。福建省泉州市丰泽区检察院建成了职务犯罪风险防控系统,产生了良好的效果,给我们提供了良好的示范。

---

① 这部分内容参考了福建省泉州市丰泽区人民检察院郑小玲副检察长在全国科技强检与大数据运用培训班上讲课("大数据平台建设在职务犯罪预防中的应用")的有关内容。特此致谢!

1. 该院针对舆论热点案件"徐玉玉考生信息泄露案",尝试从本地一些论坛上收集关于本地学生信息泄露问题的有关数据,发现有一条某中学学生家长投诉学生信息泄露,导致其被骗走3万元的信息,针对这个问题,预防部门到该学校以检察建议、座谈、讲座等方式有针对性地开展了精准预防工作。此后,该院尝试用爬虫软件在互联网上抓取这方面的数据,发现类似情况还有不少,其他学校也存在类似问题。于是,该院与区教育局联合针对预防学生信息泄露开展一些工作,得到了社会各界的赞誉。

2. 防范醉驾案件违规处理行为。2016年,该院将公安警综系统、检察案件管理系统的案件数据与司法鉴定所的酒精检测数据这三种数据导入平台,在平台中设置驾车的人员受酒精检测浓度为80mg/100ml以上,选择刑拘情况无、逮捕情况无、起诉情况无,即可排查出已达"醉驾"(危险驾驶罪)追诉标准但未进入刑事程序的案件范围,也就是被"降格处理"的"异常数据"。经排查,促成公安交警部门对醉驾案件补充立案17件,并促成公安机关开展内部清查、整顿、教育活动。

（三）基于大数据的类案推送

类案推送是探索引入人工智能深度学习技术,在完成要素信息抽取研究的前提下,实现依据案由、犯罪手段、量刑情节、刑罚、法院、地区、相关法条等多种关联因素综合检索同类案件的方法。

在2017年3月山东"辱母杀人案"持续发酵后,我们试着进行了类案搜索。具体做法是,对中国裁判文书网上100多万起故意伤害案,选择反映案件独特信息的关键词如高利贷、辱母、警察在场等,进行技术搜索。结果搜索到很多类似的案件(示例见图1)。研读这些案件发现审判结果可以归为两类：一类是轻判的,比如保定的一个案件认定为正当防卫,判了7年;另一类是重判的,比如安徽黄山的一个案件,没有认定为正当防卫,判了死缓。两种情况的差别在于是否认定了正当防卫。这样,可以继续使用类案搜索技术进一步搜索"正当防卫"案件。这样的高级搜索功能,可以快速找到同类案件。如此进行推送,就是类案推送,可以起到促进"同案同判"的作用,使司法裁判更具有说服力。

图 1　部分搜索结果

（四）基于大数据的统一证据标准

时下有一种流行说法，认为冤假错案产生的主要原因之一是公检法的证据标准不统一。如果推行统一的、数据化的证明标准，就可以避免冤错案件的发生。这种观点并非无可挑剔，但基于大数据技术改造证明标准缺失是一个方向。现行法律对证明标准的规定是诉讼法中的"案件事实清楚，证据确实、充分"，即认定罪与非罪的标准，是给全案证据下结论的标准。这一标准如何进行大数据改造呢？

我国司法大数据的先行地区如贵州、上海进行了宝贵的探索。贵州的做法是，针对故意伤害罪等罪名，按照犯罪构成的四要件、三阶层，转化为十个证明要件，再进一步看每一个证明要件中通常需要哪些证据（图2中条块状的部分）来证明。这一做法的关键是构建犯罪构成知识图谱（见图3），将案件信息数据化，从而形成一个统一的标准。

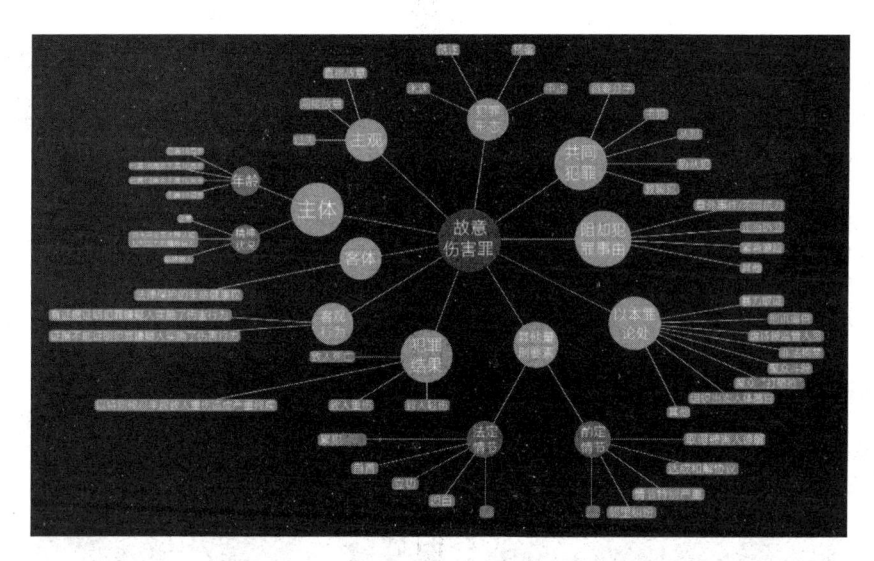

图2　基于大数据的统一证据标准之贵州应用——犯罪构成十要件

图3　基于大数据的统一证据标准之贵州应用——犯罪构成知识图谱

上海政法系统研制了"刑事案件智能辅助办案"系统，其核心内容同样也是证据的认定。在其证据指引标准中，对于立案、侦查、初查、审查起诉等每个阶段需要哪些证据，就嵌入进系统，将证据规则的软要求，变为平台的硬约束，达不到要求就无法进入下一步。通过这种方法，可以解决取证不规范的问题。

图4 上海刑事案件智能辅助办案系统

这两个系统的效果如何，值得特别关注。从目前的情况来看，他们研发的是统一的数据化的证据标准（即应该有什么样证据、证据是否有效的标准），还不是统一的数据化的证明标准；他们取得的成绩主要是在证据的数据及合法性规范方面，也遇到了如何教会机器审查判断证据的关联性、真实性的挑战；他们在证据合法性自动审查方面取得的进步是形式审查方面，在实质审查方面还有一些障碍。

我们的研究表明，基于大数据的证据审查应当以全案证据的审查评断为主，重点突破反向审查而非正向审查，即什么情况下案件中的证据还不足以支持做出肯定性裁判。这就需要转变一下思路，比如通过对最高人民法院不予核准死刑或者高级法院未判死刑立即执行的案件，进行机器学习，确定出一个不会被判处死刑的公式。通过这样机器学习得来的辅助办案系统，可以在很大程度上给办案人员做出提示、进行预警。

（五）基于大数据的辅助定罪量刑

基于大数据辅助定罪量刑是借助文本相似度分析等技术，挖掘隐藏在历史司法文书中的法官、检察官定罪量刑集体经验，计算出各定罪量刑情节对刑罚的影响程度，赋予各情节不同的影响系数，从而使定罪量刑方法更具个性化、合理化。我们当前做过对重点罪名裁判文书的辅助定罪量刑研究，得出的初步经验如下。

1. 关于盗窃罪与诈骗罪的大数据定罪。我们做了一个实验，选择"盗窃罪"和"诈骗罪"这两个罪名，各找两万个案件来进行机器学习，截取从关键字"经审理查明"到关键字"本院认为"之间的文本交给机器，通过分词的技术进行学习。机器在学习了这些样本案件之后，对测试案件（1000个）做出的判断结果和人工的结果基本是一样的，准确率分别达到 98.4% 和 97.6%。这是通过实验数据测试后对训练效果进行验收，只要与法官做出的结论相对比达到 90% 以上相同，就可以用于辅助定罪了。还有另一种验收方法是将这一系统放在某一检察院内办案 3 个月，再与实际的办案结果做对比，也能发现其效果如何。

2. 关于破坏公用电信设施罪的大数据量刑。我们做了一个实验，通过对 1767 份破坏公用电信设施罪判决书进行初步处理，抽取出其中触犯相关刑法规定并判刑的判决书 372 份，并提取以下 3 个特征：造成财产损失数额（x_1）、造成通信中断用户数（x_2）、造成网间通信中断时间（x_3），上述特征均体现出了社会危害性，接着计算这些特征与判处刑期（y）之间的关系。在机器学习了这部分判决书后，输入各变量值 x_1：85000（元）；x_2：1365（人）；x_3：48（小时）。结果输出判决期限 39.83（月）。从而，我们可以利用这一方法提供辅助的量刑建议。在这一基础上，还可以实现量刑偏离度分析。

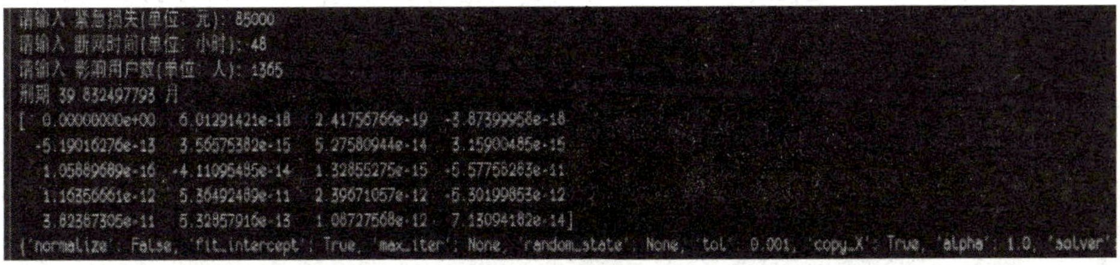

图 5　辅助量刑示例

此外，大数据司法还可以通过搭建所需文书的基本框架模板，从数字化的案件卷宗数据中抽取构成文书的基本要素，填入到模板中。从而能够形成自动生成的法律文书；通过对社交网站上、论坛或12309网站上提出的法律咨询问题进行归纳后，开发出自动法律咨询回答系统；等等。

四、如何面对未来

总的来看，目前国内在大数据司法方面处于初步尝试的阶段，科研也处于初步探索阶段。我们应当清醒地认识到，还有许多问题需要在未来加以解决。

在大数据时代，我们必须预见未来，才能够预见未来的变化。关于当前检察机关如何开展大数据司法工作，笔者有以下四个建议：

一是在大数据司法时代，我们应该在坚持"四统一"的原则下，积极鼓励地方创新。今天的大数据司法，主要不是建设问题而是应用问题。这就需要一线办案的三级地方检察院发挥创新精神，积极拥抱大数据，探索出成熟可用的产品，然后由最高人民检察院统一决策全国推广。这也是曹建明检察长2015年11月在全国检察机关电子检务工程工作会议讲话的思想。他强调，要"把握好顶层设计和鼓励创新的关系""在'四统一'前提下，要鼓励各地根据实际需要，探索研发信息化与检察工作相结合的辅助化、工具型、实用性、外挂式特色应用系统软件，为完善和深化电子检务工程提供新鲜经验"[①]。

二是适当开放"大统一"系统的数据。

三是培养检察大数据人才。研究表明，检察开展大数据应用需要四种人才构成一个良好生态：（1）检察业务人才。这是第一节点。只有懂得检察办案需要的检察官提出了具体的大数据运用需求，大数据司法才能有用。（2）检察技术信息化人才。这是第二节点。他们要将业务需求转变成可行的技术方案。（3）专业公司。这是第三节点。他们要将大数据运用的技术方案落地，研发和建成有价值的大数据司法产品。（4）科研专家。这是第四节点。随着检察

[①] 曹建明：《全面扎实推进电子检务工程建设 以信息化助推检察工作规范化现代化》，载《检察日报》2015年11月20日。

机关推动大数据司法工作，必然会遇到很多疑难的技术或业务问题，这就需要科研专家进行攻关。

四是开展检察大数据科研。大数据司法不仅仅是简单的应用，而是一项长期的系统工程。这离不开重大科研项目的基础支撑和关键突破。据笔者了解，科技部今年发布了"公正为民与司法为民关键技术研究与应用示范"专题研究项目，其中设置了国家智慧司法体系建设中的许多亟待解决的问题。这是一个重要的导向。

未来已来，检察机关的大数据司法也向我们大步走来。

大数据分析方法

许榕生

[讲演者小传]

许榕生，1947年出生于福建。就读北京大学数学力学系（1965年入学），获中国科学院（高能物理）硕士学位（1982），美国加州大学 Santa Cruz 分校（高能物理）博士学位（1987）。中国科学院高能物理研究所研究员，曾任国家计算机网络入侵防范中心首席科学家。

1993年在高能物理研究所负责开通中国第一条互联网专线，建立了中国第一个"www"网站；1997年起承担多项国家信息安全课题，曾获中国科学院科技进步一等奖、国家科技进步二等奖；培养了网络安全博士、硕士数十名；多次出席国内外网络安全论坛，曾在美国国际高科技犯罪调查会议和英国网络取证研讨会上应邀做过大会报告；近年来，是国内数字取证会议的主要组织者之一；2011年应邀出任达沃斯世界经济论坛全球互联网安全顾问成员。

一、大数据分析的由来

科学是第一生产力，谈到大数据的问题就回避不了科学研究中率先使用数据的示范作用。在各种科学实验中一直都离不开测试数据的分析，尤其在40年代起的原子弹试验中，大规模的数据采集与分析就已经呈现出了采用大型电子计算机处理海量数据的局面。其本身的原因也是因为核爆炸不允许人类多做实际的试验，想到了通过采集有限次数的核爆炸试验数据来进行比较分析，进而形成在大型计算机上用模拟技术来替代实际的核试验。作者将在下面再介绍计算机模拟有关技术。地球物理、气象预报以及天体物理的研究应用都离不开海量数据的处理。由于许多时候需要采集实时的多种数据，各式各样的仪器、探测器就应运而生，今天比较通俗的称呼就是"信号传感器"。

核试验用的传感器需要抗辐射的能力，同时由于试验涵盖的面积大，预先在地面或空中要部署的数量必须非常之多。类似的在天体物理研究中：宇宙线探测，也是要部署大量的探测器阵列，不断收集从天上泻下的宇宙线粒子流，探测器负责捕获粒子的信号信息并转化成电子学信号传输到计算机里存储起来。显然它也是海量的存储，然后再对这些数据进行计算机的编程分析，得出宇宙线粒子的特性和来历的结论。读者可以理解收集到的数据量应该非常之大，因为信号的采集是连续不断的。当然技术上只能按一定的时间间隔像拍电影一样"一帧一帧"地收集事例的记录，随着技术的发展，每秒钟记录的帧数越来越多，每一帧的数据量也会增多，使数据量越来越呈现"大"的现象，当然它也使人们看到真相的分辨率越加高。

二、高能物理实验数据分析

在进行高能物理对撞机实验时，数据的产生量就更大了。北京对撞机实验每天能产生2T比特的数据（1T=1024G），最新的西欧中心CERN数据产生甚至大于每秒2P（1P=1024T）的量级。图1是北京正负电子对撞机的探测器设计，也称北京谱仪，它部署了数以万计的传感器器件。图2是西欧中心超级对撞机要捕获的对撞后产生的数以万计的粒子轨迹信号，形象地比喻就像礼花在空中散开时我们需要捕获每一片碎物的行踪。而这样记录的"礼花的发生"事例每秒达到上百次。传感器需要快电子学信号的捕获能力，计算机控制和存储数据的能力也都需要最强的型号。

图 1　北京正负电子对撞机的谱仪设备

图 2　西欧核物理中心捕获"上帝粒子"

如此高密度高量级的数据在记录的时刻不可能立即进行分析处理，也不可能塞进数据库之类的数据仓库里存储。我们把这种实验数据称之为原始数据（Rawdata），在自然科学研究中捕获到的这些数据基本上都是以数字形式出现的，必须争分夺秒地直接存入介质。为了节省存储空间，计算机在存储到介质前（磁带或磁盘等），先将数据进行一次压缩打包。因为有些采集类型的数据仅仅只是一两位数或不超过四位数，甚至有的是电子学记录的逻辑代码，它们完全不需要每一个数占用计算机一个单元的 32 位字节，可以将多个数据挤在一个单元里，这样就大大节省了存储空间。当以后进行计算机离线分析时，计算机每次读出一组记录数据（通常是一个实例的全部记录），在这组数据的头几个单元是用来指示这组数据结构的，包括数据组的长度、不同数据的地址位置等。程序在读出一组数据后立即对这个事例的数据执行解包过程，即把具体测试到的各个数据分别归入程序中规定的数组中以便调用供以计算或直接判断与统计。

类似这样的高能物理实验在 20 世纪七八十年代就必须运用最强大的计算机数据存储能力，以及各种软件对这些数据进行分析。数据处理软件包括数据的过滤筛选、刻度校正以及数据的分类等，这些应该属于数据分析的前奏，就像粮食从地里收割回来，麦子需要脱壳、研磨直到加工成面粉，还要按不同的质量分别包装成面粉袋。这些袋里的面粉可以长期存放，并提供以后需求者购买去做成面包、馒头或面条、饺子。图 3 就是科学家根据自己的兴趣专题选取有关的数据类，再通过统计学方法分析出的结果。

  图 3 中有一维图和二维图（右上角），一维图的横坐标是事例的某个量值，针对这个量值统计它的分布规律，下部图中的分布可以明显地发现尖峰信号，看出了隐含的一类特殊事件群。图的右上角则是利用二维图，即用事例的两个量值统计来发现事件在其坐标下的分布规律；这两个量值是针对分析对象精心挑选的，可以说这两个因素决定了事件或事例的分布位置，右上图中的圆圈就是可能感兴趣的事例集中区。将这些感兴趣的事例筛选出来再专门做下一轮的统计分析，就可能一步步地找到所要寻觅的目标，如同诺贝尔奖获得者丁肇中教授说的"从一场大雨中找一粒红色的雨珠"。

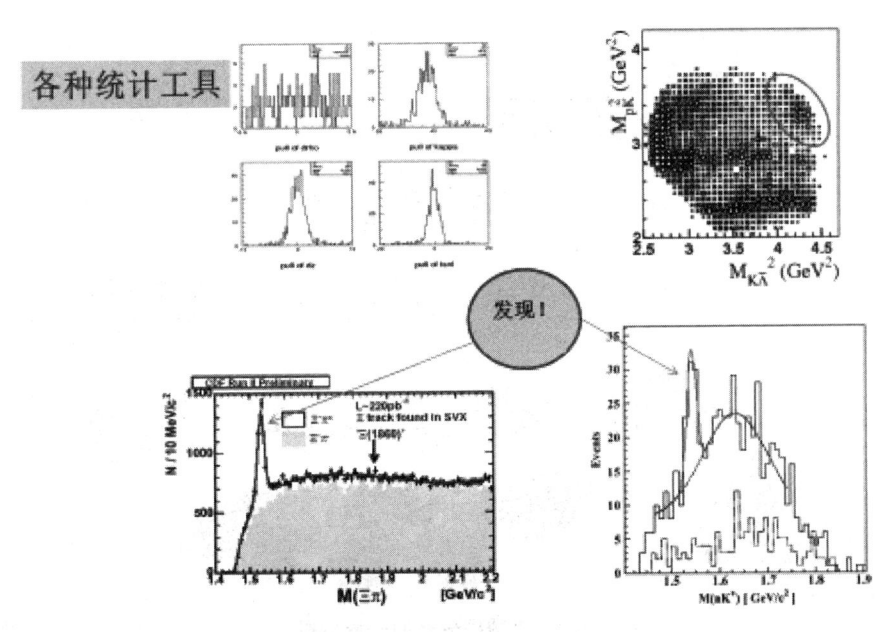

图 3　高能物理实验分析的各种统计结果

三、大数据分析的步骤

可以说在早年的科学研究领域中已经形成了从数据采集到分析的一整套完整的模型。近年来，由于信息社会的到来，各行各业也有了各自的数据，包括许多是不可计算的数据，如人的名字、出生地、性别等，图像、录像等也可以看作一种数据，面临这些多样化的数据和海量的存储，有人把它叫作"大数据"，它的分析方法和展示技巧更加丰富多彩，冠之于"大数据的时代"的出现。

不论是科学数据还是不可计算的各种社会媒体数据，在面临处理分析时还是有很多的共性。这里阐述在大数据分析中也应该注意的事项。图4展示了大数据分析的一般步骤，先是原始数据的获取、存储，然后进行过滤、刻度和分类、再存储，最后由分析人员根据个案对分类数据进行分析、统计、判断以及用图示来展现结果。

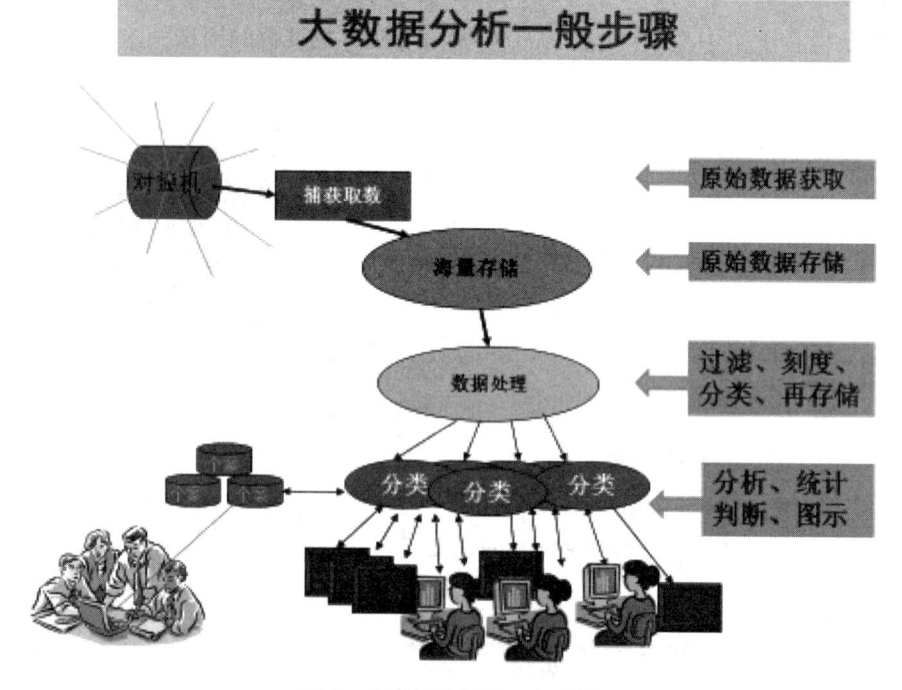

图4 大数据分析的一般步骤

四、大数据分析前期处理

在进行数据过滤时要注意筛选的原则，它一开始可能仅对数据的"噪声"即混进来的数据进行剔除，以节省存储空间的开销。例如，我们可能依据经验判断正常的数据量值应该在一个范围内，出现超大的数值显然是不合理的记录，应该剔除出去。然而，接下来的一系列过滤是建立在个案的规则上的，它有很多的判别条件由分析人员精心思考后给出。分类过程本身就要依据一定的规则来做。科学数据比较严格，通常分类明确；而社会媒体数据有些分类的界线不清，可以归入"可能"的类别里去做分析，也可以单独列出类另做处理。当数据的获取是由传感器记录的则应该注意传感器的记录随时间偏移，这就是要对相关的数据进行刻度校正。这项工作相当细腻，例如在科学实验中要选择一些专门的事例，将记录的数据与理论上的数值进行比较。找出偏差的大小与规律，建立必要的数据库作为误差的纠偏参考。这样的校正是随时间变化的，显然每一个传感器的纠偏幅度也不一定是一样的。有些数据状况则表明传感器已经停止了工作，这种情况应该根据实际问题予以处理。只有过滤与刻度工作做好了，才能保证数据相对的准确性与精准度。数据分析是要用到统计学的，误差估计需要在分析报告中恰如其分地给出。笔者在美国还看到医院的病人挂号数据的一种整合，因为个别病人在挂号时用了不一样的名字，姓名倒写或简写名字都可能是同一个人。在进行数据分析统计前，需要对这些原始数据进行整理合并，这项工作还很有时差需要。专家们运用了许多人工智能、模糊识别算法等来处理解决，并提供软件编程与服务等。

在高能物理数据分析中，数据的刻度与重建步骤分不开。仔细地说，就是有了刻度的依据后我们把原始记录的电子学（传感器）信号进行换算，给出正负电子对撞后的粒子物理反应过程中各次级粒子运动轨迹的具体物理量，如飞行速度、能量值、电荷特性等。这组数据将实验事例从图像位置上的记录进一步转到了量化的记录。为后面物理学家的分析提供了基础数据，这一步工作也是公共部分的集体处理过程，不需要个人来进行。

这里强调数据预先处理的几个步骤旨在说明在大数据分析过程中这些前

期的工作实际上是数据科学领域中极为重要的部分，既可以说是数据分析的前奏曲，也可以说是不可缺乏的措施，是保证进一步到事例具体分析前的重要阶段。这部分工作显得烦琐单调，且需要的工作量大，必须配置一批专门人员关注和负责，安排计算机夜以继日地处理这些步骤。在科学实验中有的把这些工作称为离线"数据产生"过程，与在线取数相对应。它像车间加工和打包的流水线工作程序一样，在数据科学家的指导下，大数据经过清理、重建后化大为小分别按类型有序地存储在新的介质上，它应该有目录引导为案例分析专家人员提供方便的使用检索，即有序的数据图书馆。图 5 示意中专家通常根据案例的需要只对其中红色（C）的子样品感兴趣，一般情况下甚至可以把这部分子样品数据存入个人电脑或笔记本电脑的存储器中，可以方便地读取有关数据进行分析。

五、数据分类策略

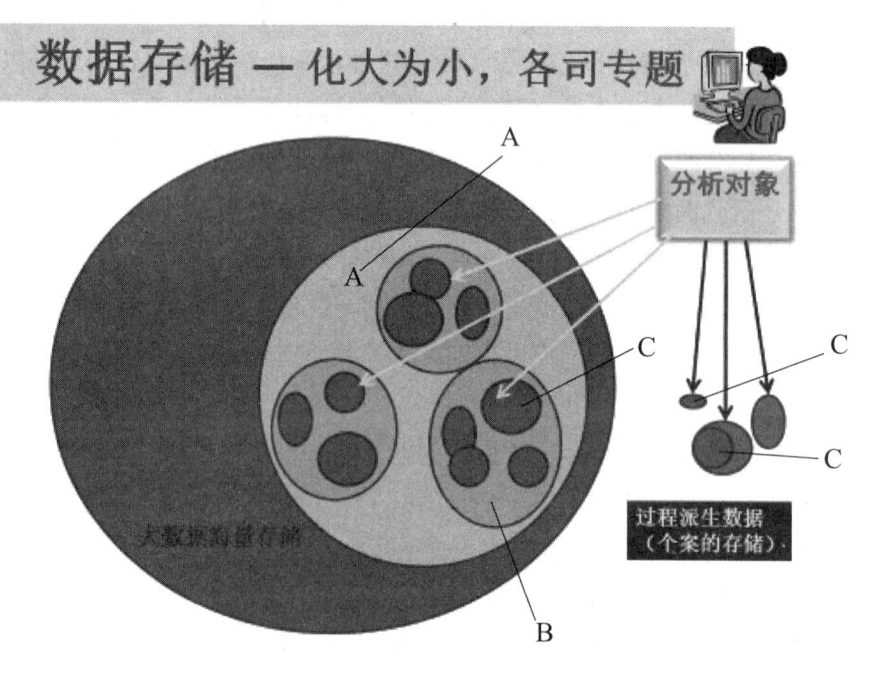

图 5　大数据被过滤重建后成黄色（A）部分；再经过分类用绿色（B）与红色（C）代表

细心的读者可能注意到在图5中较大部分深色的派生数据是什么？下面（见图6）的图示中给出详细的解析。我们假定采集到的大数据样本数是M，它是个很大的数。现在专家选中的子样本数是m，应该有m<<M，即小样本的子集。其样本的维数，也即每个样本的数据是有限的，假定它有n个，用数学的语言就是n维数据，总数据量是mxn个。深色部分是怎么来的，原来专家分析中经常通过样本n个数据的某些数据推算出新的数据，决定算出k个，则我们说个案保存的数据会增加到（n+k）x m个数据。可以用直接测到的原始数据（n个）来做分析，也可以用右边的k个数据做。在科学实验中这k个数据应该更有效、更有针对性，往往它是专家知识产权的体现。举个例子看，高能物理实验中探测到的粒子往往是衰变后产生的次级粒子，我们通过探测到的数据推算一下可能的衰变粒子痕迹坐标与参数，它就是k个数据的某些结果。而通过对这些推算结果的统计就可能看到图中展示的一个尖峰信号，它就是我们要寻找的一个粒子的表象！

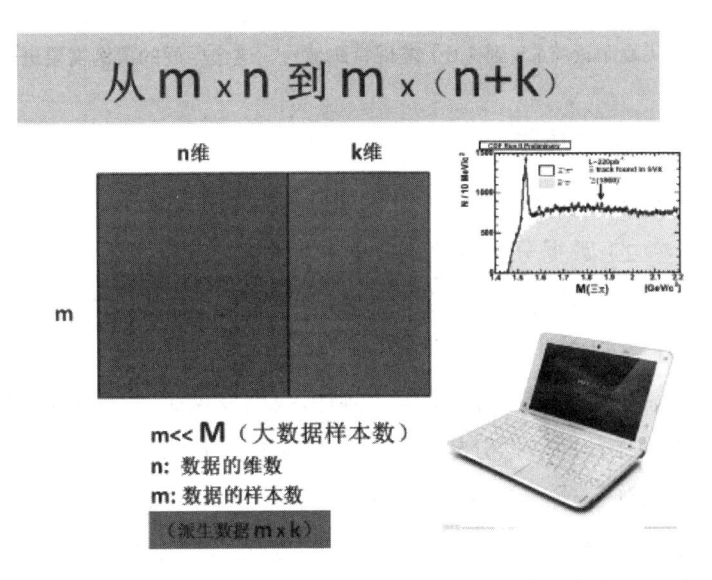

图6　专家可能从左边的样品中分析得出新的数据（右边部分k×m）

图7中是推算出的一个要寻找的粒子质量统计图，专家可以在尖峰附近进一步挑选事例，其中占有近一半应该是含有所要寻找粒子的事例。这就是

大数据分析的魅力，能够发现隐藏在我们数据证据后面的事实。科学研究是这样，社会现象也是如此！

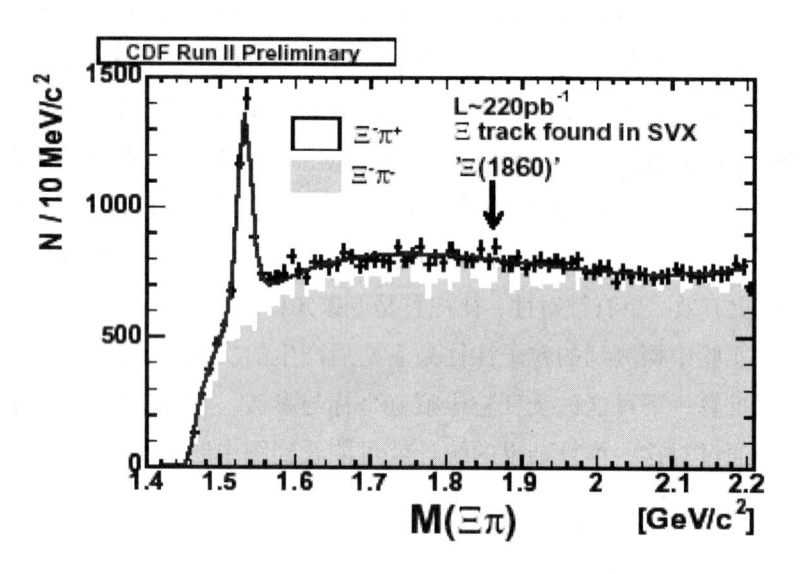

图7 在尖峰附近（1.5到1.6）发现特殊信号，这个区间的事例需要进一步分析

六、大数据分析软件

大数据分析的软件总体来说可以划分为以下几个部分：（1）前期数据处理的软件；（2）数据分析阶段的软件；（3）辅助的统计学软件与图形呈现的工具软件。最后这部分的软件通常由开源软件或商品软件提供。图像软件还包括了3D与VR等时髦的工具。

一般来说，前期数据处理的软件则由数据专家编写交给数据处理工作人员进行日夜操作；而数据分析阶段的软件是由分析人员、专家根据个案对象编写并自己操作完成。前两种软件程序风格大致相同，前者注重挑选事例，后者注重事例的分析，也包括挑选事例的过程。不论是前者还是后者，以高能物理数据分析为例而言整套软件的结构是包括一个主程序和几百个子程序组成，主程序调用诸多的子程序，这些子程序还可能层层调用子程序。总体这套软件由小组集体规划、统一完成，是一套完善的软件工程。不管是数据预处理还是数据事例的分析，这套程序包都是一样，只是一个子程序被用户替换，即称为"用户子程序"。编译通过的"用户子程序"与这套软件包链接（Link），运行时这套程序执行读入数据的某个事例并解包后，一定会在流程中执行一遍"用户子程序"，由用户设计的阈值决定是否保存和写出这个事例。如果分析过程需要计算一些数值之类也在这个过程中完成。

如果计算产生新的事例特征值供分析事例时使用，我们也称为新的数据维数。我们将感兴趣的事例以及这些相关的特征值写进一个准备做统计的数组里。假设写出的特征值有p个，挑选下来的事例数是q个，则我们获得p×q的一个数据矩阵。这里q代表了从大数据中挑选出来的子集，是很小的样本数；而p是精心打点的事例的特征值，也不应该数目很多。（相对于前面提到的k×m样本数据要小得多）如果对这p个特征值分别做统计，将得出p张直方图。也可以用其中的某两个特征值去做出散点图，观察事例在二维平面上的分布状态，如图8所示。图中（b）就是二维散点图，图中的椭圆圈将散布的点围成五个群组，揭示了许多要进一步对事例分布解析的含义。如果用三个特征值或更多来看这些事例分布，即想象在多维空间中的一批点的分布，依然可以通过计算点与点之间的相互距离划分出群组。这类工具通常由数学的各种算法，如聚类分析等方法来完成。

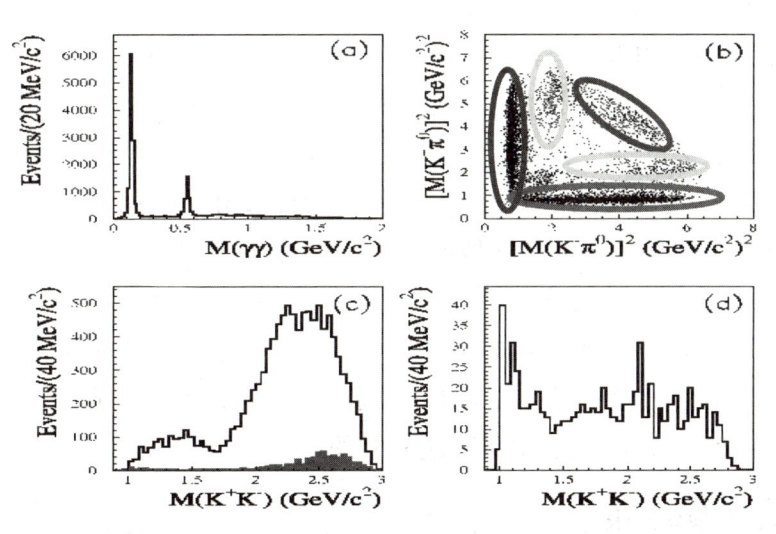

图8 选出的一批事例，用不同特征值做出的统计图

七、数学在大数据分析中的作用

首先，数据分析与统计学密切相关，建议数据分析的从业人员至少学点统计学入门，常用的统计工具以及误差分析随时都要用到。例如，对一个变量做直方图统计以及曲线拟合等。在图3中，下方两个图都发现了尖峰信号，像坐落在山上的一座塔，那座"山"我们把它看作统计信号的本底。信号"塔"呈现曲线一般可视为正态分布，本底的形状可用一元多项式来拟合它。在科学实验中经常需要提交信号分布的均值和宽度，用复合曲线的数学拟合法会给出这些参数值的估算，同时也给出估算值的统计偏差。

此外，还有数据分析中的系统误差需要估计，这与数据的刻度密切相关，涉及数据获取的手段方法等。因各家的情况不同，这里就不进行专门细谈了。在社会媒体的数据分析结果中，比较少给出数值的结果，而多给出趋势、关系等结构的结论。数据挖掘提供了许多社会媒体数据分析的方法，例如，序列分析以及上述的聚类分析等。

进一步地也开始尝试人工智能、机器学习的方法。机器学习(Machine Learning, ML)是一门多领域交叉学科，涉及概率论、统计学、逼近论、凸分析、算法复杂度理论等多门学科。专门研究计算机怎样模拟或实现人类的学习行为，以获取新的知识或技能，重新组织已有的知识结构使之不断改善自身的性能。它是人工智能的核心，是使计算机具有智能的根本途径，其应用遍及人工智能的各个领域，它主要使用归纳、综合而不是演绎（参考百度注解）。

在粒子物理数据分析研究中，很早就探讨采用人工神经网络的方法来识别粒子，但有进展也仅仅是近年的事。人工神经网络（Artificial Neural Networks，ANNs）也简称为神经网络（NNs）或称作连接模型（Connection Model），它是一种模仿动物神经网络行为特征，进行分布式并行信息处理的算法数学模型。这种网络依靠系统的复杂程度，通过调整内部大量节点之间相互连接的关系，从而达到处理信息的目的。

八、可视化的表达

为了展示数据分析的结果通常采用各种统计的方法和图表的方法，当今计算机提供了大量的计算图形软件，并配置了颜色、三维显示等丰富多彩的工具（见图 9）。熟悉和掌握这些工具让大数据分析如虎添翼，不但能使我们从直接测试的数据看到规律，而且让我们看到了隐蔽在背后的事实和现象。图 9 中是根据互联网监测获取的 IP 包数据，推演出的网络攻击示意图。这张图中的地球可以在屏幕上左右转动，既是实时的信息也是 3D 立体的。

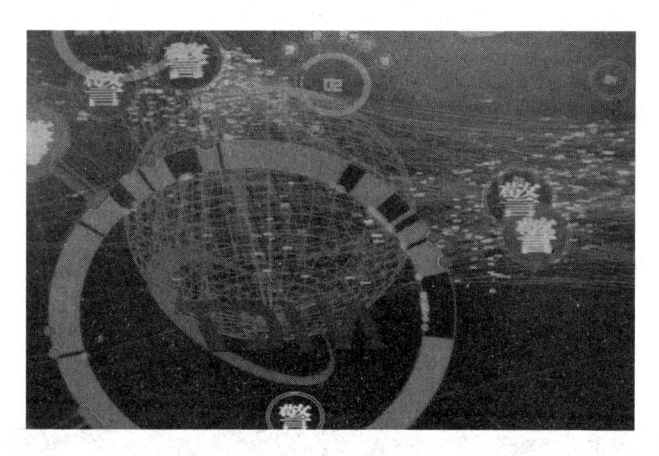

图 9　日本开发的 3D 网络攻击图像显示图

成功的可视化图形往往能在几秒钟内传递出所要表达的思想，这些信息融入在图像和图表中，为整个思路增添清晰的表达。一个非常简单的数据可视化，但它可能使人在很短的时间获取信息，这应该是所有的可视化的目标。图中适当添加标签，可视化图形就不需要解释或者介绍了，让读者、听众更容易明确地理解这个图表的表达内容。

用虚拟现实 VR 技术来实现可视化信息能够分享不仅仅只是静态的展示，每一个 VR 的展示都可给人以新鲜的体验。在互动性的情况下意味着观看者可以按照自己的意愿去探究它，例如，随意地旋转、翻转图像、放大细部等。目前 VR 数据工具仍然是处在初期阶段，以下三个是具备上述功能的工具介绍：

1. CalcFlow，这个工具是由美国加州大学圣地亚哥分校的数学系研发出来的。由于具备很强的互动可操作性，用户可以不断调整数据可视方式，探究这种改变如何影响多维度的图表。

2. DeathTools 将数据可视化从抽象的数字带向一个真实、可触碰的世界，在这个世界不同于图形和表格，我们能够更加深入地理解数据。例如，用这个工具可以看到近期中东冲突的累计尸体数量。不同于图表，你是真实地站在一行行装尸袋中间，这样可以准确地了解死亡的数量。

3. 最后，Kineviz 正在研发具有 VR 功能的 3D 图形探索工具。这个工具被设计成用来解决高信息密度的问题，并能够让用户直接地体验数据意义上的不同。

总之，VR 最主要的优势就是它能够被用来更容易地感知数据微妙的差别，允许那些以前难以想象的数据范围被感知到。例如，图 10 就是通过网络传输信息分析得出网络传输者相互之间的关系图，这在网络犯罪调查取证工作中是极其重要的一项工作。

图 10 通过网络传输信息分析得出网络传输者相互之间的关系图

归纳起来也可以将数据分析所需要的软件分成四类：第一类属于实时在线取数系统，它与传感器以及自动控制系统相联系，但不一定所有的取数方法都通过快速传感器，例如网络爬虫技术等。第二类软件属于离线分析用的，如数据过滤、刻度、重建和分类等，包括大量的输入输出数据的操作，该软件通常由数据专家提供给日常数据工作人员使用。第三类软件即分析专家自己编写的，包括对每个事例的读入分析以及计算、比对和写出，需要尽可能多的专业知识和经验。第四类软件是统计作图的工具软件，这些软件越来越完善，大部分形成了商品软件。第三、四类软件是相互对接的，分析结果需要按照统计软件规定的格式输出到存储空间里再调用统计和作图软件功能实现最终的图示效果。在实际分析中经常把第三和第四部分的步骤分开，即事例分析与计算后存储得出的事例计算结果（数据矩阵）。然后，针对这组数据矩阵在打开统计与作图软件的计算机上展示图示效果。由于现在的笔记本电脑功能很强，事例的计算结果（数据矩阵）完全可以存放在笔记本电脑上并随身携带。坐在咖啡厅或机场候机室里都可以随时运行统计软件，不断创意图示的方式和花样。您的思路永远在数据分析上环绕，新的图表和涌现出的现象激发出新的思路，迂回反复、推陈出新。大数据分析的优美和刺激在此呈现出无比的魅力！

九、模特卡洛模拟—数据分析的得力助手

以下简单介绍一下模拟数据的产生方法，这在原子核物理与高能物理研究中应用极为广泛和重要，可以说没有模拟技术的出现就无法进行这些科学实验和研究。这项技术通常也称蒙特卡洛模拟技术，其介绍可以见于一些概率理论书中。

随机数的产生自从有了电子计算机，它的实用性变得十分强势，计算机产生的均匀分布的随机数严格上存在周期性，所以，也称为伪随机数。尽管存在它周期，但计算机的位数很高（32位），理论上可以接受它的应用。除了均匀分布的随机数，可以由计算机产生在任何区间、任意分布的随机数，例如，正态分布等。分布规律可以不以函数表达式出现，只要将概率分布的形状在XY的二维坐标下被认知即可（例如，用折线段替代）。取其分布区间 [a,b]，及 [0,d]，d 为概率分布的最大值，分别产生在 [a,b] 之间的均匀分布的随机数 x1 和在 [0,d] 之间均匀分布的随机数 x2，判断（x1, x2）点是否在分布曲线（或折线）下，如果不是则再产生一对 x1、x2，如果是则认为 x1 值为所需的随机数，它遵从给定的概率分布。

我们可以把很多现象归纳为遵从一定的概率分布的随机现象，从而利用计算机产生 x1 这样的随机数。例如，假设一个城市的交通道路都是横竖结构的，某人走到每个路口遇到四个方向的选择是随机的，且机率均为 1/4。我们就可以模拟他从 A 点走到 B 点的路径，每个路口要产生一个 [0, 1] 之间的均匀随机数，并看它是落在四等分区段的哪一段（它各代表道路的四个方向）。这样在市区游走的每次模拟终结在城区的边界为止，计算机一次又一次反复模拟，通过程序的设计完成。交通科学上应该有很多这样的研究应用，另一个例子是原子物理的碰撞模拟，研究粒子在物质内的迁移如果用方程来描述机器复杂并难以求解，用粒子运动的直接模拟却能解决不少问题。粒子在迁移过程与物质内粒子的碰撞机率决定了它的行程长短，它是有一个概率分布规律的；其次它碰撞后产生的闪射角也有分布规律，这就可以由计算机程序编写出粒子在某物质中穿透的行径，直到它穿出边界或由于能量消耗殆尽停止在物质内部。这类模拟经常用来研究辐射防护的设计，也大量用于粒子物理实验的探测器优化设计等。

如果我们幸运，可以把一个现象完成用上述方法精细地模拟出来，通过数据记录了该现象产生的大数据结果。高能物理实验的研究就是得益于这样的方法，使科学家在提前几年就预测出实验的可能结果，并大大节省各种硬件设计的开支，包括分析软件的提前研发测试。在这些实验基地，模拟数据与真实的实验数据等量齐观，模拟数据更有"人工设计"的类别产生数据，用于比对、刻度等各自发挥异样的效果。然而，今天很多学科都还没引进蒙特卡洛模拟的技术，其原因之一是对现象中的统计概率了解的不够。比如电子商务活动必然是大数据的记录，对它的分析可以得出许多客户的购物特点、趋势等，但如何对这样的现象进行模拟还有待于深入的探讨和准备。

十、大数据的安全

某些特殊行业，比如金融、医疗以及政府等机构都需要对自身数据的安全可靠提供保证，然而，安全是没有绝对的。在这方面云存储、数据中心都下过很多功夫，比方说访问认证、数据加密等。但要对付黑客和病毒的侵袭和感染还是无法杜绝的。另外，这些重要机构都有自己的安全标准和保密性需求，这对于管理者来说都是必需的，但是大数据分析往往需要多方、多类数据相互参考，即会有这种数据混合访问的情况。因此大数据应用也不断催生出一些新的、需要考虑的跨域安全性问题。在没有有效的保障下，大数据分析系统可能变成一个不可说明、不可追踪甚至不可信的黑匣子。在这种情况下，大数据和治安处理一旦密切联姻，可能将产生无数的受害者。

追踪溯源是犯罪侦查中经常要进行的工作，在网络时代离不开信息记录与收集，但在浩瀚的信息海洋中要寻找源头或根源是一件复杂的工作。有时候大数据分析也不是万能的，需要紧密结合人的经验和其他的情报。能否用大数据分析的结论来做判断的证据依然是科学与法学的一个难题。科学研究中会对数据分析的每一个步骤进行严格的考核，并从几个不同的思路进行分析确认分析结果，甚至会采用至少两批以上的分析人员各自独立进行分析后再比对各自的结果来看是否得出一致的结论。

十一、大数据人才培养

数据科学人才将是中国发展大数据生态的关键。上述介绍了在数据工作中，不仅仅需要一批高端专家，还包括很多基础技术人才，特别是对数据的采集、管理、运维等方面的人才。根据《大数据与社会治理现代化研究》（20141201）的报告指出"整个（中国的）大数据产业链，不仅仅是高端人才，还包括很多初级人才，特别是对数据的采集、管理、运维方面的人才，还有很大的缺口。如果把这些算在一起，我们曾经粗略估计过中国大概有 100 万~200 万的数据人才缺口"。

这就靠教育与培训，一方面从高学历的教育体系中增加数据科学的专业和学位教育，是高级人才逐年培养出来。另一方面开展优质的培训，这种培训不是一种学位教育，而是短期内把有一定计算机经验的人培养成为具备数据采集和处理能力的专门人才。而在数据安全、数据管理方面的人才需要较长的时间培养。大数据人才的培养将是中国发展大数据生态的关键，数据专家周涛也提出了两个途径来弥补国内大数据人才的缺口：首先，进一步在垂直方向进行优质的培训，通过一两个月的培训就足够把有一定计算机基础的专科生培养成为具备数据采集和处理（运维）方面能力的专门人才。其次，在学校要有系统性的学位性教育，在二本、三本和专科学校（把数据教育）和当前的市场需求相结合，这样可以很快产生一批这样的人才。

尽管如此，如此大的数据人才缺口，尤其是在数据安全、管理、爬取方面的人才短缺情况，在短期内甚至两年到四年的时间，都很难弥补。美国微软公司提供了数据科学学位的学习课程，其中的十个课程可以免费访问，它们包括：数据科学导向、查询关系数据、分析和可视化数据、了解统计数据、使用代码浏览数据、理解核心数据科学概念、了解机器学习、使用代码处理和建模数据、开发智能解决方案、分析结果表达。

相对而言，这些课程内容是比较繁多的。通常是要求有一定的计算机基础或高学历的人来参与培训，或专门为硕士学位培养目标来开设这些课程。

十二、展望与设想

的确，未来的大数据不但有更深入的科学研究的应用，而且更有巨大的社会和商业价值，就看会不会挖掘，是否善于运用数据分析的结果。同时，数据分析工作将形成一个很强的服务行业，数据科学家与工作人员的个人作用也会越来越升值。

图 11　各行各业的数据与日俱增，形成了今天大数据的时代

究竟未来的大数据将是如何的局面,又如何面对如此壮观时代的技术挑战?笔者参考了一些专家的评述和建议,作如下初浅的分析:

首先,随着大数据的规模不断扩大以及分析复杂度的不断增加,大数据对高性能计算能力、存储需求在持续增长。大型计算机自然是需要的,但小型机、携带电脑的作用也不可忽视。随着技术与设备的发展,广域网的带宽也要求不断提高,国家互联网基础设施必须不断升级到满足需求为止。这种需求也给未来的数据中心存储环境带来新的挑战。面对大规模、高吞吐的数据处理系统,要实现一个高稳定、高可靠、高性能的存储服务。例如,网格或云计算环境的协议优化设计,存储系统的优化设计等。有人已经在设想从如下两个方面进行深化:

1.基于频度的动态算法能更精确地反映用户访问数据模式的变化与趋势,使存入的数据访问规模更大。判断热点文件将避免在数据网格环境中复制不必要的副本。

2.监测网格存储系统的吞吐率对系统的稳定性,系统可靠性的验证是通过外部观测获得的。

除此之外,是否掌握强大的数据分析软件工具也是未来大数据分析的关键之点。要以低成本和可扩展的方式处理大数据,这就需要对整个计算技术架构进行重构,开发先进的软件平台和算法,特别是近年来以开源模式发展起来的Hadoop等大数据处理软件平台及其相关并行计算软件需要加以密切关注。传统的关系数据库工具无法胜任大数据分析的任务,因为并行关系数据库系统的出发点是追求高度的数据一致性和容错性。根据CAP理论(Consistency, Availability, tolerance to network Partitions),在分布式系统中,一致性、可用性、分区容错性三者不可兼得,因而并行关系数据库必然无法获得较强的扩展性和良好的系统可用性。未来的大数据分析最重要的需求是寻找高扩展性的数据分析技术。以MapReduce和Hadoop为代表的非关系数据分析技术,以其大规模并行处理、简单易用等突出优势在互联网信息搜索和其他大数据分析领域取得了重大进展,成为目前大数据分析的主流技术。当然MapReduce和Hadoop还需要进一步研究开发更有效、更实用的大数据分析和管理技术方案。

如何利用信息技术等手段处理非结构化和半结构化数据是扩大数据处理范围的关键。我们注意到大数据中，结构化数据只占15%左右，其余的85%都是非结构化的数据，它们大量存在于社交网络、互联网和电子商务等领域。非结构化和半结构化数据的个体表现、一般性特征和基本原理尚不清晰，这些都需要通过包括数学、经济学、社会学、计算机科学和管理科学在内的多学科交叉来研究和讨论。对给定一种半结构化或非结构化数据，比如图像，如何把它转化成多维数据表，以及面向对象的或者直接基于图像的数据模型进行处理。由于大数据本身的复杂性，这一问题无疑是一个重要的科研课题，它对传统的数据挖掘理论和技术提出了新的挑战。

目前表示数据的方法，不一定能直观地展现出数据本身的意义。要想有效利用数据并挖掘其中的知识，必须找到最合适的数据表示方法。我们在一种不合适的数据表示中寻找大数据的固定模式、因果关系和关联时，可能已落入固有的偏见之中。数据表示方法和最初的数据填写者有着密切关系。如果原始数据有必要的标识，就会大大减轻事后数据识别和分类的困难。但为标识数据给用户增添麻烦往往得不到用户认可。研究既有效又简易的数据表示方法是处理网络大数据必须解决的技术难题之一。

大数据的挑战之一是对数据的整合，如果不整合则发挥不出大数据的大价值。网上数据尤其是流媒体数据的泛滥与数据格式太多有关。每个大企业都有自己不同数据格式，用户为了摆脱大企业的"绑定"，需要不断地做格式转换。格式繁多也给海量数据分析增加了许多工作量。因此，大数据面临的一个重要问题是个人、企业和跨部门的政府机构的各种数据和信息能否方便地融合。如同人类有许多种自然语言一样，作为网络空间中唯一客观存在的数据难免有多种格式。但为了扫清网络大数据处理的障碍，应研究推广不与平台绑定的数据格式。图像语音、文字都有不同的数据格式，在大数据存储和处理中这三者的融合已成为一种趋势，有必要研究囊括各种数据的统一格式。大数据已成为联系人类社会、物理世界和网络空间的纽带，需要构建融合人、机、物三元世界的统一的信息系统。

目前，企业中80%的数据都是非结构化数据，这些数据每年都按指数增长60%。非结构化数据（依据IDC的调查报告），顾名思义，是存储在文件系统的信息，而不是数据库。据报道指出：平均只有 1%~5% 的数据是结构化的数据。如今，这种迅猛增长的从不使用的数据在企业里消耗着复杂而昂贵的一级存储的存储容量。如何更好地保留那些在全球范围内具有潜在价值的不同类型的文件，而不是因为处理它们却干扰日常的工作？当然你可以采购更多的就地储存设备，但这总会有局限性的。云存储是越来越多的 IT 公司正在使用的存储技术。

要做好大数据分析，需要从以下几方面考虑。首先，大数据建设是一项有序的、动态的、可持续发展的系统工程，必须建立良好的运行机制，以促进建设过程中各个环节的正规有序，实现统合，搞好顶层设计。其次，没有标准就没有系统。面向不同主题、覆盖各个领域、不断动态更新的大数据要建设一个标准规范，为实现各级各类信息系统的网络互连、信息互通、资源共享奠定基础。数据只有不断流动和充分共享，才有生命力。应在各专用数据库建设的基础上，通过数据集成，实现各级信息系统的数据交换和数据共享。

在《为数据而生》的这本著作中，建议政府和公司在数据开放中都应该遵循首先在有容错的前提下，从顶层角度对数据开放做出立法规定；其次，是在做这样的事情的时候要有一些方法论做指导。大企业或者地方政府首先要知道自己有哪些数据资源，了解每一个数据的完备性、一致性、更新频度、噪音等。在此基础上才可以共融共通，使别人理解你的数据。

社会治理是对社会的经济、政治和文化等事务进行的组织、协调、指导、规范、监督的过程。需要建立大数据中心，及时搜集、实时处理数据信息，为科学决策提供坚实基础。政府部门是社会治理的主导者，在出台社会规范和政策时，依赖大数据进行分析，可以减少因缺少数据支撑而带来的偏差，提高公共服务的效率，主动发现问题和解决问题。

这就要对社会大数据进行历时性和实时性分析，加强社会风险控制，提高政府预测预警能力和应急响应能力。无论是对现实社会各行业的运行监控，还是对网络虚拟社会的治理，都可以基于历时和实时的大数据分析，密切掌握市场调节失灵、社会秩序与稳定受到威胁等需要社会治理介入的节点或情况。

信息技术基础设施是大数据技术应用的载体，大数据本身也将成为社会基础设施的一部分。大数据中心和数据应用平台建设的水平，决定了大数据时代的数据能否被有效收集、分析、挖掘和应用。这些大数据将覆盖有线与无线互联网、各种社交网络、各种使用终端在内的社会化统一数据平台，也是通过大数据挖掘和分析技术，有针对性地解决社会治理中的难题；针对不同社会细分人群，提供精细化的服务和管理。

  技术往往是一把"双刃剑"。大数据的收集和使用可能涉及国家信息安全和公民隐私等，需要在立法层面明确大数据采集和使用的原则。大数据平台本身的安全性势必引起高度的重视，需要国家相关部门制定大数据技术标准和运营规范，重视大数据及信息安全体系建设，加强对重点领域敏感数据的监管。如此庞大的数据，大型公司和国家等利益集团将成为被入侵攻击的主体。另外，从大数据中提取的个人敏感信息，比如个人行为特征、语言风格、社交关系谱等也需要法律的监管。只有这样才能不断扩大在教育科研、医疗等领域的应用，并使数据驱动的社会决策与科学治理日益常态化。

关于深入推进检察机关大数据
应用落地的思考

缪存孟

[讲演者小传]

缪存孟,男,1981年10月16日出生,现任最高人民检察院检察技术信息研究中心信息化三处处长、智慧检务创新研究院副院长。长期从事检察信息化实务工作,曾全程参与全国检察机关统一业务应用系统、电子卷宗系统、案件信息公开系统等检察机关信息系统的研发、部署工作,组织完成了第二版最高人民检察院内部网站、邮件系统、专网搜索引擎等信息系统改版升级工作,组织编制了《检察大数据行动指南》和《关于深化智慧检务建设的意见》等规划,作为研究骨干参与了科技部《科技强检应用课题检察业务信息系统研发示范项目》研究,作为第一项目负责人先后承担了《大规模起诉书数据分析及可视化研究》《高检院机关专网网站数据库国产化移植研究》《基于虚拟化技术的现有服务器整合研究与探索》等多项检察技术研究中心基础科研课题研究任务。

近年来，特别是十八大以来，党和国家高度重视大数据发展。习近平总书记明确指出，数据是新的石油，是本世纪最为珍贵的财产，是工业社会的"自由"资源，大数据正在改变各国综合国力，重塑未来国际战略格局，谁掌握了数据，谁就掌握了主动权。国务院制定《促进大数据发展行动纲要》，全面推进大数据发展，实施"国家大数据战略"，加快建设数据强国。检察机关身处新时代的变革之中，如何推动大数据的落地应用，继而有力促进检察工作的创新发展，值得每一位干警深思。

一、检察机关大数据应用落地的意义和作用

当前，全国各级检察机关都面对新的机遇和挑战，尤其是在大力推进科技强检战略，向科技要检力、向信息化要战斗力，以科技信息化引领检察工作规范化现代化等方面，亟待顺应信息化时代发展趋势，全面推进国家检察大数据中心建设，加快推进智慧检务建设。因此，大数据的落地应用在推动检察工作发展中显得尤为重要，其作用主要体现在以下方面：

1. 大数据能统筹检察工作，促进生态发展。统筹大数据技术在检察工作中的应用，建立全维的检察大数据建设和应用效能评价机制，能有效推动解决共性、专用技术，推进应用系统建设，进一步统筹产、学、研、用多方力量联合创新，促进检察大数据生态链构建。特别是统筹最高人民检察和地方各级检察院大数据工作任务分工，协调试点应用与推广部署、不同地域平衡发展等关系，能保持发展的平衡性、协调性和可持续性。

2. 大数据能推动检察工作，促进务实发展。从检察机关实际需要出发，深入挖掘大数据应用需求，能进一步加快推进各业务条线的大数据应用，推动检察机关各项工作科学发展。特别是通过大数据及云计算、人工智能相关技术的落地应用，形成以类案推送、量刑建议、决策支持等各项应用需求为"点"，以司法办案、管理决策、服务为民等业务需求为"线"，以服务深化司法体制改革和检察改革、以审判为中心的诉讼制度改革为"面"，以大数据与业务紧密结合的运行机制为"体"的应用体系框架，全方位提升检察工作质量和效率。

3. 大数据能带动检察工作，促进跨越发展。推动大数据发展与科技创新

有机结合，形成大数据驱动型的检察工作创新模式，在业务流程优化、区域协同发展等方面探索业务模式、管理模式创新；推动"十三五"时期科技强检规划落地实施和目标实现。通过进一步明确智慧检务工程发展方向并提供大数据支撑，同时也为"公正司法与司法为民"等重大科研专项提供检察数据和应用支持，两者之间相互融合、相互促进，能全面推进检察大数据应用跨越式发展。

4. 大数据能驱动检察工作，促进协同发展。大数据之于检察工作主要有内外两个方面。对内，建立四级检察机关的数据共享交换机制，推动跨应用系统、跨业务部门、跨区域层级的检察机关内部数据开放，实现检察数据资源、知识库体系和支撑平台共享。对外，探索政法系统数据共享交换体系，充分利用政府机关和互联网数据，为检察工作服务。通过探索建立面向全社会的检察机关数据对外开放体系，以充分利用多种信息技术手段，挖掘利用包含语音、视频数据形式在内的多类型数据信息资源，拓展检务公开的深度和广度。

二、检察机关大数据应用落地的现状和任务

近年来，全国各级检察机关的信息化建设取得了飞跃式发展，科学技术在检察机关应用的深度和广度不断提高，现代科技逐步融入各项检察工作之中。检察人员运用科技的意识和能力逐步加强，科技手段在强化司法办案、深化检务公开、提升司法公信力中的作用日益凸显。特别是统一业务应用系统、电子卷宗等司法办案类应用陆续上线运行后，实现了对全国四级检察机关办理的各类案件数据的全面采集，成为了检察机关的核心数据资源。

随着"电子检务"工程深入实施，新的应用系统陆续建成并投入使用，涵盖司法办案、检察办公、队伍管理、检务保障等的各类检察数据资源将进一步充实。从互联网技术和数据科学的角度审视，这些海量的数据资源背后潜藏着检察机关各项工作乃至司法工作的发展规律，可以为检察机关司法办案、管理决策、服务为民提供数据支撑。目前，大数据落地应用也已经初见端倪，最高人民检察院本级和各地大数据辅助决策系统相继实施，部分省级检察院积极规划大数据智能检索、类案推送、辅助定罪量刑、绩效管理等应用。随着大数据与检察业务的深度融合，为破解当前司法实践中存在的证据标准不一、同案不同判、"案多人少"等突出问题提供了新方法新途径。

但是，当前面临"电子检务"工程即将在2017年年底前完成全部建设任务。那么，后电子检务工程时代，检察信息化发展方向是什么，亟待明确。另外，如何加强统筹规划，积极鼓励、有序引导各地开展大数据建设和应用的探索创新，避免低水平重复建设、重复投资。大数据及人工智能等新技术用应已经成为当今科技创新的重点领域，党中央、最高人民检察院党组高度重视，地方各级检察机关开展数据化和智能化应用探索的积极性非常高。如果不加以正确引导，十分容易在全国范围造成低水平的重复建设、重复投资，甚至产生严重的资源浪费。

因此，要依托大数据及相关前沿科技，充分挖掘利用以司法办案数据为核心的检察数据资源，推进"十三五"时期科技强检规划目标落地实施，营造检察大数据应用的良好生态，破解当前检察工作中存在的突出问题，更好地促进检察监督职能作用发挥，维护司法公正。可划分为以下三个阶段，每个阶段的重点任务是：

1. 建立启动阶段。重点任务是初步建立检察大数据标准规范体系；启动最高人民检察院本级和试点地区检察大数据中心建设，探索区域级检察大数据中心建设；启动司法办案、管理决策、服务为民等大数据应用试点，推进智能语音等相关技术在检察工作的应用；探索建立检察大数据管理机制；初步建立检察大数据应用生态。

2. 全面试点阶段。重点任务是建立检察大数据业务流程规范，完善技术标准；完成最高人民检察院本级和试点地区的检察大数据中心建设，推动区域级检察大数据中心建设；全面推进大数据在司法办案、管理决策、服务为民等各项检察工作中的试点应用；在最高人民检察院和试点地区推行检察大数据管理机制，探索创新大数据运维模式；建立大数据科研支撑模式；组织开展大数据应用效果评估。

3. 应用推广阶段。重点任务是建立完善的检察大数据标准体系和资源共享机制；完成国家检察大数据中心建设；全面推进大数据在各项检察工作中的应用；建立完善的大数据管理运维、科研支撑模式；建立良好的检察大数据应用生态，全面支撑智慧检务建设，并谋篇布局后续的大数据规划工作。

三、检察机关大数据应用落地的思路和措施

推动检察机关大数据应用落地要按照"需求主导、技术牵引、创新协调、开放共享、安全可靠"的总体思路,紧紧围绕强化检察监督、强化自身监督、强化队伍建设,深化司法体制改革和检察改革,遵循"顶层规划、统筹协调、重点突破、分步实施"的发展路线,积极鼓励、有序引导地方各级检察机关依托大数据等现代科学技术,大力推进应用创新,充分挖掘检察大数据资源价值,构建检察大数据体系架构,打造"智慧检务"。具体而言,要依托大数据及云计算、人工智能等相关前沿科技,充分挖掘利用以司法办案数据为核心的检察大数据资源,建立涵盖"一中心四体系"的检察大数据总体架构,推进"十三五"时期科技强检规划目标和大数据建设各个项目落地实施:

(一)大力推进国家检察大数据中心建设

要科学规划国家检察大数据中心建设布局,基于全国四级检察机关的不同业务需求,建设最高人民检察院、省级检察院两级部署的国家检察大数据中心。最高人民检察院国家检察大数据中心负责汇聚处理全国检察大数据资源,省级检察大数据中心负责辖区内大数据资源的收集和处理。根据需要在重点区域协同共建区域级国家检察大数据中心,为跨行政区划检察院改革,京津冀、长江经济带区域协同发展和"一带一路"战略提供检察大数据服务。推进检察大数据共享交换平台建设,依托电子检务工程的应用支撑平台,全面推进检察大数据共享交换平台的建设,对内统一数据格式,建立纵向涵盖从全国四级检察机关,横向跨越检察机关内部各部门和区域的数据采集、共享、交换机制,梳理各级检察机关数据资源,厘清数据管理及共享的义务和权利,明确共享的范围边界和使用方式。对外探索建立与公安、司法等部门数据交换协议、格式,整合现有各类跨部门数据交换体系,推动公检法司以及政府部门间的数据资源共享。推进检务大数据资源库建设,检察机关大数据资源主要包括数字化后的纸质历史档案数据、各类信息系统产生的相关数据。推进检务大数据资源库建设,各省级院建立本地区检务大数据资源库,完善前端查询检索和展现方式。按要求将各级检察机关的办案数据、办公数据、队

伍管理、检务保障等各类内外部数据资源,包括结构化数据、文档、音视频等数据进行汇聚,形成国家检务大数据资源库,实现全国检务大数据信息共享。加强数据治理,构建标准统一、数据精准、管理规范的数据资源池。推进大数据基础软硬件资源建设,充分利用"电子检务"工程现有的资源,采用云计算、分布式处理等模式,统筹推进大数据基础软硬件资源建设。基于检务大数据资源库建设大数据分析平台,实现与已有系统的接口兼容。逐步开放共享大数据基础软硬件资源的计算基础设施和开发运行环境,共同支撑检察机关开展内外部数据资源的融合分析、挖掘应用。推进智能语音大数据平台资源建设,搭建检察机关的智能语音云平台,充分通过云端方式提供灵活、便捷、个性化的综合语音技术服务。结合业务应用和语言特点搭建检察机关智能语音学习平台,按业务应用分设不同应用研究方向,不断提升智能化的语料采集优化和更新迭代能力。

(二)深度扩展检察大数据应用体系

目前,司法体制改革进入深水区、攻坚期,亟需通过大数据技术对相关数据进行全面分析,为完善检察官办案责任制、完善检察人员分类管理、健全检察人员职业保障、推动省以下地方检察院人财物统一管理等各项改革任务落地实施提供数据服务和支撑,并为跨行政区划检察院、检察机关内设机构改革提供辅助支持,对改革效果进行综合评估。推进大数据在侦查监督中的应用,运用大数据分析技术,为审查逮捕、侦查活动监督、立案监督案件办理提供智能辅助。推进大数据在公诉业务中的应用,运用大数据技术统一证据审查标准,巩固、完善证据体系。智能生成法律文书,提高公诉人员办案效率,做好"简案快办"。智能辅助量刑建议,提高量刑建议水平。分析刑事审判活动违法行为和错误裁判,智能辅助刑事审判监督。推进大数据在刑事执行检察中的应用,运用大数据分析技术,建立科学数学分析模型,实现刑罚变更执行监督和羁押必要性审查评估,实现对社区矫正人员脱管漏管行为及时发现,实现对刑事财产执行案件有效监督。推进大数据在民事、行政检察中的应用,充分利用法律法规、民事行政检察案例等数据,为民事、行政诉讼监督提供智能辅助。加强行政执法信息共享,充分挖掘民事、行政公益案件线索等相关数据，为更好地履行民事、行政检察监督职能提供支持。推进大数据在控告检察中的应用，以网上信访信息平台为核心，整合"信、访、网、电"接访数据，推动涉法涉诉信访案件信息共享，智能辅助生成涉法涉诉信访案件应对策略。推进大数据在刑事申诉检察中的应用，研究刑事申诉案件、国家赔偿和赔偿监督案件、国家司法救助案件等结果处理的辅助分析模型，为刑事申诉案件公开审查、反向审视和规范司法行为提供服务。推进大数据在死刑复核法律监督中的应用，充分利用大数据技术，支撑对死刑案件裁判文书专题分析和死刑复核监督案件定期分析，支撑死刑政策和适用标准的研究分析。推进大数据在未成年人检察中的应用，借助大数据技术分析保护未成年人权益的犯罪情况原因和未成年人犯罪诱因和趋势，实现未成年人权益保护和犯罪预防风险评估与预警；构建面向未成年人的"捕、诉、监、防"一体化大数据应用，辅助进行未成年人权益保护、教育感化、犯罪预防成效评价。推进大数据在法律政策研究中的应用，通过整合全国四级检察机关各业务条线数据，基于对司法办案历史数据的分析评估，为进一步改进和规范司法解释、案例指导、规范性文件制定以及检察理论研究等工作提供大数据支持。推进大数据在案件管理和监督中的应用，通过分析相关业务数据，实现案件智能分流，办案全过程合规性自动评查。推进大数据在司法鉴定工作中的应用，推动司法鉴定实验室联网和资源共享，支持多个司法鉴定实验室的网上协同工作；探索利用大数据技术实现面向网络犯罪和软件知识产权侵权犯罪等案件技术性证据的智能检验鉴定与审查评估。推进检察大数据在加强国际司法合作领域的应用，充分利用大数据推进司法国际交流，为完善国际刑事司法协助送达文书、调查取证、扣押冻结财物、引渡和遣返、移管被判刑人等环节提供数据支持。推进大数据在检务公开中的应用，充分利用大数据技术，创新检务公开平台，畅通人民群众参与、监督检察工作渠道，并为检察公信力测评提供数据支持；借助部分检察大数据应用，探索为律师阅卷提供便利，为构建新型检律关系提供支撑。

（三）全面完善检察大数据标准体系

要依托电子检务工程的标准体系，推进内容完整、项目科学、协调统一的检察大数据标准体系建设，建立健全数据应用与管理机制。结合各业务应用系统和平台建设以及信息资源共享和交换的需要，加快建立检察大数据基础数据、应用、安全等技术标准体系，推进物理环境、网络基础设施、数据采集、数据质量、分类目录、交换接口、访问接口、数据开放、安全保密等关键共性标准的制定和实施，推进大数据业务系统操作规范等业务流程标准制定，推进检察大数据管理规范制定。

（四）积极构建检察大数据管理体系

要建立健全检察大数据管理机制，最高人民检察院各部门、地方各级检察机关要主动深度参与检察大数据建设和应用，充分发挥业务部门的主导作用和技术部门的统筹作用，技术部门负责检察大数据资源的统一管理，业务部门侧重于检察大数据的分析应用。最高人民检察院负责做好顶层规划，统筹推进检察大数据发展规划的实施。组织实施国家级检察大数据项目建设，安排开展检察大数据在检察机关的试点应用，及时总结推广成果，加强对下指导监督，确保各项任务有序开展。各省级院要按照最高人民检察院的统一要求，结合本地实际，制定本地区的实施方案，切实抓好本地区检察大数据的建设、试点和应用等各项任务。各市县级检察院要着力抓好检察大数据的试点和应用，确保取得实际应用效果。

（五）全力打造检察大数据科技支撑体系

要推动成立智慧检务智库，探索推进以检察大数据及人工智能等相关技术为核心的智慧检务建设。开展智慧检务体系战略规划与总体解决方案的研究与探索，承担检察大数据及智慧检务相关的研究课题，并协助最高人民检察院检察技术信息研究中心开展科研项目的管理。开展智慧检务应用总体仿真测试试验及相关测评服务，培养高层次的智慧检务理论与实践人才，依托科技强检示范院建设推进智慧检务创新研究及成果应用示范。此外，要加强与公安、法院、司法等其他部门在大数据技术、人才培养等方面的沟通交流，相互借鉴大数据建设与应用经验。加强与域外司法机关大数据技术应用的学习交流，促进检察大数据落地应用、协同发展。

基于大数据的网络社交媒体情报预测分析

邹锦沛　张　璇

[讲演者小传]

邹锦沛，香港大学计算机系副教授，信息安全与密码学中心主任，同时在2015年至2016年担任法律与技术中心主任。邹锦沛博士主要研究方向为网络空间安全与电子数据取证，是计算机取证工具电子证据检索工具包（DESK）的首席设计师。邹博士致力于互联网盗版监控系统Lineaments（Lineament I, Lineament II, Lineament 1+and Lineament SOCNET）的研发，系统被香港特区海关采用。邹博士在国内国际会议和期刊上发表了多篇关于网络空间安全与电子数据取证的论文，其中论文"The Rules of Time on NTFS File System"多次作为专家报告支持文档提交法庭。自2014年起，邹博士成为国际专业电子数据取证研究与实践机构IFIP（国际信息处理联合会）WG 11.9 on Digital Forensics的副主席。2016年1月起，邹博士担任信息安全与法证公会（ISFS）主席。由于其在电子数据取证领域的杰出贡献，邹博士在2009年荣获第三届亚太信息安全领袖高级IT安全专业方向成就奖。2013年荣获香港大学工程知识交流奖。2014年起，邹博士受邀协助香港法庭及执法机构就刑事及民事诉讼的电子证据提供专家意见。2016年，邹博士与学生共同创立了脱胎于香港大学研究中心的CISC有限公司，专门从事网络情报和网络空间安全研究。

张璇，山东警察学院网络安全与执法专业讲师，电子学会电子数据取证专委会委员，全国电子数据取证竞赛组委会副秘书长，齐鲁公安英才网络安全技术标兵型人才，曾获山东省科技进步一等奖，主持多个省部级科研和教研项目。2017阿里网络安全生态峰会电子数据取证与网络犯罪调查分论坛出品人，同时是ISC互联网安全大会、CCFC计算机取证峰会、0con国际信息安全技术峰会等全国大型网络安全会议演讲者。主要关注网络信息安全、电子数据取证、网络犯罪侦查、人才培养等领域。

一、引言

社交媒体（Social Media）指互联网上基于用户关系的内容生产与交换平台。随着网络技术的进步，网络社交媒体飞速发展，脸书（Facebook）、推特（Twitter）以及国内的新浪微博等迅速崛起。

据报道，在美国 16% 用户的上网停留在 Facebook 上，这一数字超过了人们使用传统搜索引擎（如谷歌）的 10%。毫无疑问，在线社交网络已经成为连接物理社交世界和虚拟网络空间的桥梁。网络用户和信息的交互以及用户之间的交互在社交网络上留下了各种"足迹"。直接促成了网络大数据时代的到来，在线社交网络存储了大量用户资料、用户之间的社交关系以及用户之间的交互，这些海量社交数据有着巨大的研究价值，同时也在广告、推荐系统等方面具有广阔的应用前景。

但我们也观察到，近年来，利用 Facebook、Twitter、论坛、微博等社交媒体平台召集支持者参与线下公共事件的现象越来越常见。究其原因主要是因为社交媒体平台的隐匿、易用、快捷的特性。[1]

民众内乱主要有抗议、骚乱或反政府示威活动。即使事件组织者最初打算进行和平示威，也有可能升级为犯罪或骚乱。民众内乱活动通过网络社交媒体平台召集支持者进行反政府示威活动，比如 2010 年 12 月的"阿拉伯之春"运动、2011 年 9 月的"占领华尔街"运动，各种形式的"占领"运动已经成为一种现象在世界各地蔓延。[2] 然而，这些和平示威活动有时会演变为暴乱破坏公共秩序。例如 2011 年 4 月的伦敦暴乱，起因是为 Mark Duggan 之死寻求公正的和平游行，最终却演变成从伦敦蔓延至全英国的暴乱。警察怀疑 Duggan 正计划一起犯罪袭击，在逮捕他时枪击致死。社交媒体平台在英国暴

---

[1] Kalampokis, E., Tambouris, E. and Tarabanis, K. (2013) Understanding the predictive power of social media.Internet Research,23(5), pp. 544–559.

[2] Juris, J. S. (2012) Reflections on #Occupy Everywhere: Social media, public space, and emerging logics of aggregation. American Ethnologist,39(2), pp. 259–279.

乱事件中起到了推波助澜的作用。①据报道，这一时期有超过1100起盗抢、暴力行为。②因此，对执法机关来说预测民众骚乱事件等级具有重要的意义，基于预测做好恢复公共秩序和维护社会稳定的预案。本文将探讨网络社交媒体情报分析框架，用于预测那些通过在线社交媒体平台组织的动乱事件强度，为执法机关提供决策支持。

二、网络社交媒体情报与大数据

（一）认识大数据

1. 何为大数据

马云曾经断言："未来的时代将不是IT时代，而是DT的时代。"我们所处的时代，数据已经成为一种资源。

2016年全球数据产生量已经无法再以EB来衡量——而开始转由ZB计算（即泽字节，1后面加上21个0）。到2020年，我们所居住的这颗数字化星球将包含44ZB数据。如果将所有数据刻成光盘，CD光盘垒成的高塔将达到8000万千米。

2016年10月的阿里云栖大会上提到，国家天文台与阿里云一起合作的国家天文台郭守敬望远镜，每年产生的数据量是10TB。全球目前唯一的一个500米口径的射电望远镜FAST投产以后，意味着4小时将产生10TB的数据，是郭守敬望远镜一年的总量，预计2025年数据量将达到250亿TB。

那么，是不是数据量大就是大数据呢？大数据的标准又是什么呢？很多专家给出了不同的见解和定义。

如果从技术能力的角度来看，大数据是指无法在一定时间内用传统数据库工具对其内容进行抓取、管理和处理的数据集合。③

---

① Fuchs, C. (2012) Social media, riots, and revolutions.Capital & Class,36(383–391).
Gundecha, P. and Liu, H. (2012) Mining Social Media: A Brief Introduction.2012 Tutorials in Operations Research, pp. 1–17.

② BBC News UK, (2011). England's week of riots. (15 August 2011) BBC News UK, ［online］. Available at: http://www.bbc.co.uk/news/uk-14532532 ［Accessed 19 April 2016］.

③ McKinsey, (2011), Big data The next frontier for innovation, competition, and productivity.

如果从大数据内涵的角度来看，大数据是需要新处理模式才能具有更强的决策力、洞察发现力和流程优化能力的海量、高增长率和多样化的信息资产。[①]

因此，大数据技术的战略意义不在于掌握庞大的数据信息，而在于对这些含有意义的数据进行专业化处理。换言之，如果把大数据比作一种产业，那么这种产业实现盈利的关键，在于提高对数据的"加工能力"，通过"加工"实现数据的"增值"，最终实现针对大数据分析的结果采取行动来提升业务。大数据本质上是经济社会的离散化解构与全息化重构，表现为行业间海量数据的跨界融合，行业内海量数据的深度挖掘。

2. 大数据 5V 特征

IBM 提出的大数据 5V 特征受到了业界的普遍认同：Volume（大体量）；Velocity（时效性）；Variety（多样性）；Veracity（准确性）；Value（大价值）。

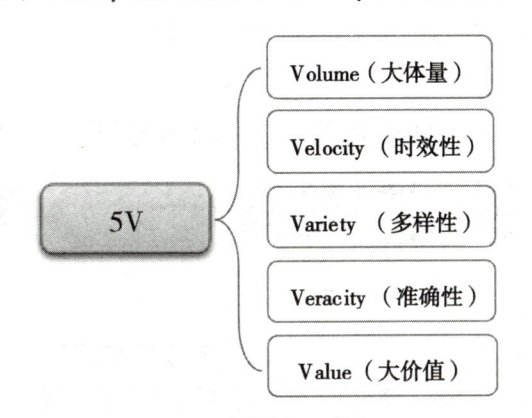

图 1　大数据 5V 特征

Volume（大体量）：数据量从数百 TB 到数十数百 PB、甚至 EB 的规模。

Variety（多样性）：大数据包括各种格式和形态的数据。非结构化、多种类型的数据（数字、文本、图像、视频）。

Velocity（时效性）：很多大数据需要在一定的时间限度下得到及时处理。

Veracity（准确性）：指的是互联网上留下的人类行为的真实电子踪迹，

[①] Gartner ,(2012) ,The Importance of 'Big Data': A Definition, ［online］https://www.gartner.com/doc/2057415/importance-big-data-definition.

都能真实地反映或折射人们的行为乃至思想和心态。但数据集的不确定性，导致了往往数据质量低，包含大量虚假、错误的数据。

Value（大价值）：即大数据包含很多深度的价值，大数据分析挖掘和利用将带来巨大的商业价值。

大数据的特征决定了大数据的分析处理会面临很多"模糊"的场景，比如，不明确的依赖条件，不明确的问题都会导致大数据的分析面临很多困难。

3. 从数据到大数据

实际上四十多年前，我们已经开始使用计算机来处理数据，二十年前，我们拥有的数据量增大，以结构化的方式组织它们，从数据分析中我们获取到信息（图2）。

如今我们拥有的数据量越来越大，从中获取到了各种各样的信息，那么我们应该如何理解大数据呢？在数据处理的框架下，数据架构可以看作一个表格，这也是关系型数据库的数据组织方式（图3）。

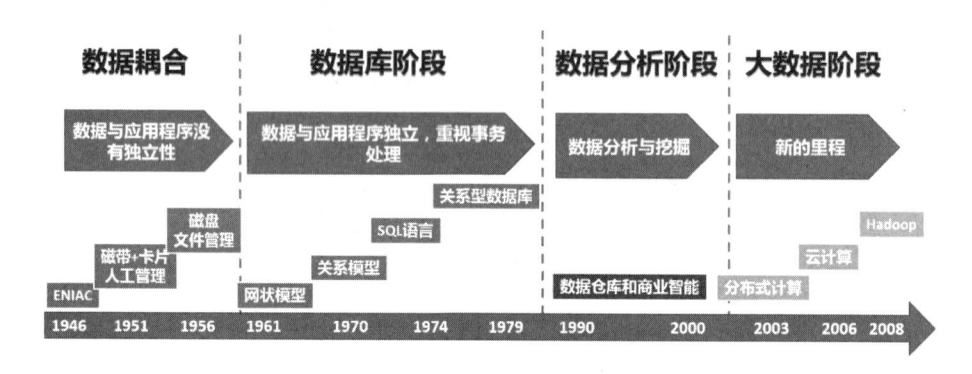

图2 数据处理的发展过程

姓名	员工号	系部	电话
邹某某	2001001	计算机科学与技术系	×××××××

图3 关系型数据库的数据组织

从数据处理到信息处理，从数据架构到信息架构的改变，使我们对数据的组织、理解、表现有了新的发展（图4）。

图4 信息架构的数据组织

在大数据时代，我们更加关注信息的关联，正如人类进行信息分析的思维模式，信息的关联需要借助智能信息处理技术，比如大数据分析技术、多媒体检索技术、智能分析技术，如特征描述技术、情感分析、相关性分析、相似性度量等相关技术（图5）。

图5 智能信息处理模式

（二）大数据时代的网络社交媒体情报分析

在过去十年，很多研究人员使用社交媒体数据用于预测现实世界现象。例如，一些研究人员基于Twitter数据预测电影票房；[1]通过社交媒体平台获取信息预测股价；[2]利用Twitter数据预测大选结果；[3]还有的利用Twitter数据预

---

[1] Asur, S. and Huberman, B. A. (2010) Predicting the Future with Social Media. In Paper Presented to the Proceedings of the 2010 IEEE/WIC/ACM International Conference on Web Intelligence and Intelligent Agent Technology – Volume 01.

[2] Bollen, J., Mao, H. and Zeng, X.-J. (2011) Twitter mood predicts the stock market. J. Comput. Science, 2(1), pp. 1–8.

[3] Tumasjan, A., Sprenger, T. O., Sandner, P. G. and Welpe, I. M. (2010) Predicting elections with twitter: What 140 characters reveal about political sentiment. In Paper Presented to the Proceedings of the Fourth International AAAI Conference on Weblogs and Social Media.

测地震一类的自然现象。[1]

尽管过去十年，利用社交媒体预测各种现实世界现象的工作已经成为广泛关注的研究方向，利用社交媒体预测动乱事件的研究仍处在初级阶段。Agarwal and Sureka（2015）运用社交媒体数据预测动乱导致的威胁，通过挖掘近三年的社交媒体数据他们观察到对预报动乱研究兴趣的快速增长。我们相信研究者纷纷关注这个研究领域是因为2010年12月开始的"阿拉伯之春运动"，这也是借助Twitter来召集支持者反对政府的。从"阿拉伯之春运动"开始，利用社交媒体平台召集支持者的动乱事件数量增长，例如从2011年的"占领华尔街运动"开始的各种形式的占领运动[2]。

研究者和执法机关共同关注的问题是，我们能用"集体智慧"来预测未来的骚乱事件吗？基于在线社交媒体收集的数据进行动乱事件预测也就是本文中提到的"集体智慧"或者"社交媒体情报分析"，存在很多技术难点。第一，每天有大量的社交媒体数据产生。线上获取的巨量信息用人力难以识别、处理和分析。第二，社交媒体平台产生的数据往往是有噪声和非结构化的。由于包含了拼写错误单词、不正确的语法结构和情感符号导致数据不规范和非结构化，基于社交媒体平台关键字标记来做文本内容分析不是一件容易的任务。第三，社交媒体的动态属性也使通过简单关键词搜索技术来人工识别动乱主题或事件变得困难。例如，在2015年1月至5月的香港"占中"运动中，组织者通过社交媒体召集支持者，在发帖时使用的"购物"替代"占领"这样的关键词。最后一点，对未来发生的骚乱事件选择哪种属性用于预测的问题[3]。

社交网络中的群体行为模式尚未得到深刻理解和充分掌握，导致社交网络在信息的可信性、传播的可预测性、群体行为的可控性等方面仍处于一种

---

[1] Lampos, V. and Cristianini, N. (2012) Nowcasting Events from the Social Web with Statistical Learning.ACM Trans. Intell. Syst. Technol.,3(4), pp. 1–22.

[2] Agarwal, S. and Sureka, A. (2015) Applying Social Media Intelligence for Predicting and Identifying On-line Radicalization and Civil Unrest Oriented Threats. CoRR,abs/1511.06858.

[3] Gundecha, P. and Liu, H. (2012) Mining Social Media: A Brief Introduction.2012 Tutorials in Operations Research, pp. 1–17.

无序状态，造成人们创造大量社会数据却对其知之甚少的现状。

三、基于大数据的网络社交媒体情报分析

（一）案例背景分析

在某次所谓的非暴力反抗运动中，发起者倡议民众走上街头使城市正常运行瘫痪，胁迫政府满足其政治诉求。

组织者原本预期1万名支持者。然而，数以万计的反对者涌上街头，使当地多个区陷入瘫痪。在抗议活动开始，警察使用催泪瓦斯和胡椒喷雾剂驱散拥挤的人群和抗议者。其间，抗议者们用口罩、护目镜和雨伞来避开胡椒喷雾剂。

后期，反对者改变了策略，在线上使用"购物活动"这样的代号号召支持者走到线下进行抵制政府行为。比如通过论坛发布快闪(flashmob)活动的号召，召集大家去一个地方购物或者聚集然后离开。此后几乎每周都会在各个地区发生各种形式的抗议活动。

2016年2月一些小贩涉嫌非法经营，与到场执法的人员发生冲突。大批所谓"本土派"人士到现场滋事，并冲击在现场调停的警员，警方一度展示红旗、施放胡椒喷雾，并向示威者挥动警棍控制场面，有示威者向警员投掷杂物。

通过对案例背景的分析我们发现：和平示威会转变成暴乱，而暴乱会损害公共秩序，同时反对者通过线上论坛、社交媒体平台(Facebook)呼吁上街游行，而在线下真实世界示威，造成社会骚乱。线上的呼吁，和线下的示威他们的关系是什么？我们可以通过大数据进行情报分析和预测吗？

（二）如何解决问题

1. 明确问题

大数据分析通常要寻找特定算法来解决问题。实际上，我们要解决问题的前提是明确问题。为了实现网络情报分析预测的目标，应该首先明确要解决的问题，而不是要选择的算法。

2. 使用"6W"思维分析案例

我们可以借助著名的"6W"调查方法来分析我们要解决的问题。6W 即做什么（what）、为什么（why）、用谁（who）、何时（when）、在哪里（where）及如何做（how）。

What：问题是什么？在我们要分析的案例中，我们要解决的问题是：可以根据论坛中的信息预测现实世界的示威吗？会有暴力示威吗？

Where：示威在哪里？

Who：谁是领导者？

When：什么时候进行示威？

Why：为什么会有示威？意图是什么？

How：许多技术存在，如何找出哪一个是好的？如何评估结果？

基于此，我们提出了网络社交媒体情报分析的框架。

（三）网络社交媒体情报分析框架

1. 理解问题

前面我们已经明确了想解决的问题，也就是使用大数据的技术方法，对网络社交媒体数据进行分析，进而预测将来的骚乱事件。对决策者来说，他们更关心的是什么时候会发生骚乱事件，确保模型正确预测一个会真实发生的骚乱事件尤其重要。

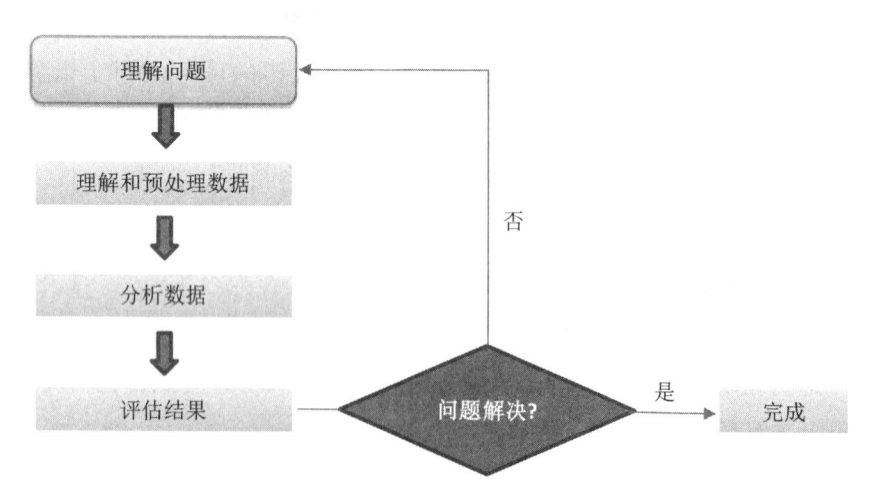

图 6　网络社交媒体情报分析框架

2. 理解和预处理数据

数据分析的第一步是理解数据。如果分析者自己不能理解数据，又如何能使机器可以理解他们的意义呢？

例如，我们可以获取 www.discuss.com.hk 论坛的帖子。这些帖子属于典型的非结构化数据。从我们感兴趣的一个主题开始，可以关联出更多的帖子。那么如何来理解和组织主题、帖子、帖子正文这些数据呢？图7解释了论坛帖子的组织方式。

图7 论坛帖子的组织方式

理解和预处理数据一般要经过四个步骤：标识数据、了解数据、清理和结构化数据、定义属性。

3. 分析数据

数据分析和挖掘一般没有什么预先设定好的主题，主要是在现有数据基础上进行基于各种算法的计算，从而起到预测的效果，实现一些高级别数据分析的需求。比较典型的算法有用于聚类的 K-Means、用于统计学习的 SVM 和用于分类的 Naive Bayes，主要使用的工具有 Hadoop 的 Mahout 等。该过程的特点和挑战主要是用于挖掘的算法很复杂，并且计算涉及的数据量和计算量都很大。

4. 评估结果

预测结果评估指对预测结果质量所进行的估计与评价。对预测算法的好坏一般通过混淆矩阵、准确度、精确度、召回率、真阳性和真阴性、ROC 曲线和 PR 曲线等指标进行度量。

5. 问题是否解决

当问题通过选择好的方法进行处理后，再回到开始的目标，重新审视下是否已经很好地解决了问题。如果发现处理结果和预期有偏差，就需要针对偏差进行调整。例如本文中案例是要通过线上社交媒体数据预测未来的骚乱事件，数据预测的结果是否满足实际需求，是否能够给决策者提供准确的预测结果？预测的误差是否在可接受的范围？否则就要重新调整方案，再次进行处理。

（四）理解和处理数据

理解和处理数据的主要步骤包括：

1. 了解数据

需要厘清几个问题：数据从哪里来？数据的意义是什么？数据的组织结构是什么？在案例中，数据是从香港广受欢迎的两个论坛中获取。主要关注发帖量、帖子作者等因素。论坛帖子是典型的非结构化数据。

2. 清洗、结构化数据

因为针对不同特征收集的原始数据的数量级不一样，比如一天的发帖总数可能高达 6000 个，而另一天的主题数只有大约 200 个。所以需要对数据进行归一化处理，使这些特征在相同数量级从而可以进行比较。

3. 处理数据

（1）特征选择

特征选择也叫特征子集选择（Feature Subset Selection，FSS），是指从已有的 M 个特征（Feature）中选择 N 个特征使系统的特定指标最优化，是从原始特征中选择出一些最有效特征以降低数据集维度的过程，是提高学习算法性能的一个重要手段，也是模式识别中关键的数据预处理步骤。对于一个学习算法来说，好的学习样本是训练模型的关键。

（2）数据编码

由于计算机要处理的数据信息十分庞杂，有些数据库所代表的含义又使人难以记忆。为了便于使用，容易记忆，常常要对加工处理的对象进行编码，用一个编码代表一条信息或一串数据。对数据进行编码在计算机的管理中非常重要，可以方便地进行信息分类、校核、合计、检索等操作。因此，数据编码就成为计算机处理的关键。即不同的信息记录应当采用不同的编码，一个码点可以代表一条信息记录。人们可以利用编码来识别每一个记录，区别处理方法，进行分类和校核，从而克服项目参差不齐的缺点，节省存储空间，提高处理速度。

（五）分析数据

大数据的挖掘常用的方法有分类、回归分析、聚类、关联规则、神经网络方法、Web数据挖掘等。这些方法从不同的角度对数据进行挖掘。

1. 分类。分类是找出数据库中的一组数据对象的共同特点并按照分类模式将其划分为不同的类，其目的是通过分类模型，将数据库中的数据项映射到某个给定的类别中。可以应用到涉及应用分类、趋势预测中，如淘宝商铺将用户在一段时间内的购买情况划分成不同的类，根据情况向用户推荐关联类的商品，从而增加商铺的销售量。

2. 回归分析。回归分析反映了数据库中数据的属性值的特性，通过函数表达数据映射的关系来发现属性值之间的依赖关系。它可以应用到对数据序列的预测及相关关系的研究中去。在市场营销中，回归分析可以被应用到各个方面。如通过对本季度销售的回归分析，对下一季度的销售趋势作出预测并作出针对性的营销改变。

3. 聚类。聚类类似于分类，但与分类的目的不同，是针对数据的相似性和差异性将一组数据分为几个类别。属于同一类别的数据间的相似性很大，但不同类别之间数据的相似性很小，跨类的数据关联性很低。

4. 关联规则。关联规则是隐藏在数据项之间的关联或相互关系，即可以根据一个数据项的出现推导出其他数据项的出现。关联规则的挖掘过程主要包括两个阶段：第一阶段为从海量原始数据中找出所有的高频项目组；第二阶段为从这些高频项目组产生关联规则。关联规则挖掘技术已经被广泛应用于金融行业用以预测客户的需求，各银行在自己的ATM机上通过捆绑客户可能感兴趣的信息供用户了解并获取相应信息来改善自身的营销。

5. 神经网络方法。神经网络作为一种先进的人工智能技术，因其自身自行处理、分布存储和高度容错等特性非常适合处理非线性的以及那些以模糊、不完整、不严密的知识或数据为特征的处理问题，它的这一特点十分适合解决数据挖掘的问题。典型的神经网络模型主要分为三大类：第一类是用于分类预测和模式识别的前馈式神经网络模型，其主要代表为函数型网络、感知机；第二类是用于联想记忆和优化算法的反馈式神经网络模型，以 Hopfield 的离散模型和连续模型为代表；第三类是用于聚类的自组织映射方法，以 ART 模型为代表。虽然神经网络有多种模型及算法，但在特定领域的数据挖掘中使用何种模型及算法并没有统一的规则，而且人们很难理解网络的学习及决策过程。

6. Web 数据挖掘。Web 数据挖掘是一项综合性技术，指 Web 从文档结构和使用的集合 C 中发现隐含的模式 P，如果将 C 看作是输入，P 看作是输出，那么 Web 挖掘过程就可以看作是从输入到输出的一个映射过程。

（六）结果评估

1. 评估步骤

对于模型性能的评估，通常分为三步：（1）对数据集进行划分，分为训练集和测试集两部分；（2）对模型在测试集上面的泛化性能进行度量；（3）基于测试集上面的泛化性能，依据假设检验来推广到全部数据集上面的泛化性能。

2. 数据集的划分

对模型来说，其在训练集上的误差称为"训练误差"或者"经验误差"，而在测试集上的误差称为"测试误差"。因为测试集是用来测试学习期对于新样本的学习能力的，因此可以把测试误差作为泛化误差的近似（泛化误差：在新样本上的误差）。我们更关心的是模型对于新样本的学习能力，即希望通过对已有样本的学习，尽可能地将所有潜在样本的普遍规律学到手，而如果模型对训练样本学得太好，则有可能把训练样本自身所具有的一些特点当作所有潜在样本的普遍特点，这时候就会出现"过拟合"的问题。

因此通常将已有的数据集划分为训练集和测试集两部分，其中训练集用来训练模型，而测试集则是用来评估模型对于新样本的判别能力。对于数据集的划分，我们通常要保证满足以下两个条件：（1）训练集和测试集的分布要与样本真实分布一致，即训练集和测试集都要保证是从样本真实分布中独立同分布采样而得；（2）训练集和测试集要互斥。

基于以上两个条件我们主要由三种划分数据集的方式：留出法、交叉验证法和自助法。

（1）留出法：是直接将数据集 D 划分为两个互斥的集合，其中一个集合作为训练集 S，另一个作为测试集 T，我们需要注意的是在划分的时候要尽可能保证数据分布的一致性，即避免因数据划分过程引入额外的偏差而对最终结果产生影响。

为了保证数据分布的一致性，通常我们采用分层采样的方式来对数据进行采样。假设我们的数据中有 m1 个正样本，有 m2 个负样本，而 S 占 D 的比例为 p，那么 T 占 D 的比例即为 1-p，我们可以通过在 m1 个正样本中采 m1×p 个样本作为训练集中的正样本，而通过在 m2 个负样本中采 m2×p 个样本作为训练集中的负样本，其余的作为测试集中的样本。

但是样本的不同划分方式会导致模型评估的相应结果也会有差别，例如如果我们把正样本进行了排序，那么在排序后的样本中采样与未排序的样本采样得到的结果会有一些不同，因此通常我们都会进行多次随机划分、重复进行实验评估后取平均值作为留出法的评估结果。

留出法的缺点：对于留出法，如果我们对数据集 D 划分后，训练集 S 中的样本很多，接近于 D，其训练出来的模型与 D 本身训练出来的模型可能很接近，但是由于 T 比较小，这时候可能会导致评估结果不够准确稳定；如果 S 样本很少，又会使训练出来的样本与 D 所训练出来的样本相差很大。通常，会将 D 中 2/3~4/5 的样本作为训练集，其余的作为测试集。

（2）交叉验证法：k 折交叉验证通常把数据集 D 分为 k 份，其中的 k-1 份作为训练集，剩余的那一份作为测试集，这样就可以获得 k 组训练/测试集，可以进行 k 次训练与测试，最终返回的是 k 个测试结果的均值。这里数据集的划分依然是依据分层采样的方式来进行。对于交叉验证法，其 k 值的选取往往决定了评估结果的稳定性和保真性。通常 k 值选取 10。与留出法类似，通常我们会进行多次划分得到多个 k 折交叉验证，最终的评估结果是这多次交叉验证的平均值。

当 k=1 的时候，我们称为留一法，我们可以发现留一法并不需要多次划分，因为其划分方式只有一种，因为留一法中的 S 与 D 很接近，因此 S 所训练出来的模型应该与 D 所训练出来的模型很接近，因此通常留一法得到的结果是比较准确的。但是当数据集很大的时候，留一法的运算成本将会非常的高以至于无法忍受。

（3）自助法：留出法与交叉验证法都是使用分层采样的方式进行数据采样与划分，而自助法则是使用有放回重复采样的方式进行数据采样，即我们每次从数据集 D 中取一个样本作为训练集中的元素，然后把该样本放回，重复该行为 m 次，这样我们就可以得到大小为 m 的训练集，在这里面有的样本重复出现，有的样本则没有出现过，我们把那些没有出现过的样本作为测试集。进行这样采样的原因是每个样本不被采到的概率为 1–1m，那么经过 m 次采样，该样本都不会被采到的概率为（1–1m）m，那么取极限有 $\lim_{m \to \infty}$（1–1m）m → 1e ≈ 0.368，因此我们可以认为在 D 中约有 36.8% 的数据没有在训练集中出现过。

这种方法对于那些数据集小、难以有效划分训练/测试集时很有用，但是由于该方法改变了数据的初始分布导致会引入估计偏差。

3. 性能度量

对于模型的性能度量，常用的是以下四种方法来进行度量：

（1）准确度（Accuracy）：指在一定实验条件下多次测定的平均值与真值相符合的程度，以误差来表示。它用来表示系统误差的大小。准确度 = 预测正确的数量/需要预测的总数。

（2）精确度（Precision）：是指多次重复测定同一量时各测定值之间彼此相符合的程度。表征测定过程中随机误差的大小。精确率 = 预测为真实际也为真/预测为真的总数。

（3）召回率（Recall）：又称"查全率"；召回率 = 预测为真实际也为真/实际为真的总数。

（4）F1-度量（F1-measure）：是 Precision 和 Recall 的调和均值，当 F1 较高时则能说明试验方法比较有效。F1=2× 精确率 × 召回率 /（精确率 + 召回率）。

为了说明以上4种定义，我们需要定义混淆矩阵（图8）。在机器学习领域，混淆矩阵又称为可能性表格或是错误矩阵。它是一种特定的矩阵用来呈现算法性能的可视化效果，通常是监督学习。其每一列代表预测值，每一行代表的是实际的类别。这个名字来源于它可以非常容易地表明多个类别是否有混淆（也就是一个类被预测成另一个类）。

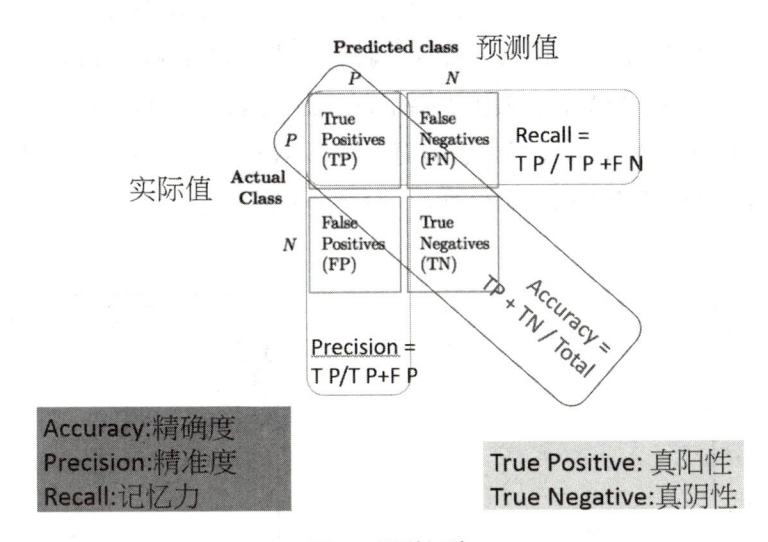

图 8 混淆矩阵

下表定义了真阳性和真阴性：

表 1 真阳性和真阴性定义表

分类正确	真阳性（True Positive）	本来是正样例，分类成正样例
	真阴性（True Negative）	本来是负样例，分类成负样例
分类错误	误报（False Positive）	本来是负样例，分类成正样例
	漏报（False Negative）	本来是正样例，分类成负样例

上面的度量方法本质上都与将预测值变为目标水平的阈值关联。为了避免这样的问题，一些研究者倾向于使用精确度－召回率曲线（P-R曲线），受试者工作特征曲线（ROC曲线），AUC面积来进行性能度量。

P-R曲线的P就是精确率，R就是召回率。用P作为横坐标，R作为纵坐标，就可以画出P-R曲线。

受试者工作特征曲线（ROC曲线）简单来说就是选两个指标，作为二维坐标的两个轴，然后通过描述在不同阈值下这两个指标的变化，画出一条曲线。ROC曲线两个指标是：

- 真正类率（true positive rate，TPR），计算公式为TPR=TP/（TP+FN）
- 假正类率（1-specificity=FPR），计算公式为FPR=FP/（FP+TN）

将真正类率作为Y轴，假正类率作为X轴，然后就可以画出ROC曲线。ROC曲线与X坐标轴所围成的面积叫作AUC面积，这个面积也可以作为分类器的性能评价指标。面积越大，分类器性能越好。

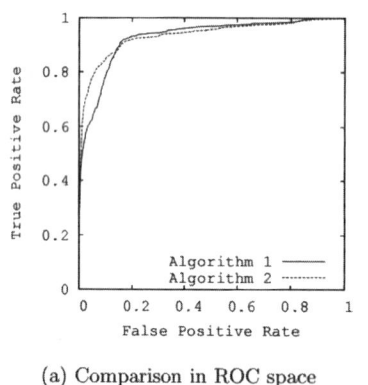

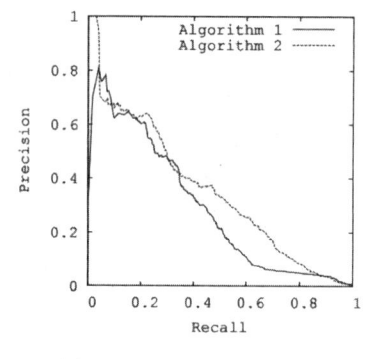

(a) Comparison in ROC space (b) Comparison in PR space

图9　ROC曲线与PR曲线

如上图（图9），在ROC空间中的目标是处于左上角。图9（a）中的ROC曲线与最优情况极为接近。在PR space中的目标是处于右上角。图9（b）中的PR curves显示算法还有很大的优化空间。

四、网络社交媒体情报分析案例

（一）理解问题

案例来自 Chan 和 Chow2016 年的论文。他们使用了 2015 年 1 月至 3 月香港两个常用论坛的数据。在本文前面部分解释过，如果预测模型依赖于内容指标这将使发现这些新形式的骚乱事件更困难，当社交媒体内容动态变化的时候，研究者不可能预先知道定义什么样的内容。

一些研究者使用时间序列矩阵，比如使用 Twitter 每天特定的主题数量来预测电影票房。[1]另一些学者通过分析在线社交媒体平台的"正常状态"来发现异常的线上或线下现象。[2]此外，研究者展示了 Twitter 消息数量在一些重大事件发生的过程中会突然增多，比如自然灾害和破坏的新闻，但是在过后会突然下降。

然而，并不像那些重大事件，Twitter 消息通常会在骚乱发生前到达高点，并且也许会有多个高点出现。[3]例如，2015 年 1 月至 3 月香港后"雨伞运动"时期，几乎每个周末都会有骚乱发生。图 10[4]显示了在 2015 年 2 月 8 日香港骚乱发生日之前，香港常用本地论坛帖子数量出现高峰。论坛主题和帖子数量在事件发生当日 2015 年 2 月 8 日达到最低点（一周 3431 个帖子）。另外也观察到事件前的 2 月 3 日和 6 日（分别是 6223 个和 7663 个帖子）出现两次高峰。因此，通过分析这些骚乱前的早期高峰，可以通过一些先兆特征来预测未来的骚乱。

---

[1] Asur, S. and Huberman, B. A. (2010) Predicting the Future with Social Media. In Paper Presented to the Proceedings of the 2010 IEEE/WIC/ACM International Conference on Web Intelligence and Intelligent Agent Technology – Volume 01.

[2] Jungherr, A. and Jürgens, P. (2013) Forecasting the pulse: How deviations from regular patterns in online data can identify offline phenomena. Internet Research,23(5), pp. 589–607.

[3] Hu, M., Liu, S., Wei, F., Wu, Y., Stasko, J. and Ma, K.–L.(2012) Breaking news on twitter. In Paper Presented to the Proceedings of the SIGCHI Conference on Human Factors in Computing Systems, Austin, Texas, USA.

[4] Chan, V.P.S. and Chow, K.P. (2016). The Majority Report – Can we use big data to secure a better future? International Journal of Business and Cyber Security, Vol. 1, Issue 1.

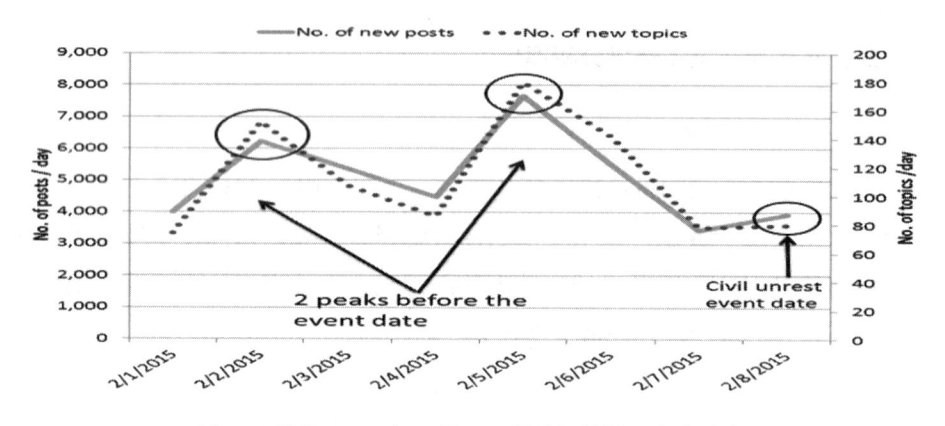

图10 论坛2015年2月8日骚乱相关帖子发布分布

基于每日帖子和主题量的简单时间序列指标，我们研究了使用这些在线社交媒体数据来预测现实世界现象的可能性。问题可被定义成：使用社交网络数据，我们能用骚乱发生日前N天的数据来预测未来现实世界街头示威游行吗？

因此，我们将问题重构成了一个简单的分类问题来预测目标Y（骚乱发生或不发生）为特征X（使用时间序列指标，例如每日发帖量，事件发生日N天前）的函数。

（二）选择数据处理方式

通过对案例的深入理解，我们也对自身掌握的数据有了更加清晰的认识，那么我们的数据分析应该采用基于内容的分析（content）吗？要加入情感分析（sentiment analysis）吗？计数（counting）？或者选择时间序列分析（time series metrics）都是需要回答的问题。

"基于内容的指标"主要包括：（1）情感分析（sentiment analysis）；（2）关键词识别（keyword identification）；（3）空间-时间关键词分类（spatial-temporal keyword classification）。

首先基于情感的分析容易受到地域影响、双极语问题。

"基于时间序列的指标"在本文案例中可能是：（1）每日发帖数量（Daily post volumes）；（2）每小时发推特（Hourly tweeting rate）；（3）每日用户数（Daily number of users）。

对社交媒体使用情感分析很困难，因为用户在这些平台上使用的语言一般都是非正式和模棱两可的。比如，在我们当前的研究中，大多数典型的发帖内容包含表情图标或者网络流行语［比如 lol 表示 laugh out loud（大笑）］或者非常短，类似垃圾信息的短消息［（比如 "push to top"（推），"leave a name"（留名）］甚至只有图片或脏话。

"基于内容的指标"研究者需要提前确定相关的话题，比如我们需要在训练预测模型之前，定义与"鸠鸣"（shopping）运动相关的词库。一些学者质疑使用情感分析或内容分析来处理社交媒体数据的准确性，比如，Kalampokis et al（2013）研究了社交媒体的预测能力，他们发现通过使用基于词库（lexicon-based）的方法处理社交媒体数据来预测未来事件时，65%的研究实际上质疑相关模型的预测能力。[①]

为了克服基于内容指标预测的局限性，使用时间序列指标来预测骚乱事件，因其不太容易受到社交媒体数据噪声干扰，易于理解和高效处理大规模数据。

（三）处理不平衡类

在骚乱分类问题中，全年骚乱天数通常是稀有类。普通分类问题中，各个类包含的数据分布比较平衡，稀有类分类问题中，数据的分布极不平衡。例如，将一批医疗数据分类为"癌症患者"和"非癌症患者"两个类，其中"癌症患者"是小比例样本（假设占总样本的1%），称其为目标类，"非癌症患者"为多数类样本，称为非目标类，从大量数据中正确识别"癌症患者"就是稀有类分类问题。由于在数据集中所占比率太小，使得稀有类分类问题比普通分类问题更具挑战性。换句话说，一个类（非骚乱）远比另一个类（骚乱）普遍。例如，在我们的实验数据集中，骚乱的发生率大概为12%。当数据集中存在不平衡类，数据集中各类数据点数量相差太远时，猜测数量多的类将会获得很高的准确度。因此，建立骚乱预测模型需要考虑如何处理不平衡类的问题。

---

① Kalampokis, E., Tambouris, E. and Tarabanis, K. (2013) Understanding the predictive power of social media.Internet Research,23(5), pp. 544–559.

在一篇不平衡类问题综述文章中，Longadge et al.（2013）回顾了解决这类问题的一般方法。主要包括抽样技术、使用新的学习算法和特征选取。在我们的处理模型中，建议使用两种技术：过抽样和特征选取。第一，抽样技术主要对多数类进行欠抽样，对少数类进行过抽样。在骚乱事件预测案例中，我们采用过采样来保留所有有用信息。第二，特征选取的目标是为了降低特征空间的纬度来优化分类器的性能。在案例中，特征空间可能非常巨大，我们对社交媒体平台骚乱事件发生前特征 X 感兴趣，因此，需要进行特征选取。使用新的学习算法主要包括抽样和特征选取技术的组合。我们认为，使用现有可用的机器学习技术是开始骚乱事件预测好的开始。

（四）数据处理框架

这里讨论由 Chan & Chow（2016）提出的概念框架，不依赖内容指标，对噪声适应性强，并且易于解释应用社交媒体数据预测未来骚乱事件。概念模型如图 11 所示。

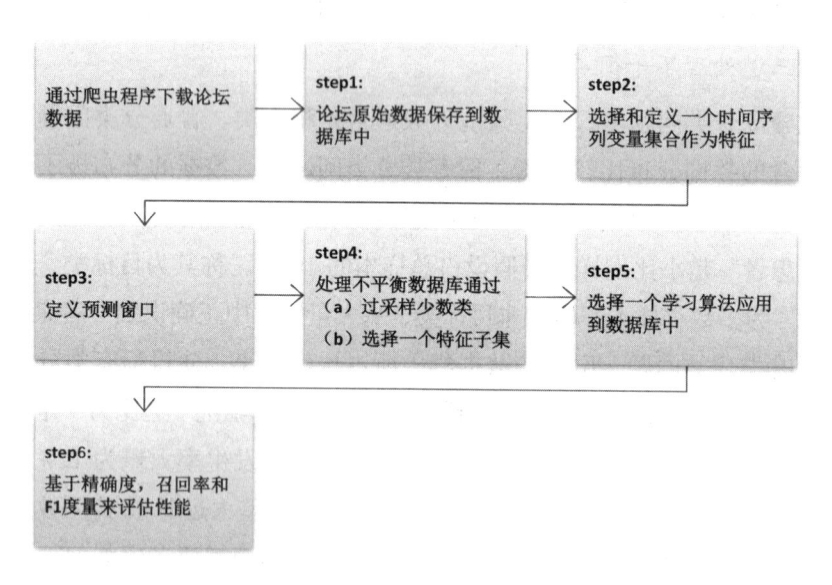

图 11　骚乱事件发现概念模型

概念模型设计为线上活动激增时发现骚乱事件，不需要任何专家的先验知识。第一，原始数据从在线社交媒体平台上收集；第二，恰当的时间序列属性（例如 Twitter 每小时推文发布率；论坛每日帖子数量等）将被选取作为预测模型的预测因子；第三，决定预测窗口，决定骚乱事件日期前多少小时、天或者星期作为输入；第四，机器学习分类器将用于预测骚乱事件；第五，我们建议使用精确率、召回率和 F1-度量来代替分类准确率来评估分类器性能。

（五）数据预处理

Chan & Chow（2016）从香港常用的两个论坛来收集数据，论坛名为 Hong Kong Golden（www.hkgolden.com）和 Hong Kong Galden（www.hkgalden.com），时间为 2015 年 1 月至 3 月，就在 2014 年 12 月占中运动后。主要原因在于这两个论坛是很多示威活动的发源地，也是香港用户使用最多的讨论政治话题的论坛。帖子从"新闻时事"版块搜集。Hong Kong Golden 在 2000 年建立，在香港用户中有很长的历史。另外，Hong Kong Galden 于 2013 年建立，并与 Hong Kong Golden 有非常相似的结构，但也非常流行。包括很多 Hong Kong Golden 非注册用户，并自称香港最具自由主义精神的论坛。这里所用的数据都来自 Chan & Chow（2016）。

表2 2015年1月至3月收集的数据

	一月	二月	三月
主题总数	3273	3896	5912
帖子总数	130400	135806	199118
主题作者总数	1026	1154	1506
帖子作者总数	13484	13221	14694

表 2 显示了 2015 年 1 月至 3 月期间收集的数据。在现有数据集中，共从论坛下载 13081 个主题和 465324 个帖子。图 12 显示了 2015 年 1 月至 3 月期间每天的帖子和主题数。2015 年 2 月 8 日至 3 月 15 日，大部分街头示威活动演变成暴力活动（除了 2 月 22 日的周末，这是农历新年的长周末假期）。

为了准备运行预测模型的数据，引入了几个步骤。第一，通过标准化论坛每日帖子和主题总数来预处理原始数据。用这种方法，不同论坛的帖子数量能在同一尺度上进行比较。第二，在骚乱事件发生当日前 6 天的数据选取为预测窗口。因为几乎每个周末都发生线下示威活动，选取一周的数据用于预测是符合逻辑的。第三，也可以把其他事件序列指标列入预测器属性特征，比如发帖率（即每小时帖子数量、每小时主题数量、帖子作者数量、主题作者数量等）。在实验中，我们选择了6天时间窗口内4个时间序列属性，特征集合见表3。这样，对每一条记录，特征集合由24个特征组成。

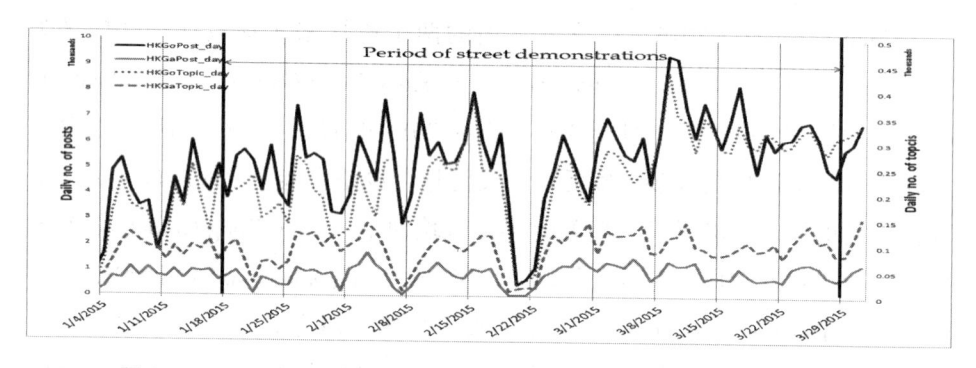

图12 HKGolden 和 HKGalden "时事新闻" 版块每日帖子和主题分布

表3 每条记录的特征列表

时间序列特征	特殊日期前的天数					
	1天	2天	3天	4天	5天	6天
每日新贴	P_L1	P_L2	P_L3	P_L4	P_L5	P_L6
每日新主题	T_L1	T_L2	T_L3	T_L4	T_L5	T_L6
每日帖子作者	PA_L1	PA_L2	PA_L3	PA_L4	PA_L5	PA_L6
每日主体作者	TA_L1	TA_L2	TA_L3	TA_L4	TA_L5	TA_L6

最后，将2015年1月到3月每天标记为非骚乱事件日和骚乱事件日。列出了街头示威的类型。这些骚乱日被标记为"0"，其他非骚乱日被标记为"1"。数据集中骚乱日和非骚乱日的比率为20∶146，骚乱日百分比为12.05%。

（六）建立模型

1. 决策树模型

在这里介绍下如何建立模型。在开始的时候，典型方法是从简单的开始。我们从数据挖掘简单模型决策树开始。

决策树（Decision Tree）是在已知各种情况发生概率的基础上，通过构成决策树来求取净现值的期望值大于等于零的概率，评价项目风险，判断其可行性的决策分析方法，是直观运用概率分析的一种图解法。由于这种决策分支画成图形很像一棵树的枝干，故称决策树。在机器学习中，决策树是一个预测模型，他代表的是对象属性与对象值之间的一种映射关系。

决策树模型的优点主要有：（1）决策树易于理解和实现，人们在学习过程中不需要使用者了解很多的背景知识，这同时是它的能够直接体现数据的特点，只要通过解释后都有能力去理解决策树所表达的意义。（2）对于决策树，数据的准备往往是简单或者是不必要的，而且能够同时处理数据型和常规型属性，在相对短的时间内能够对大型数据源做出可行且效果良好的结果。（3）易于通过静态测试来对模型进行评测，可以测定模型可信度；如果给定一个观察的模型，那么根据所产生的决策树很容易推出相应的逻辑表达式。

缺点主要有：（1）对连续性的字段比较难预测。（2）对有时间顺序的数据，需要很多预处理的工作。（3）当类别太多时，错误可能就会增加的比较快。（4）一般的算法分类的时候，只是根据一个字段来分类。

通过训练，可以得出下图（图13）的决策树模型。如果我们要预测2017年1月1日是否会有示威活动，按照我们建立的决策树模型，选择6天前的新帖数，如果发帖率大于等于8.83，将发生示威活动。

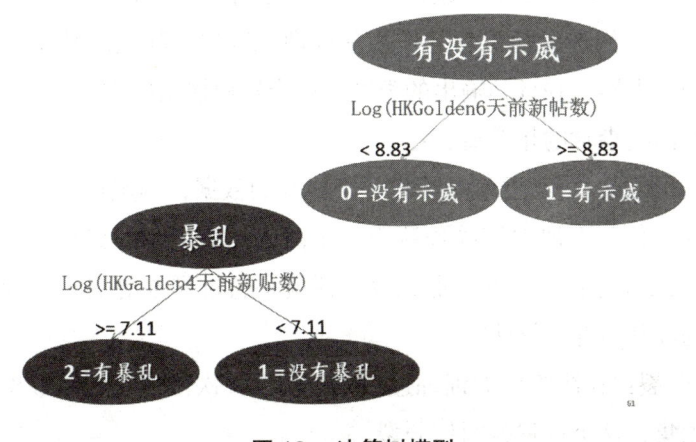

图13 决策树模型

决策树模型最重要的问题是对训练数据太敏感。在图 14 中，上面的决策树由 2015 年 1 月至 3 月的数据得到，事件发生 6 天之前的每日发帖数。下面的决策树由 2015 年 1 月至 4 月的数据得到。可以看到两个决策树的参数差别很大。

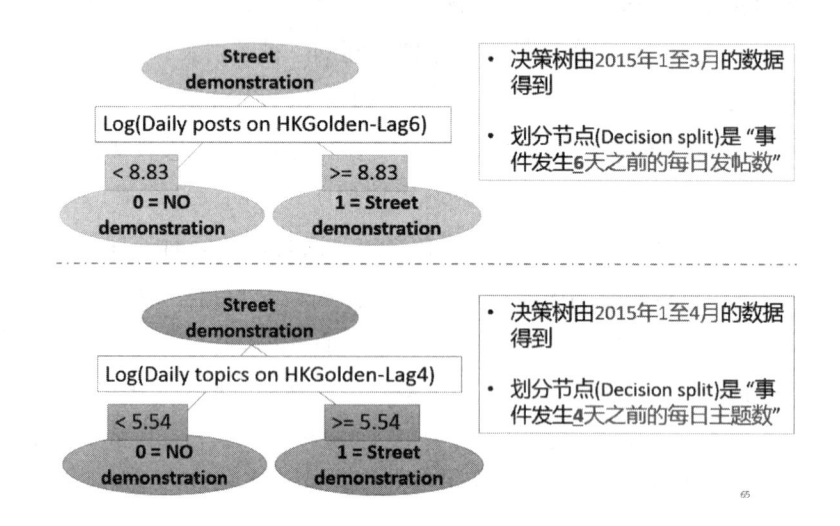

图 14　决策树模型对训练集敏感

2. 随机森林模型

根据决策树存在的问题，我们尝试了不同的方法来处理数据挖掘问题。一个明显的泛化是应用多个树进行建模，也就是随机森林模型。

实验中，我们选择随机森林作为基础训练算法。随机森林是一个包含多个决策树的分类器，并且其输出的类别是由个别树输出的类别的众数而定。

以下是随机森林的相关概念：

（1）分类器：分类器就是给定一个样本的数据，判定这个样本属于哪个类别的算法。例如在股票涨跌预测中，我们认为前一天的交易量和收盘价对于第二天的涨跌是有影响的，那么分类器就是通过样本的交易量和收盘价预测第二天的涨跌情况的算法。

（2）分裂：在决策树的训练过程中，需要一次次地将训练数据集分裂成两个子数据集，这个过程就叫作分裂。

（3）特征：在分类问题中，输入到分类器中的数据叫作特征。以上面的股票涨跌预测问题为例,特征就是前一天的交易量和收盘价。

(4)待选特征:在决策树的构建过程中,需要按照一定的次序从全部的特征中选取特征。待选特征就是在目前的步骤之前还没有被选择的特征的集合。例如,全部的特征是 ABCDE,第一步的时候,待选特征就是 ABCDE,第一步选择了 C,那么第二步的时候,待选特征就是 ABDE。

(5)分裂特征:接待选特征的定义,每一次选取的特征就是分裂特征,例如,在上面的例子中,第一步的分裂特征就是 C。因为选出的这些特征将数据集分成了一个个不相交的部分,所以叫它们分裂特征。

随机森林基本原则:一群较弱的模型(weak learners)可以组成一个较强的模型(strong learner)。

随机森林的工作原理:每一个决策树使用从原始数据中随机取样的样本数据的子集训练而成。通过投票(majority voting),决定新的数据(observation)的分类。

随机森林的优点:(1)对于很多种资料,它可以产生高准确度的分类器。(2)它可以处理大量的输入变数。(3)它可以在决定类别时,评估变数的重要性。(4)在建造森林时,它可以在内部对于一般化后的误差产生不偏差的估计。(5)它包含一个好方法可以估计遗失的资料,并且,如果有很大一部分的资料遗失,仍可以维持准确度。(6)它提供一个实验方法,可以去侦测 variable interactions。(7)对于不平衡的分类资料集来说,它可以平衡误差。(8)它计算各例中的亲近度,对于数据挖掘、侦测偏离者(outlier)和将资料视觉化非常有用。(9)使用上述。它可被延伸应用在未标记的资料上,这类资料通常是使用非监督式聚类。也可侦测偏离者和观看资料。(10)学习过程是很快速的。

随机森林算法是决策树分类器的组合算法,可以使得预测不依赖随机选择的样本。随机森林算法对异常值和噪声具有相对的鲁棒性,因此适合应用于社交媒体数据。[1]正如前面部分所讨论的,我们对少数类应用过采样,选择

---

[1] Breiman, L. (2001) Random Forests.inSchapire, R. E., (ed.) Machine Learning,The Netherlands: Kluwer Academic Publishers. pp. 5–32.

一个特性子集，并结合 over-sampling 和特征选择比较不同学习算法的性能。因此，我们一共有四个学习算法编码为"随机森林"（RF）、"随机 Forest-Oversample"（RF-O）、"随机 Forest-Feature 选择"（RF-F）和"随机 Forest-Oversampling-Feature 选择"（RF-O-F）。我们有 30% 的数据集作为测试数据集。

（七）结果评估

衡量分类器性能的常用指标包括准确率、精确率、召回率、F1-measure 和精确率 – 召回率曲线下面积（AUC 面积，"AUCPR"）。不管准确率衡量为真还是假，其他指标主要衡量真阳性结果。

表4　4种学习算法的性能指标

学习算法	准确率	精确率	召回率	F1 measure	AUCPR
随机森林（RF）	0.86*	0.74	0.86*	0.80*	0.90
随机森林 – 过采样（RF-O）	0.84	0.74	0.84	0.79	0.93
随机森林 – 特征选取（RF-F）	0.86*	0.74	0.86*	0.80*	0.79
随机森林 – 过采样 – 特征选取（RF-O-F）**	0.78	0.84*	0.78	0.80*	0.96*

注：* 得分最高的性能指标；** "随机森林 – 过采样 – 特征选取"（RF-O-F）显示得分最高的精确率，F1 measure and 精确度 – 召回率曲线下面积（AUCPR）。

表4总结了四种学习算法的性能指标。在准确率方面，召回率和 F1-measure 指标方面，随机森林和随机森林 – 特征选取算法获得了最高分（准确率 = 0.86，召回率 = 0.86，F1 measure = 0.80）。然而，"随机森林 – 过采样 – 特征选取"（RF-O-F）显示了得分最高 AUCPR（AUC = 0.96），精确率（precision = 0.84）and F1 measure（F1-measure = 0.80）。在四种学习算法中，随机森林 – 过采样（RF-O）在所有性能指标中均获得了最低分。

表5中4种学习算法的混淆矩阵显示，只有"随机森林 – 过采样 – 特征选取"算法可以预测实际的骚乱事件，其他三种都不能预测任何实质的骚乱事件。

表5　4种学习算法的混淆矩阵

		预测的骚乱事件	预测的非骚乱事件
RF	实际骚乱事件	0	7
	实际非骚乱事件	0	43
RF-O	实际骚乱事件	0	7
	实际非骚乱事件	1	42
RF-F	实际骚乱事件	0	7
	实际非骚乱事件	0	43
RF-O-F	实际骚乱事件	4	3
	实际非骚乱事件	8	35

为通过在线社交媒体数据来预测骚乱事件，我们通过发现骚乱事件日期前相比正常在线模式的每日发帖量飙升，提出使用时间序列指标作为预测器。

在我们的概念验证实验中，我们展示了通过度量 Hong Kong Golden 和 Hong Kong Galden 每日帖子的数量预测真实世界动乱事件是非常简单的。此外，在实施随机森林算法时，使用过采样少数类技术并选取特征子集似乎能对不平衡类进行有效处理。

现有结果表明，"随机森林－过采样－特征选取"具有最高的精确率（＝0.84），F1 measure（＝0.80）和最高的 AUCPR 值（＝0.96）。结果也显示，"随机森林－过采样－特征选取"具有最低的准确率（=0.78）。混淆矩阵结果显示当处理一个非常歪曲的数据集时，如果分类器总是预测非骚乱事件，会获得高准确率。正如我们在前面讨论过的，准确率也许不是一个合适的指标，因为即使当少数类预测缺失，也可以在多数类（也就是非骚乱日）预测中获得高准确率。当我们预测未来日期骚乱是否会发生，少数类（骚乱事件）的预测准确率会变得更重要。因此，使用精确度指标将会是更合适的。在骚乱事件预测中，对决策者来说，知道什么时间会发生骚乱是最重要的。因此，具有最高精确率的"随机森林－过采样－特征选取"算法在处理非平衡类时更优于其他学习算法。通过使用随机森林作为学习算法，我们能解释和形式化一个真实世界问题，概念框架描述了如何使用在线社交媒体数据预测线下骚乱事件。

五、总结与展望

社交媒体的蓬勃发展，为执法机关了解民众对重要问题的意见、政治情绪、呼吁举行抗议活动的思想动态提供了重要的途径。基于网络社交媒体数据的情报分析也越来越受到重视，分析结果可以有效地提高社会管理水平，防范危害国家安全、社会秩序等事件的发生。

网络情报分析与大数据理念一脉相承，从海量的数据噪音中提取出有价值的情报是一项艰巨的任务，需要一种自动化的解决方案。随着数据分析技术的长足发展，网络情报分析从社群聆听、社交媒体分析发展到社交数据智能。

本文以香港骚乱事件为研究背景，分析探讨了大数据与网络社交媒体情报的概念、特点，总结了大数据时代的网络社交媒体情报分析的现状，提出了网络社交媒体情报分析框架，并基于此框架使用机器学习算法进行了验证实验。通过分析框架，能较为有效地预测骚乱事件，但仍存在一定的局限性。例如网络社交媒体数据可能变化剧烈，帖子可能在数小时内被删除。网络社交媒体数据中关于发帖数量的"噪声"，比如垃圾信息可能造成数据量的突然增加，好的数据分析专家很重要。

未来，网络社交媒体情报分析还将面临一些技术难点，如网络社交媒体大数据的语义理解与分析、数据的融合与多模态关联、社交媒体群体行为分析与挖掘和网络社交媒体大数据的多维分析与可视化还需要进一步的研究和发展。

文本大数据分析技术在司法行业的应用

窦志成

[讲演者小传]

窦志成，中国人民大学信息学院研究员、硕士生导师，中国计算机学会大数据专家委员会通讯委员，中文信息学会信息检索专委会通讯委员，中国中文信息学会青年工作委员会委员，亚洲信息检索协会 Steering Committee 成员，美国 ACM 学会、IEEE 会员，中国计算机学会会员。

主要研究方向为信息检索、互联网搜索、数据挖掘、大数据等。主持国家自然科学基金、国家文化科技提升计划及大数据相关企业合作项目多项，在国际知名会议和学术期刊上发表论文 30 余篇。

一、引言

文本分析技术旨在通过计算机技术对无结构的文本字符串中包含的词、语法、语义等信息进行表示、理解和抽取，挖掘和分析出其中存在的事实以及隐含的立场、观点和价值，进而推断出文本生成者的意图和目的。文本分析是典型的自然语言处理工作，是文本挖掘、信息检索领域的一个基本研究问题。其关键子任务主要有分词、词性标注、命名实体识别、句法分析、语义角色标注、近义词查找、文本分类、文本聚类、自动文摘、情感分析、信息抽取、实体匹配与消歧、文本检索等。表1中给出了常见的文本分析技术。这些技术已广泛应用在问答系统、搜索引擎、舆情分析、用户画像等不同领域和系统中。

近年来，计算机信息技术得到了广泛普及，互联网技术尤其是移动互联网技术高速发展，带来了包括司法行业在内的各行业文本大数据规模的急剧增长。一方面，计算机用户逐渐从信息的浏览者变成了信息的制造者。大量的网民在浏览互联网信息的同时也在生产和制造各类与司法相关的文本信息。这些数据包括但不限于互联网上的大规模网页中与司法相关的文本内容、法律论坛中咨询的法律问题以及用户评论、法律相关新闻报道、社交媒体（如微博和微信等）上涌现的和司法相关的用户原创内容（UGC）等。另一方面，司法行业的信息化水平大幅提升，各种信息需要通过文本的方式记录下来。这些文本包括各司法部门撰写或者记录的法律文书（例如裁判文书和公诉文书）、法律法规等，甚至包括检察机关在案件审查时撰写的大量案情资料、法院审理记录等。这些司法文本大数据中蕴含着极大的价值。对于这些文本大数据进行分析和研究，充分挖掘和利用这些文本信息，可有效帮助司法从业人员充分理解行业现状、深入分析司法问题、提高工作效率，进而推进司法体系和法治建设。

表 1　常见文本分析任务及算法（在常用算法中仅列出了一些有代表性的算法和论文）

文本分析任务	功能介绍	常用算法
分词	中文分词指的是将一个汉字字串切分成单独的词的过程。如把"我爱中国"切分为"我爱中国"。	正向最大匹配法、逆向最大匹配法、统计分词法
命名实体识别	命名实体识别是指识别文本中具有特定意义的实体，主要包括人名、地名、机构名、时间、日期、货币和百分比等。例如"窦志成副教授应邀到天津市南开大学进行学术访问"中可抽取出"窦志成"（人名）、天津市（地名）、南开大学（机构名）三个实体。	基于规则和词典的方法、基于统计机器学习的方法（隐马尔科夫模型、最大熵模型、支持向量机、条件随机场）和混合方法，综述请见①
句法分析	句法分析(Syntactic Parsing)就是指对句子中的词语语法进行识别。比如"我爱中国"，这里"我"是主语，"爱"是谓语，"中国"是宾语。	基于上下文无关文法(PCFG)、基于词汇②
情感分析及观点抽取	情感分析又称观点挖掘。目的是通过分析带有褒贬倾向的主观性文本，挖掘其中的观点信息。例如"他的能力得到了大家的肯定"是正面的。	基于词典匹配、基于监督学习倾向性分类③
关键词抽取	关键词抽取的主要任务是识别出一篇文章中最重要的词。例如"苹果公司将于2016年推出一款新的手机iPhone 7"，其中的关键词为"苹果公司"和"iPhone 7"。	TextRank、交叉熵、互信息、TF-IDF④
实体识别、链接与消歧义	文本中大量的词语是有歧义的。例如句子"苹果的手机质量很好"中的苹果是苹果公司，而在句子"我喜欢吃苹果"中的苹果则代表水果。实体识别主要是从文本中识别出实体的指称。实体链接主要是确定这些指称具体是给定知识库中的哪一个目标实体。	知识库匹配、实体分类⑤

---

①　David Nadeau, and Satoshi Sekine. A survey of named entity recognition and classification. Lingvisticae Investigationes, Volume 30, Issue 1, 2007, pp. 3–26.

②　Martin J. Pickering, and Roger P. G. van Gompel. Syntactic Parsing. Language and Linguistics Compass, pp. 1–16, 2007.

③　Bo Pang, and Lillian Lee. Opinion Mining and Sentiment Analysis. Foundations and Trends in Information Retrieval, pp. 1–135, 2008.

④　Rada Mihalcea. Language Independent Extractive Summarization. AAAI, pp. 1688–1689, 2005. Rada Mihalcea, and Paul Tarau. TextRank: Bringing Order into Texts. EMNLP, pp. 404–411, 2004.

⑤　Xianpei Han, Le Sun, and Jun Zhao. Collective entity linking in web text: a graph-based method. SIGIR, pp. 765–774, 2011.

续表

文本分析任务	功能介绍	常用算法
自动文本摘要	为长文本文档生成摘要。	基于统计的自动摘要、基于理解的自动摘要、基于信息抽取的自动摘要和基于结构的自动摘要[1]
文本分类	文本分类主要是通过机器学习的方法，按照用户对类别的定义，对文本内容进行分类。具体的类别定义和应用场景相关。例如，在新闻行业将新闻网页分为军事、政治、体育、娱乐等类别。	Rocchio算法、朴素贝叶斯算法、kNN算法、SVM分类[2]
主题模型	主题（或者话题）模型是一种统计模型，用来从一批文档的集合中发现抽象的主题以及主题与文档、关键词之间的关联关系。可广泛用于文档聚类，文档关键词抽取等任务。	LDA，LSI[3]
文本表示学习	通过训练将每个词映射成 K 维实数向量（K 一般为模型中的超参数）。通过向量之间的距离（比如 cosine 相似度、欧氏距离等）来判断对应词之间的语义相似度。	Word2vec[4]

二、司法行业文本大数据分析的机遇

司法文本大数据分析的新机遇主要来源于文本大数据的存在性以及文本大数据的自身价值。随着 ICT 技术以及"互联网 + 司法"产业的推广以及各种 O2O（Online to office，线上和线下）应用的出现，人们在物理世界上的行为以及人们对物理世界的观点越来越多地可以通过文本数据来记录和表达。反过来思考，因为这些文本数据中包含的内容越来越丰富和全面，其中包含

---

[1] Rada Mihalcea. Language Independent Extractive Summarization. AAAI, pp. 1688–1689, 2005. Rada Mihalcea, and Paul Tarau. TextRank: Bringing Order into Texts. EMNLP, pp. 404–411, 2004.

[2] Charu C. Aggarwal, and ChengXiang Zhai. Text Classification. Data Classification: Algorithms and Applications, pp. 287–336, 2014.

[3] David M. Blei, and Jon D. Mcauliffe. Supervised Topic Models. NIPS, 2007.

[4] Yoav Goldberg, and Omer Levy. word2vec Explained: deriving Mikolov et al.'s negative-sampling word-embedding method. CoRR, 2014.

的价值也越来越高。通过文本分析技术挖掘和利用这些文本大数据来解决各种实际问题的想法成为可能。这一现象在司法领域也同样存在。有以下几方面：

1.在司法行业，普通老百姓可以通过在线法律论坛来咨询法律问题，专业律师在线回答。在这种大量的在线问答中，蕴含着大量的法律知识和经验，同时也反映了普通群众对于司法工作的期待和诉求。充分挖掘和利用这些问答信息可以有效地为法律工作者，包括法官、检察官、律师等提供决策支持，提高工作效率，同时也可以为普通老百姓提供更加便捷的法律服务。

2.民众通过微博微信等社交媒体来表达自己的观点和意见。通过监测和分析网民在社交媒体中发表的司法相关言论中包含的观点和情绪，可帮助司法部门及时了解和管控司法舆情，了解民众诉求，认识现有司法工作中的不足，进而逐渐提高司法部门的管理水平以及应对突发司法事件的能力。

3.通过分析大量法律文书，例如裁判文书和起诉文书，可以宏观地分析中国司法现状，并对演变态势进行推演，为司法部门进行相关法律法规的制定以及智能判案等决策提供数据支撑。

总之，电子化的大规模司法文本数据反映了大量民众的真实诉求和期待，其中蕴含了大量有价值的信息与知识。如何充分挖掘和利用这些文本信息，切实有效地帮助司法从业人员提高工作效率并创造社会和经济价值，推进司法体系和法治建设，是非常重要的研究课题。

三、司法行业文本大数据分析的挑战

诚然司法文本大数据具有重要的价值和意义，但对司法文本大数据的分析也面临着挑战。司法文本大数据也具有典型的大数据特征：体量大、更新快、格式复杂多样、质量参差不齐。传统的文本分析技术研究侧重于提高单项分析技术的精度和质量，但实际的司法文本大数据分析是一个系统工程，需要提供端到端的文本分析服务。目前在大规模司法文本分析方面面临着一系列挑战。

1.迫切需要端到端的文本大数据分析引擎：文本数据体量大，更新快，如何高效地进行大规模交互式分析处理，并针对实际应用需求，帮助用户高效地挖掘和分析出有价值的信息是迫切需要解决的问题。

传统的搜索引擎可有效帮助人们从互联网上检索到司法相关的信息，但不能很好地满足用户对文本信息的深入分析与理解的需求。例如，目前用户可以通过搜索引擎中搜索到关于"贪污受贿"的某些特定新闻、网页或者案例，然后逐一阅读每个网页或者文书中的文本内容，却无法获取对整个主题的大规模相关文档的高度浓缩的知识或结论，无法直接了解"贪污受贿"相关案件的整体态势、热点话题、舆论倾向、主要相关人物、机构和事件，主要相关法律条款、刑罚类型、高发地区等。事实上，在法律工作者和普通群众的日常生活和工作中，有大量的高阶知识获取的需求。用户迫切需要一种新的能够帮助用户完成复杂分析任务的文本大数据"分析引擎"。[1]该分析引擎需要能够代替普通用户完成对大规模文档的阅读和理解，对其中所包含的关键信息与知识进行抽取、挖掘并汇总，并最终通过交互式的分析过程让用户对挖掘到的高阶知识进行浏览和分析，进而为用户决策提供支持。除了找到相关结果外，分析引擎还需要重点回答"这些结果中包含哪些语义信息"以及"这些信息从统计上有什么特征"。结果展现和用户交互方式更接近数据仓库系统中的OLAP（online analytical processing，在线联机分析处理）系统。主要通过折线图、直方图、面积图、堆积图、饼图、多坐标轴图等统计图表的形式对分析结果进行展示，并允许用户基于这些图表进行钻取（drill-up和drill-down）、切片（slice）、切块（dice）以及旋转（pivot）等操作，以完成对相关内容的全方位分析。中国人民大学的窦志成和文继荣提出了互联网分析引擎的思想和构架，[2]但如何将分析引擎应用在司法文本大数据上还需要结合司法工作者的需求进行有针对性的探索。

2. 网络文本数据的复杂性和多样性明显提高。随着各种不同移动互联网以及"互联网+应用"的出现，网络上的文本表达方式越来越多样，而且随着时间的演变文本的表述方式和含义都在不停的发生变化。如何有效处理和分析各种类型的文本，尤其是语法不规则的各种短文本（如微信消息）、如

---

[1] 窦志成、文继荣：《大数据时代的互联网分析引擎》，载《大数据》2015年第3期。

[2] 窦志成、文继荣：《大数据时代的互联网分析引擎》，载《大数据》2015年第3期。

何有效识别各种新出现的网络词汇、如何准确识别和检测各种长尾实体和概念都是尚待解决并且非常具有挑战性的问题。例如,"这是一只大老虎"中的"老虎"的真实语义在不同语境和应用环境下是不一样的。近年来,虽然在深度学习技术的促动下,自然语言处理与文本分析技术有了一定发展,但若要理解类似的问题,还有很长的路要走。

3. 如何有效识别、控制和管理文本大数据的质量与可信性。文本大数据尤其是互联网文本大数据中掺杂着很多低质量甚至虚假信息。例如,在司法领域,网络水军的大规模不公正评价可能会对某些司法事件的态势进行误判,某些律师的非专业回答也可能会导致同样的结果。在进行文本大数据分析时,需要识别和剔除这些不正常的内容。如何从庞杂的文本中筛选出可靠的信息,如何对文本信息的质量进行准确评估,进而挖掘和分析出可靠可信的知识来支撑上层应用和决策,也是一个非常复杂的问题。

4. 如何有效融合司法行业的其他数据(如图片和视频数据)以及其他行业的各种类型大数据。从某种角度上讲,大数据的威力在于融合。文本数据中包含着大量高价值信息,但在文本数据的基础上,融合和利用其他类型的大数据,尤其是结构化数据(如司法业务数据),可进一步发挥出数据的威力。例如,通过融合法律文书数据和企业工商注册数据,有潜力发掘或者发现潜在的企业犯案线索。利用银行的交易数据,可发现洗钱等犯罪行为,为断案提供依据。因为数据特征的差异,如何有效地融合文本数据和其他类型大数据,并综合利用包括自然语言处理、机器学习、数据挖掘、信息检索、深度表示学习等多项大数据分析技术,实现从大数据到高价值的转换,是一个重要的研究方向。同时,如何解决数据共享问题,既是技术上,也是制度上和管理上迫切需要解决的难题。

5. 从研究到应用的转变。文本大数据的分析应用应该立足于解决实际问题或者实现价值转换。传统的文本分析技术研究者往往只热衷于研究某一特定技术而不愿意从实际需求入手。司法行业,尤其是司法部门拥有大量数据,但对如何分析和处理这些数据往往束手无策。在大数据时代,文本大数据分析需要采用产学研用联合创新的机制,才能真正开发出满足客户需要、解决实际问题、真正创造价值的应用。

四、文本分析在司法行业的应用

(一) 司法舆情分析

互联网上有大量与司法相关的文本信息。实时监控和分析这些文本内容,可以从中挖掘出大量相关的文本信息。实时监控和分析这些文本内容,并且从中挖掘出有价值的高阶知识,是非常有价值的。一个简单的基于互联网新闻数据的舆情系统中查询"贪污受贿"的部分输出结果示例如图1所示(图片来源于中国人民大学信息学院开发的"时事探针"系统[①])。该系统可返回关于贪污受贿的机构、地点、人物、话题、事件等维度以及它们在互联网上的热度随时间变化的趋势。该系统还允许用户进一步在分析结果上进行交互。例如,用户在分析结果上选择"广东省",则可进一步分析出在贪污受贿这一问题上,与广东省相关的互联网信息中其他各维度内容的分布情况:相关的最热话题是"裸官",这个子话题的相关机构为广州市国营白云农工联合公司。

(二) 法律文书分析

遵法守法的前提是知法。知法一方面是了解某项具体法规的内容,另一方面是了解发生在身边的各种法律案件。事实上,大部分普通群众对中国法治情况并不了解。例如,近年来每种案件的发展趋势如何?知识产权案件的特征有哪些?老百姓最关注哪种法律问题?"黑社会"相关案件哪个地区最多,一般被判什么刑罚?这些问题都是大家普遍感兴趣,但是没有便捷的方式获取到的信息。

2013年11月13日由最高人民法院审判委员会第1595次会议通过的《关于人民法院在互联网公布裁判文书的规定》为解决这个问题提供了契机。该规定要求各级人民法院的生效裁判文书统一公布在中国裁判文书网上,这为从已发生的事实案件的角度分析中国法治情况提供了非常好的数据源。

---

① 时事探针系统:http://websensor.playbigdata.com/fss3/。

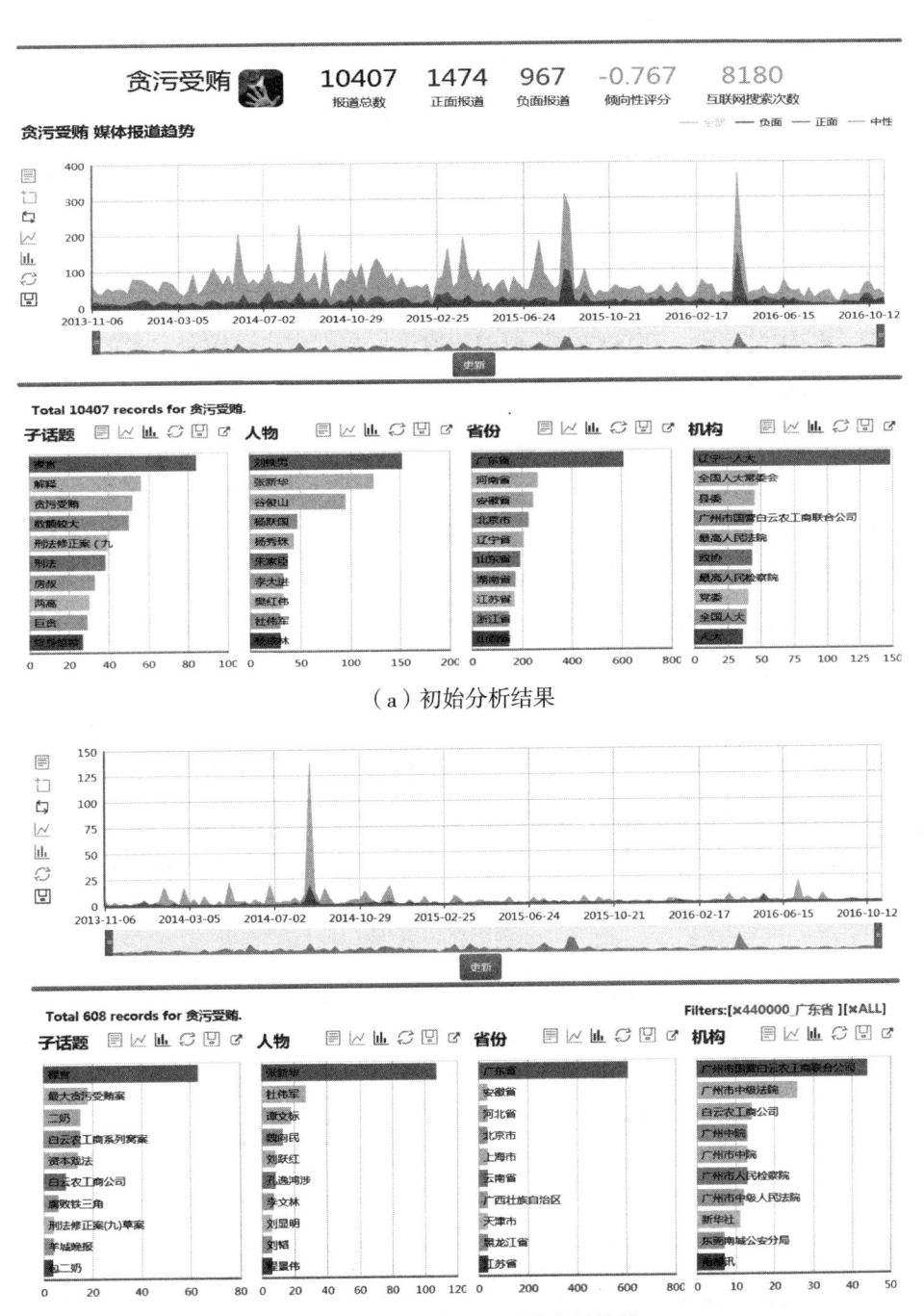

文本大数据分析技术在司法行业的应用

（a）初始分析结果

（b）选定"广东省"后的分析结果

图1　针对"贪污受贿"的交互式舆情分析结果示例

（三）自动法律问答及案例检索

随着社会普法工作的进一步推广，人们的法律意识不断提高，但对于每一个问题都请求专业律师的咨询援助显然成本太高。在这种大的背景之下，许多法律咨询论坛日渐火热。人们能够便捷地通过在论坛发帖、描述事件经过，来请求专业律师的建议。这种低成本且高效率的方式受到了许多用户的青睐，也使许多律师能够在闲暇时间帮助他人，这种方式也进一步推进了法治社会的建设进程。在这些大规模的法律论坛数据中也隐藏着宝贵的财富

如何充分利用这些互联网上的司法文本数据是值得深思的问题。简单的想法是可以利用这些数据，提供基于自然语言问题的自动解答。具体的思路是，基于自然语言处理技术与机器学习算法构建自动问答系统，用户（司法工作者或者普通民众）用简单的文字描述自己的法律问题，然后自动从大规模的法律咨询论坛中匹配到相近的问答，并抽取其中的高质量答案返回给用户。对于法官和律师，可作为判案和辩护的重要支撑信息，而对于普通群众，可以大幅降低他们获取专业律师帮助的成本。

比如，输入问题为："如果一群人把一个人打了的话，经过公安处理，仅仅抓到那群人里的两个，现在俩个人是行政拘留 15 天，其他人都跑了，那么跑的人在什么时间可以没有事？是不是要等被抓的人放出来？"将该问题输入数据库中查询相关答案，得到最佳答案："如果逃跑的人的违法行为已经被执法机关发现那么不受时效限制而且还可以对他们从重处罚。"

Question: 如果一群人把一个人打了的话，经过公安处理，仅仅抓到那群人里的两个，现在俩个人是行政拘留15天，其他人都跑了，那么跑的人在什么时间可以没有事？是不是要等被抓的人放出来？

Answers:

ID	Answer
1	如果 逃跑 的 人 的 违法行为 已经 被 执法机关 发现 那么 不 受 时效 限制 而且 还 可以 对 他们 从重 处罚
2	合同 期限 是 年 年底 可是 现在 山西 这边 恶意 欠款 不 还 而且 还有 诈骗 嫌疑 那 我 这个 担保 还会 享受 法律 保护 吗 这样的话 你 的 保证 期限 应该 已经 过 了 你 的 山东 朋友 可以 起诉 但 你 没有 什么 连带责任 如果 涉嫌 诈骗 那么 山东 朋友 可以 去 报案 你 有 可能 将 作为 证人 出现
3	没 过 时效 他们 离婚 对 你 没多大 影响 你 手中 的 房产证 估计 没 办 抵押 登记 因而 没什么 用处 而且 房产证 上 的 名字 是 他 妻子 的 也 有 可能 是 婚前 财产 所以 他们 离婚 对 你 没多大 影响 你 应该 赶紧 起诉 请求 还款
4	确已 破产 而且 清算 机构 已经 撤销 还 可以 找 原 企业 的 上级部门 在 中国 有时 会 有些 法外 的 特别 道路 可 走
5	谢谢 刘军 律师 问题 是 我 原来 的 户口 地 不 给 我 开 这个 证明 理由 是 我 的 户口 已经 迁出 了 他们 不管 了 还 叫 我 去 办 一张 什么 无 生育 证明 郁闷 户口 管理 部门 是否 有 义务 为 我们 开 这种 证明 他们 难道 可以 以 任何理由 不 给 我们 开 证明 吗 难道 国家 对 没 一个 地方 的 政策 不 一样 吗 我 问过 很多 朋友 他们 都 说 这 是 很 简单 的 一件 事 基本上 都 是 会 给 开 的

图 2　查询结果

（四）基于大规模裁判文书和法律论坛数据的中国司法现状和态势分析

除专业的司法从业人员外，大部分普通群众对中国法治情况并不了解。例如，近年来每种案件的发展趋势如何？老百姓最关注哪种法律问题？"黑社会"相关案件哪个地区最多，一般被判什么刑罚？这些都是普通百姓非常关注的问题。从裁判文书和法律论坛两种大数据相结合的角度，从多维度分析中国法治现状，具有重要的社会意义。将裁判文书和法律论坛相结合，将有机会发现一些新现象和新问题，例如，哪种法律问题网上咨询的多，犯案的也多？哪种网上咨询的多，但实际发生量不高？采用法律裁判文书和法律论坛这两种相对独立的大数据，从中挖掘出能够体现中国目前司法现状的信息，并通过互相关联和对比，从各种角度和维度展现中国法治情况，力求从中发现规律或者问题，具有重要意义。可分析和研究的主要内容包括但不限于：

基于裁判文书分析的内容：（1）每种案件的比例分布；（2）每种案件在不同地区的分布；（3）匹配关键词的案件刑罚类型分布；（4）每种案件的发展趋势；（5）哪些类型的案件有明显的地区特色？（6）哪些案件类型的犯案数量呈现明显的递增趋势？（7）哪种类型的机构被诉讼的数量最多（是否是保险公司）？（8）每种案件哪个律师经验最丰富？等等。

基于法律论坛分析的内容：（1）每种类型的法律咨询量的分布；（2）询问人的地区分布；（3）询问人年龄及性别的分布；（4）每种类型的法律问题子类型的分类；（5）哪类问题是网友咨询最多的？（6）哪些律师回答问题比较积极，水平较高？等等。

二者相结合需要分析的问题：（1）每个地区的犯案量和该地区法律咨询情况是否有正相关的关系？（2）哪类问题是咨询和犯案数量都比较高的？（3）哪种类型的问题是咨询量高，但判决量低？（4）哪些律师即代理了很多案件，又同时在网上积极解答网友问题？

例如，关于"贪污受贿"在我国各省的分布情况，裁判文书和问答论坛中显示的总量对比如下：

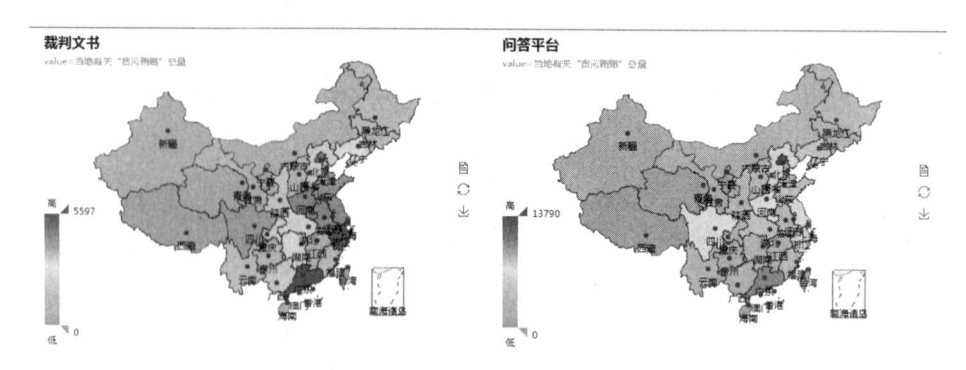

图3 总量对比情况

五、结束语

文本大数据中蕴藏着巨大的社会和经济价值。文本大数据分析技术在司法行业中具有广阔的市场应用前景。可以预见，在不久的将来，文本分析技术将广泛应用在司法舆情分析、案例检索、自动法律问答等司法领域的各个方面，驱动我国法治水平的提升。

浅谈大数据挖掘

李 振

[讲演者小传]

李振，上海交通大学软件工程学院软件工程硕士，2002年开始参加公安工作，2004年起在徐州市公安局技术侦查支队从事数据分析工作，破获多起部督、省督挂牌案件。2013年4月选调至徐州市人民检察院反贪局，从事全市侦查信息化建设，以及电子取证、话单分析、定位抓捕工作。主要负责研发的移动侦查办案系统荣获最高人民检察院轻应用三等奖，建成的侦查信息综合研判平台深受侦查人员欢迎，全国已有30多家兄弟单位前往参观学习。李振同志多次受邀在最高人民检察院、国家检察官学院组织的全国培训班，以及四川、湖北、江苏、河南省驻马店市、辽宁省大连市等省市培训班讲授信息化侦查、话单分析等课程，深受一线侦查干警欢迎。

大数据时代，是一个将数据当作核心资产的时代，数据逐渐实现战略化、资产化、社会化。人类文明进步的每个阶段都有一张最具代表性的历史标签：19世纪是煤炭和蒸汽机，20世纪是内燃机、石油和电力。进入21世纪，由信息技术和互联网所引发的新一轮科技革命和产业变革更加深刻地诠释着人类进步的征程。其中，最具时代标志性的标签非大数据莫属，它好比是21世纪的石油和金矿，是一个国家提升综合竞争力的又一关键资源，大数据已成为这个时代新的经济血脉。

大数据是工业社会的"自由"资源，谁掌握了数据，谁就掌握了主动权。习近平总书记多次强调大数据，2015年12月16日在第二届世界互联网大会开幕式上的讲话提出，"'十三五'时期，中国将大力实施网络强国战略、国家大数据战略、'互联网+'行动计划，发展积极向上的网络文化，拓展网络经济空间，促进互联网和经济社会融合发展。我们的目标，就是要让互联网发展成果惠及13亿多中国人民，更好造福各国人民"。2016年10月9日在中共中央政治局第三十六次集体学习讲话上提出，"以数据集中和共享为途径，建设全国一体化的国家大数据中心，推进技术融合、业务融合、数据融合，实现跨层级、跨地域、跨系统、跨部门、跨业务的协同管理和服务"。

一、大数据的基础知识

（一）大数据的概念

当前对大数据的概念有多种定义，比较权威的是麦肯锡公司和维基百科的两种定义。麦肯锡定义：大数据是指大小超出了常规数据库工具获取、存储、管理和分析能力的数据集合。维基百科定义：指的是所涉及的资料量规模巨大到无法通过目前主流软件工具，在合理时间内达到撷取、管理、处理并整理成为帮助企业经营决策更积极目的的资讯。不管如何定义，其背后隐含的共识是：这是一场大数据革命，我们需要全新的大数据设施、大数据分析体系、大数据思考方式，在一个全新的数据生态系统中，个人的思维、企业的创新、国家的治理、国家之间的博弈方式，都将发生系统性改变。

（二）大数据的特征

同过去的海量数据有所区别，大数据的基本特征可以用4个"V"来总结（Volume、Variety、Value 和 Velocity），即体量大、多样性、价值性和处理速度快。第一，数据体量巨大。从 TB 级别，跃升到 PB 级别；截至目前，人类生产的所有印刷材料的数据量是 200PB。而历史上全部人类说过的话的数据量大约是 5EB（1EB=2 的 10 次方 PB）。第二，数据类型繁多。相对于以往便于存储的以文本为主的结构化数据，非结构化数据越来越多，包括网络日志、视频、音频、图片、地理位置信息等。仅有 20% 左右的数据是结构化数据，80% 的数据属于广泛存在于社交网络、物联网、电子商务等领域的非结构化或半结构化数据。结构化数据即行数据，可用二维表结构来逻辑表达实现，主要存在关系型数据库中，先有结构再有数据、一般结构不变，处理起来较方便。相对于结构化数据而言，不方便用数据库二维逻辑表来表现的数据即称为非结构化数据，包括所有格式的办公文档、文本、图片、XML、HTML、各类报表、图像和音频/视频信息等，这类信息存放在专门设计的 WEB 数据库中，WEB 数据库突破了关系数据库结构定义不易改变和数据定长的限制，支持重复字段、子字段以及变长字段并实现了对变长数据和重复字段进行处理和数据项的变长存储管理，在处理连续信息（包括全文信息）和非结构化信息（包括各种多媒体信息）中有着传统关系型数据库所无法比拟的优势。所谓半结构化数据，就是介于完全结构化数据（如关系型数据库、面向对象数据库中的数据）和完全无结构的数据（如声音、图像文件等）之间的数据，格式较为规范、一般为纯文本数据，它一般是自描述的，数据的结构和内容混在一起，没有明显的区分。这些多类型的数据对数据的处理能力提出了更高要求。第三，处理速度快，1 秒定律，大数据必须有秒杀的处理技术，可从各种类型的数据中快速获得高价值的信息，这一点和传统的数据挖掘技术有着本质的不同。根据 IDC 的"数字宇宙"的报告，预计到 2020 年，全球数据使用量将达到 35.2 ZB。第四，价值密度低。价值密度的高低与数据总量的大小成反比，如何通过强大的机器算法等迅速地完成数据的价值"提纯"成为目前大数据背景下亟待解决的难题。

（三）云计算

谈到大数据，就必然要提到云计算，那什么是云计算呢？简单地说：云计算就是网络计算。传统的计算机由主机进行计算、处理信息，而云计算是把计算资源放在网络里，由网络提供计算，人们只要利用显示终端如上网本、手机或者能上网的家电，就可以通过网络得到信息。以前，人们在画网络图时，总是将互联网画成一团云，现成这朵云变成了您的计算机，所以被称为"云计算"。

根据云计算服务性质的不同，可以将"云"区分为公有云、私有云、混合云和行业云。

（1）公有云通常指第三方提供商用户能够使用的云，公有云一般可通过Internet使用，可能是免费或成本低廉的。这种云有许多实例，可在当今整个开放的公有网络中提供服务。其最大意义是能够以低廉的价格，提供有吸引力的服务给最终用户，创造新的业务价值，公有云作为一个支撑平台，还能够整合上游的服务（如增值业务、广告）提供者和下游最终用户，打造新的价值链和生态系统。

（2）私有云是为一个客户单独使用而构建的，因而可以提供对数据、安全性和服务质量的最有效控制。该公司拥有基础设施，并可以控制在此基础设施上部署应用程序的方式。私有云可部署在企业数据中心的防火墙内，也可以将它们部署在一个安全的主机托管场所。混合云是公有云和私有云两种服务方式的结合。

（3）混合云，是目标架构中共有云、私有云和/或者公众云的结合。由于安全和控制原因，并非所有的企业信息都能放置在公有云上，这样大部分已经应用云计算的企业将会使用混合云模式。很多将选择同时使用公有云和私有云，有一些也会同时建立公众云。

（4）行业云就是由行业内或某个区域内起主导作用或者掌握关键资源的组织建立和维护，以公开或者半公开的方式，向行业内部或相关组织和公众提供有偿或无偿服务的云平台。

云计算的主要特点是虚拟化、可拓展性和通用性。

（1）虚拟化是指：云计算支持用户在任意位置、使用各种终端获取应用服务。所请求的资源来自"云"，而不是固定的有形的实体。应用在"云"中某处运行，但实际上用户无须了解，也不用担心应用运行的具体位置。只需要一台笔记本或者一个手机，就可以通过网络服务来实现我们需要的一切，甚至包括超级计算这样的任务。

（2）高可扩展性："云"的规模可以动态伸缩，满足应用和用户规模增长的需要。支持资源动态伸缩，这意味着添加、删除、修改云计算环境的任一资源节点，都不会导致云环境中的各类业务的中断，也不会导致用户数据的丢失。这里的资源节点可以是计算节点、存储节点和网络节点。而资源动态流转，则意味着在云计算平台下实现资源调度机制，资源可以流转到需要的地方。如在系统业务整体升高情况下，可以启动闲置资源，纳入系统中，提高整个云平台的承载能力。而在整个系统业务负载低的情况下，则可以将业务集中起来，而将其他闲置的资源转入节能模式，从而在提高部分资源利用率的情况下，达到其他资源绿色、低碳的应用效果。比如，阿里巴巴的淘宝网。

（3）通用性：云计算不针对特定的应用，在"云"的支撑下可以构造出千变万化的应用，同一个云，可以同时运行多个不同类型的业务。

云计算是对 IT 资源的使用模式，而不是某一种具体的计算机技术。云计算的表现是一种提供 IT 服务的形式，实质是各种计算机技术交叉综合的运用。云计算作为一种新型的 IT 服务资源，可以分为基础架构即服务（Iaas）、平台即服务（Paas）、软件即服务（Saas）这三种服务类型。Iaas 层服务类型位于云服务的底层，提供基本的计算、存储能力。这种服务类型就像我们所说的将 IT 资源像自来水一样提供给用户。PaaS 层平台就是指云环境中的应用基础设施服务，也可以说是中间件即服务。SaaS 层是一种基于互联网提供软件服务的应用模式。

如果用一句话来概括 IaaS、PaaS 和 SaaS 的话，那就是：如果把云计算比喻成一部手机，那么 IaaS 就是硬件，你要自己写代码研发系统才能用；PaaS 是手机系统，你要实现什么功能还是要装各种软件；SaaS 就是"硬件 + 系统 + 软件"。

从技术上看，大数据与云计算的关系就像一枚硬币的正反面一样密不可分。大数据必然无法用单台的计算机进行处理，必须采用分布式计算架构。它的特色在于对海量数据的挖掘，但它必须依托云计算的分布式处理、分布式数据库、云存储和虚拟化技术。

（四）大数据现状

我国政府数据开放存在权力层级越高数据开放越弱的问题，与发达国家形成了明显的倒置。

由于数据条块分割，横向看来，部门之间的数据彼此孤立，犹如一个个"数据孤岛"，纵向看来，数据非常杂乱、缺乏规划，而且新的数据还在这种杂乱的方式中源源不断生成，就像一个个数据"烟囱"。在公安机关时就能很明显的感觉到这种数据孤岛的现象，我们想根据路面320监控记录的车辆行车轨迹，自动与话单库关联分析，以期能给每辆车建立一个电子档案，希望能够确定某辆车，某个时间段，车上有几部手机，这几部手机对应几个人，这几个人是否是重点对象等，由于部门之间数据难以打通，这件事最终没能做成。

我们希望通过深度的数据挖掘，全息的数据呈现，使我们的各项侦查、预防工作从"主观主义""经验主义"迈向"实事求是""数据驱动"。

二、检察大数据思考

（一）大数据的本质

获取数据—分析数据—建立模型—预测未知，这是人类学习、认识世界的方法，通过这种方法我们认识了宇宙运行规律，人类还发现世界的规律是确定的，由于有确定性做保障，人们发现规律不仅可以被认识，还可以用简单的公式或语言描述。

科学理论，特别是牛顿引力论的成功，使法国科学家拉普拉斯侯爵在19世纪初论断，宇宙是完全被决定的。他认为存在一组科学定律，只要我们完全知道宇宙在某一时刻的状态，我们便能依此预言宇宙中将会发生的任一事件。例如，假定我们知道某一个时刻的太阳和行星的位置和速度，则可用牛顿定律计算出在任何其他时刻的太阳系的状态。这种情形下的宿命论是显而易见的，拉普拉斯进一步假定存在着某些定律，它们类似地制约其他每一件东西，包括人类的行为。

1927年德国物理学家海森堡说明了在量子力学体系中，我们不可能同时获得一个粒子的位置和动量信息。也就是说，我们如果对其中一个粒子位置参数测量得越精确，那么对另外一个动量参数就测得越不准确，我们不可能同时得到两者的精确信息。这就是著名的"不确定原理"。

不确定性在我们的世界里无处不在，我们经常看到很多专家对未来各种趋势的预测都是错误的，在金融领域，房地产领域尤其常见。世界的不确定性来自两方面，首先是当我们对这个世界的方方面面了解得越来越细致后，发现影响世界的变量非常多，已经无法通过简单的办法或者公式算出结果。不确定性的第二个因素来自客观世界本身。世界上很多事情是难以用确定的公式或者规则来表示，但是，它们并非没有规律可循，通常可以用概率模型来描述。

在概率论的基础上，香农博士指出，信息量与不确定性有关，假如我们需要搞清楚一件非常不确定的事，或是我们一无所知的事情，就需要了解大量的信息，信息的度量就等于不确定性的多少，要想消除系统内的不确定性，就要引入信息。

大数据的科学基础是信息论，它的本质就是利用信息消除不确定性，虽然人类使用信息由来已久，但是到了大数据时代，量变带来质变，采用信息论的思维方式可以让很多难题迎刃而解。

那么对于检察机关来说，如何跟上时代的脚步，不至于在这场大数据变革中落后太多呢？

（二）从检察机关角度看大数据应用

首先从技术实现，可以看出大数据应用与原有信息化应用的区别：以前的主要特征是生产数据，现在是消费数据，这是与传统MIS系统区别。那么，与传统的情报分析应用一样，都是应用数据，但一个是业务确定规则，另一个是数据产生规则（建模），优化业务。

斯坦福的李飞飞教授采集了互联网上超过10亿张的照片，通过众包的方式，对这些照片进行分类、标记，最后形成了一个1500张照片，涵盖2.2万类物品的图片数据库，用这些标记过的照片训练计算机的图像识别能力，在测试中，计算机系统的图像识别错误率不到5%，低于人类的5.1%水平，这是计算机首次在该测试中表现超越人类。

大数据时代释放大脑的方式也发生了改变，在信息时代是业务驱动，目前我们大多停留在这个阶段，根据业务特点，由专家归纳总结经验，形成模型，然后去业务中验证，这种模式的瓶颈在人，你要找到真正的专家，找到足够多的专家，要让这些专家花费足够多的时间和精力，才有可能把业务特征梳理清楚。

在数据时代是由数据驱动，当我们有了足够多的、足够完备、足够丰富的数据后，可以利用计算机来实现从数据中挖掘知识、降低寻找知识的成本。这种模式的"瓶颈"是数据，对数据的要求是非常高的，另外一个是对技术的要求，这个要求也是非常高的。

个人对检察机关的大数据有两个粗浅的的理解，主要是两个"不同于"。一是大数据应用"不同于"一般的信息化应用。一般信息化应用：增删改查、事务处理、静态状况下的数据挖掘；大数据应用是动态化的数据分析，分布式离线处理和流式处理支撑下的人物刻画、关联分析、规律总结、趋势预测。二是检察大数据"不同于"互联网商业以及其他政府机关大数据应用。这是检察机关的特殊性质决定：更要健壮，更要精确，更需预警。所以，我们无法去照搬照常互联网企业的东西。我们需要在他们的肩膀上改造出我们自己的东西。

从目前来看，我们的数据应用很长一段时间还会以业务驱动模式为主，但是我们要有意识地往数据驱动的方式转变。

对于检察机关的大数据应用，笔者觉得我们的应用层次是这样划分的，最重要的是数据，大数据没有数据一切免谈，而且检察机关的行业特点决定了我们的数据要尽可能的准确、数据维度要尽可能的丰富、数据尽可能的完备。有了数据，我们要找到我们的业务痛点，大数据不能飘在空中，要落到实处，这个实处就是我们的业务痛点，现在大家普遍对于业务如何应用还是比较迷茫，这也是很正常的现象，最后才是技术，我们不能寄希望于一种技术，可以解决我们所有的问题，这是不现实的，可能较长时间内，人工参与还将是主流。

具体如何做，有以下几点想法：

1.始终把服务基层办案作为大数据应用的核心。基层承担着80%的办案量,信息化的目的是节约成本,提高效率,能不能减少基层民警办案工作量,能不能提高基层民警办案效率,能不能规范基层民警办案质量是检验大数据应用以及各项信息化工作成功与否的重要标准。

2. 始终把机制建设作为大数据应用的前提。大数据应用及各项信息化建设需要自侦、行装、技术等多部门通力合作,是典型的一把手工程,信息化搞得好不好关键看人,首先领导要有意识,要有想法,其次是干警要有办法、要有执行力,没有工作机制的保障,只有数据是不够的! 2009 年 12 月 25 日,一架载有 278 人的飞机由阿姆斯特丹飞往底特律,在飞机着陆前约 20 分钟,尼日利亚人阿卜杜勒·穆塔拉布引爆了藏在内裤中的装置,由于操作失误只引起燃烧。机上乘客与空勤人员协力将其制服。事后白宫调查发现,美国政府在事件发生前已掌握足够信息,但各情报机构在分析和整理情报上存在失误,导致未能阻止恐怖分子实施炸机图谋。

3. 始终把数据交互作为大数据应用的根基。大数据离开数据都无从谈起,大数据的理念就是利用大量的、多维的、完备的数据来消除各种不确定性,任何信息化的建设都应该以数据的交互为基础,现在很多院都建立了自己的信息平台,采用专线、拷贝、绿色通道等方式汇集了大量的数据,可以说这是一个巨大的进步,但是我们也应该看到,我们的数据量实在是太少,有个几千万的数据都感觉是件了不起的事情,回头看看公安数据,动辄几十亿的数据量,而且这些数据都是很准确和有用的,虽然公安现在有这么多数据,还是在创新数据交互的机制,这里提到交互,不是采集,采集往往是单向的,交互是双向的,现在是个共享、分享的时代,对于信息要有使用而不占有的意识。要尽可能大和全的数据样本涵盖事物的本质,确保数据中含有我们要的东西,后续的工作才是有价值的。 希望可以从公安的数据交互机制中受到启发。

目前各级公安机关紧紧依靠各级党委政府,充分利用社会化资源,强化物联网、自动化采集等技术力量,依托物业、物流、网格员、视频及各类社会管理系统等自动获取动态信息,向社区基层要数据、向行业单位要数据、向运行系统要数据,整体规划清洗入库,避免民警简单重复劳动,做强源头获取数据工作。实现数据采集由干警逐条录入向社会化采集转变。公安通过与政府部门的合作，为工商、税务、民政、社保等提供数据服务，通过公安的互联网服务项目，为社会民众提供驾驶员、机动车、护照、身份证等查询办理服务，通过智慧城市建设，为社会提供公安相关的数据公开服务，提供这些服务的同时，大量的相关数据就被公安机关采集到了，比如，运营商的手机实名制认证，通过给运营商提供身份证实名校验，公安机关就将所有手机号码的实名信息采集到手，在给银行提供身份证验证时，也将银行卡的实名信息采集入库，这是互利共赢的方式，既为群众提供了方便，又用这种低成本的方式采集了大量的信息。

为了更好地向社会提供服务，很多公安机关都开发了微警服务，通过在微信提供交通违法信息查询、查看车辆年检状态、查阅驾照扣分情况，还提供违章缴费、户政缴费等服务。目前徐州也有类似服务，每天有成千人关注微警服务，主动将自己的身份证号码对应的微信、车辆、银行卡信息提供给公安机关。我们检察机关是不是也可以主动提供服务，创新信息交互的方式呢？是不是可以将行贿档案查询做得更人性化，是否可以丰富网上举报方式等，可能只有这样，我们的大数据应用才不是空中楼阁，不是纸上谈兵。

面对互联网、金融、通信、物流等大数据，为了满足实战需求，公安机关开始尝试采取购买服务等多种方式，与专业的大数据企业及单位合作，按照不断积累的实战数学模型，获取大数据分析研判的结果，有效弥补数据的薄弱点和断点，提升自身战斗力。

（三）检察机关大数据应用定位

1. 数据：以海量的结构化数据为主

手机、监视器、上网记录等数据来源多样，种类纷繁，现阶段笔者认为我们还是应该以结构化数据应用为主，我们最常用到的话单、账单、各类房产、工商等资料，可以说，当这些结构化的数据我们都没有搞懂，都没有用活，再怎么谈大数据分析都是苍白无力的。对于电子取证里的信息，虽然很多不是结构化数据，但是通过不复杂的方式，我们可以将其转换成结构化数据。

2. 方法：成熟技术的二次创新与应用

话单、账单分析中常用的密切联系人统计、常去地点分析、大额资金统计筛选还是很好的办法，用这些方法解决了我们办案中的很多问题，通过经典的统计方法如这些经典的统计分析方法现在是，将来一段时间仍然是不可或缺的。依托大数据进行预测分析时仍然面临从局部看全体的问题，需要借鉴、应用数百年积累的基于因果关系的统计学经验。

全文检索、碰撞比对是对数据的最基本利用，汇集了海量数据后，如何使用更高效的手段实现常用方法的频繁调研，内存数据库、流式计算等技术将逐步引入。

尽管大数据这个概念迅速深入人心，但大众直接看到的大数据更多的是以可视化的方式体现的。是可视化拉近了大数据与普通民众的距离，即便是对IT技术不了解的普通民众和非技术专业的常规决策者也可以借助可视化更好地理解大数据的效果和价值。可视化其实是通过把复杂的数据转化为可以交互的图形，帮助用户更好地理解分析数据对象，发现和洞察其内在规律。人类对于数据的理解和掌握是需要经过学习训练才能达到的。理解更为复杂的数据，必须要越过更高的认知壁垒。好的可视化就能够极大地降低这个认知壁垒，将复杂未知数据的交互探索变得可行。在今天大数据的背景下，可视化将进一步推动大数据平民化。在这一过程中，更为方便、适合大众使用需要的可视化方法、工具变的急需。可视化也将进一步和个人使用的移动通讯设备（手机）结合。

3. 应用：形成检察特色的大数据思维

（1）数据思维：相信数据能够说明问题

相信数据就像相信经验一样，来源可靠的数据是形成经验的重要基础，传统经验承载方式具有不确定性、不稳定性、难以复制等不足。对数据的应有态度（与传统抽样获取的数据差异性），要乐于接受数据的纷繁复杂，分析与某事物相关的所有数据；不刻意追求精确性，不要盲从但也不忽视数据分析得出的结论。获取能够说明问题的数据（数据治理），数据规划成为工作规划的一部分，数据采集、清洗、关联成为工作流程中的必要环节。利用数据解决问题（数据驱动），以量化的方式分析问题，形成措施，评估效果。

（2）跨界思维：跳出固有业务思维定式

大数据使业务边界变得模糊，当把所有数据集中在一起之前不知道将看到什么，集中后一定能看到以前看不到的东西，比如想找张三，却发现了李四；关注贪污案件，却发现了挪用案件。

数据的获取与组织不再有明显的业务边界。大数据提供了多角度、多视野看问题的条件，当拥有足够数据和分析工具时，跨界不再是难题。唯一的问题是：还想干什么？

（3）数据会说话，但说的不一定是真的、对的、全的

采样偏差的存在会导致数据中假象的存在。当假象远远超过真相时，不要指望有什么好的分析结论。世界总有不可量化之处，比如情绪、直觉、模糊认识、视频信息、生化气味等。依赖大数据里不甚可靠的信息会面临风险，那就是将自己与日常生活中丰富多彩、但不能量化的内容隔绝。

三、检察大数据挖掘

数据挖掘（Data Mining），就是从海量数据中挖掘出隐含在其中的矿藏——知识。一般认为，广义的数据挖掘又称数据库中的知识发现，简称知识发现。它是从大量的、不完整的、有噪声的、模糊的和随机的数据中，提取隐含在其中的、人们事先不知道的、但是又是可信的、潜在的和有价值的信息和知识的过程。

（一）人物刻画：标签化、属性归类、精准推送

交互设计之父 Alan Cooper 最早提出了用户画像（persona）的概念，认为"用户画像是真实用户的虚拟代表，是建立在一系列真实数据之上的目标用户模型"。通过对客户多方面的信息的了解，将多种信息集合在一起并形成在一定类型上的独特的特征与气质，这就形成了用户的独特的"画像"。早期的用户画像相对简单，类似于个人档案信息，区分度和可用性都不强。但是随着大数据的发展，数据量的爆发式增长和大数据分析技术的成熟使用户可捕捉的行为数据越来越多，用户画像才真正可以称为更加具备价值的画像。其中典型的大数据时代的用户画像包括：用户的消费行为与需求画像，在电商盛行的时代，网上购物所留下的数据痕迹为电商们了解客户的消费和购物需求提供了十足的抓手。电商们通过对用户的个体消费能力、消费内容、消费品质、消费渠道、消费刺激的长时间多频次的建模，可为每个客户构建一

个精准的消费画像。

网络社会也就是现在社会的真实映射，一个人的喜好在网络时代完全可以体现出来。常听的歌曲，经常浏览的新闻，翻阅的小说及视频聊天等信息，毫无遮掩地体现了一个人的偏好。互联网广告则完全可以通过你在互联网上的多种痕迹知道你是什么样的人，广告的内容和创意可以根据你的具体情况来进行安排，而不需要根据网站上的内容（或在手机APP的类型）来放一个所有来这个网站的人都看到的一模一样的广告。

个体画像的构成要素包含三块：第一块是描绘这个人的人口学上的属性，诸如年龄性别什么的，这些属性短期内不怎么发生变化，所以也被称为静态属性。第二块则是描绘这个人更为个性的东西，主要是他们的行为，以及行为反映出的兴趣爱好是什么，这些属性容易发生变化，甚至是发生突然的变化，所以也被称为动态属性。第三块是个体所处的环境属性。例如，他某个时刻所在的位置，当时的天气和温度，他使用的终端信息，他浏览的网页或者使用的APP的信息，等等。这些信息描述了与他紧密关联的自然、地理和虚拟世界三类环境。

可以将用户画像分为以下三个步骤：基础数据采集、分析建模、结果呈现。数据是构建用户画像的核心依据，一切不建立在客观数据基础上的用户画像都是耍流氓。现在我们每个案件必采手机，我们对于电子取证数据的应用大都停留在短信、聊天记录的恢复，然后就是关键字的检索，有些地方用的比较好的，会关注照片地理位置信息等，可以说我们对于电子取证数据的利用程度还是比较浅，使用方法上还是比较简单，手机记录着一个人的所有秘密，有些信息我们是无法恢复，但是手机中留存的大量数据可以帮助我们更好地了解对象，了解对象的生活习惯、性格特点、兴趣爱好，与人的远近亲疏。那么如何利用现有的成熟比如广告公司用户画像、广告推荐等的技术，让自侦案件中大量的电子数据发挥更大的作用，是一个重要的研究方向。

（二）关联分析：基于海量数据的隐性关系

物联网、移动互联网的的迅速发展，使数据产生速度加快，规模加大。在新的环境下，不管是传统的静态管理型数据，如人口、机动车、驾驶员、出入境、宾馆住宿、火车飞机出行等，还是动态类如视频监控、电信记录、卡口、人际交往、线上交易、旅游等方面都会留下各种痕迹，这些信息展现出人的身份、价值属性、生活属性、关系属性、行为偏好等，通过各类信息关联碰撞，实现人、车、手机、地址、账户、虚拟身份、图像等各类信息的相互关联、层级拓展和伴随分析。

2014年江苏省十大精品案件，陈某某案件中，我们从陈某某的车辆违章处罚记录中，发现其多次处理牌照为8333的车辆，结合320轨迹发现这辆车也是陈某某驾驶，但是车辆登记在邳州某医院名下，后来证实该车系陈某某以借为名长期使用该车。以此为突破口，顺利拿下该案。

（三）碰撞比对：基于海量数据的隐性关系

碰撞比对又称为"万能摸排"，是数据分析应用最多的方法之一。比如话单中的共同联系人，以及轨迹分析中的同行人分析等，都是在用碰撞比对这种经典方法。

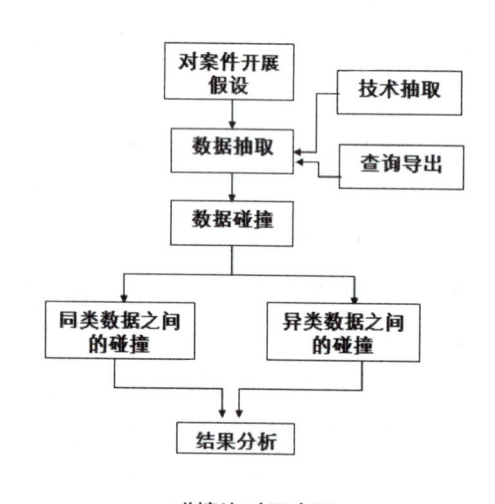

碰撞比对示意图

（四）规律总结：基于规律总结，自我比、同类比

职务犯罪侦查工作中积累了大量的数据与案例，如何让数据说话，用数据来驱动侦查工作呢？我们做了简单的尝试，一直以来对于一个人具有几个手机号码只有一个较为模糊的认识，通过对于一些数据的统计分析，我们发

现我们采集了 200 多万个人的 266 万个手机号码，平均每人 1.31 个，而案件对象的平均手机号码为 1.78 个，我们案件中的对象与行贿人是否经常一起出行？行贿人在行贿前后是否会给对象打电话？行贿的钱有百分之几的比例是以现金方式交易？多少比例是转给中间第三人？这些数据都躺在我们的案卷中，我们需要把这些数据整理出来，让数据告诉我们职务犯罪中的一些我们可能从未想过的特点。

四、检察大数据展望

（一）大数据应用不能停在空中，要落到实地

大数据应用不能停在空中，要落到实地，说得再多，不干也没用，现在讨论学习太多，应用太少，大数据应用从基础做起、从现在做起。最重要的还是要转变思维，创新数据交互方式，我们现在最缺的是数据，不能再只靠领导协调搞些数据，要向互联网要数据，与数据公司合作拿数据，主动提供服务让群众送数据。

（二）建立强大的信息处理能力——"云"

建立强大的云才能保证资源集约化应用，避免基础设施重复建设，压缩重叠冗余空间，确保每个应用有足够的信息资源和计算能力支撑。只有建立强大的云才能解决功能模块重复开发、信息资源利用率低、运行效率与可靠性不高、无法横向扩展性能等问题。

数据资源要集中到上层，应用要靠近实战。做大上层，做活基层，统配资源，灵活应用这是检察机关大数据应用的王道。关注的重点应当放在业务处理和精细应用上，将应用部署到"云"上，不给（要）数据本身，给（要）加工后的结论。

（三）建立检察特色战法库

战法库是灵魂，是未来知识库的最重要的基础，目前迫切需要模型化各类侦查专家、业务骨干的办案经验，以检察机关多年来积累的大量案件数据为训练集，找到职务犯罪的规律以及尽可能多的特征变量，在实战中不断调试并完善，形成具有检察特色的知识图谱。

视听资料审查鉴定与大数据应用

高 峰

[讲演者小传]

高峰,上海市人民检察院检察技术处电子数据、视听资料鉴定人,全国检察技术信息人才库成员,全国刑事科学标准化委员会(电子物证)委员、第五届上海检察业务专家。高峰同志曾先后参与了检察机关国家重点科研项目的研究、最高人民检察院电子证据专业门类的组建,《人民检察院电子证据鉴定程序规则(试行)》等规定和配套文书的起草制作,以及有关电子数据国家行业标准的制定、审核和规划等工作,并参与公安部视频侦查教材的编写工作。高峰同志同时还担任了全国检察机关教育培训讲师、全国精品课程主讲教师,是最高人民检察院"西部巡讲团"成员。

随着数字监控技术在道路监控、社会安防、金融审计、文化教育和个人家庭等领域的广泛应用，视听资料已成为我们记录各类事物、事件的重要载体。在司法领域，监控录像已和"DNA""电子证据"成为公安机关办案的三大法宝之一，并逐步成为办案的主要线索和客观性证据的主要来源。而且不但公安等侦查机关大量开展视频侦查活动，民间高手也开始着手进行视频侦查。

例如前段时间网上有一则新闻名为《上海现史诗级骂街》，内容是一名网友于 2017 年 4 月 9 日凌晨在自家小区门口与一辆沪 A 黑牌的领事馆车辆相遇，因道路狭窄，两辆车头对头都过不去。这时，黑牌车上下来一名女子开始骂人，现史诗级骂街。随后事态逐渐升级，一名路人将女子拖出车外，而女子的外国男友也下车来……该网友将当时视频发布上网，称该女子"极其凶蛮！不讲道理！脾气火爆！"视频发布不久，网上就出现对该女子的人肉搜索结果。但不过两天，网上又现一则新闻名为《干货来了！反转！史诗级上海泼妇骂街，不要乱黑上海女性！》，说的是一位网友通过查找该视频内的线索，包括车辆的方位、实际地点等信息，并进行客观分析，认为拍摄男子理应谦让，而且视频后一段争执时录像反映，女子车辆已退让，所以男子不该再纠缠，并将视频发布上网，同时因挖掘出男子系某广告公司老板，因此有借此炒作的嫌疑。

从上述例子可见，视频侦查、"互联网+"、人肉搜索、人物画像等技术已拓展应用至民间，因此，我们作为司法机关工作人员，要有强烈的危机感，更要紧跟信息时代发展的步伐，而且当前在检察实务中关于视听资料的检验与审查案件也日益增多，并且主要集中于以下几方面需求，笔者将结合检验工作实际向大家作详细介绍。

一、视听资料检验鉴定内容和方法

当前我们所受理的视听资料检验鉴定案件主要呈现以下特点：一是市、分院委托案件占较大比例，因此，涉及重大、疑难、复杂案件的较多。二是案件委托需求集中于视频真实性、完整性检验、清晰化处理和视频中人像的同一性鉴定。现就有关视听资料检验鉴定项目做逐一介绍。

（一）视听资料的真实性和完整性检验

视听资料的真实性和完整性是所有视听资料证据证明力的基础，而当前广泛使用的数字视频文件又往往具有"电子数据"的易剪辑和易篡改等属性，且视频文件格式多样、复杂，给我们刑检部门审查和辨别视频资料内容的真伪提出了新的挑战。此外，实现侦查机关内部办案监督的同步录音录像也是检察机关了解公安机关办案过程是否规范合法的重要依据，因此检验监控录像是否真实完整也给检察机关带来了新的课题。例如我们在2014年就先后收到以下3个视听资料检验需求：

上海市松江区人民检察院公诉科办案人员在审查一起强奸案时，犯罪嫌疑人王某某推翻了以往供述，声称先前受到公安机关刑讯逼供而做了有罪供述，案件承办人调取监控录像审阅后未见刑讯逼供，王某某又声称公安机关事后提供的审讯录像已经过剪辑和删除，为此，松江区院公诉部门向我们提出了对此段监控视频进行真实性和完整性的检验需求。

上海市宝山区人民检察院公诉科办案人员在办理戴某某盗窃一案时，要求我们对一段能够证明作案时间段内仅有戴某出入案发场所的监控录像进行完整性检验，以排除有其他人进入案发场所盗取财物而未被拍摄的合理怀疑。

上海市静安区人民检察院公诉科办案人员在办理戚某某故意伤害案时，被害人提供了当前家庭监控录像，而辩护律师提出被害人提供的录像可能对不利于被告人的录像进行了剪辑，所以承办人要求我们对被害人提供的家庭监控录像（可能对被害人有利）进行视频的真实性和完整性检验，以排除辩护人的质疑。

现我们以第一个案例为主，就如何开展视听资料真实性和完整性检验鉴定，以及检验中运用的一些方法和手段做一简单介绍，并就同步录音录像制度的完善和提升视频检验鉴定能力提出一些建议，以供参考。

视听资料的真实性和完整性检验，主要包括录像资料是否由同一台设备录制、录制是否连贯，是否存在剪辑拼接或删除等情况。现有检验方法主要从录像编码方式和录像内容两方面入手进行辨别。因此，针对本案移送的同步录音录像文件，我们主要采取了以下检验方法和步骤：

1. 身份识别。通过录制设备的品牌和型号确认录像文件格式是检验的前提和基础。一般录像文件主要由视频压缩数据、音频压缩数据及附属信息数据等构成，并按照一定的封装标准组合成视频文件，而不同设备厂商会采用不同的视频、音频压缩标准或封装格式。即使当前监控设备厂商广泛采用的 H.264/MPEG-4 AVC 主流视频压缩标准，也会因具体技术参数设置不同而有所区别，而上述区别直接影响到录像文件的解码播放和附属信息的成功读取。因此，我们一方面可以通过询问侦查机关了解其使用的监控设备类型和型号，另一方面也可以通过 UltraEdit 等软件尝试读取视频文件信息，识别录制设备厂家。本案录像文件头数据含有"IMKH"，从而初步确认了录制设备的厂商，并且通过该公司的解码器可以成功读取和播放本案录像文件。

2. 二维初析。通过解码器读取的视频帧（帧是组成视频图像的基本单位）帧号和时间戳可以初步判断录像有无剪辑和删改。视频帧帧号是指组成录像的每一帧图像的序号，时间戳是指每一帧图像的生成相对时间，因此，完整的视频帧号应当是连续的，邻近两帧图像的时间戳间隔范围是稳定的，并且与录制设备预先设定的帧频（帧频也称帧率，是描述视频资料的一个参数，指每秒钟拍摄的图像帧数）参数相同。在本案中，我们发现录像待检时间段中有一处相邻两帧出现"帧重复"异常现象，即两帧图像的帧号和时间戳等数据信息均相同，其他帧号连续正常。经统计，相邻两帧时间戳（重复帧除外）间隔时间均处于 31~94 毫秒的正常范围之内，计算平均帧频为 15 帧/秒，与帧内信息记录的设置参数相一致。

3. 水印校验。存储于视频录像中的加密水印信息是较为可靠的检验依据之一，我们通过设备厂商提供的解码器即可成功解读隐藏于视频录像文件中的水印信息。打开本案视频水印显示窗口，可以看到录像文件的水印信息包括网卡（MAC）地址、设备序号（DeviceSN）和标准时间（GTime）等信息，具有重要的证明价值。在本案检验中，我们通过全程检查，发现所有视频帧水印中的网卡、设备序号等信息一致，可以判断录像文件系同一设备录制，通过播放比对水印标准时间（标准时间记录的是绝对时间，包括年、月、日、时、分、秒）与监控视频画面时间，发现水印时间存在"跳数不匀"现象，即同时存在 1 秒跳数和 2 秒跳数情况，但刷新后时间与画面时间基本一致，没有发现不同步现象。

4. 图像检测。一个连续完整的视频录像相邻两帧图像变化应当具有很强的相关性和连续性，因此，我们可以借助连续性图像序列（视频）运动检测技术［连续性图像序列（视频）运动检测技术，主要应用于寻找和判断连续图像中的动态目标，广泛应用于当前导弹防御、空中预警等军事或民用领域，也是当前国际图像研究的重要领域］，如差分图像法、光流法和小波变换法等方法，寻找视频录像中的剪辑痕迹。在本案检验中，我们运用光流法［光流(optical flow)法是目前运动图像分析的重要方法，是指时变图像中模式运动速度。因为当物体在运动时，它在图像上对应点的亮度模式也在运动。这种图像亮度模式的表观运动（apparent motion）就是光流］计算待检时间段视频中每帧图像的光流，通过观察连续图像光流变化值的平滑度，判断是否有异常情况。通过检测，我们主要发现以下两处异常现象：一是出现"周期性光流峰值"，即图像帧光流序列每隔25帧出现一帧光流异常峰值。二是发现一处"零光流值"，即某处图像帧与前帧图像光流相同，同时光流峰值周期在时间上也随之平移一帧。

5. 声音分析。声音内容的连续性是检验视频完整性的另一重要依据。通过观察音频的声音图谱和反复放听，寻找语音断点，是声音连续性检验的主要方法。在本案检验中，通过语音工作站对录像音频进行连续性观察分析，结合现场监听，没有发现异常情况。

6. 异常检析。针对检测发现的4处异常现象，我们通过录像的数据文件分析，发现水印信息仅存储于视频录像的关键帧（关键帧是含有图像全部信息的视频帧。为减少数据量，在视频压缩过程中将图像帧分为I、P、B帧，其中I帧为关键帧，P、B帧仅记录变化信息，需要参考I帧才能重构完整图像）中，而本案视频关键帧的设置周期为25帧，通过计算定位，视频录像关键帧与"周期性光流峰值"的位置相重合，且计算视频录像相邻两个关键帧记录时间的间隔约为1.67秒（关键帧设置周期为25帧，根据录像的帧频15帧/秒计算，一个周期时间约为1.67秒），因此造成了水印时间"跳数不匀"现象。此外，出现的"帧重复"和"零光流值"的帧号和位置也相一致，通过检测整段录像，共发现四处帧重复现象，经统计呈现一定的周期性和规律性。

7. 综合研判。在合理解释并排除上述异常现象的基础上，我们仍需通过视频图像的直接观察，从场景分辨率、景深关系、画面噪声、图像质量、目标运动、内容变化及压缩程度等各方面的合理性进行综合评价，得出视频未经剪辑的检验意见。

综上所述，检验同步录音录像的真实性和完整性，需要通过多种途径和方法加以综合判断，才能确保检验的准确性和可靠度。为更好地完善同步录音录像制度，发挥同步录音录像作用，提高同步录音录像检验效率，我们提出以下几点建议：

1. 实行同步录音录像签封制度，探索应用数字封存技术。建议公安机关借鉴或参照检察机关同步录音录像制度规范，制定统一规定，明确同步录音录像的适用范围、工作要求和执行程序等，特别是审讯结束后同步录音录像（或监控录像）应当经犯罪嫌疑人签字确认并固定封存，以确保录像内容的真实性和完整性。此外，研究应用哈希值[哈希值是指将任意长度的二进制值通过哈希算法映射为固定长度且较小的二进制值，它是一段数据（或文件）唯一且极为紧凑的数值表示形式]校验等自动化数字封存技术，可进一步简化操作流程，提高工作效率。

2. 建立监控设备技术指标库。收录各类监控设备录制格式标准和具体技术参数，特别是一些具有规律性和稳定性的技术特征，以便检验人员快速辨别异常，提高检验工作效率。如此次检验中，发现设备存在每隔 34 分钟产生重复帧的特征。此外，在直接解析数据的过程中，发现非待检时间段一处相邻帧时间戳间隔近 1167 小时，通过研究分析确认系设备时间计数器溢满自动重计的结果。为此，设备商及时修补原厂解码器的漏洞。

3. 扩大水印应用范围。经过加密的水印信息是我们判断视频真实性和完整性的可靠依据，而目前多数监控设备厂商在视频格式标准化的过程中，放弃或不再加入水印等私有信息，因此，有必要通过设备准入或备案等方式，恢复和扩大加密水印在同步录音录像中的使用。此外，通过应用公安、检察等独立加密算法的水印信息，可有效实现同步录音录像的多方监管。

4. 加强图像鉴定技术研究。当前成熟的图像鉴定软件主要侧重于图像模糊处理、三维测量和个体识别等功能，而视频完整性检验技术尚属空白，包括此次检验中使用的光流法是领域内的首次应用，仍需在实践中不断加以完善。针对日益增多的视听证据完整性审查需求，组织力量开展相关检验鉴定技术研究工作，是当前检察技术部门所面临的新任务。

（二）视频中物品、人物清晰化处理

视频中物品和人物清晰化处理是视频检验的基础，因此是最为常见的视频检验项目。近两年的国家认可委关于视听资料检验鉴定能力验证题目都包括有关对物品和人物的清晰化处理，下面结合我所办理的案件作详细介绍。

2015年某日，上海市人民检察院第一分院公诉处承办人急匆匆来到上海市人民检察院司法鉴定中心请求技术帮助。其在办理韩某某等3人涉嫌故意伤害致人死亡一案因涉及人员众多，案情复杂，特别是公安机关至今未起获凶器，且审查时主要犯罪嫌疑人韩某某拒不供述，因此，本案证据较为薄弱，公诉人难以确定疑犯是否实施了犯罪行为，而一旦确认疑犯故意伤害致人死亡，其最高将获无期徒刑以上处罚，因此，公诉人希望技术人员从现场监控录像中找到犯罪嫌疑人韩某某是否持凶伤人的证据，委托的要求是检验录像中疑犯手中是否持有凶器、持有何种凶器。

我受案后发现，案发时间为凌晨1点左右，光线较弱，所以监控画面质量较差。画面中参与现场群殴人数众多、场面混乱，而疑犯行凶时所处位置恰好被他人遮挡，因此录像无法反映其行凶过程。但我没有放弃，运用最新图像处理软件和技术，对监控录像进行分解、放大、清晰化处理，并进行一帧一帧（画面）反复调整和观察，终于在其中一帧画面中捕捉到疑犯双手间有一反光亮点（详见下图），并通过测量排除这一反光物为手指的可能性，从而证实疑犯手中确实持有物品。接着我在此基础上作了进一步的分析，证明该亮点为"镜面反射"，而形成镜面反射的物品只有金属、玻璃等具有光滑表面的物体，并通过画面分析该亮点呈长条状，符合具有光滑表面利器的特征。该检验结果有力地证明了被告人案发时手中持有凶器的客观事实。

此外，我走访请教了相关专家，就刀具的常用手段进行了了解，并结合画面情况大胆推测，小心求证。画面中疑犯开始接触被害人时，手臂有自上而下的动作，符合使用刀具"划"的特征（详见下图），并根据其接触位置，假设疑犯使用的是类似刀具的凶器，则被害人所穿衣服左胸处应当有相吻合的割痕，公诉人了解后随即要求侦查机关调取被害人当时所穿羽绒马甲，经查看的确在马甲左胸位置处找到了自上而下的割痕，从而印证了疑犯持凶伤人的犯罪事实。

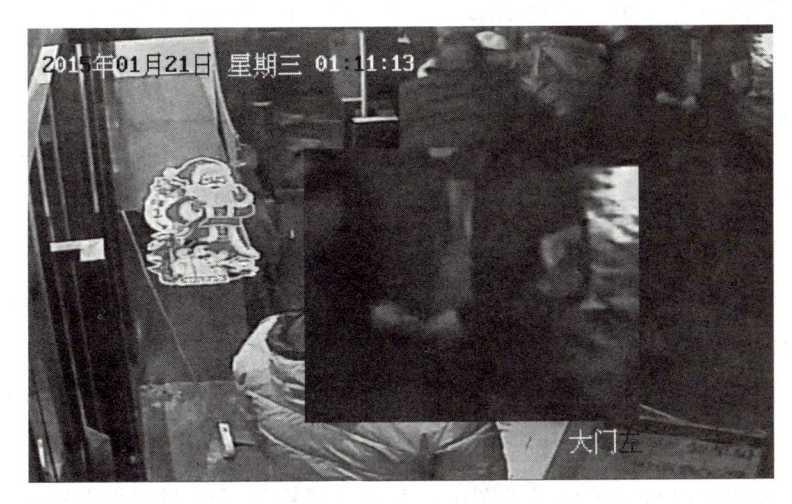

图 1　现场视频截图

图 2　现场视频截图

在如此强大的证据面前，疑犯仍然狡辩，因此，我根据公诉人的要求，作为本案的鉴定人出庭支持公诉。在庭审过程中，鉴定人就所检验的客观结果向法庭陈述，并回答了审判长、公诉人和辩护人的询问。询问结束后审判长当庭质问被告人韩某某是否持有凶器，韩某某在事实面前被迫改变先前向法庭所作的未持有凶器打斗的辩解，承认持有凶器。此时，旁听席暴发出被害人母亲的痛哭谴责之声，事后公诉人把握时机，顺势举证，在有力的证据面前，法庭最终采纳了公诉意见，并以故意伤害罪依法判处被告人韩某某无期徒刑。

同样的案例还有我所受理的王某某等人涉嫌故意杀人、故意伤害。犯罪嫌疑人王某某等人在浦东"爱心"酒吧与人发生争执，并首先动手行凶致使多人死亡和重伤，特别是将恰好在场娱乐的劝架者刺死，情节特别恶劣，但该案同样侦查机关没有起获凶器，而犯罪嫌疑人王某某也始终拒不承认持凶伤人。我受案后对涉案 10 余个视频近 30 小时的录像进行清晰化处理后仔细反复观察，最终找到多处显示王某某手中可能持有物品的画面，特别是在其刺死劝架者后的部分画面中捕捉到其手中握有物品的画面，庭上王某某辩解称该物为挖耳工具，我作为鉴定人当庭就图像中其所持有的物品与同画面他人手指进行量化对比（详见下图），并结合透视关系说明其手中持有物品口径远超过手指粗细，从而排除了该物为其所辩解的挖耳工具的可能，取得了良好的庭审效果。

图 3　放大情形

（三）视频中物品、人物的性质、位置、状态、特征及相互关系分析

主要要求分析视频中物品、人物的性质、位置、状态、特征以及物品间、人物间或物品与人物间的相互关系。例如我们受理的上海市金山区人民检察院控申部门委托的对一起上访案件案卷中照片进行检验的需求。该上访人上访近十年，一直声称当年因交通肇事罪而被判处有期徒刑的处罚是冤枉的，其申诉理由是案发现场中间有条黄色的交通分界线，而法庭认定没有，并判其罪名成立。为此，控申部门承办人请我们对当时现场勘察的老照片进行检验，案发马路中间是否有黄色交通分界线，我们通过取色对比检验，的确找到部分黄色像素，但通过图像透视关系分析查找，又未找到相印证的黄色像素（详见下图），并将真实情况客观反馈给业务部门。

图 4　现场示意图

（四）视频中物品、人物的运动、动作过程及相互关系分析

视频中物品、人物的运动、动作过程及相互关系分析相比视频中物品、

人物的性质、位置、状态、特征及相互关系分析区别在于前者为静态分析，后者为动态分析，当然也是视频检验的重要项目，并在近年国家认可委托组织的能力验证题目中多次出现。例如2015年能力验证题目为在一起故意损坏公私财物案件中，一辆白色车辆被人为恶意损伤。警方提供一段录像，要求鉴定机构对录像中需检车辆（录像画面左数第一辆白色车辆）的受损情况进行图像处理及分析，并对对检材录像中需检车辆的受损痕迹的产生过程进行分析，我们的检验方法如下：

1.基本观察和检验：（1）制作复制件。对镜像复制件进行检验分析。（2）分析文件属性。显示视频文件信息正常，且包含音频。（3）观察录像内容将视频主要分为五个时间段。

2.车辆受损痕迹清晰化处理：（1）抽取视频所有图像。（2）选择图像待检部分。（3）进行直方图处理等低噪度处理，并进行多图平均。（4）进行图像最后处理。最终需检车辆显现三道受损痕迹

3.车辆受损痕迹产生过程处理分析。通过图像处理和观察以及声音辨听，并得出以下结果：（1）0分4秒至0分19秒，第一人由需检车辆右前方进入画面，并在车辆前方停顿观察，接着移向车辆左侧中部，此时车辆未见受损痕迹。（2）0分19秒至0分26秒，第一人在需检车辆左侧中部停留，后移向左侧前部，此时需检车辆左前门出现画面右数第一道受损痕迹。（3）0分26秒到0分39秒，第一人在需检车辆左侧前部停留，后顺车辆头部绕至车辆右侧后部，需检车辆左前灯和左前柱之间出现画面右数第二道受损痕迹。（4）0分39秒到0分50秒，在车辆右侧后部停留，后沿车辆右侧、前侧向车辆左方走出画面，无法观察需检车辆右侧情况。但通过听辨和频谱图分析，发现有类似前两次损害时的声音。

4.观察第四时段图像内容，分析第二人行动轨迹及行为与受损痕迹的关联。通过画面观察发现第二人外貌服饰呈现女性特征。（1）0分57秒至1分07秒，第二人由需检车辆右方进入画面，经过车辆并沿车辆左方移至车辆左侧前门处。此时车辆未见新的受损痕迹。（2）1分07秒至1分17秒，第二人在车辆左侧前门处停留，后沿左侧移至车辆头部左侧。此时需检车辆未见明显变化。观察画面，发现第二人接近需检车辆时，伸出右手

自上而下按已有 2 处痕迹轨迹移动。通过听辨和频谱图分析，有接触声音。
（3）1 分 17 秒至 1 分 27 秒，第二人在车辆头部左侧停留后，向车辆左方走出画面，需检车辆引擎盖上出现画面右数第三道受损痕迹。

检验结果为需检车辆受损痕迹的产生过程分析。需检车辆有 3 处明显受损痕迹。按形成时间划分形成过程如下：（1）第一处位于需检车辆左前门，形状为线条形，产生时间约 0 分 21 秒至 0 分 23 秒左右，由第一个男子实施。（2）第二处位于需检车辆左前灯和左前柱之间，形状为线条形，产生时间约 0 分 28 秒至 0 分 30 秒左右，由第一个男子实施。（3）第三处位于需检车辆引擎盖上，形状为线条形，产生时间约 1 分 19 秒至 1 分 22 秒左右，由第二个女子实施。

（五）视频中物品、人物的同一认定

根据我们调研，对视频中物品、人物的同一认定是当前业务部门迫切需要开展的检验鉴定项目，而我们所办理的多起案件，均取得了较好的结果。例如，我们在办理上海市人民检察院公诉一处委托的对赵某涉嫌故意杀人案照片进行同一性认定，以证明照片中人像即是犯罪嫌疑人赵某。我们检验的方法和过程如下：首先进行图像预处理，将检材与样本的人像角度的调整一致，并采取以下三种具体比对方法：

1. 形态比对分析。比对两张照片头像的形态正面特征，较为匹配的有 14 项，如眼睛都为卧蚕，眉毛都不对称等。较为不匹配的有 4 项，如眼睛上眼睑皱褶不匹配、眉毛密度不同等。

2. 重叠比对分析。即通过定位后，对两张照片进行重叠比对观察分析。

3. 测量比对分析。即通过对检材和样本比对人像的脸型、眉毛、眼睛、鼻、嘴等特征点的标注和测量，计算和比对比例关系进行分析。

二、大数据思维在视听资料检验、审查和补查中的运用

我们在开展视听资料检验鉴定过程中，不能仅仅局限于业务部门提出的鉴定需求，我们应当站在全案的层面，以侦查或审查人员的角度运用技术手段进行视听资料的检验与审查，因此，引入大数据思维将是提高视听资料检验、审查和补查质量的重要方法和途径，而视听资料审查鉴定与大数据应用

的结合点主要体现在以下几方面。

（一）视频中包含大量信息，本身具有大数据特性

例如我们在办理上海市长宁区人民检察院委托的对李某盗窃案视频进行清晰化处理案件时，由于图像质量不够，因此对视频中李某的人像清晰化处理效果不佳。但当技术人员播放清晰化处理后的动态人像录像时，承办人激动地说这段录像能够证明视频中的犯罪嫌疑人就是李某，并将之移送法庭。从上述案例可以看出动态视频包括更多的人物言行举止信息，而这些信息也能够辨识人物的个体特征，这是静态图像所不能表达的，因此，视频本身包含大量信息并体现了大数据的特征。

（二）视频检验方法中已实际应用到大数据技术

我们在视频完整性和真实性检验中，首次引入了光流值检测方法，但在应用过程中发现检测结果有周期性异常值的出现，究其原因是因为视频压缩格式（GOP）中关键帧所产生的影响，因此，我们需要通过设定阈值来抑制该背景噪声，这就需要建立视频库进行大量的机器学习和计算，所以大数据技术早已实际应用到我们具体的视频检验过程中。

（三）开展视频检验需要有大数据应用思维

在很多案件检验中，限于检材条件等原因，往往并不能满足业务部门提出的检验需求，但我们可以运用大数据思维，帮助在视频中找到更多信息或线索。例如我们在办理陆某某盗窃案中，我们不局限于承办人所提出的要求检验录像中犯罪嫌疑人所盗物品为手机的需求，我们同时在视频处理后注意到犯罪嫌疑人所持手机背部有贴画，因此检验效果由原先所达到的种类认定提升到个体认定，极大地提升了证据证明力，同时，我们通过视频观察又捕捉到了犯罪嫌疑人同伙伸手触摸他人口袋的图像，再次印证了犯罪嫌疑人合伙盗窃的动机和行为。

（四）通过视频检验可以提出诸多大数据应用场景需求

当前检察技术部门苦于寻找更多的技术与业务融合点，而我们通过视频检验鉴定，提出了大量大数据应用场景需求，例如前面所提到的案例分别给

我们带来了"视频人物举止比对大数据应用需求"和"视频场景测量虚拟再构大数据应用需求"等实际需要，为我们检察技术部门拓展技术发展领域提供了方向。

（五）通过视频检验审查所得信息可帮助刑检部门引导公安开展大数据侦查

在我所办理的案件中，刑检部门委托的数量占90%以上，在办理这些视听资料的检验鉴定或审查案件的过程中，往往能够从中找到其他可能线索，从而帮助刑检部门承办人引导侦查人员开展补充侦查，特别是可以依托大数据，实现多兵种联合作战。例如我们在办理上海市闵行区人民检察院委托的有关李某某涉嫌交通肇事致人死亡案的相关视频检验过程中，公诉人因发现现有证据情况不足以证明犯罪嫌疑人为交通肇事者，其可能为冒名顶替，肇事者可能另有其人，因此，要求我们检验多段监控录像中出现的肇事车辆内驾驶人员的脸部特征和副驾驶位是否有人，及其脸部特征，用以比对和确认犯罪嫌疑人。虽然我们通过图像清晰化处理，但仍无法辨别车辆内部人员脸部特征等情况，但在我们的仔细观察下，在某些画面中发现车辆中部有闪光点，因此，推断这个闪光点如果是手机产生的，那么如果有冒名顶替者很有可能不像公诉人想象地坐在副驾驶位，而坐在车辆后座，从而为侦查人员审讯提供重要信息。同时，我们在车辆撞击被害人的时刻，同样发现了方向盘处有闪光点，结合案发现场照明充足、撞击过程车辆没有制动等情况，很容易推测肇事者因使用手机而忽视前方路况，从而未及时发现被害人，所以在没有任何制动的情况下直接撞击被害人致其死亡（详见下图）。我们将此信息提供给公诉部门承办人，希望承办人能够引导侦查部门结合具体情况开展手机话单、手机轨迹信息的收集和分析。事后，侦查部门根据手机活动轨迹定位到案发时犯罪嫌疑人手机在家附近，而非相距几十公里外的犯罪现场，同时结合心理测试等分析，进一步印证了公诉部门承办人的怀疑，取得了良好的效果。

图 5 视频截图

三、关于视听资料技术工作的发展设想

随着科学技术的发展，司法机关和公众对证据质量的要求不断提升，已不满足基于主观经验判断为主的鉴定意见形式，未来检验鉴定必将向数字化、自动化和智能化等基于客观数据判断为主的方向发展，因此大数据、人工智能不但将在检验鉴定领域大有可为，并且能够极大地拓展该领域的应用空间。如我们在视听资料审查检验中，通过引入大数据技术开展异源视频时差测算、视频环境互联网信息自动收集、视频现场虚拟再构以及人物举止比对等应用，发现了许多额外线索和有用信息，有效地帮助了刑检部门引导侦查机关开展和实施大数据侦查。

最后我们要注重激发、启发、引导和提升业务人员对大数据技术的认知能力和水平，从而达到在战术上重视大数据，在战略上俯视大数据的程度，以实现技术与业务的深度融合。

检察大数据：从业务需求到技术方案

江 星

[讲演者小传]

江星，1970年6月出生，1992年海军航空工程学院毕业，历任海军某导弹技术队队长、导弹发射业务长等职。2007年转业至广州市人民检察院职务犯罪侦查信息处，擅长C、VB、Java、Android等工具的使用，2017年年底提前退休，现为广州市优简素信息技术有限公司、广州市优简素文化传播有限公司创始人。

主要成果：（1）1996年独立编写某电信实业公司管理软件；（2）1999年独立编写海军某支队导弹超视距攻击计算程序；（3）2001年独立编写某导弹六分机单机测试程序；（4）为广东卫视台、淘宝网现场直播节目"极速秒杀"网络秒杀技术独立程序编写人；（5）广州市人民检察院"职务犯罪情报分析系统"三期建设方案及大数据架构主要设计人。

一、前言

目前，大数据技术已经日趋成熟，互联网、零售、金融、教育、通信、医疗、体育、制造、影视、政府等行业应用已经非常广泛和成熟，且大数据的应用正积极推动和改变这些行业转型升级，创造丰厚的市场价值和社会价值，发挥了数据生产力的巨大推动作用。

大数据分析与应用已经成为这个时代的新兴产业，正慢慢地、积极地改变着这个世界的一切。

作为司法机关的检察机关，置身于大数据带来的巨大机遇和挑战的时代浪潮中，尽管有"溪云初起日沉阁，山雨欲来风满楼"之势，但内部仍然是雷声大雨点小，笔者所能感受到的就是在检察机关内部，大数据相关的产品设计、研发以及应用仍然较少，技术、需求和应用与相关理论研究的结合度也远远不够。这里面除有大数据技术含量高、数据处理复杂、业务数学模型构建难度大及数据来源困难等瓶颈的困惑外，还有就是检察机关受传统的工作思维模式及对大数据的认识深度有着密切的关系。许多部门在对大数据的认识上肤浅，凡事言必大数据，把传统的数据统计与大数据混为一谈，也有的部门守着一大堆数据做简单的统计分析，对数据的深度应用没有思维和方向，也美其名曰为大数据应用。实际上，在大数据的浪潮下，检察机关的许多业务急需大数据作为技术支撑，做更好的司法领域内的服务，有的领域已经面临大数据分析应用的倒逼之势，迫切需要改变现有的工作模式和机制，以适应新工作、新任务的需要。检察机关应亟须对大数据的应用有新的、全面的认识，才能紧跟数据时代步伐，而不至于成为数据时代的盲者。

笔者不是大数据领域的工作者，也不在检察机关的主要业务工作岗位上，仅仅是对大数据平台技术及大数据数学思维有着浓厚兴趣并实际从事计算机软件开发和职务犯罪侦查信息方面工作的从业人员。早在1994年，笔者第一次接触到军队财务管理系统时，就对数据的处理产生极大的兴趣，从早期的Dbase数据库到后来的Foxbase、SQL Server、Oracle，一路追到当前的Hadoop架构下的Hbase、Mongodb；从早期使用SQL结构化标准语言对数据进行嵌套、迭代、视图等预处理、预分析，到如今的用于统计分析、绘图的R语言和大数据分析工具。因为对数据的处理、分析过程和结果往往会带来极大的惊喜与刺激，自 1994 年以来，笔者一直在软件领域对数据的处理乐此不疲。

关于大数据的处理，现在已经有很多很成熟的技术和经验，我也多次参加过华南理工大学的大数据技术讲座，其中之一是《Hadoop权威指南(第三版)》的学习和培训，总之，愈是学习，愈疑惑，觉得大数据技术，包括大规模并行处理数据库、数据挖掘、分布式文件系统、云计算、互联网及可扩展的分层存储系统等技术早就有了，也不是什么新鲜东西，目前比较常用的就是 Hadoop 生态圈，Hadoop 生态圈就像一个大数据处理流水线，里面运行有从事大数据处理的各个组件，从数据的挖掘、处理、分析到分布式存储运算一整套数据处理方案都有，Hadoop 组件怎么搭，MapReduce（任务分发到各个节点，各个节点再把结果怎样归聚）怎么写，这些东西并不高深，有 Java 基础，爱学习的人看看网上资料就可以。

面对扑面而来的大数据，无论是政府机关，还是商业机构，无论是为了宏观决策，还是为了商业利益，全民都在研究大数据。我想，无论是大数据的概念也好，大数据的处理技术也好，最关键的还是行业内部必须要有很明确的大数据应用方向和科学的大数据思维，在数据、技术、思维都很成熟的基础上，才能真正找到大数据背后的商业价值、决策价值。

二、关于大数据及大数据误区

（一）关于大数据

大数据这个话题这几年非常热，各行各业，无处不在谈论大数据，从数据的收集、存储，到数据的挖掘提炼、共享与分析；从数据的应用思维与数学建模，到数据的量化、可视化、画像展示与智能预测等。世上本没有数，人类的活动多了便成就了数。小时候，出去办事，大人再三叮嘱自己要心中有数，三思而后行，数的概念便根深蒂固了。进入信息时代之后，"数"字的内涵开始扩大，不仅指代"有根据的数字"，还统指一切保存在电脑中的信息，包括文本、图片、视频等。其中的原因是，20 世纪 60 年代软件科学取得了巨大进步，发明了数据库，此后，数字、文本、图片都不加区分地保存在电脑的数据库中，数据也逐渐成为"数字、文本、图片、视频"等的统称，也即"信息"的代名词。这是一个数据信息时代，分分秒秒都在产生数不尽的数据。数据表示的是过去，但表达的是未来，如何表达未来？早期的数据统计学、数据采样就是负责数据表达的。但随着存储技术、电子商务、互联网等的快速发展，当传统的数据采样及统计学已经不能够准确表达数据时，大数据的这个概念就出来了。关于大数据的概念，早前有"3V""4V"属性这一说，到目前有比较统一的大数据"5V"属性特点一说（IBM 提出）：Volume（大量）、Velocity（高速）、Variety（多样）、Value（低价值密度）、Veracity（真实性）。从"3V"到"5V"，从人们对大数据认识的时间跨度上看，大数据也是逐渐被发现更多的内涵和更多的利用价值。目前，这些对大数据的定义虽然都很空泛，并不能清楚或精准地说明关于大数据涉及的方方面面的问题和内容，那么，这样的定义，本身就给大数据蒙上了很多未知的神秘色彩，让更多的人带着梦想为大数据而来。

（二）关于大数据误区

我们生活在一个任何人都无法摆脱数据的大数据时代，各种行为及传感器每天都在产生大量的数据，数据越多，人们做出的分析和判断就越多；人们分析得越多，制造的烟幕弹也就越多，大数据时代不要盲目迷恋数据分析带来的结果，保持清醒的头脑就变得非常重要。

在人类认识大数据的初级阶段，未免对大数据存在一些误区，至少，笔者认为以下是我从周围大数据讨论中的只言片语中感受到的。

1. 数据量大就是大数据。大数据就是大的，对吗？其实，并不完全是。如今的数据处理量要远超过去，但如果仅仅只关注于 GB、TB 或 PB，则仅仅视数据为海量数据而已，而这个概念早于大数据概念之前就有了，但大数据更应该突出的是另外几个方面：（1）数据类型繁多：如网络日志、视频、图片、地理位置信息等。（2）价值密度低：以视频为例，连续不间断监控过程中，可能有用的数据仅有一两秒。（3）处理速度快：1秒定律，这一点也是和传统的数据挖掘技术有着本质的不同，所以需要 Mapreduce+GFS 这样的分布式暴力计算框架和分布式文件系统来处理技术，目前所说的"大数据"不仅指数据本身的规模，也包括采集数据的工具、平台和数据分析系统。

2. 不完整的数据质量代表大数据毫无意义。大数据也可能会乱，而数据质量对任何分析都非常重要。然而，关键的是要记住数据将不可避免地混乱。即会有很多杂乱，各种异常情况，以及不一致性。"数据越干净，生产率就越高，大数据质量是关键，不要让劣质数据把你拖入无底深渊，如果没有清理和验证数据的基础，将会白白辛苦一事无成。所以，一切都要从拥有准确、可操作的数据开始。"

统计学家纳特·西尔弗在著名的《信号和噪声》一书中说："大数据中大多数都是不相干的噪音。除非有很好的技术信息进行过滤和处理，否则将惹上麻烦。"

3. 大数据不是万能的。世上没有万能的事，就连上帝也是如此。大数据显然不是万能的，正因为如此，她才真实。大数据在有些领域由于种种原因，所带来的价值并不如预期的那么高，导致这种现象最主要的问题有两个：一个是由于数据本身的质量或者数量不够；另一个是算法不合适。不要以为是海量数据就一定会有价值，在过往的工作中，我们经常发现来自对方的数据源有80%~90%的数据都是无用的，只有10%~20%的数据才会产生一定的价值。"大数据的工作就像在一堆稻草中寻找一根针。"何况，大多数领域本身业务属于早期，所拥有的数据非常贫乏。冷启动、稀疏性是大数据在诸多领域面临的挑战。另外，对于不同领域，不同项目，没有放之四海而皆准的算法，必须要根据具体问题具体分析解决。

4. 大数据所表达的相关性并不能普遍适用。尽管因果关系难以确定，人们退而求次，转而利用大数据研究事物的相关性。换句话讲，相关性可以不需要理论支持，只需要用统计学的方法描述数据。这样的结果在很多时候非常有用，但如果把相关性当成因果关系来指导决策，可能就会有害。在日常生活中，我们经常听到有的妈妈说："我一定要把孩子送到那个补习班，那个补习班的孩子很多都考上了好大学。"这句话背后隐含着一个观察分析结果：去这个补习班的孩子比不去的考上好大学的多得多。这个结论就源自简单的相关性分析，但这位家长可能犯下一个错误：把相关性分析当作因果关系，进而据此决策。其实上这个补习班只是那些孩子考上好大学的其中一个原因

（相关数据），两者之间是否构成因果关系需要更复杂的分析，仅一个相关系数远远不够。比如，这些孩子本来就很刻苦，或者他们都是经过选拔才进班的，基础本来就好等。总之，补习班并非唯一的相关因素。但到底是什么因素又很复杂，需要研究这些孩子们的学习习惯、学习动力、历史成绩、自我约束力、家庭环境等不一而足。这位家长如果根据一个相关性就做出决策，显然不够科学。

所以切记：不要将相关性当作因果关系去指导决策，这一区别的重要性在大数据时代显得更为突出。否则，盲从大数据分析反而更容易出现决策上的失误。

5. 大数据时代，统计学不是不重要，而是更重要。有人认为大数据思维和统计学思维有着本质的区别，随着获取数据和存储数据能力的不断增强，大数据方法的不断成熟，相关性研究取代因果关系研究，全量数据分析取代采样数据分析，以及计算机并行计算、分层存储技术的低成本普及，传统的统计学必将被取代。笔者认为，无论是小数据时代还是大数据时代，都是数据时代，而统计学是一门基于数据的学科。

数据不能被直接拿来使用，统计学依然是数据分析的灵魂，打个比方说，大数据是"原油"而不是"汽油"，不能被直接拿来使用，就像股票市场，即使把所有的数据都公布出来，不懂的人依然不知道数据代表的信息。大数据时代，统计学依然是数据分析的灵魂。正如加州大学伯克利分校迈克尔·乔丹教授指出的，"没有系统的数据科学作为指导的大数据研究，就如同不利用工程科学的知识来建造桥梁，很多桥梁可能会坍塌，并带来严重的后果"。

所以说，在大数据时代，数据分析的很多根本性问题和小数据时代并没有本质区别。当然，大数据的特点，确实对数据分析提出了全新挑战。例如，许多传统统计方法应用到大数据上，巨大计算量和存储量往往使其难以承受；对结构复杂、来源多样的数据，如何建立有效的统计学模型也需要新的探索和尝试。对于新时代的数据科学而言，这些挑战也同时意味着巨大的机遇，有可能会产生新的思想、方法和技术。

数据是严谨的、枯燥的，同时又是丰富的、客观的、忠实的。世间的一切，貌似杂乱无章，却又暗自遵循着某种规律，万物皆是数，所有的判断都是统计学。概率、均值、期望、大数定律、正态分布、方差、不确定度等统计概念永远都不会随着大数据时代的到来而消失。

6. 在大数据时代，常有全量数据模式这种新概念出现，提出"样本＝总体"。笔者认为全量样本也并非我们想当然的是所有数据，全量样本只是相对采样的数量而言，有采样就有全样，真实的全量数据是无法知道的，就像笔者当初在军队从事数据测量工作时，真实的数据人类永远不会知道，我们能做的就是尽人类的智慧，尽可能地让数据接近真实值，真实值及真正的全量数据只有上帝知道，尽管笔者不信仰上帝。所有，不要以为我们能够掌握了真实的全量数据，我们可以做我们能想得到的一切数据分析和预测。只能说由于大数据分析处理技术的出现，使得人们对全部采样过来的"全量数据"的处理变得简易可行，而这些数据带给我们视野上的宏观与高远，这将使我们可以站在更高的层级全貌看待问题，看见曾经被淹没的数据价值，发现藏匿在整体中有趣的细节。因为拥有全部或几乎全部的数据，就能使我们获得从不同的角度更细致更全面地观察研究数据的可能性，从而使得大数据的分析过程成为惊喜的发现过程和问题域的拓展过程。

选择收集全面而完整的数据。我们需要足够的数据处理和存储能力，也需要最先进的分析技术。同时，简单廉价的数据收集方法也很重要。过去，这些问题中的任何一个都很棘手。在一个资源有限的时代，要解决这些问题需要付出很高的代价。但是现在，解决这些难题已经变得简单容易得多。曾经只有大公司才能做到的事情，现在绝大部分的公司都可以做到了。

移动互联网的迅速崛起，让数据变得更为多样、丰富，随着数据的进一步丰富和完善，随着不同渠道数据的打通和交叉利用，有关大数据的想象一定会更加广阔。

让数据说话,预测性数学模型几乎不算新事物,但它们正变得越来越准确。在这个时代，数据分析能力终于开始赶上数据收集能力，分析师不仅有比以往更多的信息可用于构建模型，也拥有在很短时间内通过计算机将信息转化为相关数据的技术。

三、互联网、金融、公安等行业大数据建设经验借鉴

笔者对最高人民检察院下发的《"十三五"时期科技强检规划纲要》认真看了多遍，很兴奋，"十三五"时期科技强检要做的事情很多，最高人民检察院的思路非常清晰，以促进司法办案提质增效为着力点，以"智慧检务"建设为突破口，以电子检务工程建设为抓手，强化科学技术与检察工作深度融合，引领"十三五"时期检察工作的创新发展，检察机关的大数据平台建设就是其中很重要的一环。

那么，在谈检察机关大数据业务需求与技术方案的问题前，我想先谈谈我所肤浅了解的金融机构、"12306"网站、公安大数据建设的情况，因为这里面有一些同检察机关相似的技术问题和业务问题，更有与检察机关面临着的大数据运用、大数据决策和大数据预判等方面的研究。

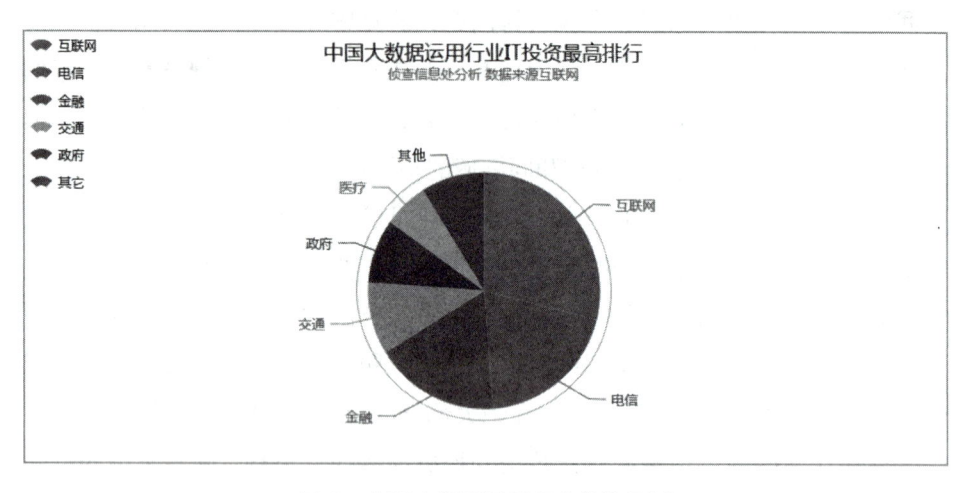

图1 中国大数据运用行业投资比例

根据互联网上的资料，我用 Echarts 软件对大数据在各个行业上的应用和投资画了一个如上的分布图，从分布图上可以看出，在大数据应用综合价值潜力方面，信息技术、金融保险、政府及电子商务四大行业潜力最高，应用最广。

可以看出，互联网仍然是大数据的风暴中心，也是烧钱最多最热的行业。

在正式讲这几个行业的大数据相关的问题之前，我先给大家带来一个感兴趣的话题：世纪佳缘婚恋网站的大数据的算法。

（一）"世纪佳缘"的大数据算法

1. 关于"世纪佳缘"的大数据应用问题分析

作为国内最大的婚恋交友系统，"世纪佳缘"近年来一直在大力发展互联网大数据的相亲模式，从成立之初,会员根据自身条件"大海捞针"似的寻找，到现在的"懂你"系统、"人脸识别"系统，世纪佳缘的用户推荐系统正在一步步的完善和拓展，大数据相亲已经成为互联网婚恋交友网站的发展趋势。

"世纪佳缘"的大数据应用经历了两个重要阶段，因为有足够的数据来源做支撑，因此，重点是在算法上做了完善和拓展。

2011年到2013年这段时间，"世纪佳缘"在算法方面主要做了两个方向的尝试。

第一个是尝试item-based kNN算法（基于物品的协同过滤推荐算法）。对这个算法的优化尝试体现在以下几个方面：（1）离线计算效率的优化：从开始的单机计算，到后来的Hadoop分布式计算；（2）离线计算效果的优化：尝试了不同的相似度计算方法，以及不同的预测产生方式，但效果并不明显。

离线计算改为线上实时计算：离线的工作方式是先在线下计算好推荐结果，然后把结果存入缓存；线上需要推荐结果时，直接从缓存中取得即可。显然这种方式对于缓存中没有推荐结果的用户无法产生推荐，而活跃的用户又很容易把缓存中的所有结果都消费完。

第二个尝试是学术界的可逆（Reciprocal）推荐算法1，即在考虑用户体验的同时也兼顾item（对"佳缘"来说也即是人）的体验。这个尝试基本是失败的，学术界发明的那些算法基本都有各种前提做假设，真用起来不一定符合实际。

2014年到2015年这段时间，"世纪佳缘"在算法方面主要做了工程算法上的改进。

"佳缘"业务的高复杂性，算法上的经验不够，导致预测差距较大，让"佳缘"决定把接下来的算法优化方向放在特征工程上，而算法就限制在最简单的逻辑回归（Logistic Regression）。逻辑回归足够简单，解释性好，也有很好的开源实现。把问题分别进行优化，这样逻辑回归就适用于每一步。

总结：（1）大部分信息大多都是离散值，而这些离散值之间并非是按照数字本身的意义有着明确的大小关系，这个如果用逻辑回归，就会面临让人绝望的离散值连续化问题；（2）如果把希望寄托于特征工程，就需要对每个特征都做深入的业务和数学化理解；（3）高维特征下逻辑回归一样会面临维度爆炸的问题；（4）逻辑回归本质上是广义线性模型，但是这个假设是不是适用。

可以看出：（1）大数据时代，分布式在线运算相对传统的集中式离线运算，会让数据产生新的结果和价值；（2）在大数据平台技术日趋成熟的今天，算法仍然是大数据应用不可或缺的工具之一，这和有些数据专家讲的在大数据时代算法不重要有些违背。

技术为产品服务，而不是直接面向用户，数据质量是地基，保证好的质量很不容易，如何制定正确的优化指标真的很难，业务理解 > 工程实现数据 > 系统 > 算法。

2. "世纪佳缘"具体应用赏析："懂你"系统

图2　"懂你"系统

"世纪佳缘"与中科院心理研究所联合推出"懂你"系统，相较于之前"单一原始、缺乏个性"的配对方式，新系统是基于对用户历史浏览痕迹、婚恋个性匹配问答等大数据的收集和分析之后，从而帮助用户发现自己的个性化特征和交友需求，并再次利用"世纪佳缘"强大的数据库，为用户推荐匹配度最高的相亲对象，从而实现高效率交友。而且还能帮用户描绘出一幅心目中女神(或男神)的画像，同时将适合的双方进行匹配，从而极其个性化、高效率的实现精准速配。

用户平时在"世纪佳缘"网站上的浏览习惯和个人行为的记录，以及用户个人资料的完善程度、看信回信频率等都可能帮用户提高交友效率分值，"有点儿像360杀毒软件，你的电脑速度击败了全国40%的用户"。作为"懂你"系统的核心部分，用户可以通过在线答题的方式，更清楚地了解自己和对另一半进行"画像"，可以得到超过100个标签，这些标签帮助用户更了解自己，同时向其他用户展现自己。

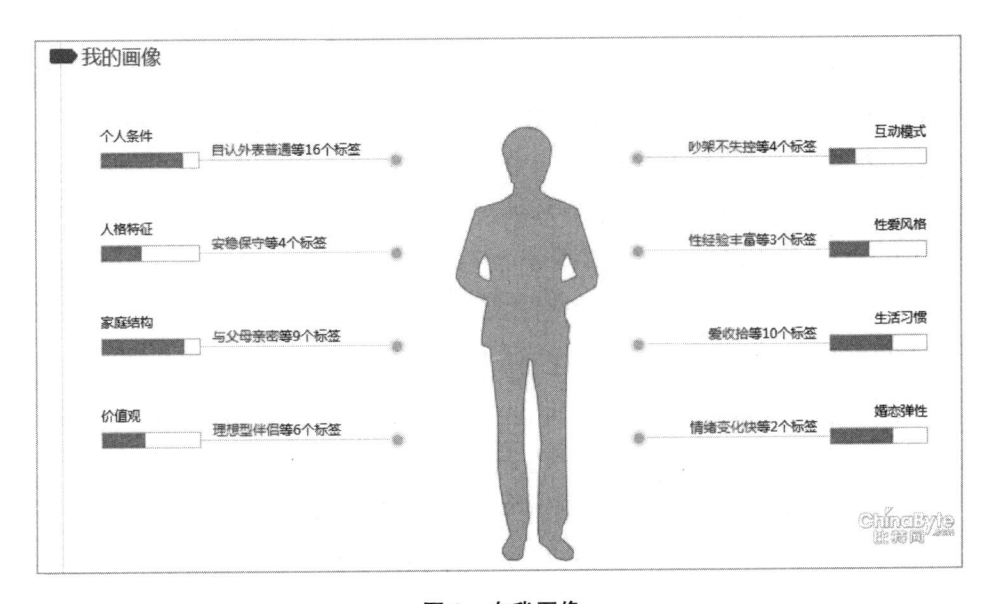

图3　自我画像

(二)关于金融业的大数据问题

金融机构也即银行业的大数据建设问题，因为，银行业与检察机关也有类似的情况。

第一，他们每天交易的数据非常多，数据种类也很丰富。

第二，银行业也存在着他们的主要数据存放在银行企业内网上，但也与外部网络（互联网：网上银行、手机银行等）存在数据交换的问题，并且银行业在系统的安全性、稳定性及数据的一致性方面一直做得很好，毕竟涉及金融，涉及政府和老百姓的切身利益上，在内外网的可信边界上，有许多地方值得我们借鉴和学习。

第三，不同的商业银行和国有银行之间的数据共享和数据交换上，与我们各个省级或不同的业务部门之间的数据共享和交换有相似之处。

第四，银行业也存在着利用数据为用户画像的问题，这对我们人物画像有更多的启发。

当前，国内大多数商业银行均采用大型主机构建核心业务系统，无论是基于大型机的集中式架构，还是基于小型机的集中式架构，它的优势是技术成熟度高，运行比较稳定。的确，这种传统封闭式架构一向以稳定可靠著称，但也面临着一些问题。例如，成本高昂无比，且核心技术均掌握在少数厂商手里，不利于银行自主可控的快速业务创新。而 x86 平台、Linux 系统经过近十年的发展，技术已经非常成熟，各种高可用方案也足以满足银行对安全性的高要求。同时随着竞争加剧，产品创新不断提速，开放平台相比专用系统，可以更加灵活地支撑互联网金融业务的发展。

1. 银行的分布式架构探索

以建设银行为例：中国建设银行就进行了基于 x86 分布式架构的探索，对渠道类业务、查询类业务和大数据业务开始向分布式架构演进。

"首先建行通过业务分析，对于能够从集中式架构分离的，对数据一致要求不高的业务进行拆分。比如原来的客户信息管理的业务功能是集中在大型机，通过业务分析和组件化设计，定义了独立客户信息组件。我们把它从大型机上核心业务中分离出来，把它挪到分布式架构中。"

建行的分布式架构探索还用在其客户渠道的分库分表上，实施分库分表的高可用应用改造，从容支持应对电子渠道持续增长、数亿级的交易量和数据量。"比如客户渠道，网银、手机银行是承担着大量交易，通过将一个公共数据库，把它拓展为多个同构的公共库，使数据分布存放成为可能。很简单根据客户 ID 取模对数据库进行垂直拆分，这样有效减少了高并发对数据库带来的访问的压力。通过这种应用改造，将同一个客户的缓存、限额包括过程流水都放在同一个数据库上，这样减少跨库的失误来保障客户体验。"

对银行核心账户交易，建行探索从数据强一致性过渡到数据最终满足一致的可能性。通过分阶段失误提交，异常错误检测和补偿这种机制来逐步将银行账务系统转移到分布式架构中。

的确，由于银行传统封闭架构自身在成本、可扩展、人力等方面的缺陷，再加上开源软件这两年的飞速发展、x86 平台技术的日趋成熟，以及现有竞争环境和银行的需求，促使了一部分银行，或者是银行 IT 系统的某一部分开始从集中式架构迁移到开放平台。

"谈到分布式架构，实际是绕不开加州大学 Eric Brewer 教授提出的 CAP 理论，分布式系统不可能同时满足 C、A 和 P 三项需求。最多同时满足两个，其中 C 就是一致性，分布式系统中所有数据备份在同一时刻是否相同。A 是可用性，就是要确保客户访问数据时得到及时的响应。P 代表分区容忍性，就是集群中的某些节点无法联系，集群整体是否还能继续服务。现在分布式架构分区容忍性是分布式系统基本特征，所以通常只能在一致性和可用性之间进行取舍，要么要一致性，要么要可用性。"

分布式的架构更强调方案细颗粒度的设计，需要业务及技术人员的深入理解和密切协同，由于更强调对底层核心技术的掌控能力，所以对人员的技能会提出更高的要求。分布式计算、集中式计算不是谁替代谁，而是各有不同的用点，各适合不同的业务场景需求。

后续银行的大数据体系会采用多种技术路线、多种技术平台共存的方式。

2. 网络边界上的安全问题及措施

（1）安全问题

第一，信息泄密。网络上的资源是可以共享的，但没有授权的人得到了他不该得到的资源，信息就泄露了。一般信息泄密有两种方式：攻击者（非授权人员）进入了网络，获取了信息，这是从网络内部的泄密；合法使用者在进行正常业务往来时，信息被外人获得，这是从网络外部的泄密。

第二，入侵者的攻击。互联网是世界级的大众网络，网络上有各种势力与团体。入侵就是有人通过互联网进入你的网络（或其他渠道），篡改数据，或实施破坏行为，造成网络业务的瘫痪，这种攻击是主动的、有目的、甚至是有组织的行为。

第三，网络病毒。与非安全网络的业务互联，难免在通讯中带来病毒，一旦在你的网络中发作，业务将受到巨大冲击，病毒的传播与发作一般有不确定的随机特性。这是"无对手""无意识"的攻击行为。

第四，木马入侵。木马的发展是一种新型的攻击行为，他在传播时像病毒一样自由扩散，没有主动的迹象，但进入你的网络后，便主动与他的"主子"联络，从而让主子来控制你的机器，既可以盗用你的网络信息，也可以利用你的系统资源为他工作，比较典型的就是"僵尸网络"。

来自网络外部的安全问题，重点是防护与监控。来自网络内部的安全，人员是可控的，可以通过认证、授权、审计的方式追踪用户的行为轨迹，也就是我们说的行为审计与合轨性审计。

（2）银行业的解决方案

围绕标准控制与管理中心的建设，以及数据与内容安全、计算环境安全、边界安全、信息基础设施安全、数字证书、灾备、业务行为监管以及服务等方面进行安全建设。

第一，建立功能强大的网络管理与标准化监管中心，这个中心要对数据管理、系统管理、网络管理、安全管理、密钥管理、内部人员行为监控、代理（agent）管理、网络远程服务监控和标准化执行实施统一监管；第二，专网与公网的隔离安全建设；第三，银行外包服务安全建设（关于服务外包问题，在检察机关很常见，我具体谈两点：一是业务；二是安全）；第四，安全检测、监控、审计、追踪和定位系统建设；第五，制定安全应急标准与安全应急培训；第六，同时银行信息系统安全性总的原则是：制度防内，技术防外。

所谓"制度防内"，是要建立严密的计算机管理规章制度、运行规程，形成内部各层人员、各职能部门、各应用系统的相互制约关系，杜绝内部作案的可能性,并建立良好的故障处理反应机制,保障银行信息系统的安全正常运行。"技术防外"主要是指从技术手段上加强安全措施,防止外部黑客的入侵。我们在不影响银行正常业务与应用的基础上建立银行的安全防护体系,从而满足银行网络系统环境要求。经过对银行系统的安全风险和安全需求分析,我们提出通过部署防火墙子系统、VPN子系统、入侵检测子系统、服务器核心防护子系统、防病毒子系统、日志审计子系统、内网监控子系统、安全管理等子系统,并通过统一的平台进行集中管理。

3. 大数据在金融行业的应用

金融业出于对利益的考虑,对大数据充分开发利用,这些应用虽然不适合我们检察业务,但数据的整合利用思维是一致的,不妨找几个例子学习一下。

客户画像应用:客户画像应用主要分为个人客户画像和企业客户画像。个人客户画像包括人口统计学特征、消费能力数据、兴趣数据、风险偏好等;企业客户画像包括企业的生产、流通、运营、财务、销售和客户数据、相关产业链上下游等数据。

值得注意的是,银行拥有的客户信息并不全面,基于银行自身拥有的数据有时候难以得出理想的结果甚至可能得出错误的结论。比如,如果某位信用卡客户月均刷卡8次,平均每次刷卡金额800元,平均每年打4次客服电话,从未有过投诉,按照传统的数据分析,该客户是一位满意度较高流失风险较低的客户。但如果看到该客户的微博,得到的真实情况是:工资卡和信用卡不在同一家银行,还款不方便,好几次打客服电话没接通,客户多次在微博上抱怨,该客户流失风险较高。所以银行不仅仅要考虑银行自身业务所采集到的数据,更应考虑整合外部更多的数据,以扩展对客户的了解。这是我们检察机关在做数据整合融合时值得学习和借鉴的地方,必须要有数据集合的概念。

这些数据集合的概念包括:

(1)客户在社交媒体上的行为数据(如光大银行建立了社交网络信息数据库)。通过打通银行内部数据和外部社会化的数据可以获得更为完整的客户拼图,从而进行更为精准的营销和管理。

（2）客户在电商网站的交易数据，如建设银行则将自己的电子商务平台和信贷业务结合起来，阿里金融为阿里巴巴用户提供无抵押贷款，用户只需要凭借过去的信用即可。

（3）企业客户的产业链上下游数据。如果银行掌握了企业所在的产业链上下游的数据，可以更好地掌握企业的外部环境发展情况，从而可以预测企业未来的状况。

（4）其他有利于扩展银行对客户兴趣爱好的数据，如网络广告界目前正在兴起的 DMP 数据平台的互联网用户行为数据。

精准营销应用：在客户画像的基础上银行可以有效地开展精准营销，包括：

（1）实时营销。实时营销是根据客户的实时状态来进行营销，比如客户当时的所在地、客户最近一次消费等信息来有针对地进行营销（某客户采用信用卡采购孕妇用品，可以通过建模推测怀孕的概率并推荐孕妇类喜欢的业务）；或者将改变生活状态的事件（换工作、改变婚姻状况、置居等）视为营销机会。

（2）个性化推荐。银行可以根据客户的喜欢进行服务或者银行产品的个性化推荐，如根据客户的年龄、资产规模、理财偏好等，对客户群进行精准定位，分析出其潜在金融服务需求，进而有针对性的营销推广。

实时欺诈交易识别和反洗钱分析：银行可以利用持卡人基本信息、卡基本信息、交易历史、客户历史行为模式、正在发生行为模式（如转账）等，结合智能规则引擎（如从一个不经常出现的国家为一个特有用户转账或从一个不熟悉的位置进行在线交易）进行实时的交易反欺诈分析。如 IBM 金融犯罪管理解决方案帮助银行利用大数据有效地预防与管理金融犯罪，摩根大通银行则利用大数据技术追踪盗取客户账号或侵入自动柜员机(ATM)系统的罪犯。

通过上面的简单介绍，我可以基本了解银行在网络设计、大数据技术路线方向、大数据应用上的基本情况，可以说，银行业的大数据平台建设及大数据应用思维都很成熟和稳定。

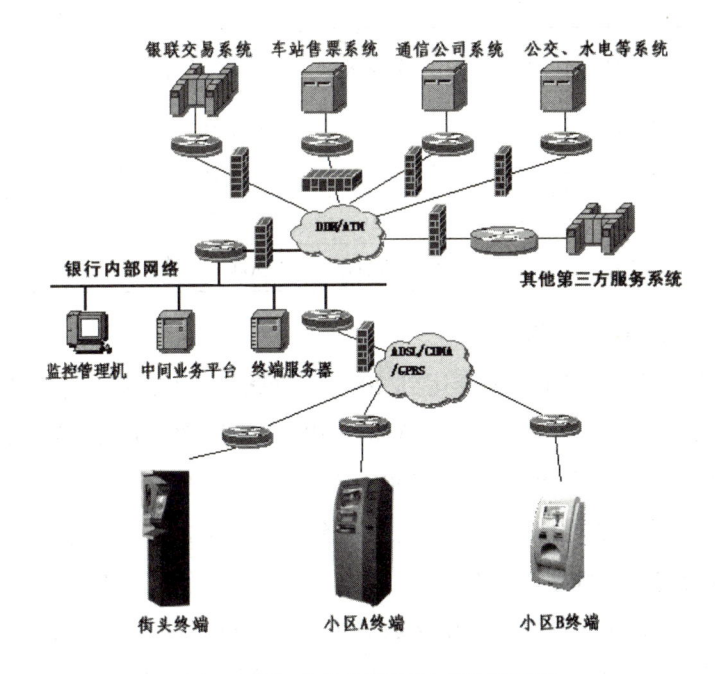

图 4 银行业的大数据平台建设网络

银行业的有益启示：（1）边界安全措施；（2）安全性、稳定性；（3）数据一致性；（4）集中式与分布式并存；（5）数据共享和数据交换上。

我再与大家分享另一个我们常关注的大数据行业——"12306"网站，因为在数据备份、异地容灾及应对未来高并发等方面与我们也有相似之处，并且"12306"网站在云计算和服务上方面的做法也值得我们借鉴。

曾被认为是"全球最忙碌的网站"，在应对高并发访问处理方面，曾备受网民质疑（2012年刚上线一到高峰时期就瘫痪）。

（三）"12306"网站大数据运用

1."12306"网站的数据特征

PV 值的增加与放票的次数和可出售的票量有关系，例如，2015 年 PV 值是 2014 年的 2.3 倍，原因是放票次数多了 5 次"秒杀"，另外增加 12% 的售票量。由此可见，互联网流量 PV 值的增加速度远远高于售票量增加的速度。

年份	PV 值	放票次数	放票次数	尖峰日售票（张）	同时在线人数限制	订单处理（张/秒）
2012	10 亿	4 次	1.5G	110 万	1 万	200
2013	15 亿	10 次	3G	265 万	20 万	450
2014	144 亿	16 次	5G	501 万		1000
2015	297 亿	21 次	12G	564 万		1032

2."12306"成长之路

短短的 3 年，从 2012 年春运到 2015 年春运，"12306"网站从 10 亿的 PV（page views）值增加到 297 亿 PV 值，PV 值增长 30 倍；网络带宽从 1.5G 调整到 12G，带宽成长 8 倍；而 12306 的售票量从 110 万增加到 564 万，成长 5 倍。出票处理能力从每秒 200 张提升到每秒 1032 张，也是 5 倍的成长。

PV 值的增加与放票的次数和可出售的票量有关系，例如，2015 年 PV 值是 2014 年的 2.3 倍，原因是放票次数多了 5 次"秒杀"，另外增加 12% 的售票量。由此可见，互联网流量 PV 值的增加速度远远高于售票量增加的速度。

3."12306"网站特征对系统架构的要求

高流量除了代表网络容易造成阻塞以外，系统服务器也会面临更高的 CPU 负载，在此情况下又该如何应对呢？是选择基于原来系统框架上购买更昂贵的硬件做"scale up"升级？还是选择购买低成本的 x86 服务器，进行"可扩展云平台架构"scale out 的改造设计？

"12306"互联网购票系统的改造给了我们一个很好的案例参考，也让检察机关进一步了解具体是如何实现的，具有非常重要的意义。

具体做法是：一是利用外部云计算资源分担系统查询业务，可根据高峰期业务量的增长按需及时扩充；二是通过双中心运行的架构，系统内部处理容量扩充一倍，可靠性得到有效保证；三是对系统的互联网接入带宽进行扩容，并可根据流量情况快速调整，保证高峰时段旅客顺畅访问网站；四是防范恶意抢票，通过技术手段屏蔽抢票软件产生的恶意流量，保证网站健康运行，维护互联网售票秩序；五是制定了多套应急预案，以应对突发情况。

详解做法："12306"两地三中心混合云架构。（1）两个生产中心和租了个"云"。两个生产中心应该是指铁路总公司数据中心和铁科院数据中心，

"云"是指阿里云。（2）75%的查询业务都放在租来的"云"上。意谓着"12306"只将75%流量的查询业务交给阿里云托管，阿里云只提供租赁查询服务，不涉及任何系统功能的改造。（3）"两地三中心"高可用性和容灾设计。以专业的IT来看，"12306"提供全国的网上售票服务，在系统设计上一定有高可用性和容灾的设计，所以，两个生产中心一定运行整套业务流程服务，彼此作为异地容灾备份的准备，而阿里云只提供部分业务查询的服务。（4）业务连续性，应用不中断，操作可持续的设计。在2012年12月24日下午，由于空调设备故障，"12306"中断服务数小时。这可以看出"12306"是单数据中心的设计，没有考虑容灾的设计。为了吸取以前的经验，考虑业务连续性，应用不中断，操作可持续的设计，这意味着双生产中心是需要并行作业提供服务；万一有一个生产中心系统出故障，可以在瞬间将流量导至运行良好的数据中心，保持服务的连续性。（5）数据源的传输和数据库的复制。过去数据源的传输和数据库的复制机制已经证明此技术是稳定和成熟的，所以会沿用以前的设计。（6）阿里云的余票查询业务托管。将需要耗费巨大资源的余票查询业务放在阿里云提供服务：Web服务器集群、应用服务器缓存集群、余票查询/计算集群。

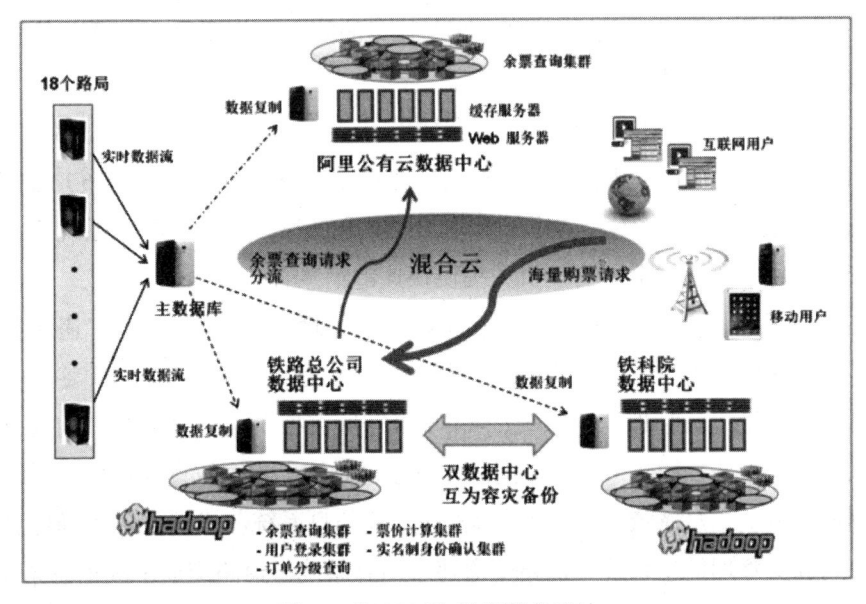

图5 "12306"数据服务系统

4. 大数据在"12306"网站行业的应用

（1）人员迁徙宏观、微观分析（经济结构、人口、城市等宏观预测调控等）；（2）家庭、人员等轨迹分析（网络实名制后家庭经济结构）；（3）经济发布规律，经济总量与人口数量，地区经济发展不平衡及调控分析；（4）历年高低峰客运流分析，安排增减临客及人员。

"12306"网站有益启示：（1）集中式与分布式并存，保持重要数据强一致性；（2）数据备份、异地容灾；（3）云计算和云服务；（4）查询业务托管；（5）技术手段屏蔽恶意流量（验证码）。

（四）关于公安机关的大数据问题

自20世纪90年代末公安部实施"金盾工程"建设重大决策以来，我国公安信息化建设和应用水平得到了飞速提升，在公安信息化基础设施建设、信息应用系统建设、信息标准规范建设和信息运行管理建设等方面得到了全面的发展，公安信息化建设对现行的侦查理念、侦查模式、侦查手段、侦查指挥、队伍建设等方面带来了一场深刻的变革。

1. 公安信息化建设背景。1998年，公安部为适应我国在现代经济和社会条件下实现动态管理和打击犯罪的需要，实现"科技强警"，增强公安系统统一指挥、快速反应、协调作战、打击犯罪的能力，提高公安工作效率和侦查破案水平，提出建设"金盾工程"。

2. 建设内容。（1）网络基础设施建设；（2）应用系统建设；（3）安全保障体系建设；（4）建章立制与规范管理；（5）标准化建设；（6）公安部信息中心组建（信息中心应用支撑平台、请求服务、搜索引擎等系统建设，公安部信息中心将为全国公安机关提供快速的信息查询服务）。

3. 应用系统。（1）常住人口和流动人口管理信息系统；（2）违法犯罪人员信息系统、涉案物品管理系统、指纹自动识别系统；（3）证件签发管理信息、出入境人员管理信息系统；（4）看守所在押人员信息系统、拘役所服刑人员信息系统、行政（治安）拘留人员信息系统、收容教育人员信息系统、强制戒毒人员信息系统；（5）进口机动车辆信息系统、机动车辆管理信息系统、驾驶员管理信息系统、道路交通违章信息系统、道路交通事故信息系统；

（6）禁毒信息系统；（7）在逃人员信息系统、失踪及不明身份人员（尸体）信息系统、通缉通报信息系统、被盗抢、丢失机动车（船）信息系统等。

4. 金盾二期。二期"三大应用平台"：（1）情报信息综合应用平台；（2）警用地理信息基础应用平台；（3）部门间信息共享与服务平台。

5. 服务方式。信息开放程度可分为四种开放级别：（1）面向社会；（2）面向公安系统；（3）面向本业务系统；（4）面向特定对象。

6. 用户访问方法主要有：（1）计算机联网实时访问；（2）计算机联网非实时查询；（3）无线移动终端查询；（4）人工查询。

7. 值得我们学习的有：（1）各业务部门信息化均衡发展，各有优势互补（技术侦查、刑警侦查、网监、国保、交警）；（2）数据开放度；（3）跨区域数据共享（公安部与省，省与市，公安部与市，市与派出所等之间实现公安内外数据交换与服务接口标准化管理，实现跨警种、跨部门业务协同，面向社会、面向公安系统、面向本业务系统、面向特定对象）。

8. 有益启示：（1）转变观念，主动迎接信息时代；（2）明确目标，让网络为我所用；（3）重视人才培养，让科技产生效益；（4）信息均衡发展，各有优势互补；（5）数据开放度高，带来更多的应用开发；（6）跨区域数据共享。

四、大数据平台涉及的相关技术问题

（一）云计算与 Hadoop

1. 云计算

云计算是分布式计算、并行计算、效用计算、网络存储、虚拟化、负载均衡等传统计算机和网络技术发展融合的产物。云计算将网络上分布的计算、存储、服务构件、网络软件等资源集中起来，基于资源虚拟化的方式，为用户提供方便快捷的服务，它可以实现计算与存储的分布式与并行处理。如果把"云"视为一个虚拟化的存储与计算资源池，云计算则是这个资源池基于网络平台为用户提供的数据存储和网络计算服务。互联网是最大的一片"云"，其上的各种计算机资源共同组成了若干个庞大的数据中心及计算中心。

云计算具有以下几个主要特征：

（1）计算资源集成提高设备计算能力。云计算把大量计算资源集中到一个公共资源池中，通过多主租用的方式共享计算资源。虽然单个用户在云计算平台获得服务的水平受到网络带宽等各因素影响，未必能获得优于本地主机所提供的服务，但从整个社会资源的角度而言，整体的资源调控降低了部分地区的峰值荷载，提高了部分闲置的主机的运行率，从而提高了资源利用率。

（2）分布式数据中心保证系统容灾能力。分布式数据中心可将云端的用户信息备份到地理上相互隔离的数据库主机中，甚至用户自己也无法判断信息的确切备份地点。该特点不仅提供了数据恢复的依据，也使得网络病毒和网络黑客的攻击因失去目的性而变成徒劳，大大提高了系统的安全性和容灾能力。

（3）软硬件相互隔离减少设备依赖性。虚拟化层将云平台上方的应用软件和下方的基础设备隔离开来，技术设备的维护者无法看到设备中运行的具体应用；同时对软件层的用户而言，基础设备层是透明的，用户只能看到虚拟化层中虚拟出来的各类设备。这种架构减少了设备依赖性，也为动态的资源配置提供了可能。

（4）平台模块化设计体现高可扩展性。目前主流的云计算平台均根据SPI架构在各层集成功能各异的软硬件设备和中间件软件。大量中间件软件和设备提供针对该平台的通用接口，允许用户添加本层的扩展设备。部分云与云之间提供对应接口，允许用户在不同云之间进行数据迁移。类似功能在更大程度上满足了用户需求，集成了计算资源，是未来云计算的发展方向之一。

（5）虚拟资源池为用户提供弹性服务。云平台管理软件将整合的计算资源根据应用访问的具体情况进行动态调整，包括增大或减少资源的要求。因此，云计算对于在非恒定需求下的应用（如对需求波动很大、阶段性需求等）具有非常好的应用效果。在云计算环境中，既可以对规律性需求通过事先预测事先分配，也可根据事先设定的规则进行实时动态调整。弹性的云服务可帮助用户在任意时间得到满足需求的计算资源。

（6）按需付费降低使用成本。作为云计算的代表，按需提供服务，按需付费是目前各类云计算服务中不可或缺的一部分。对用户而言，云计算不仅省去了基础设备的购置运维费用，而且能根据企业成长的需要不断扩展订购的服务，不断更换更加适合的服务，从而提高了资金的利用率。云服务正在取得爆炸式的增长，以"-aaS"为后缀的云服务正在以令人目眩的速度增长，这种服务被行业组织 The Open Group 称为"XaaS"，是对所有与云相关的服务的概括。XaaS 最常见的例子有 3 类："软件即服务（Software as a Service, SaaS）""平台即服务（Platformas a Service, PaaS）"和"基础设施即服务（Infrastructure as a Service, IaaS）"。

2. Hadoop 开发和运行处理大规模数据软件平台

大数据技术，个人认为可以分成两个大的层面：（1）大数据平台技术；（2）大数据应用技术。大数据平台技术包括：数据的采集、存储、流转、加工所需要的底层技术，如 Hadoop 数据生态圈体系。

Hadoop 的框架最核心的设计就是：HDFS 和 MapReduce。HDFS 为海量的数据提供了存储，则 MapReduce 为海量的数据提供了计算。Hadoop 作为一个基础框架，上面也可以承载很多其他东西，比如 Hive，不想用程序语言开发 MapReduce 的人，熟悉 SQL 的人可以使用 Hive 开离线的进行数据处理与分析工作。比如 HBase，作为面向列的数据库运行在 HDFS 之上，HDFS 缺乏随即读写操作，HBase 正是为此而出现，HBase 是一个分布式的、面向列的开源数据库。

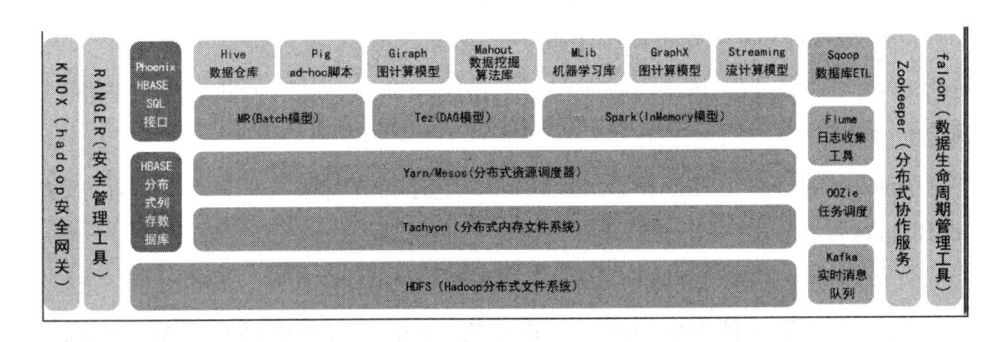

图 6　Ambari（安装部署配置管理工具）

（1）HDFS（Hadoop 分布式文件系统）

HDFS 是 Hadoop 体系中数据存储管理的基础。它是一个高度容错的系统，能检测和应对硬件故障，用于在低成本的通用硬件上运行。HDFS 简化了文件的一致性模型，通过流式数据访问，提供高吞吐量应用程序数据访问功能，适合带有大型数据集的应用程序。

它提供了一次写入多次读取的机制，数据以块的形式，同时分布在集群不同物理机器上。

（2）Mapreduce（分布式计算框架）

MapReduce 是一种分布式计算模型，用以进行大数据量的计算。它屏蔽了分布式计算框架细节，将计算抽象成 map 和 reduce 两部分，其中 Map 对数据集上的独立元素进行指定的操作，生成键 – 值对形式中间结果。Reduce 则对中间结果中相同"键"的所有"值"进行规约，以得到最终结果。

MapReduce 非常适合在大量计算机组成的分布式并行环境里进行数据处理。

（3）HBASE（分布式列存数据库）

HBase 是一个建立在 HDFS 之上，面向列的针对结构化数据的可伸缩、高可靠、高性能、分布式和面向列的动态模式数据库。

HBase 采用了 BigTable 的数据模型：增强的稀疏排序映射表（Key/Value），其中，键由行关键字、列关键字和时间戳构成。HBase 提供了对大规模数据的随机、实时读写访问，同时，HBase 中保存的数据可以使用 MapReduce 来处理，它将数据存储和并行计算完美地结合在一起。

（4）Zookeeper（分布式协作服务）

解决分布式环境下的数据管理问题：统一命名、状态同步、集群管理、配置同步等。

Hadoop 的许多组件依赖于 Zookeeper，它运行在计算机集群上面，用于管理 Hadoop 操作。

（5）HIVE（数据仓库）

Hive 定义了一种类似 SQL 的查询语言 (HQL)，将 SQL 转化为 MapReduce 任务在 Hadoop 上执行。通常用于离线分析。

HQL 用于运行存储在 Hadoop 上的查询语句，Hive 让不熟悉 MapReduce 开发人员也能编写数据查询语句，然后这些语句被翻译为 Hadoop 上面的 MapReduce 任务。

（6）Pig(ad-hoc 脚本）

Pig 定义了一种数据流语言——Pig Latin，它是 MapReduce 编程的复杂性的抽象，Pig 平台包括运行环境和用于分析 Hadoop 数据集的脚本语言 (Pig Latin)。

其编译器将 Pig Latin 翻译成 MapReduce 程序序列将脚本转换为 MapReduce 任务在 Hadoop 上执行。通常用于进行离线分析。

（7）Sqoop(数据 ETL/ 同步工具）

Sqoop 是 SQL-to-Hadoop 的缩写，主要用于传统数据库和 Hadoop 之前传输数据。数据的导入和导出本质上是 Mapreduce 程序，充分利用了 MR 的并行化和容错性。

Sqoop 利用数据库技术描述数据架构，用于在关系数据库、数据仓库和 Hadoop 之间转移数据。

（8）Flume（日志收集工具）

Flume 是一个可扩展、适合复杂环境的海量日志收集系统，当然也可以用于收集其他类型数据。它将数据从产生、传输、处理并最终写入目标的路径的过程抽象为数据流，在具体的数据流中，数据源支持在 Flume 中定制数据发送方，从而支持收集各种不同协议数据。同时，Flume 数据流提供对日志数据进行简单处理的能力，如过滤、格式转换等。此外，Flume 还具有能够将日志写往各种数据目标（可定制）的能力。

（9）Mahout（数据挖掘算法库）

Mahout 的主要目标是创建一些可扩展的机器学习领域经典算法的实现，旨在帮助开发人员更加方便快捷地创建智能应用程序。

Mahout 现在已经包含了聚类、分类、推荐引擎（协同过滤）和频繁集挖掘等广泛使用的数据挖掘方法。

除了算法，Mahout 还包含数据的输入 / 输出工具、与其他存储系统（如数据库、MongoDB 或 Cassandra）集成等数据挖掘支持架构。

（10）Oozie（工作流调度器）

Oozie 是一个可扩展的工作体系，集成于 Hadoop 的堆栈，用于协调多个 MapReduce 作业的执行。它能够管理一个复杂的系统，基于外部事件来执行，外部事件包括数据的定时和数据的出现。

Oozie 工作流是放置在控制依赖 DAG（有向无环图 Direct Acyclic Graph）中的一组动作（例如，Hadoop 的 Map/Reduce 作业、Pig 作业等），其中指定了动作执行的顺序。

（11）Yarn（分布式资源管理器）

Yarn 是下一代 MapReduce，即 MRv2，是在第一代 MapReduce 基础上演变而来的，主要是为了解决原始 Hadoop 扩展性较差，不支持多计算框架而提出的。

Yarn 是下一代 Hadoop 计算平台，Yarn 是一个通用的运行时框架，用户可以编写自己的计算框架，在该运行环境中运行。

（12）Mesos（分布式资源管理器）

Mesos 诞生于 UC Berkeley 的一个研究项目，现已成为 Apache 项目，当前有一些公司使用 Mesos 管理集群资源，比如 Twitter。与 Yarn 类似，Mesos 是一个资源统一管理和调度的平台，同样支持比如 MR、steaming 等多种运算框架。

（13）Tachyon（分布式内存文件系统）

Tachyon 是以内存为中心的分布式文件系统，拥有高性能和容错能力，能够为集群框架（如 Spark、MapReduce）提供可靠的内存级速度的文件共享服务。

（14）Tez(DAG 计算模型）

Tez 是 Apache 最新开源的支持 DAG 作业的计算框架，它直接源于 MapReduce 框架，核心思想是将 Map 和 Reduce 两个操作进一步拆分，即 Map 被拆分成 Input、Processor、Sort、Merge 和 Output，Reduce 被拆分成 Input、Shuffle、Sort、Merge、Processor 和 Output 等，这样，这些分解后的元操作可以任意灵活组合，产生新的操作，这些操作经过一些控制程序组装后，可形成一个大的 DAG 作业。

目前 Hive 支持 mr、tez 计算模型，tez 能完善二进制 mr 程序，提升运算性能。

（15）Spark(内存 DAG 计算模型)

Spark 是一个 Apache 项目，它被标榜为"快如闪电的集群计算"，它拥有一个繁荣的开源社区，并且是目前最活跃的 Apache 项目。

最早 Spark 是 UC Berkeley AMP lab 所开源的类 Hadoop MapReduce 的通用的并行计算框架。Spark 提供了一个更快、更通用的数据处理平台。和 Hadoop 相比，Spark 可以让你的程序在内存中运行时速度提升 100 倍，或者在磁盘上运行时速度提升 10 倍。

（16）Giraph(图计算模型)

Apache Giraph 是一个可伸缩的分布式迭代图处理系统，基于 Hadoop 平台，灵感来自 BSP (bulk synchronous parallel) 和 Google 的 Pregel。

最早出自雅虎。雅虎在开发 Giraph 时采用了 Google 工程师 2010 年发表的论文《Pregel：大规模图表处理系统》中的原理。后来，雅虎将 Giraph 捐赠给 Apache 软件基金会。目前所有人都可以下载 Giraph，它已经成为 Apache 软件基金会的开源项目，并得到 Facebook 的支持，获得多方面的改进。

（17）GraphX(图计算模型)

Spark GraphX 最先是伯克利 AMPLAB 的一个分布式图计算框架项目，目前整合在 Spark 运行框架中，为其提供 BSP 大规模并行图计算能力。

（18）MLib（机器学习库）

Spark MLlib 是一个机器学习库，它提供了各种各样的算法，这些算法用来在集群上针对分类、回归、聚类、协同过滤等。

（19）Streaming（流计算模型）

Spark Streaming 支持对流数据的实时处理，以微批的方式对实时数据进行计算。

（20）Kafka（分布式消息队列）

Kafka 是 Linkedin 于 2010 年 12 月开源的消息系统，它主要用于处理活跃的流式数据。

活跃的流式数据在 web 网站应用中非常常见，这些数据包括网站的 pv、用户访问了什么内容，搜索了什么内容等。

这些数据通常以日志的形式记录下来，然后每隔一段时间进行一次统计处理。

（21）Phoenix（hbase sql 接口）

Apache Phoenix 是 HBase 的 SQL 驱动，Phoenix 使得 Hbase 支持通过 JDBC 的方式进行访问，并将你的 SQL 查询转换成 Hbase 的扫描和相应的动作。

（22）ranger（安全管理工具）

Apache ranger 是一个 Hadoop 集群权限框架，提供操作、监控、管理复杂的数据权限，它提供一个集中的管理机制，管理基于 Yarn 的 Hadoop 生态圈的所有数据权限。

（23）knox（hadoop 安全网关）

Apache knox 是一个访问 Hadoop 集群的 restapi 网关，它为所有 rest 访问提供了一个简单的访问接口点，能完成 3A 认证（Authentication、Authorization、Auditing）和 SSO（单点登录）等。

（二）大数据、Hadoop 及云计算之间的关系

为了从大数据和云计算的角度去了解 Hadoop，下面将阐述这三个概念之间的关系。

可以这样说，正是由于大数据对系统提出了很多极限的要求，不论是存储、传输还是计算，现有计算技术难以满足大数据的需求，因此整个 IT 架构的革命性重构势在必行，存储能力的增长远远赶不大数据的增长，设计最合理的分层存储架构已成为信息系统的关键。

云计算的关键技术包括分布式并行计算、分布式存储以及分布式数据管理技术，而 Hadoop 就是一个实现了 Google 云计算系统的开源平台，包括并行计算模型 MapReduce、分布式文件系统 HDFS，以及分布式数据库 Hbase，同时 Hadoop 的相关项目也很丰富，包括 ZooKeeper、Pig、Chukwa、Hive、Elbase、Mahout 等，这些项目都使得 Hadoop 成为一个很大很完备的生态链系统。

目前使用 Hadoop 技术实现的云计算平台包括 IBM 的蓝云，雅虎、英特尔的"云计划"，百度的云计算基础架构，阿里巴巴云计算平台，以及中国移动的 BigCloud 大云平台。

用一句话概括就是云计算因大数据问题而生，大数据驱动了云计算的发展，而 Hadoop 在大数据和云计算之间建起了一座坚实可靠的桥梁。

1. Echart

（1）ECharts，一个纯 Javascript 的图表库，可以流畅的运行在 PC 和移动设备上，兼容当前绝大部分浏览器（IE8/9/10/11、Chrome、Firefox、Safari 等），底层依赖轻量级的 Canvas 类库 ZRender，提供直观、生动、可交互、可高度个性化定制的数据可视化图表。

ECharts 3 中更是加入了更多丰富的交互功能以及更多的可视化效果，并且对移动端做了深度的优化。

（2）丰富的图表类型。ECharts 提供了常规的折线图、柱状图、散点图、饼图、K 线图，用于统计的盒形图，用于地理数据可视化的地图、热力图、线图，用于关系数据可视化的关系图、treemap、多维数据可视化的平行坐标，还有用于 BI 的漏斗图、仪表盘，并且支持图与图之间的混搭。

（3）多个坐标系的支持。ECharts 3 开始独立出了"坐标系"的概念，支持了直角坐标系（catesian，同 grid）、极坐标系（polar）、地理坐标系（geo）。图表可以跨坐标系存在，例如折、柱、散点等图可以放在直角坐标系上，也可以放在极坐标系上，甚至可以放在地理坐标系中。

下面是一个折线图在极坐标系上的例子：

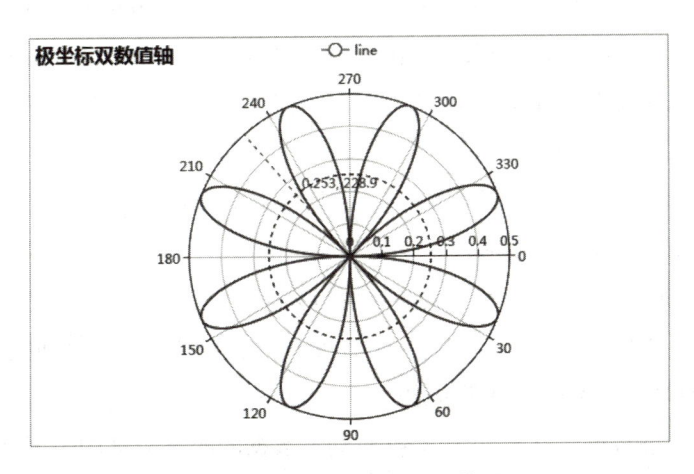

图 7　折线图在极坐标系上的图示

下面是一个散点图在地理坐标系上的例子：

图 8　散点图在地理坐标系上的图示

（4）移动端的优化。流量珍贵的移动端需要图表库的体积尽量小。ECharts 和 ZRender 代码的重构，带来了核心部分体积的减小。ECharts 组件众多，并且后面会持续增加，我们提供了更细粒度的按需打包能力。最小体积缩小为 ECharts 2 的 40%。

（5）深度的交互式数据探索。交互是从数据中发掘信息的重要手段。"总览为先，缩放过滤按需查看细节"是数据可视化交互的基本需求。ECharts 一直在交互的路上前进，我们提供了 legend visualMap dataZoom tooltip 等组件以及图表附带的漫游，选取等操作提供了数据筛取、视图缩放、展示细节等能力。

（6）大数据量的展现。借助 Canvas 的能力，ECharts 在散点图中能够轻松展现上万甚至十万的数据。

（7）多维数据的支持以及丰富的视觉编码手段。ECharts 3 开始加强了对多维数据的支持。除了加入了平行坐标等常见的多维数据可视化工具外，对于传统的散点图等，传入的数据也可以是多个维度的。配合视觉映射组件 visualMap 提供的丰富的视觉编码，能够将不同维度的数据映射到颜色、大小、透明度、明暗度等不同的视觉通道。

（8）动态数据。ECharts 由数据驱动，数据的改变驱动图表展现的改变。因此动态数据的实现也变得异常简单，只需要获取数据，填入数据，ECharts

会找到两组数据之间的差异然后通过合适的动画去表现数据的变化。配合 timeline 组件能够在更高的时间维度上去表现数据的信息。

（9）绚丽的特效。ECharts 针对线数据，点数据等地理数据的可视化提供了吸引眼球的特效。

2. 非结构化数据库

Mongodb 内存数据库。MongoDB 是由 C++ 语言编写的，是一个基于分布式文件存储的开源数据库系统。在高负载的情况下，添加更多的节点，可以保证服务器性能。MongoDB 旨在为 WEB 应用提供可扩展的高性能数据存储解决方案。

MongoDB 将数据存储为一个文档，数据结构由键值 (key=>value) 对组成。MongoDB 文档类似于 JSON 对象。字段值可以包含其他文档、数组及文档数组。在服务器内存足够大时，把所有的数据装载到内存中，便于快速访问；当内存不够大时，把不常使用的数据持久化到磁盘文件；最新版本已经提供了服务器集群的功能，并且引入了 Hadoop 大数据的 mapreduce 并行运算模式，这让海量数据全部存储于多台服务器的内存上提供很好的解决方案。

现在服务器内存的硬件价格已经十分低廉，配置 128G 内存的服务器已经很普遍，笔者建议一台服务器存储数据量不要超过 1 亿条记录，便于提高并行计算的效率。

类型	部分代表	特点
列存储	Hbase Cassandra Hypertable	顾名思义，是按列存储数据的。最大的特点是方便存储结构化和半结构化数据，方便做数据压缩，对针对某一列或者某几列的查询有非常大的IO优势。
文档存储	MongoDB CouchDB	文档存储一般用类似json的格式存储，存储的内容是文档型的。这样也就有有机会对某些字段建立索引，实现关系数据库的某些功能。
key-value存储	Tokyo Cabinet / Tyrant Berkeley DB MemcacheDB Redis	可以通过key快速查询到其value。一般来说，存储不管value的格式，照单全收（Redis包含了其他功能）。
图存储	Neo4J FlockDB InfoGrid	图形关系的最佳存储。使用传统关系数据库来解决的话性能低下，而且设计使用不方便。
对象存储	db4o Versant	通过类似面向对象语言的语法操作数据库，通过对象的方式存取数据。
xml数据库	Berkeley DB XML BaseX	高效的存储XML数据，并支持XML的内部查询语法，比如XQuery,Xpath。

图 9　存储类型及特点

主要特点：

（1）MongoDB 提供了一个面向文档存储，操作起来比较简单和容易。

（2）你可以在 MongoDB 记录中设置任何属性的索引（如：FirstName="Sameer"，Address="8 Gandhi Road"）来实现更快的排序。

（3）你可以通过本地或者网络创建数据镜像，这使得 MongoDB 有更强的扩展性。

（4）如果负载的增加（需要更多的存储空间和更强的处理能力），它可以分布在计算机网络中的其他节点上，这就是所谓的分片。

（5）Mongo 支持丰富的查询表达式。查询指令使用 JSON 形式的标记，可轻易查询文档中内嵌的对象及数组。

（6）MongoDb 使用 update() 命令可以实现替换完成的文档（数据）或者一些指定的数据字段。

（7）Mongodb 中的 Map/reduce 主要是用来对数据进行批量处理和聚合操作。

（8）Map 和 Reduce。Map 函数调用 emit(key，value) 遍历集合中所有的记录，将 key 与 value 传给 Reduce 函数进行处理。

（9）Map 函数和 Reduce 函数是使用 Javascript 编写的，并可以通过 db.run-Command 或 mapreduce 命令来执行 MapReduce 操作。

（10）GridFS 是 MongoDB 中的一个内置功能，可以用于存放大量小文件。

（11）MongoDB 允许在服务端执行脚本，可以用 Javascript 编写某个函数，直接在服务端执行，也可以把函数的定义存储在服务端，下次直接调用即可。

（12）MongoDB 支持各种编程语言：RUBY、PYTHON、JAVA、C++、PHP、C# 等多种语言。

（13）MongoDB 安装简单。

五、以检察数据为核心，布局检察机关大数据平台

（一）检察机关大数据建设面临的问题

一是囿于检察专网涉密网的定位，检察机关与外部门之间网络难以互联互通，信息共享遇到政策瓶颈，信息化工作无法向协同交互、大数据分析等高层次应用发展。

二是检察专网除了各级检察机关的门户外，统一业务应用系统平台数据、服务等功能全部实现了封装，留给各级检察机关可扩展性功能的余地没有，顶层设计限制了自主创新能力的发展，检察机关业务数据纵向应用的范围受限。

三是统一业务应用系统平台数据、刑事诉讼监督信息数据、民事行政检察监督信息数据、检察办公信息数据、检务保障信息数据、检察队伍管理信息数据、检务支持信息数据、外部交换共享信息等基础业务数据采集标准有待规范，数据采集范围有待扩展，缺少覆盖为各项检察工作开展提供丰富的信息资源。

四是检察业务数据标准规范体系未能建立，缺少内容完整、项目科学、协调统一的数据监管机制，数据的展现形式及内容大多为业务流程设计，数据的深度应用缺少细化、量化和模型化。

五是检察机关远程提讯、远程接访、远程出庭、远程听证、远程案件会商、同步录音录像等非结构化数据亟待整合，实现视频资源集中显示、视频服务集中提供、视频数据集中存储、视频设备集中管理、视频质量集中监测、数据集中应用。

六是外部数据交换中心、大数据支撑环境、工作网络及硬件基础设施基本完成，但互联网与工作网及检察内网与外部网络的边界安全、数据交换、云计算、云存储等问题仍然没有解决。

七是检察机关内部信息系统数据资源和业务相关外部数据资源在大数据检务辅助决策的运用能力上较弱，案件辅助研判系统、远程专家辅助办案应用、犯罪嫌疑人"数据画像"、两法衔接、未成年人犯罪预防、预测、管控、社区矫正运用、公益诉讼智能分析辅助系统、法律法规案例智能分析系统、公诉人出庭一体化辅助系统、阳光检务系统、检委会议事系统、案件场景还原等新技术、新应用、新模型等基于大数据的信息关联分析和可视化展现较少。

八是大数据时代来临，许多运用模型仍然建立在IT的思维模式上，而不是建立在DT的数学建模和机器学习上，万物皆是数，所有的应用都是数学或统计学、概率、均值、期望、大数定律、多项式回归、正态分布、方差、不确定度等数学建模是智慧检察的核心。

九是数据统管后，基于数据的应用开发重担全部落在省级检察院或最高人民检察院身上，一些市院苦于有能力、财力、人力及思维，而不能在数据开发应用上发挥很好的作用，扼杀了有条件的基层院的创新能力和积极性。

十是传统的信息项目建设中，往往会整体关注应用系统的建设，重点关注在应用APP的功能上，而忽视了平台建设的重要性及可伸缩性，造成应用系统使用周期短、功能受限等问题突出，许多应用上线时间不长就面临落后和淘汰。

（二）检察大数据平台建设思想

一是以开放、共享、服务为目标建设检察机关开放大数据平台。

二是数据标准、接口标准、资源分配标准、用户管理标准、安全标准、服务标准、第三方开发标准化设计建设。

三是建设API开放平台与服务集成，为第三方提供更多的服务选择。通过API开放平台向实现服务的封装、第三方认证等，建设一个高效的检察系统开发环境。

四是梳理统一业务应用系统信息数据及其他检察类数据种类与标准规范，建立检察数据资源目录。

五是完善综合资源库，优化数据模型，优化数据抽取、清洗和加载的监控管理与任务管理，优化存储与备份管理，实现数据质量和业务应用监测。

六是建立Hadoop大数据并行处理框架体系，提升海量数据检索速度和海量数据分析性能。

七是建立外部数据信息共享、交换服务平台，实现检察机关内、外数据交换与服务接口标准化管理。

八是互联网、工作网、检察内网之间的网络安全边界建设，实现互联网数据在内部的安全流转。

九是制定实现各类业务数据共享标准和共享技术方案，开放意味着标准和规范，包括数据标准、接口标准、资源分配标准、用户管理标准、安全标准、服务标准、第三方开发标准等，改变过去一直由上级机关提供在线一体化的服务给到下级检察机关的传统做法，通过开放平台建立一个完善的行业应用生态链，吸引众多的第三方开发一起提供最好的用户应用，从能够在原来关注怎么种一棵树到现在关注怎么寻找整个生态，培养出一片非常茂盛的树林的新型平台架构模式。

十是具体业务应用，如下图所示。

图10 检察机关大数据应用平台

（三）建设以Hadoop为核心的大数据开放平台

开放平台（Open Platform） 在软件行业和网络中，开放平台是指软件系统通过公开其应用程序编程接口（API）或函数（function)来使外部的程序可以增加该软件系统的功能或使用该软件系统的资源，而不需要更改该软件系统的源代码。

1. 开放式平台允许开发者实现平台提供者没提供的功能；

2. 开放式平台允许开发者重构或替代平台提供者提供的不尽让人满意的功能；

3. 开放式平台允许它的用户完成更多的事情——并且是在平台上完成，而不是到其他网站上去。

OpenAPI 的开放服务主要可以分成三种：数据型、应用型、资源型。

1. 数据型 OpenAPI，就是将自身的数据开放，让应用开发者根据已有的数据进行二次开发。

2.应用型OpenAPI,应用型与数据型的结合比较紧密,应用型的数据输入可以是外部的数据,也可以是基于已有的数据资源进行处理。

3.资源型OpenAPI,资源型API提供的是数据的存储、检索、计算等功能,云计算的背后就需要提供一个资源型的服务。

通过开放服务的方式,开发者可以对众多的信息和应用进行再加工,使得之间的关联得以显现,原来的独立网站式的小作坊生产走向基于开放平台的大规模协作,无数身居幕后的开发者、服务提供者、内容提供者走到台前,直接参与到开放平台的运作中,带出新的开发者应用时代,为整个平台及业务应用的长足发展注入新动力。

(四)建立一套数据、业务、接口、开发、应用、审核、管理等标准化、规范化管理体系

1.数据标准。开放数据必须具备必要的技术和法律特性,制定数据的定义、格式及开发使用标准,保证数据的完整、一手、及时、可获取、可机读等数据规范,建立应用支撑技术、数据交换、信息资源、信息安全、运行维护等标准和规范。

2.平台接口标准。应用授权及签名验证规范,每个应用在使用平台开放接口时都必需先获得授权认证,获得授权的应用平台会分配appKey(应用键)及secret(应用秘钥),平台会根据appKey和secret对应用进行身份验证。为保障平台及数据的安全,调用API时需要对请求参数进行签名验证,API服务器也会对该请求参数进行验证是否是合法的。

3.API标准。Open API交互的数据格式,最大的特点也是最大的优点就是基于Http协议开发成为应用开发的统一标准。WebService采用xml作为数据传输承载,制定了解析标准(以及后来安全、转发等标准)为开发者异构系统的信息交互带来了可能,服务请求就是标准的Http的请求,对于文件类上传的服务采用HTTP Multipart的格式。编码方式基本都采用UTF-8的编码方式。在OpenAPI的数据返回格式方面,大部分的网站优先提供Xml、JSON的数据返回。

除以上标准外,还有开发标准、审核标准、应用标准、业务流程标准、

管理标准等。

（五）建设一个开放式的大数据平台应用生态圈

应用范围重点在智能辅助办案，结合侦查监督、公诉等检察职能，积极推进审查逮捕案件办案辅助系统、量刑建议系统、检察机关管理决策等方面的应用，具体应用可以由省院组织开发，提供基本功能及开放接口，以平台奠定融合基础，为下一步的拓展、布局做好准备，转变封闭发展的工作理念，打造多方协作、互利共赢的科技强检工作生态圈，实现开放、共享式发展。

1. 犯罪嫌疑人"数据画像"

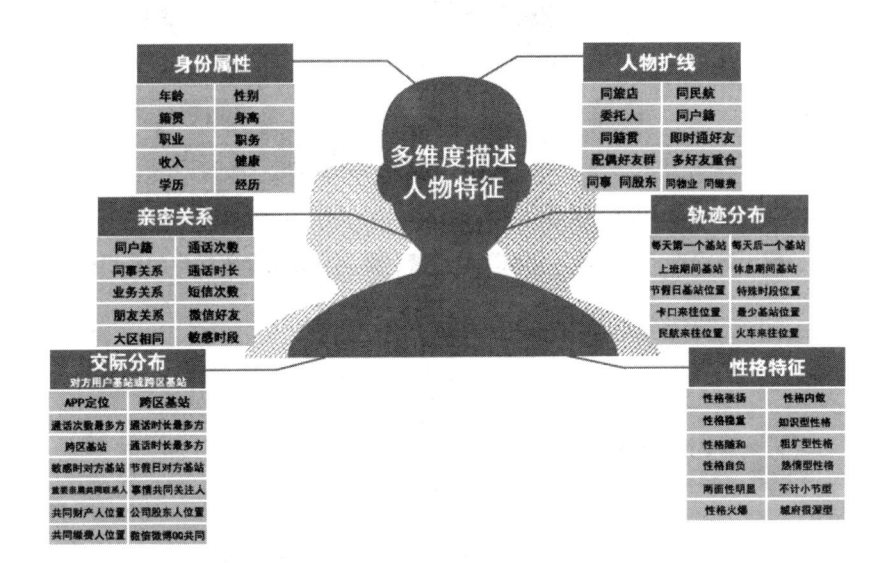

图 11　犯罪嫌疑人"数据画像"

2. 两法衔接智能分析系统

平台是在行政执法与刑事司法相衔接工作机制框架下，运用现代科技手段，实现执法资源共享的网络平台，为各行政执法机关与司法机关之间架起了一座信息沟通和工作交流的桥梁。

可以实现案件的网上移送、网上办公、执法动态的交流和业务研讨、案件信息的流程跟踪和监控，从而增强行政执法与刑事司法整体工作的合力。

3. 未成年人犯罪预防、预测、管控、社区矫正运用

检察大数据在"未成年人犯罪"的预警、预测、分析和管控中的应用构建分析

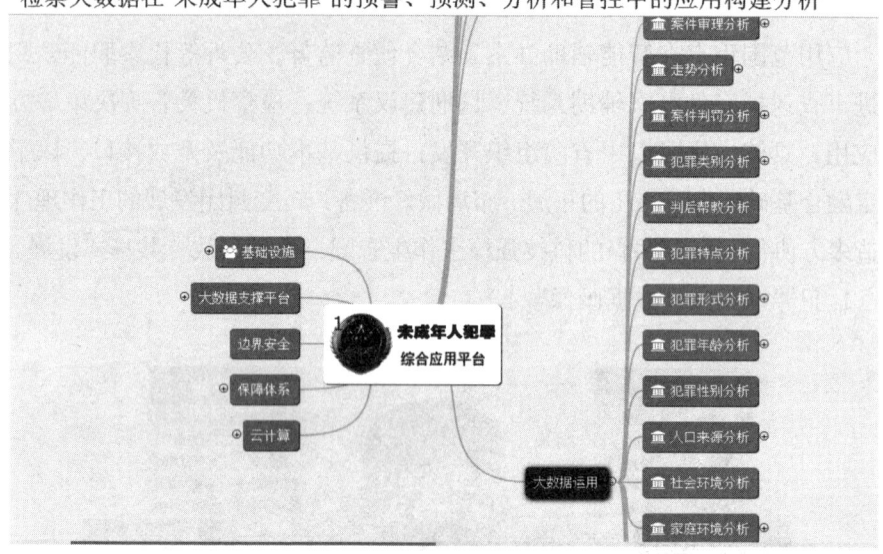

图12　检察大数据在"未成年人犯罪"的预警、预测、分析和管控中的应用构建分析

4. 公益诉讼智能分析辅助系统

"民事行政监督"大数据运用平台构建分析

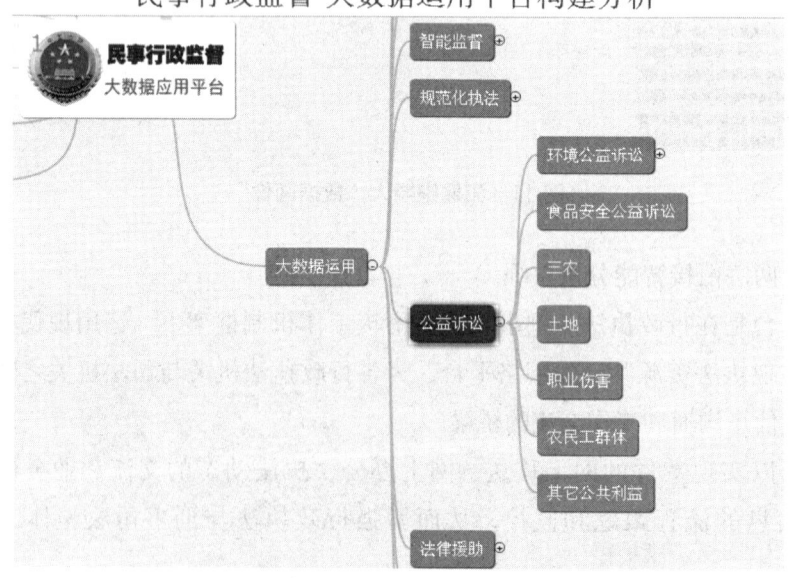

图13　"民事行政监督"大数据运用平台构建分析

5. 法律法规案例智能分析系统

当前基于关键字的法律检索已远不能满足法律信息爆炸时期对法律知识管理要求，法律本体论已被广泛应用于文献查询、数据和文件挖掘、计算机辅助拟定法律，法律汇编、建立裁量模型、多主体模拟以及环境资源管理的决策系统等。

6. 法律专家系统

所谓法律专家系统就是一种智能的计算机程序系统。该系统存储有法律领域经事先总结，并按一定格式表示的法律专家知识（构成法律知识库），以及拥有类似于法律专家解决实际问题的推理机制（组成推理系统）。系统能对输入的案件事实等法律信息进行处理，并运用已有的法律知识进行推理，做出决策和判断，其解决问题的水平达到了或接近于专家的水平，因此，能起到专家的作用或成为专家的助手。

将法律事务的解决编排为一个流程、一个逻辑、一个体系。从权利的基础、风险的防范、合同的编写、文书的写作、流程的进行、法官的判决、专家的论著及观点等因素构建了法律专家服务和运行体系，试图描述和分析判决的所有必要的成分，通过概括审判的成分来促进审判支持系统的研制者做出选择，能为法官、律师、法律人士，和法律需求者提供一套流程、完善咨询和全面的建议。

7. 公诉人出庭一体化辅助系统

首先是把案件信息结构化，之后再做数据化，做到能够让计算机去学习和处理。结构化这部分涉及对法律文书的断句、分词、关系抽取，像是采用一些正则表达式、上下文无关文法、命名实体识别等。在这个基础之上，再进行回归、数据建模、机器学习，以及人工智能方法的处理。简单地说，首先进行信息抽取，之后对抽取的信息进行结构归一化，然后是机器学习，最后才是人工智能。

具体来说，在结构化信息抽取中，比如计算律师怎样辩护效果最好？在一份刑事判决书中，需要抽取 147 个关键词：案例编号、姓名、是否多个被告、判决书号、法院审判所在地等，还有是否有辩护律师、是否提交证据、提交哪些证据、证据具体描述、该证据是否被采纳、采纳理由等。这需要把一份几页的判决书打得很碎，每一个部分都要提取出来，才能更好地去理解。第一步做的就是类似这样的抽取过程。第二步是分数据建模。从一堆训练数据集中，进行建模，用数学模型来描述它的特点和规律。通过建模过程，算出与其最相符的数学模型，用公式对原训练数据集中不存在的信息进行描述。

在数据分析部分，可以做案件相关性分析，通过相似度来判断新的案件与以往案件的距离，也就是相似程度；可以做案件要素的关联分析，如地域/时间与某类案的关联、法官/检察官的习惯等；通过内容抽取，做关键字段锚定、案件要素抽取等；并且通过这些字段的打碎组合，由于每一个字段很清晰和明确，就能够做裁判文书的自动生成；还可以做证据认定，以及我们现在做到的像是定罪、辅助量刑、类案推动、案件偏离度生成与自动预警等。把大数据技术应用起来，一定可以给公诉工作带来很大的帮助。

8. 阳光检务系统（举报、行贿档案查询、律师预约、手机客户端）

（1）案件信息查询系统。将一些依法可以公开的办案信息（不涉及国家机密和个人隐私）、进展，告知公布在网上，方便社会、诉讼参与人及时了解相关信息。案件信息查询系统主要由两部分构成：①网上案件信息查询系统通过阳光检务专题网站上的有关链接，可接入网上案件信息查询系统。该系统所提供的数据信息主要来源于内网办案管理系统，因此，要实现两个网、两个系统之间的数据交换。②触摸屏案件查询系统应满足来访群众、案件当事人、律师、法定代表人查询案件、获取相关信息。

（2）网上在线申诉举报系统。网上在线申诉举报主要是用来收集，汇总各种申诉举报信息。通过本功能，可真实、客观地记录用户申诉举报信息，并且对信息处理分析；及时将调查处理结果反馈给举报人，真正做到执法为民，使检察业务工作公开落到实处。

9. 检委会议事系统

采用开放式设计。客户可以根据不同会议的需求，灵活定制会议进程，软件界面可以自主定制，满足各类型会议和用户的个性化要求，其配置完善，既可以简化会场设备，又可以随意扩充功能。

10. 案件场景还原系统

对职务犯罪所涉及的人、事、物、时、空、关联及心理作出客观上、逻辑上的导图分析及展示。

11. 文书校对系统

检察院文书智能校对系统可以有效帮助办案人员解决文书中常见的字词、语法错误，标点日期错误，文书内容前后不一致，缺漏信息项及法律法规引用不规范甚至错误等问题，规范文书格式，提高文书质量。包括智能纠错、自动排版、Word 插件等功能。

除以上系统外，还存在文书屏蔽系统、流程监控系统、案件质量考评系统、业务考评系统、电子卷宗、队伍管理应用系统、决策分析类、办公办文类、检务保障类等。

具体应用由业务部门提出详细需求方案，专家组建立数学模型和应用模型框架，技术人员按照总体架构设计标准、业务需求进行实施。

在技术路线方面，业界采取开放的标准体系，并基于 Hadoop 技术和并行数据库技术采用混搭的方式，涵盖大数据和传统数据库的数据抽取、转换、装载和分析处理。

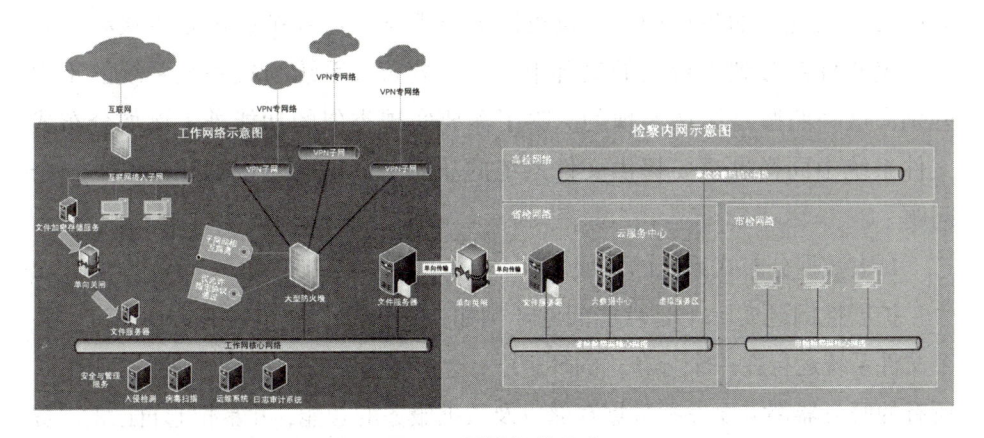

图 14　网络拓扑示意

1. 根据网络类型可以划分为"互联网""VPN 专网""工作网"和"检察内网"四种网络。

2. 在工作网内部划分"互联网接入子网",子网内的所有设备可以访问互联网。同时在子网内部设置一台"文件加密存储"服务器,其工作内容如下:(1)其他设备通过服务接口将文件存放到服务器中。(2)服务器自动将文件进行加密。(3)服务器通过单向关闸设备将文件传输到工作网核心网络中的另一台文件服务器。(4)服务器定期删除在其上边的文件。

3. 在工作网络内部划分多个"VPN 子网",同时多个"VPN 子网"会通过一个"防火墙"然后与工作网核心网络相连接。防火墙职责如下:(1)将多个子网隔离,避免相互影响。(2)设置仅允许指定协议可以通过防火墙,屏蔽一些容易并黑客利用的协议和端口。

4. 在工作网核心网络中设置一台文件服务器。(1)接收并存储网络内传输过来的文件。(2)将服务器上边的文件通过单向关闸设备传输到检察内网。(3)服务器定期删除在其上边的文件。

5. 在工作网核心网络中设置一组"安全与管理服务",保证核心网络的安全。(1)入侵检查。(2)病毒、漏洞扫描。(3)IT 运维。(4)日志审计。

(六)检察机关大数据平台数据处理逻辑架构

大数据处理的架构思路实际上是对单机系统软件架构思路的扩展,将其扩展到大规模的集群中,节点可能成百上千。这种扩展不是直接将现有的系统软件照搬到大规模的集群中。由于分布式系统与集中式系统的重大差别,这种照搬是无法实现的。除了需要实现类似的功能外(例如分布式文件系统中同样也需要提供文件系统的功能),还需要特别注意以下几个问题:

1. 大数据分布式系统的扩展性

扩展性问题实际上是性能问题。例如,对于一个分布式的文件系统,整个文件系统运行在一个分布式的环境中,这个环境中的节点数量可达数千个。所有的服务器都需要发挥数据存储以及数据服务的功能,并承担起自己的"责任",不能只让少数服务器承担,因此需要考虑负载均衡。

2. 大数据分布式系统的可靠性

分布式系统需要具备一定的可靠性,能够处理一台完整的机器、一个机柜甚至一个数据中心出现的错误。分布式系统的可靠性能够保证一定程度的容错，并且为系统的可用性提供基础。

3. 在线查询集群

在线查询集群主要供查询中心使用，向用户提供数据的快速点查、专题分析、全文检索、通联查询和统计状态信息查询。根据数据特性，在线查询集群又分为结构化查询子集群、非结构化查询子集群、全文检索子集群、即席分析子集群及图库子集群。

（1）结构化查询子集群。在线结构化查询集群是一个高可靠性、高性能、面向列、可伸缩的分布式海量数据存储系统。集群内部以分布式列式存储技术 HBase 为基础，充分利用集群的特点进行高速存储和查询，从而提供整体高性能的数据访问服务。

（2）非结构化查询子集群。非结构化查询子集群是一个高可扩展、高可用、高性能的分布式文件系统，可向外提供高可靠和高并发的存储和查询服务。

（3）全文检索子集群。全文检索子集群提供了一个分布式支持多用户的全文搜索引擎，它采用 ES 作为集群框架，对各类非结构化数据进行预处理，提供关键字查询检索，以准实时的方式返回数据；支持加载多种数据格式的文本数据，实现高速存储、秒级检索、丰富表达式、文本溯源等能力。

（4）图库子集群。图库子集群是一个分布式图形数据库，特别适合存储巨型图形，目前主要用于存储各类关系数据，基于这些关系进行扩线分析。图数据库主要存储目标的通联关系、互联网账号联系关系、物品关系等。此外，还存储了在关系专题基础上进行社区发现分析后的巨型社区网络图，供用户进行团伙发现和团伙分析，支持目标多层扩线查询、团伙核心节点发现和目标间中间路径发现等。

（七）构建检察机关大数据平台要解决的问题

1. 通过电子检务工程的实施，需要考虑缩小各地区检察机关信息化差距

信息化工作开展较早或者较好的检察院，往往积累了相对较多的数据，

在大数据时代的背景下，这就可能导致信息化发展越发不均衡，地区间的差距进一步扩大。建议各省级院通过顶层设计，布局本省的大数据战略，制定符合本省的大数据体系架构，梳理内外部所有数据资源，明确可以快速积累的内部资源及可快速获取的外部资源。通过总体规划，分布实施的方式，来达到缩小差距的目的。

2. 制定相关的数据标准规范，建立机制，关注数据的完整性和质量

数据的使用、交换、管理，都离不开标准规范。我国大部分行业也都有符合国家标准的各自行业的数据标准，检察院行业也同样需要制定相关标准。

数据完整性和良好的数据质量是大数据分析并提供科学决策等服务的前提条件，建议将检察机关所有数据规划形成各类数据资源库，保障数据质量和其完整性，制定数据动态更新机制，建立数据交叉比对机制，保障数据准确性和一致性。

3. 开展数据共享开放和分析挖掘工作，数据开放共享是大数据竞争战略核心，也是数据挖掘和应用的基础

行政分割导致数据无法共享。数据资源多按地域或部门进行分割管理。不同地域和部门为了自身利益，形成人为数据共享壁垒。随着数据治理理念的影响渗透，我国公共数据开放共享进程开始逐步加快。2013年，国务院发布了《关于促进信息消费扩大内需的若干意见》，要求促进公共信息资源共享和开发利用，推动市政公用企事业单位、公共服务事业单位等机构开放信息资源。

作为行业内部，检察机关也应该尽快建立统一的数据共享机制，加快制定各类数据产权归属、数据保护、数据采集、数据存储、数据加工等相关法规，明确数据拥有者、使用者、管理者各自权责，明确自由和隐私的界限。对个人数据信息的采集、应用的范围、方式进行界定，对数据滥用、侵犯个人隐私等行为加强管理和惩戒，系统研究责任豁免等相关法律问题。

数据开放共享涉及若干重大问题，包括数据跨境流动和数据主权，数据开放安全风险、数据开放隐私保护，数据开放的体制机制保障要求、法律法规保障措施、资源配置模式、政策框架体系等。

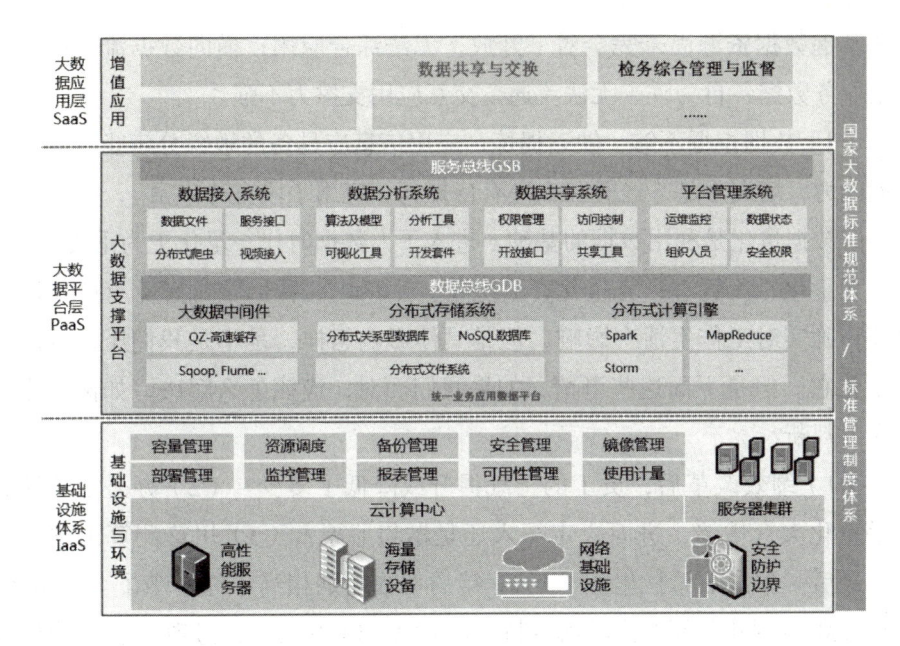

图 15　国家大数据标准规范体系／标准管理制度体系

4. 数据库字段要面向数据价值精细化设计，而不仅仅是工作流程设计，从"流程"核心转变为"数据"核心

以往在设计数据库时，大多是考虑到业务的需要和工作流程的需要，很少考虑到数据将来在宏观决策、预判及与其他相关不相关数据类型之间的融合、碰撞、计算上的关系。比如说"案件说明"这个字段，基本上就包含了整个案件中的多个要素，以一起抢劫案为例：描述事由经过需要经过计算机自然语言分词。

5. 顺"大势"而为，做实基础工作，信息化数据在设计、规范、统一、挖掘、采取等基础信息化方面的问题

（1）数据采集要及时不能遗漏。信息录入不及时、更新不及时，该录不录、该撤不撤，无法保证系统信息准确鲜活。

（2）数据质量不能失真。在录入信息时，严格按照信息采集录入规范进行操作，录入的信息项目齐全，格式统一。

（3）数据关联孤岛，检察业务数据方面，纵向数据开放度低：上级检察机关掌握数据资源尚未完全对下开放，无法综合应用；横向数据流通性差：同级业务数据各自为阵、无法流通，交互应用支撑力不强。

（4）数据挖掘不够，缺乏提炼、应用信息应具备的敏锐分辨能力和全面掌握能力，培训不足，经验和水平有待提高，应用手段有待丰富。

6. 数据量化是利用数据的基础，进入了大数据时代，量化更为重要

无量化、无管理；先量化，后决策。生活中，我们常常感觉有些事情的好坏，确实对工作生活有影响，但是具体影响怎样，是不是我们压根就没有去量化它。但是下面这些事情，如果我们面对，应该怎么解决，如何量化它来作出判断？

（1）绩效改革后，员工的士气提升或降低了多少？（2）办公室的炒股高手量化大众情绪，进而决定买入还是抛售股票？（3）川普测算出选民喜好，最后一举击败希拉里？（4）一年的幸福婚姻相当于你多赚了10万元？（5）PM2.5对市民健康的影响到底有多大？（6）如何通过数学公式找到最适合你的另一半？

无论你的问题看起来多么不可量化，如健康、幸福感、顾客满意度、IT安全、投资风险、品牌价值、组织灵活性等，都可以找到量化的办法：专注于量化不确定性、风险和数据价值；提供了令人拍案惊奇的测算无形之物的简便方法，让你仅仅基于已知数据就能准确决策；展示了丰富而精彩的量化案例，让身边的数据唾手可得。

数据量化是利用数据的基础，进入了大数据时代，量化更为重要，但更重要的或许在于目标的确定和把握上。有那么一句谚语说：别以为手里有了一把锤子，就把所有东西都当成钉子。其实量化也是这样，很多时候人们用了错误的方法和错误的标准，最后做了错误的量化，甚至于为量化而量化以至于彻底背叛了目的。

如何量化一切，其实量化与其说是方法，不如说是观念的改变。

一切皆可量化，只是量化的标准和参照系不同而已，一个湖里有多少桶水的答案其实取决于桶的大小而非多少桶，一个房间里能装多少高尔夫球的问题其实是想了解思考的方式和过程。

量化从来是为了目的而服务的，比较常见的目的就是更好的管理和决策，

量化让很多难以确定的情况变得能够估计和判断，面向未来的决策和管理才更有落实的可信和可行性。

量化为的是区分、为的是降低不确定性从而做出更好的决策，从而减少不必要的浪费和风险。分析各种可能性和相应的价值，进行对比测算，最终为的是对目标的选择和判断。

每一个参与量化分析的内容都与最终目的有着直接关系，这样的整体量化才能发挥最大价值。所以或许可以再加一句："无目的，无量化。"这可以推到个人的生活和发展，如果说要量化人生，那必须明确目的，是打算事业有成改造世界还是打算太平小康日子实惠呢？量化是试着从过去中发掘未来的可能性，从可能中发掘更可能更恰当的部分，这样的巨大意义似乎借着大数据时代的到来越来越明显。

一切都能量化，看你怎么量化更看你为什么量化。这样的核心命题值得经常拿出来思考一下，然后是不拘泥于形式但遵循科学的方式的操作。

可量化是大数据的价值入口，既然要走进去，就必须想明白进去的宏伟目的，明白了，才能有量化和优化的空间。

再谈谈贝塞尔公式对线索评估预测的数学模型，建立职务犯罪线索成案价值分析机构数据模型，设立案件价值评估总体函数 –Y。

加权参数 –A，对总体目标函数产生权重比影响，包括5个参数：人物真实性（A1）、职务真实性（A2）、行业规则性（A3）、过程真实性（A4）、情节模糊性（A5）。

条件参数 –B，对总体目标产生直接影响，是各具体评估要素的集合，包括7个参数：危害性（B1）、可查性（B2）、紧迫性（B3）等。

归聚会参数 –C 对准则层各要素起具体评价作用的各要素的归聚，包括8个参数：金额（C1）、职务（C2）、舆情（C3）、是否匿名（C4）、内容详简（C5）、内部举报与否（C6）、双方知情否（C7）、是否重复举报（C8），以上参数要素的确立，是实现案件线索科学审查和量化评估的前提。

结合先期确定的子项要素权重值，如金额（B1）为1.4；职务（B2）为0.9……通过累加计算，最终得出线索一的成案价值（Y）为46.2，即 Y=A1+A2+A3=B1（3×1.4）+B2（5×0.9）+……+B8（3×1.6）。

7. 大数据要挖掘全部价值，数据融合是关键

传统的统计分析经常是对单一数据源（营销数据、行政报表、问卷调查、人口普查等）进行深入的追踪和分析。分析人员对数据的来源和结构有一定的控制和深层的了解。

在大数据时代，数据源是多样的、自然形成的、海量的数据常常是半结构或无结构的。这就要求数据科学家和分析师驾驭多样、多源的数据，将它们梳理后进行挖掘和分析。

在这个过程中，数据融合 (data blending) 就成为不可或缺的一步。

（1）数据层融合

它是直接在采集到的原始数据层上进行的融合，在各种传感器的原始测报未经预处理之前就进行数据的综合与分析。数据层融合一般采用集中式融合体系进行融合处理过程。这是低层次的融合，如成像传感器中通过对包含若一像素的模糊图像进行图像处理来确认目标属性的过程就属于数据层融合。

（2）特征层融合

特征层融合属于中间层次的融合，它先对来自传感器的原始信息进行特征提取（特征可以是目标的边缘、方向、速度等），然后对特征信息进行综合分析和处理。特征层融合的优点在于实现了可观的信息压缩，有利于实时处理，并且由于所提取的特征直接与决策分析有关，因而融合结果能最大限度地给出决策分析所需要的特征信息。特征层融合一般采用分布式或集中式的融合体系。特征层融合可分为两大类：一类是目标状态融合；另一类是目标特性融合。

（3）决策层融合

决策层融合通过不同类型的传感器观测同一个目标，每个传感器在本地完成基本的处理，其中包括预处理、特征抽取、识别或判决，以建立对所观察目标的初步结论。然后通过关联处理进行决策层融合判决，最终获得联合推断结果。

数据融合有六个基本步骤：（1）连接所需多源数据库并获取相关数据；（2）研究和理解所获得的数据；（3）梳理和清理数据；（4）数据转换和建立结构；（5）数据组合；（6）建立分析数据集。

这个过程的每一步都需要数据工作者认真细致的思考、辨认、测试、清理、最后产生可信赖、有意义的分析数据库。在过去，这个数据准备过程很大程度上是通过手动，十分费时和艰辛。即使有数据处理的软件（如 Excel、SAS、SPSS 等），每个数据工作者也都是自己使用所熟悉的工具，形成个性化的，充其量是半自动的数据准备程序。最近几年，大数据技术公司将数据处理整合过程中相关技术集合、组合、提升后开发出专门用于数据融合的新工具。应用这些直观、可视、高效的软件工具，数据准备的过程的工效大大提高，在一定程度上解决了数据融合的技术瓶颈。

8. 大数据思维

（1）数据集合思维

如果把毫不相干或紧密相连的数据组合到一个集合中，就能更有效地处理这些相关的数据。这些数据可以清晰地告诉我们：每一个人的消费观念、倾向、爱好、需求等，哪些可以归为一类，哪些可以归为另一类。大数据的集合是数据数量上的增加，能够实现从量变到质变的过程。举个简单的例子，这里有一张照片，照片里的每个人都在骑马。每一分钟，每一秒都要拍一张照片。随着处理速度越来越快，照片从一分钟一张，到一秒一张，再到一秒十张，就产生了电影。当照片的数量增长实现质变的时候，这一张张照片就变成了一部完整的电影。

实际上数据集合就是一个量变到质变的过程。

（2）数据核心思维

从"流程"核心转变为"数据"核心，大数据时代，计算模式也发生了转变，从"流程"核心转变为"数据"核心。

用数据核心思维方式思考问题，解决问题，以数据为核心，反映了当下 IT 产业的变革，数据成为人工智能的基础，也成为智能化的基础，数据比流程更重要，数据库、记录数据库，都可开发出深层次信息。

（3）全样本思维

从抽样转变为需要全部数据样本，用全数据样本思维方式思考问题，解决问题。从抽样中得到的结论总是有水分的，而全部样本中得到的结论水分就很少，大数据越大，真实性也就越大，因为大数据包含了全部的信息。

个人认为全样本分析也不要走入误区，数据的全样本是相对抽样本来的，对事物更多描述性的数据也许会更多。

（4）关注相关性思维

这里没有严密的因果分析，不是通过数据分析出原因再推导出结果；而是通过统计知道有这样的情况，一般就会有这样的结果，也即现象与结果的相关性。

相关系数：将两个变量的关联精炼成一个描述性数据：相关系数。相关系数拥有两个无与伦比的优势。第一个优势体现在数学表达上，相关系数是一个区间为 –1 到 1 的常数。如果相关系数为 1，即完全相关，表示一个变量的任何改变都会导致另一个变量朝着相同方向发生等量的改变。如果相关系数为 –1，即完全负相关，代表一个变量的任何变化都将会引发另一个变量朝着相反方向发生等量的改变。相关系数越接近 1 或 –1，变量间的关联性就越强。如果相关系数为零（或者接近零），则意味着变量之间不存在有意义的联系，就比如一个人的鞋码和高考成绩之间的关系。

（5）预测思维

大数据的核心就是预测，大数据能够预测体现在很多方面。大数据不是要教机器像人一样思考；相反，它是把数学算法运用到海量的数据上来预测事情发生的可能性。

让数据说话。预测性数学模型几乎不算新事物，但它们正变得越来越准确。在这个时代，数据分析能力终于开始赶上数据收集能力，分析师不仅有比以往更多的信息可用于构建模型，也拥有在很短时间内通过计算机将信息转化为相关数据的技术。

（6）数学统计思维

部分人会认为数学在大数据时代已经失效了，目前的科学研究，只需要从大数据中寻找相同因变量的情况，就可以得到最终的结果（只需要得到相关性就可以了）。

未来的数学至少在三个方面是有待于进一步研究和发展的：

第一，对于那些没有经验数据的前沿性、探索性的研究，仍需借助于数学工具进行分析和预测；

第二，对于数据量不足的情况，也需要数学在非常有限的样本里找出其规律并进行分析预测；

第三，即使数据量非常充足，由于大数据的规模非常大，如何快速查找和匹配到有效的数据是非常重要的。

大数据的数学思维涉及的知识有：（1）傅立叶级数及变换；（2）贝叶斯公式；（3）正态分布；（4）方差；（5）多项式回归；（6）不确定度计算等。

如何利用信息化手段查找涉案人员

李 振

[讲演者小传]

李振，上海交通大学软件工程学院软件工程硕士，2002年开始参加公安工作，2004年起在徐州市公安局技术侦查支队从事数据分析工作，破获多起部督、省督挂牌案件。2013年4月选调至徐州市人民检察院反贪局，从事全市侦查信息化建设，以及电子取证、话单分析、定位抓捕工作。主要负责研发的移动侦查办案系统荣获最高人民检察院轻应用三等奖，建成的侦查信息综合研判平台深受侦查人员欢迎，全国已有30多家兄弟单位前往参观学习。李振同志多次受邀在最高人民检察院、国家检察官学院组织的全国培训班，以及四川、湖北、江苏、河南省驻马店市、辽宁省大连市等省市培训班讲授信息化侦查、话单分析等课程，深受一线侦查干警欢迎。

如何利用信息化手段查找涉案人员

侦查过程就是一个不断搜集、处理、传递、利用相关信息的过程，传统工业社会环境中，犯罪信息仅存在于三维空间，在以"信息"为核心的大数据时代，科技的发展改变了人们的生活方式和价值观念，犯罪信息也顺应时代的发展，从三维信息延伸到网络空间。不管是传统的侦查方法，还是信息时代的侦查方法，本质上都是相同的，都是通过各种手段获取信息，来消除不确定性，逐步改变信息不对称的局面，使我们的侦查工作由被动变为主动。信息时代的到来只是改变我们获取信息的手段和方法，信息化侦查 + 传统侦查才是王道，在任何时候都不要忽略传统侦查手段。

在职务犯罪侦查的各个环节，侦查人员都需要搜集、处理大量的信息，从纷繁复杂的数据中找到可疑的线索，期望准确快速地找到案件的突破口。初查阶段，侦查人员要查明对象的基本信息、家庭成员、单位地址、家庭住址、财产信息、调取对象的话单、银行交易记录等，希望从中能找到与对象存在职务犯罪可能的嫌疑人员，希望确认对象是否有情人，希望找到潜在的职务犯罪线索或是相关证据；到了取证阶段，需要快速地找到涉案的关键证人，尽快取证，固定证据；要是对象或者关键证人潜逃，我们迫切地需要将相关人员尽快查找到案。可以看到，在侦查工作的各个阶段，查找案件的涉案人员，固定证据是侦查工作的核心。

手机在人们的日常生活中扮演的角色越来越重要，手机不仅是人与人之间的交流工具，它还成为了人们日常生活的记录器，当我们家庭需要装修时，话单中的位置就会频繁地出现各大建材城、家具城，而且经常是周末出现在这些地方，同时还会与新的关系建立联系，这些新联系大都为装修公司、建材行业、家具行业的从业人员，当我们的装修任务结束后，我们的生活又恢复原状，很少再去这些地点，也与这些新关系基本不再联系，所以话单不仅记录行踪、反映交往关系、还忠实地记录着生活中的点点滴滴（各类手机APP不仅记录个人的活动轨迹，还记录着个人的聊天记录、购物清单、兴趣爱好、交往圈子，但是这些APP内的数据我们只有在对象到案后，按照一定的程序方能提取，而且根据手机品牌、操作系统、使用习惯的不同，我们提取到的数据也有很大的差异性）。资金往来是职务犯罪构成的关键环节，不管是维系关系还是案发后的潜逃都离不开资金的支持，而资金往来很难全部用现金来完成，不可避免地会留有各类记录，这些记录也包含着时空要素，这就为账单与话单的关联分析、碰撞比对分析提供了支撑。

在实战中我们发现以犯罪元素中最多出现的手机、资金、行为轨迹等环节为重点，积极主动地向通讯痕迹、监控痕迹、旅馆登记、资金往来痕迹等各种立体式、多领域的基础信息要线索，以话单分析、银行账单分析为主要分析方法，开展触及虚拟空间的立体侦查活动是破解自侦案件各个侦查环节难题的关键。本文总结了在实战中形成的以话单分析和银行账单分析为主要分析方法的各类职务犯罪侦查技战法，希望能对侦查人员有所启发。

一、从手机入手，全面掌握对象的手机号码和手机

我们所有工作的第一步都是要找到对象的手机，而且是要全面掌握对象的手机情况，比如对象有几个手机号码、有几部手机。现在大多数的人都有两个以上的手机号码，那么我们如何能够快速、全面地掌握对象手机使用情况呢？

（一）三大运营商身份证号码反查法

现在手机实名制管理比较严格，而且我们的涉案对象和公安面对的社会底层人员有很大区别，我们的对象大部分都是实名登记手机号码的，因此可以通过身份证号码反查在运营商登记号码，在查询时，有四点要特别注意：（1）以家庭成员为查询对象，实战中我们发现很多对象使用的手机号码登记在配偶名下，或者是自己登记多个号码，有的号码由配偶或子女、老人使用。（2）注意宽带地址，三大运营商都有宽带业务，宽带地址也意味着是对象的家庭地址，为我们确认对象的财产情况、为日后找人提供了方便。（3）集团归属，不管是政府部门还是企业，很多都建立了集团网，通过手机号码集团网的归属，我们可以快速地确定对象的工作单位。（4）亲情号码，亲情号码能够体现一个人的核心交往圈，一般都在家庭成员之间建立，通过亲情号码我们可以掌握对象的部分亲密的家庭成员，那么查询银行账单时就应该也把这些人员纳入视线。

（二）公安网基本信息查询法

公安网上有着丰富的信息资源，现在很多地方的检察机关与公安机关之间都建立了查询机制，可以快速查询到对象的基本信息，如户籍、家庭成员、车辆登记等，在这里需要强调的是报警记录，报警记录信息里会有报警人的姓名、报警电话、报警地址、还会有报警内容等，2015年我们初查的一个案件中，发现对象有报警记录：2014年10月22日10时08分，对象使用1360520××××的手机报警称其在云龙区某小区家中接到某朋友的电话，说有个政府关系要购买棉被，他下午给这个政府关系打款5万元，后期发现被诈骗。通过这条报警记录我们掌握了对象使用的手机号码、现住地址，还发现了他有预付回扣这种可疑行为，这条信息坚定了我们对此对象重点初查的信息。

（三）互联网搜索引擎检索法

互联网是个大宝藏，上面有无尽的资源，想快速检索到需要的内容那么必须用好搜索引擎。在实战办案中，我们发现通过互联网搜索引擎（百度、谷歌），以姓名+单位或是手机号码的方式可以快速地检索到大量相关信息，能快速确定对象使用手机号码或是明确手机号码对应身份。

（四）如何确定对象使用手机号码

通过运营商、社会资源数据、互联网信息，我们可能查到对象使用的多个号码，但是哪些号码是对象本人使用的呢？现实中经常存在一个人办理多张手机卡，这些卡既有自己使用，也有给家人使用，甚至出现某个号码在某段时间为对象使用，目前在其他人手中使用的情况。例如我院办理的地税系统陈某某案件（被评为2014江苏反贪十大精品案件）时，在互联网的政务公开信息中发现陈某某一个1893637××××的号码，通过话单分析发现该号码没有与陈某某的老婆、家人、房产局同事联系，轨迹位置与其单位和家庭住址不符，因此确定该号码现在应为他人使用。

1. 时空轨迹法

我院在办理江苏省院交办的无锡某区法院院长王某某案件时，在徐州本地初查，通过单位通讯录查到王某某使用的一个1891237××××的号码，又通过社会资源数据查到一个1390619××××的号码,那么这两个号码是否都是王某某使用呢?我们调取了两个号码的话单,并进行比对,一个人不可能有分身术,那么这两个号码要是同一个人使用,那么这两个号码的轨迹应是基本一致的,我们发现6月13日14时20分左右,两个号码同时在泰州漫游,13日下午15时05分左右,两个号码同时漫游到苏州,6月17日晚21时50分左右,两个号码同时漫游在上海,这三次不同时间、不同地点,两个号码都在一起,我们基本可以判断这两个号码是同一个使用人。为了进一步确认,我们还比对了两个号码的关系。

2. 关系没法造假

为了进一步确认这两个号码都为王某某使用,我们碰撞比对这两个号码的共同联系人,发现这两个号码都与家庭成员有联系,而且还和家里的固定电话有联系,同时发现这两个号码还有上海、常州的共同关系,当两个号码既有共同的本地关系又有多个外地关系,还能多次轨迹保持一致,至此,我们确认这两个号码均为王某某使用,通过这两个号码的分析,我们找到了王某某的多处房产、勾画出王某某的核心交往圈,为案件的顺利突破打下了良好的基础。

3. 微信、支付宝头像确认法

很多手机号码都注册为微信、支付宝账号,我们还可以通过微信、支付宝检索该号码查看微信头像、微信朋友圈、支付宝头像、支付宝姓名等确认号码是否为对象使用。

4. 串号分析法

IMEI(International Mobile Equipment Identity)是国际移动设备标识的缩写,IMEI由15位数字组成,而且该码是全世界唯一的。前6位数(TAC)是"型号认证码",一般代表机型,有GSM组织的一个核心部门确定,接着的2位数(FAC)是"最终装配码",用来识别厂商,之后的6位数(SNR)是"流水号",6位数的XXX,用以唯一地识别每个TAC和FAC中的某个设备,最后1位数(SP)为校验码,目前暂备用。IMEI码贴在手机背面的标志上,并且读写于手机内存中。它也是该手机在厂家的"档案"和"身份证号"。还可以在手机上按"*#06#"获得手机的IMEI码。话单中只提供串号的前14位,通过这个14

位的串号我们还可以查询到该部手机的具体型号（http://www.numberingplans.com/?page=analysis&sub=imeinr，可以通过这个网址查询串号对应的手机型号，这个网址是"国际数字计划"的一个页面，国际数字计划旨在为世界范围内的电信/通讯相关的数字计划提供一定范围内的服务）。

当我们找到了对象的某个手机号码后，就可以通过串号分析法来查找该号码是否使用过其他手机，对象的这部手机是否还使用过其他手机号码。串号反查是话单分析的一个利器，可以说，串号分析是话单分析的最重要的分析方法之一。

（五）话单分析应当避免的误区

话单分析最应该避免的错误就是拿到话单直接统计，统计密切联系人、统计常去基站。为什么不直接统计呢？因为这样获取的信息量太少了，远远不能满足侦查的需要，密切联系人、常去地点是对象行为的常态描述，而会情人，收受贿赂等违法行为是非常态行为，这20%的非常态行为是我们侦查工作的重心与着眼点，这20%的行为包含着80%的有价值信息，这些才是我们侦查所需要的。

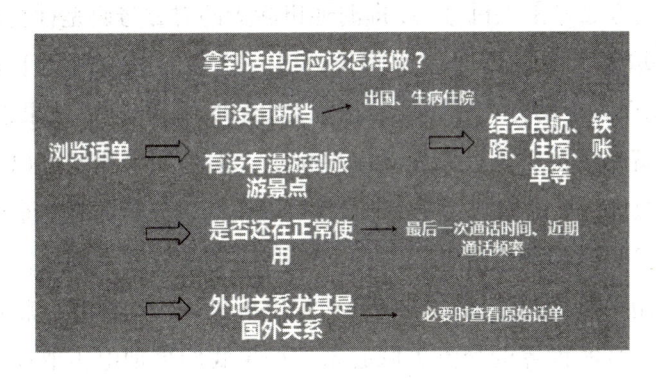

图1 话单分析示意

那么拿到话单应该怎么做呢？首先是浏览话单，要把握几个关键点：（1）看下话单有没有时间断档，大家都知道，一个人正常的话单应该是有规律的，工作日时通话可能多些，休息日时通话可能少一些，那么对象的话单中为什么有段时间没有通话呢？是对象出国了，还是对象生病住院了？如果是出国了，那么是与谁一起去的？去的哪里？费用是谁支付的？那么这段时间对象的同行人员是我们需要关注的重点。更重要的是要关注这个时间点是不是特殊时间点，是不是在我们接触行贿人前后，如果是，那么通话时间断档，就反映出对象已经警觉，觉得目前这个手机使用不安全，很有可能换手机，那么这时候我们的工作重点就是找到对象的新手机。（2）有没有漫游。是公务出行，还是去旅游景点？如果是去旅游景点那么和谁一起去？费用是谁支付的？（3）号码是不是还是正常使用？12月调的话单，如果话单到11月份，那么说明对象可能已经不使用该号码了，那么新启用的号码就是我们关注的重点。

（六）广义话单

目前越来越多的人更多地使用微信、QQ、陌陌等即时通讯工具交流，很多素未谋面的人经常使用这些社交软件进行交流，实战中我们也发现一些对象跟情人、跟企业老板联系也越来越多的使用社交软件。社交软件记录的聊天记录其实也是一种话单，有本方号码、有对方号码、有联系时间、有聊天内容，与短信话单几乎没有区别（短信话单是没有位置记录的），只不过短信话单中的双方账号是手机号码，即时通讯聊天的对方号码是社交软件账号。电子取证获取了大量的即时通讯聊天内容，这些记录少则几千条，多则几十万条，要想以人工的方式看完需要花费大量的时间和精力，效果也不是很好，最后可能也就是用关键词检索发现一些疑点，但是如果我们可以把这些记录转换成类似短信话单的格式，那么我们就可以用话单分析的方法来梳理、分析、研判这些信息，我们可以统计出对象和哪些社交账号联系频繁，而且很多社交账号都是用手机号码注册的，或者绑定手机号码，这样我们就可以把虚拟空间的交流与真实世界的交流关联起来，如果我们再把电子取证中的通话记录、短信记录也转换成话单的格式，与已调取的话单进行分析，这也缓解了我们实战中调取话单时间太短的难题，当我们把运营商调取的话单与转换后的电子取证话单融合以后，就得到了广义的话单。

二、银行账单分析要点

银行账单里有交易时间、交易网点、金额、交易方式、交易卡号，有的还会有交易户名,在侦查时,我们主要关注交易金额、交易对象,对于账单中的时空要素往往容易忽略。账单有时空要素,话单也有时空要素,账单有交易对象,话单也有通话对象,因此在分析时我们要通过时空要素与关系要素将话单和账单关联分析。

三、初查阶段如何查找涉案人员

初查阶段需要搜集大量信息,希望从户籍、车辆、房产、出行记录、住宿记录、话单、账单等信息中掌握对象及其家庭成员的基本情况,比如住址(是否多处)、单位、配偶、子女,还想了解配偶、子女是在本地还是外地,希望分析出对象财产情况是否正常、有无潜在行(受)贿人、情人、司机等重要关系,更希望能找到符合犯罪构成的证据或者线索。

(一)基站名称特殊场所判断法

对于初查对象,我们必须掌握其家庭住址、单位地址等,这些都可以通过话单分析中的常去地点统计功能来判断。但是家庭住址和单位地址往往是我们已经掌握的,我们更想知道的是对象是否出现过一些特殊场所,比如娱乐场所、宾馆等,因此这些特殊场所往往伴随有特殊事件发生。比如2013年的上海高院法官集体嫖娼事件,这就是特殊事件发生在特殊场所,再比如对象约会情人一般都会选择宾馆,宾馆还是对象与一些行贿人见面接受贿赂的常去地点,那么当发现对象出现在宾馆时,就要甄别对象是否在此会情人、见行贿人,如何知道对象何时出现在这些特殊场所呢?话单中的基站名称会提供强有力的支撑,众所周知,号码只有在通话时才会有位置记录(接发短信时的话单中一般没有位置记录,特殊渠道会查到记录),这些位置就是手机登录的基站位置,为了便于管理,运营商的网优部门会对这些基站进行命名,这些名称有很强的指向性,如图2所示,这些基站名称会标注为医院的某个楼层、某个酒店、某个小区的地下车库,这说明对象当时就出现在该医院某个楼层、该酒店、该小区地下车库附近,有些基站是蜂窝基站或是宏基站,那么说明对象就出现在该建筑中,那么当我们发现对象的通话基站有诸如宾馆、夜总会等特殊地点时,我们就要重点关注对象这个时间出现在这里到底是在做什么，是不是有特殊事件发生，就需要重点关注这个时间点前后对象与谁通话，有条件的话要及时调取监控录像。

常去地点

LAC	CELL	基站名称	基站地址	基站上通话次数	工作时间通话次数	休息时间通话次数	通话总时长	平均通话时长	最早通话时间	最晚通话时间	通话天数
53584	40655			80	80	0	38分6秒		2015/7/7 15:48:41	2016/4/13 15:26:55	11
20529	18830	龙湖世家地下车库MBO	市区	79	24	19	1小时55分25秒		2014/12/31 8:25:29	2016/8/1 22:14:28	47
53580	58220			76	28	1	35分59秒		2015/6/13 10:43:12	2016/2/24 19:37:42	20
20887	18799	二院新病房楼14层北RRH	市区	69	48	9	1小时6分9秒		2016/7/20 18:16:23	2016/8/1 12:06:59	9
20543	10431	DCS北城一家2	市区	65	53	0	1小时4分58秒		2014/12/19 17:57:35	2016/8/1 10:40:48	48
53697	60590			61	61	0	41分52秒		2015/6/13 9:40:44	2016/2/17 16:55:32	17
53580	58097			59	26	0	36分11秒		2015/3/11 11:01:10	2015/12/8 19:20:01	11
20887	11389	DCS拆迁公司3	市区	58	23	0	43分9秒		2015/2/14 9:36:46	2016/7/26 19:37:19	23
53349	60736			48	48	0	31分16秒		2015/7/31 14:05:38	2016/3/10 16:12:46	12
20887	11388	DCS拆迁公司2	市区	47	32	0	44分54秒		2015/9/13 11:24:03	2016/7/29 10:29:26	17
53580	61137			47	23	0	45分28秒		2015/3/12 18:17:14	2016/7/26 20:45:53	19
21041	10470	DCS刘邦大酒店1	沛县	44	39	0	25分16秒		2015/1/24 9:16:51	2016/7/26 16:40:48	13
20891	18791	香镇城综合楼上MBO	市区	42	39	0	50分21秒		2016/6/17 17:02:33	2016/7/26 11:34:07	7
53581	40381			40	40	0	38分47秒		2015/11/10 10:33:57	2016/4/2 11:27:49	11

图2　基站信息

金融系统专项行动中我们发现对象王某多次出现在基站名为某夜总会的地点，而且近6个月中有10余天的20时至24时出现在该基站，通过梳理对象关系的话单，我们发现2229的刘某在2013年9月10日晚22时47分、2013年12月12日22时24分、12月18日20时33分，也出现在该夜总会基站，而且均与王某电话联系，时长很短，这三个时间段前后，王某也出现在该夜总会基站，据此我们分析这几次是刘某与王某在该夜总会娱乐。进一步分析王某和刘某的碰面情况，我们发现两人在1年内有100余天有过碰面，即两人在30分钟的间隔内出现在同一基站，而且出现的基站名称多为刘某的企业、娱乐场所等，我们确认刘某与王某交往过密，便以刘某为突破口，顺利拿下该案。

目前可以通过运营商的网优部门和公安的技侦部门拿到基站代码表，这些表中有基站的代码以及基站名称和基站所处的经纬度等信息，我们把这些数据导入新建的职务犯罪侦查信息云平台，基站代码自动关联话单，为我们快速找到案件疑点提供了便捷之道。

（二）出行消费法找潜在行贿人

在2016年的医疗系统专项行动中，我们发现某医院院长张某某一家有大量出行旅游记录，但是其银行流水中没有此时间段的费用支出，比如团费、机票、酒店住宿费用等，因此我们调取张某某民航同行人员记录，发现经常与张某某一家同行的十余人，通过自建的信息平台对这些对象工作单位一一查找，发现了多家医疗器械公司老板，而且查询这些医疗器械老板的银行账单发现在此时间段，有大量团费支出、机票费用以及在旅游景点附近的取现和刷卡消费记录，因此为突破口，我们顺利拿下医疗器械公司老板以旅游为名向张某某行贿的犯罪事实。

（三）密切联系号码关联社会信息法

如何快速地找到国家工作人员与哪些相关领域的企业或公司人员有交往呢？话单分析是最为便捷的途径，但是在实战中我们分析对象的话单，通过统计通话次数和通话时长，分析通话的时间段，会筛选出交往密切的号码，如何确定这些号码使用人是谁、更重要的是如何找到这些号码使用人的工作单位，关联已有的社会资源数据是解决之道。我们新建的信息平台中采集了多家单位海量的数据资源，并把所有数据中包含电话号码的记录进行清洗，提炼出姓名、身份证号码、电话、地址、单位、编号等六个字段，将清洗后的数据建成公共联系人库，自动与话单进行比对，自动关联出号码对应的人员姓名或单位，当有多个匹配结果时，按照设计的策略显示可能性最大的结果，点击可以查看到其他的详细结果，如图3，在医疗系统专项行动中我们发现医疗器械公司刘某话单中的联系人中有很多医院的工作人员，这些人员就是我们初查的重点。

图3 刘某话单示意

（四）对手信息关联法

在地税系统陈某某一案中，我们发现陈某某的妻子潘某银行交易里有一笔20万元的转款，转款人为张某某，针对这笔可疑资金的查证常用方法是反查转款人基本信息，再查此人基本情况，看是否与陈某某存在工作交集。在这个案件中我们以陈某某与潘某夫妻两人为话单分析重点，梳理密切联系人，关联出前30位密切联系号码机主资料后，通过公安平台查同户人员，我们查到有个叫朱某某的关系的妻子叫张某某，而且发现朱某某还有一处将近2000平方米的苗圃综合楼，至此我们高度怀疑陈某某、潘某某与朱某某之间有不正常的经济交往，后来在审讯中这条信息发挥了重要的作用。

筛选资金往来中可疑的记录，那么下一步就是确定交易对手的身份了，我们迫切地需要知道对手的姓名和单位，单位对我们来说可能是更想了解的，那么有两种方法，一种是通过银行反查对手身份证号码，然后再通过公安网、互联网等方式确定对手的真实身份，这种方法的优点是身份确认的准确率较高，缺点是耗时长、效率低，这里还可以有个相对准确和高效的方法，就是以话单中的密切联系号码为突破口，关联分析话单中的对方号码与银行账单中的对手信息，辅以公安网对身份见底，在实战中发现这两种方法都十分有用，至于选取哪种方法主要看当地的资源情况。

在2016年医疗系统专项行动中，我们通过将银行账单、医院通讯录、话单等进行关联分析，发现了大量有价值信息，为案件的快速突破提供了精确指导。

为快速找到与医药公司业务人员与资金往来的医务人员，我们运用可视化的方法，将医药公司银行账单与医院通讯录进行碰撞比对，发现某医院两名医务人员与医药公司业务人员有可疑资金往来。

在有些案件中，我们还发现国家工作人员往往会借助一个中间人来收取贿赂，形式上表现行贿人打款给以中间人的身份开办的银行卡，这个中间人与行贿人之间没有或是很少有通话上的联系，而这个中间人与国家工作人员联系密切，往往是对象的亲戚、同学、朋友。

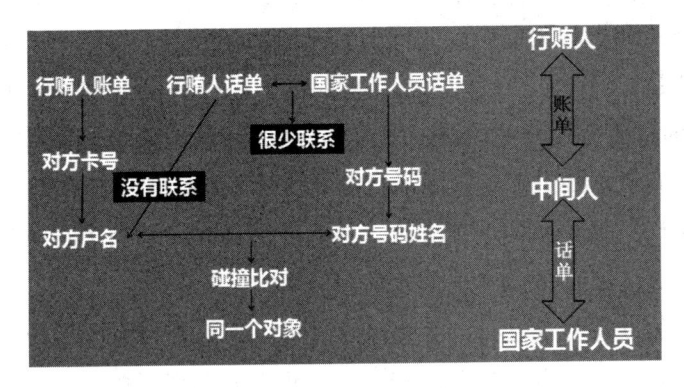

图4 行贿人话单分析

这样通过银行账单将中间人与行贿人联系起来，通过话单将国家工作人员与中间人联系起来，话单与银行账单的关联分析就找到了这种隐蔽的行贿模式。

（五）时空关联分析法

银行账单里有交易时间、交易场所，那么我们就可以根据这点结合话单里的通话时间、位置来关联分析。地税系统案件中我们发现吕某某本人虽然没有房屋交易行为，其银行卡却有多次的税务终端消费记录（即纳税记录），且消费前后与欧某某等黄牛有通话。根据这个特点我们确认吕某某是在帮助黄牛代缴税款，并且确定了相应的房产交易对应的中介黄牛。

在一些贿赂案件中，我们发现银行交易里有些大额的 ATM 存款、取款记录，由于是 ATM 存取，没有对手信息，一般很难再追踪下去，近期在我们查办的医疗系统专项行动中，通过银行账单和话单中的时空要素，我们发现了案件的可疑线索，为下一步侦查指明方向。

分析某公司业务人员岳某某银行记录后发现可疑情况，该对象每月的银行交易金额都很大，平均收入支出在五六万元，远远超过一个普通业务经理的收入水平。而且发现还有一种快进快出的资金往来特点，即公司会计转款给岳某某大笔资金后，岳某某当天或者第二天就会采用 ATM 取款的方式提现，岳某某取现后，这些钱都干了什么呢？2016 年 1 月 25 日 14:53 在丰县某 ATM 取现 4 万元，我们结合岳某的话单进行分析，发现他取现后，出现在丰县人民医院，和丰县人民医院的医生联系，通话时长很短，只有十几秒、20多秒，也就是接通电话，说两三句话的时间。同样的在 2016 年 2 月 26 日、3 月 21 日等时间发现同样的模式，即岳某某提取大量现金后去医院，和一些医生联系，后调取这些医生银行账单后发现部分医生有 ATM 存现的可疑记录。我们就通过话单与账单的关联分析，找到了医药代表给医生行贿的方式，岳某某很快就交代了通过这种方式向医生行贿上千万元的犯罪事实。

在时空关联法找潜在行贿人模型中，我们可以充分利用话单中位置、银行交易时网点位置关联分析，在实战中，我们要发现话单位置和银行账单位置不一致的异常时间点，毕竟，一个人是不能同时出现在两个地方的，那么为什么会出现话单位置和银行交易位置不一致呢？那么就很有可能是因为银行卡交易不是对象操作，而是他人操作，那么这个时候就要重点关注这个时间段对象通话、短信记录，重点分析银行卡是放在谁那的？是由谁保管使用的？

时空关联分析法是分析、确认情人的一个好办法。在地税系统王某某案件中，分析话单发现王某某与本单位的黄某通话频繁，夜间通话时间较长，而且夜晚通话多集中在王某某出差在外地期间，短信特别多，根据这种通话特征，我们怀疑王某某与黄某之间有不正常的交往关系，分析王某某的住宿记录，未发现异常，分析黄某的住宿发现异常，黄某有多次开钟点房记录，比对开房时的话单，我们发现 2013 年 8 月 30 日 12:15 黄某在某假日酒店开房，12:15 前后发短信给给王某某，2013 年 12 月 16 日 12:27 分黄某在某国际大酒店开房，12:27 发短信给王某某，2013 年 12 月 28 日 14:22 分黄某在某国际大酒店开房，14:21 分发短信给王某某，同时我们发现 2013 年 8 月 30 日 12:15 黄某在某假日酒店开房，王某某 12 点 24 有电话，此时基站位置就在该假日酒店，时空关系完全一致，至此，我们确认王某某和黄某之间有不正当的男女关系，这点成为该案审讯突破的一个重点。

（六）通话特征分析法

话单（广义上的话单）不仅反映对象的行为轨迹、交往对象，话单更是人们生活细节的记录仪。当我们身上有事情发生时，这种行为会在话单中有清晰的体现。比如装修房屋的这段时间，人们会经常地出现在家具城、建材城，而且常常是周末与家人一起去，我们联系的人也会发生变化，这时会有新的关系出现，这些关系往往与建材、装修、家具行业相关，当房屋装修完毕后，我们很少再去建材城、家具城，与装修时建立的那些关系也不再联系。生活中的其他行为也会通过话单折射出来。应该说各行各业的人的话单有各自的特点，这需要我们运用大数据的思维、利用机器学习、深度学习等先进的计算机科学技术去发现并掌握这种规律和特点，炼数据为情报，在实战中检验这种成果。

四、取证阶段如何查找涉案人

到了侦查取证阶段，有些涉案人员要尽快找到位，这时时间紧迫，掌握的信息量少，需要快速、准确地找到相关人员。在这个阶段我们发现以手机定位为主要手段，关联互联网信息、公安出行、住宿记录、以车找人是行之有效的方法。

2015年某县院有个对象要找，是纪委交办的，对象基本情况不清楚，只有对象手机号码，要求立刻找人，通过手机定位他们找了一上午没结果，要求市院出侦码车配合，出车前我们必做准备工作，在信息平台和互联网查了一下，发现该号码曾在百度贴吧留下过信息，该帖子留有对象家庭详细住址，详细到门上贴着喜洋洋的图，门是棕色的，还留了一个固定电话，我们再对该固定电话反查，确认该电话是登记在对象名下，并且对象手机位置与该处地址吻合。我们开着定位车到达百度贴吧找到的地址，到了地方就发现对象的车，用侦码设备确认对象在家，守候不到十分钟，等对象下楼准备开车时将对象顺利控制到位。

五、追逃阶段如何查找涉案人

追逃工作的重点在于找到对象新使用的手机，几乎所有的对象潜逃后都会启用新手机，会直接或间接地与最重要的人联系，这个人往往是其情人、女朋友、老婆之类的异性。而且这些关系也多启用新手机和新号码与对象联系。这时就有两个着手点，一是从对象原来使用的手机入手，通过串号反查，以便发现新使用号码。二是从核心关系入手，找到对象的核心关系，关注对象潜逃时间前后这些核心关系通话上的异常，比如有没有陌生号码，尤其是外地号码，这些通话往往时长很短，只是用来通知关系人如何与其联系。找到这些核心关系的新手机也就找到了对象。

2014年11月，铜山区某镇财政所所长王某某离任审计时，发现有大量票据造假，有重大贪污公款嫌疑，王某某发现事情败露后，手机放在家中不用，下落不明。

分析王某某话单发现其在2014年12月12日通话出现异常，只有被叫，很少有主叫，通话位置大多集中在其家附近，几乎没有出现在其他位置。根据这些特征，我们判断12月12日前后王某某就已潜逃。分析王某某原来话单发现其联系号码中有个尾数是1434的号码与其联系异常，从通话时间段、时长和短信频率上看应该是王某某的女朋友，该号码登记在一个公户下，没有具体的姓名，但是从公安网的报警记录查到，该号码曾经在徐州火车站附近的万祥宾馆打电话报警，登记报警人为杜某某，是个女性的名字。分析该号码以及王某某的老婆、女儿的话单未发现明显异常。分析话单发现王某某老婆经常出现在其子居住的小区，怀疑其在帮忙带小孩。调取其儿子居住小区的监控录像，发现王某某曾于2016年1月10日中午出现，其他时间没有发现。当天，王某某老婆、女儿、女婿也出现，我们怀疑当天是一家人给小朋友过生日，而且是有人把王某某接过去的，分析当天王某某家人话单，发现其女儿当天与尾数是2464的号码有多条短信，集中在中午10:40~11:30，非常可疑，反查2464发现该号码自2015年9月4日开始启用，到2016年4月15日一共只有83条通话和短信记录，联系人为王某某家人，活动地点较固定，集中在王某某老家郑集瞿庄和铜山区某城乡结合部。2015年12月24日圣诞节也去过其小儿子居住小区，2016年3月29日与一个尾数是6697的号码联系29秒，6697登记机主为2464使用人杜某某。至此，我们高度怀疑2464号码为王某某新启用号码，但是王某某平时电话经常关机，与外界联系非常少，到了4月15日该号码停用，通过串号反查我们发现了尾数是0547的联通号码，该号码只有2次通话，1次是114，另外一次打了一个固定电话，该固话为火车站附近万祥宾馆电话，由于王某某之前的密切关系杜某某曾在万祥宾馆有报警记录，2464和0547都与杜某某或万祥宾馆有联系，我们确定王某某正在使用的号码为尾数是 0547 的号码。由于徐州全市 4G 信号均已覆盖，0547 使用的是红米 4G 手机，给我们的定位抓捕工作带来了难题，后使用 4G 定位设备成功锁定 0547 号码在铜山某小区 501 房间，顺利将潜逃 1 年多的王某某抓捕归案，到案后王某某交代其与杜某某系情人关系，案发后王某某申请新微信账号，该微信账号还禁止通过手机号码添加好友，两人一直通过微信联系。

  随着科技的发展、新闻报道、影视剧的宣传，职务犯罪也向隐蔽化、智能化转变，各种反侦查手段层出不穷，给我们的侦查工作带来了巨大的挑战，信息化侦查不仅是侦查手段、方法的转型升级，更应该是侦查意识的提升，但是我们也应该看到，不管科学技术进步到何种地步，总有一些问题是技术无法解决的，而蹲点守候、跟踪、走访排查等传统侦查方法仍然保持着旺盛的生命力，发挥着重要的作用，希望在加强侦查信息化建设和使用的过程中，能够不忘初心，始终保持对传统侦查方法、手段的敬畏之心。

刑事检察办案辅助系统构建思路和方法

童庆庆

[讲演者小传]

童庆庆，男，1984年10月生，工科学士，公共管理硕士，宁波市海曙区人民检察院检察保障中心副主任，最高人民检察院电子数据鉴定人，长期从事电子数据取证、大数据与人工智能与检察业务融合研究，参与最高人民检察院电子数据审查运用、大数据支撑智慧公诉等国家级课题，著有《电子数据审查判断与司法应用》等著作。

一、系统建设背景

当前,全国四级检察机关正在大力开展电子检务工程建设,曹建明检察长在全国检察机关电子检务工程工作会议上指出:到 2017 年年底以前,电子检务工程将建成覆盖全国四级检察机关的司法办案、检察办公、队伍管理、检务保障、检察决策支持、检务公开和服务等六大平台,以信息化助推检察工作现代化,实现检察工作的与时俱进和创新发展。然而电子检务工程并不等于智慧检务工程,各级检察机关一线检察干警普遍存在以下问题:

1. 案多人少的矛盾。近年来随着国家经济的快速发展,带来了大案要案多、案情复杂、涉及人员众多、发案频繁等问题,各级检察机关普遍存在"案多人少"的问题,基层检察机关尤其明显,一线检察干警处理大量的"简单"案件,重复着机械性的工作。以海曙区院为例,2016 年全年公诉部门办理盗窃案 208 件、危险驾驶案 199 件,这两类简单刑事案件已占去总数的 50%。而新型的 P2P 案件办理时限短,办案压力大,而基层院却无法集中人力重点办理这类疑难案件。因此当前急需将一线检察干警从机械性工作中抽离出来,投入疑难案件的分析和研究学习中。

2. 办案经验得不到有效的积累和共享。当前检察干警在办理案件的过程中,无法有效地积累办案经验,同时也缺乏办案经验的共享及推广。检察干警的办案经验好比"经验孤岛",只能纵向的积累,而无法达到横向的积累,需要有一个平台来串联这些"经验孤岛",让检察干警之间能进行有效的经验借鉴和思想碰撞,从整体上提高检察干警的业务能力。

3. 缺少综合性刑检业务辅助平台。各级检察机关一线干警由于日常工作量大,缺少对法律法规、疑难案件的学习和研究,导致一线干警的业务能力提升缓慢。从实际的检察业务出发,结合检察干警的办案习惯,构建一个新型的综合性学习模式,办案和学习相结合,在办案的过程中学习,在学习中总结,达到事半功倍的效果。

基于以上现状,刑事检察办案辅助系统结合机器学习、语义分析等前沿技术,在电子检务工程的基础上,顺应"互联网+"发展潮流,解放思想,与时俱进,以服务于司法办案、司法管理、司法为民,为实现"智慧检务"

的目标作相应的探究和创新。

二、系统建设目标

（一）构建定性与定量相结合的精细化法条案例数据集

传统的法条案例数据集，是以北大法宝为代表的信息查询系统，其功能包括法律法规查询、司法案例查询、法学期刊和专题参考等。这些数据集虽然收录了种类齐全的法条和案例，通过搜索引擎也能够搜索到相关数据，但是这种搜索方式也存在较大的弊端：（1）法条和案例都独立分散在系统各模块，两者缺少关联。（2）检察官办案经验无法进行有效的共享。（3）依据简单的字符串匹配进行搜索，无法满足检察官深度需求。（4）无法对法条和案例进行个性化推送。

检察官在办案过程中，所需要的法条和案例并非是单个，而是需要针对某一个类型的案件的系统性的法条案例集合。并且，检察官自主搜索和系统自动推送，也是计算机信息系统发展不同阶段的本质区别。在当前智能技术不断成熟的今天，智能推送成为了业务系统的主流趋势，而智能推送也涉及系统推送的内容与检察官需求是否一致的问题。

因此在构建法条案例数据库的过程中，既要兼顾内容的深度广度，也要兼顾推送的准确度问题。而互联网技术的核心思想是信息共享，如何让检察官在互联网节点中既是信息的接收者，也是信息提供者，是一个需要思考的问题。构建精细化法条案例数据集，能够将零散的法条和案例整合成一个系统性的知识库，同时将针对类案的专家意见和办案心得等内容同时展示，保证检察官通过鼠标点击即能获得办理案件过程中所需要的所有信息，省去检索的时间和思考过程，充分保证检察官的办案时间。

数据集的构建由检察官凭借办案经验通过定性的方式进行梳理和添加，机器通过语义分析算法通过定量的方式对法条和案例进行推送，定性和定量两种方式相结合的推送方式，能够有效避免机器在办案经验上的不足以及检察官在记忆上的不足，有效提高法条案例推送的准确度。在法条案例推送过程中，如果遇到新型案件，机器无法做到准确推送，检察官可以自行添加数据集节点，实现办案经验的共享。

（二）构建智能办案和机器训练相融合的办案模式

机器的智能程度决定于其系统中存在数据量和训练的方式，单纯由技术人员或开发人员对其进行训练，一方面无法保证训练的准确度，另一方面在训练投入方面也是一个巨大的负担。按照初步测算，比如危险驾驶罪中的醉酒驾驶案件，需要通过超过对1000件案件进行机器训练才能使机器具备办理该类案件的初步的智能化。机器训练的内容包括对犯罪行为的描述和认定，对法定和酌定情节的认定，以及对证据进行自动识别和归类。

在案件办理过程中，只有承办检察官才最清楚案件的来龙去脉，寻找一种让检察官在办案过程中对机器进行训练的方法，是系统最终实现智能化的基础。而在训练过程中又不能对检察官带来额外的负担，不能让检察官刻意地为了训练而训练，从而降低系统的体验舒适感。因此，构建一种智能办案的方式，让检察官在办案过程中完成对机器的训练，是智能化构建的必然途径。通过对犯罪行为和情节的标注，机器会自动将检察官所标注的内容进行语义分析从而进入数据库，与相关的行为和情节形成对应关系，随着时间的推移和数据量的增加，机器会不断提高语义和情节的关联准确度。

将智能办案和机器训练相融合的办案模式的意义在于，在无法实现机器主动自我学习的情况下，基本完成了机器学习所需要的步骤，表现出一种机器不断自我进化的过程，给承办检察官一种更加良好舒适的体验感，从而对系统的使用产生信赖，进一步推动人机共同演进过程的实现，完成自然语义智能分析的基础数据采集的过程。

（三）构建机器精密推理与历史判案经验相融合的辅助模式

在完成案卷的语义分析后，需要为机器设定判断逻辑，才能推导出适用的法条以及最后对案件的判定结果。犯罪行为、适用法条和量刑三者之间需要有充分确然的逻辑关系，才能保证机器推理结果的准确性。然而在办案实践过程中，依据法条精确推出的办案结果，未必与办案实践相一致，对于类案，各个地方的检察官和法官很多是依据惯例对案件进行办理和判罚，因此为承办人展示某类案件在本地判罚过程中的历史统计数据至关重要，有时甚至对案件的定性和判罚有着直接的影响。

在智能办理的过程中，机器综合全案对案卷数据进行解构，形成犯罪嫌疑人列表、犯罪事实列表、适用法条、证据列表等，并对这些列表数据进行逻辑关联，从而形成图形化的案件分析图，为承办检察官展示机器推理的全部过程，帮助检察官对机器办案过程进行确认，有效防止机器出现误判错判的现象，防止机器对检察官的误导。在提供精密推理过程的基础上，系统还提供了本类案件的历史判罚统计数据，从而帮助检察官增强内心确认，进一步防止出现错案和误判。

（四）以基层院小数据为基础构建精细型智能算法库

对于基层院来说，本地所存放的数据量无法构建大数据库。即使加上统一业务应用系统所返回的数据，以及电子卷宗管理系统所产生的数据，也无法形成大数据。但是没有大数据并不代表无法进行智能化系统的建设，相反要实现检察机关的大数据分析，必须从基层院的小数据入手，做好小数据的分析和利用，才能真正实现大数据的规模效应。

智能辅助的核心在于系统能够模拟检察官的办案流程，帮助检察官完成一些简单而具体的机械性工作，甚至对于简单的案件，结合量刑计算模型，能够完成案件的自动办理。因此，基于自然语义分析的智能算法是本系统的核心，而机器学习是系统能够不断优化和演进的重要手段。刑检案件的每个环节和对案件要素的判断，都需要对应的算法来保证准确率，可以说失去准确率，智能辅助就失去了意义。

本系统对于批捕、公诉、抗诉等环节，依据不同的罪名分别编写了自然语义分析算法，在读取以文字为载体的案卷的同时，将案件要素和犯罪行为事实进行结构化处理，保证系统能够提取到犯罪的具体要素，并结合犯罪形态模型，模拟检察官的逻辑思维对案件进行定性，并利用大数据算法在案例库中找到与案件匹配度最高的案例，推送给承办检察官，帮助其完成案件的审查。不同的环节，检察官办案的需求也不同，使得算法需要相应调整，因此众多的算法需要建立管理平台进行管理才能发挥其作用，智能算法库也是系统建设过程中必然要构建的平台。

（五）构建刑事案件全周期智能辅助系统

刑事案件始于侦查机关立案侦查，终于法院判决，从立案侦查到判决这个过程即为案件生命周期。检察机关依据其各部门职能，既对侦查机关的侦查活动进行监督制约，也要对法院的判决予以监督审查以防止错判误判。可以说有且只有检察机关才能参与刑事案件的全生命周期，因此刑事案件要实现从程序到实体的公平正义，检察机关扮演着核心的角色。而如何帮助办案人员更好地把握刑事案件的整个周期，是刑事检察办案辅助系统的重要任务。刑事案件的办理过程中，办案人员既需要对法条的准确运用，也需要对事实的清楚认定，最后根据严密的逻辑对案件定性。然而没有一个案件是完全相同的，办案人员需要基于自己的判断和经验来对案件做整体把握。

一般刑事案件包括以下节点：立案、侦查、批捕、侦查终结、移送审查起诉、审查起诉、准备出庭预案、出庭公诉、判决。案件全周期辅助的特点在于，每一个办案节点能够有相应的功能去体现刑检业务逻辑，并通过自然语义算法对本节点需要开展的工作提供智能化支持。办案智能辅助系统的数据来源于统一业务系统，不需要办案人员进行二次输入，而是在统一业务应用系统数据的基础上提供办案辅助等扩展功能。办案智能辅助系统的建设原则是全过程自动智能处理，无须办案人员输入任何信息，通过鼠标的点击即可完成信息获取，并且自动记录整个案件的所有材料和信息，实现智能辅助下的新型办案模式。

图 1　系统构想

三、刑事检察办案辅助系统的特点

1. 智能性。智能性是人工智能最核心的特点，是通过机器程序对人的意识、思维和信息进行模拟的过程，是人工智能领域永恒的追求。由于人工智能技术要求极高，目前能够真正实现人工智能的系统并不多，但是智能化可以不同程度地在不同领域实现。在系统中，智能性首先体现在工作辅助上，包括任务分配、办案辅助、工作自动提醒等方面，能够帮助人们完成初步的工作。其次体现在人格化对话上，通过与聊天机器人的对话，要求机器完成自己指定的任务。系统的最终目标是机器自我深度学习的实现。

2. 开放性。刑事检察办案辅助系统的设计是为了帮助人们更加高效的开展工作，因此在系统运行过程中脱离不了人的参与和维护。开放性的含义在于，系统是一个所有使用者都参与建设，并为所有使用者带来便利的开放平台，使用者的知识和经验是智能系统不断进化的最好的养分。失去开放性，刑事检察办案辅助系统从根本上是无法承担大数据环境下使用者对人机对话准确率的要求，以及使用者对抽象方法论的反馈期望。开放性也是互联网时代的本质特征之一，也是人与人、人与自然、人与社会走向深度融合的必然要求。

3. 共享性。知识共享是人类文明不断变革发展的重要途径，可以说没有共享就没有人类文明，书籍、网络、媒体无一不是人类共享知识的手段和方式。因此，刑事检察办案辅助系统中也需要实现深度共享，共享内容不能局限于法律法规、司法案例等知识性内容，也要包括智力成果、方法论内容等抽象性内容，甚至更高层次的生活方式、思想感悟、情感体验等。共享是人们消除隔阂的有效方法，经历深度共享后，人际间对抗会得到有效缓解，人们才能营造更加融洽和谐的工作生活环境。

4. 融合性。刑事检察办案辅助系统不是司法办案工具，也并非简单的工作智能辅助系统，刑事检察办案辅助系统与其他系统的重要区别在于深度融合性，这种深度融合以大数据为基础，其范围涵盖了检察干警工作的大部分领域。深度智能化的实现，必须基于大数据采集，而大数据采集必须基于人与系统的深度融合才得以实现。而这种深度融合，甚至超越了使用者自身的视野和观察范围，因此采集到的数据具有巨大的使用价值，能够帮助人们不断实现自我的提升和超越。

5. 集成性。刑事检察办案辅助系统的任务在于帮助检察干警提高工作效率、提升办案品质、完善办案过程中存在的不足、为检察干警提供实现价值的途径。因此刑事检察办案辅助系统集成了检察官办案的大多数基本数据模型，能够帮助检察干警完成不同层次的要求，基本能够做到有问必答、有求必应，因此系统的综合集成性是重要的特点。

四、技术实现方式

（一）以神经网络算法构建常见犯罪行为自然语言描述库

语言是人类表达思想的工具，人的思想无法穷尽，但是语言描述却可以穷尽。自然语言本身包含的语义与实体之间存在可关联的逻辑关系。利用神经网络算法来构建犯罪行为的自然语言描述库的优势在于，与以往的字段精确匹配方法相比，神经网络算法基于语义来完成机器训练的过程，能够对不特定的语序进行语义识别，大大提高语义分析的准确率。该算法利用实体关系抽取技术，通过填充关系模板槽的方式抽取文本中的特定关系，并给予统计学的方法将实体间的关系问题转化为分类问题。

在描述库建设初期，机器依赖于监督式学习的方法，但是在初步完成智能算法构建之后，随着系统智能的提升，需要人工进行标注的点越来越少，从而进化到半监督学习的过程。而在系统运行的实践过程中，如果对系统进行多点部署，各地的自然语言描述库各不相同，利用知识融合手段对描述库进行统一融合再分配，那么系统的自然语义识别率将显著提升，最终完成犯罪行为自然语言描述库的构建。

法条和案例数据有着很多无法被办案人员直接利用的深层次价值，比如说办案经验等，但是在发掘埋藏在数据背后的潜在价值上，机器学习有着其他技术无法比拟的优势，它使得应用程序更加的强大并且更能响应办案人员的需求。精心调校好的算法能够从巨大的并且互不相同的数据源中提取价值，同时没有个人思考和分析的限制，具体方法可采用：

1. 监督学习：从给定的训练数据集中学习出一个函数，当新的数据到来时，可以根据这个函数预测结果。监督学习的训练集要求是包括输入和输出，也可以说是特征和目标。训练集中的目标是由人标注的。常见的监督学习算法包括回归分析和统计分类。

2. 无监督学习：与监督学习相比，训练集没有人为标注的结果。常见的无监督学习算法有聚类。

3. 半监督学习：介于监督学习与无监督学习之间。

4. 增强学习：通过观察来学习做成如何的动作。每个动作都会对环境有所影响，学习对象根据观察到的周围环境的反馈来做出判断。

（二）以语言模型算法学习办案人员语言习惯

系统在一键生成文书后，会利用语言模型算法对检察官修改文书的过程进行记录并学习，根据检察官修改文书的用词习惯，不断修正文书编写的模板，逐渐向检察官的习惯用语靠拢，最终接近检察官的用语习惯，在保证文书正确率的情况下保留检察官的个性化痕迹。语言模型算法是为机器赋予人性化色彩的可靠方法，也是机器智能化的重要手段。该算法能够有效地避免机器办案的千篇一律，为检察官提供文书描述多样性。

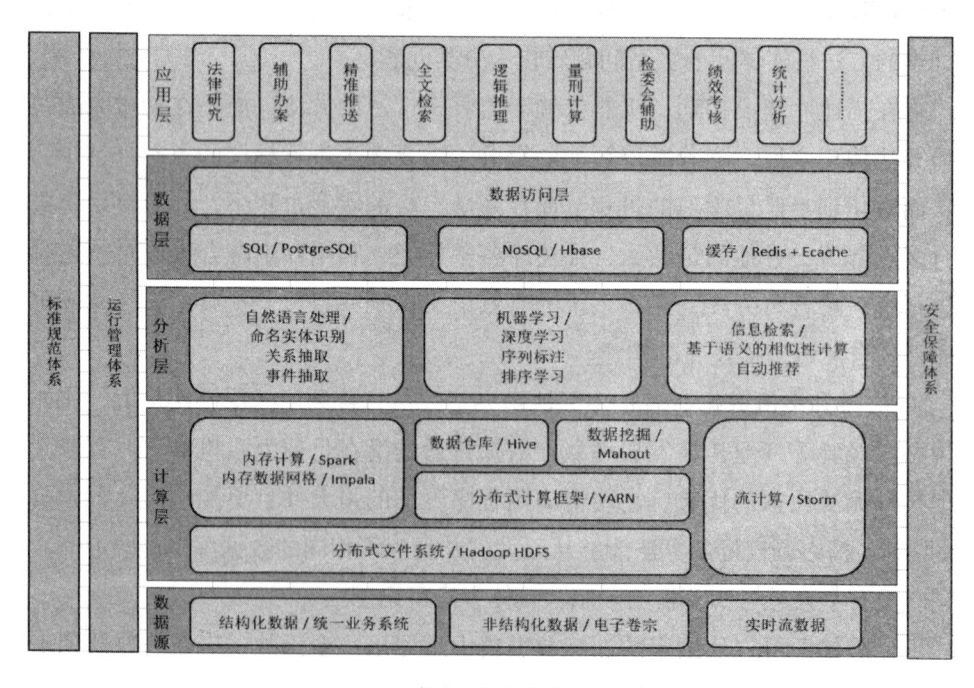

图 2　业务架构

（三）以自然语义分析技术重构系统基础功能

常见的系统基础功能包括全文检索、统计分析、案件评查等，这些功能依赖结构化数据的精确匹配，无法适应更深层次的办案需求。尤其是对于检察官需要搜索案例、进行特定角度的类案统计等，利用搜索关键词的方法使得检察官需要花去大量时间对搜索结果进行人工筛选，从而寻找到自己所需要的案例，而对搜索结果的排序功能也无法体现搜索准确率。以自然语义分析技术为基础的检索功能，能够快速对聚类后的数据进行搜索，准确抓取检察官的搜索需求，提供相应的结果，检察官可以通过描述而非关键词对案例进行搜索，大大提高搜索的准确率。

对于统计分析，统一业务应用系统基于常见的数据统计方法进行的详细的统计，本系统不再进行重复建设。本系统着眼于非常规的统计方式对案件进行统计分析，比如需要统计某一段时间内以枪支作为犯罪工具的案件，以调查地区内枪支使用和泛滥情况。这类统计需要从语义入手对犯罪嫌疑人的犯罪手段进行分析汇总，从而最后得出结论。

对于案件评查，也是从业务部门的视角进行评查。比如对于已判决的案件进行诉判不一致搜索和分析，对于强制措施适用不当的案件进行统计分析，对于起诉书和起诉意见书存在一定比例重复率的方式进行统计分析。与以往评查方式不同之处在于，本系统会依据规则对时间段内所有的案件进行评查分析，而非抽选某些案件进行分析，这样避免了随时抽选方式遗漏的问题。

系统使用的自然语义分析技术包括但不限于以下技术实现方式：

1. 信息抽取技术

为了便于承办人员检索查阅所有相关的法条、案例数据，本系统综合运用信息抽取技术，将不同数据来源所包含的不同结构的信息进行结构化处理，然后将这些数据集成在一起，用结构化的方式统一存放，构成信息检索应用的数据源。

2. 命名实体识别技术

为了找出具有特定意义的命名实体，例如法律专有名词、人名、时间等，降低承办人员的阅读负担，提高智能分析水平，命名实体识别是本项目的一个基础任务，其目的是识别语料中的具有特殊意义命名实体，由于这些命名实体数量不断增加，通常不可能在词典中穷尽列出，且其构成方法具有各自的一些规律性，因而，通常把对这些词的识别从词汇形态处理（如汉语切分）任务中独立处理，称为命名实体识别，具体方法可采用：

（1）基于规则和词典的方法：此方法采用语言学专家手工构造规则模板，选用特征包括统计信息、标点符号、关键字、指示词和方向词、位置词（如尾字）、中心词等方法，以模式和字符串相匹配为主要手段，这类系统大多依赖于知识库和词典的建立。

（2）基于统计的方法：通过预先分析出来的法条及案例数据中的特征，使用机器学习算法识别出这些实体。

（3）混合方法：基于统计的方法使状态搜索空间非常庞大，必须借助规则知识提前进行过滤修剪处理，因此在实际应用中将两种方法结合起来。

3. 信息检索技术

承办人员从海量信息中获取自己所需要的信息已经成为了日常工作所需，目前还没有一套专门应用于法条案件信息的检索引擎，本项目通过研究行业用户需求，定制专门应用于法律领域的分词系统和检索系统，最大限度上还原检索意图、尽量减少干扰并提高信息服务的有效性，给予承办人员最优结果。

4. 自动推荐技术

为了避免承办人员浏览大量无关的法条和案例信息，自动推荐系统通过采集承办人员在系统使用过程中的行为和使用的数据，分析其工作内容，由系统发现承办人员的关注点并引导他们发现自己的信息需求并提供定制的案例推送和法条提示服务，具体方法可采用：

（1）基于内容推荐：系统基于承办人员工作内容的特征，利用机器学习方法从关于工作内容的特征描述的事例中得到用户的兴趣信息。

（2）基于协同过滤推荐：为承办人员找到他感兴趣的内容的好方法是找到与他有着相似案件的其他承办人员，然后将他们办理的历史案件推荐给此承办人员。

5. 自动分词技术

中文分词的准确与否，常常直接影响到检索结果及相关度排序，然而汉语书面语是以汉字为基础，字与字之间没有明显的界限，因此，为了把中文的汉字序列切分成有意义的词是至关重要的，本项目主要应用了以下几类的分词技术：

（1）基于词典的机械匹配的分词方法：事先建立词典，按照一定的策略将法条及案例数据与一个充分大的词典中的词条进行匹配，若词典中找到这个字符串，则识别出一个词。

（2）基于统计分词方法：词是稳定的汉字组合，在上下文中汉字与汉字相邻共现的概率能较好地反映成词的可信度，因此对法条及案例数据中相邻共现的汉字的组合频度进行统计，计算它们的统计信息并作为分词依据。

（3）基于人工智能的分词方法：应用人工智能中的神经网络和专家系统来进行中文自动分词，该算法的分词过程是对人脑思考方式的模拟，试图用数字模型来逼近人类对语言的认识过程。

五、系统功能介绍

刑事检察办案辅助系统由智能办案辅助、案件评查辅助、检委会会议辅助、办案风险评估、绩效考核及系统管理等模块组成。

（一）法律研究

法律研究模块包含了法律规定、司法案例、电子书专区、常见罪名树等模块。

1. 法律法规。法律法规模块分为法律法规、司法解释、会议纪要、通知和文件等子模块，每个模块都包含检察官办案所需要用到的所有规定。

2. 司法案例。司法案例包含"两高"的指导性案例，省级院的指导性案例，市级院及本区县的案例，同时系统自动将承办检察官所办理过的案件作为案例收录到系统中，当检察官遇到相似案件后系统自动做出提醒，方便检察官快速进入办案逻辑当中。

3. 电子书专区。电子书专区收录了检察官所要参考的工具用书，并对电子书作 OCR 识别，方便检察官能够直接复制相关文字，同时能够实现对电子书内容进行快速精确检索。

4. 常见罪名树。常见罪名树是系统提供的一个开放式的数据集成平台，通过树形结构对常见的罪名按照业务逻辑进行分类,在每个罪名子节点下都提供法条、案例和专家观点等,检察官只要通过点击鼠标按图索骥就能寻找到自己需要的办案数据集,极大地节省了找案例找法条的时间。常见罪名树允许检察官自行添加案例,并对错误进行修正,集合了多数检察官的经验和智慧。

(二)办案辅助

办案智能辅助包括法条案例推送、案件图形化分析、量刑过程可视化处理、简单案件智能办理、出庭辅助等功能。

1. 法条案例推送。法条案例推送以定性和定量相结合方式进行推送,既能发挥检察官的经验优势,又能发挥机器大记忆容量的优势,最大限度帮助检察官快速搜索到自己所需要的案例和法条。系统将法条关联的司法解释、专有名词解释、会议纪要、专家理论及相关案例进行关联形成罪名树,比如"盗窃公私财物,数额较大",系统会根据在办案件的盗窃情节和数额推送【侵犯财产罪】>【盗窃罪】>【盗窃公私财物,数额较大……】相关的所有法条、专有名词解释、会议纪要、专家理论。同时系统通过对案件的犯罪构成的四要素包括犯罪主体、犯罪客体、犯罪的主观方面、犯罪的客观方面对在办案件和案例库中的案例进行比对,智能地推送相似度最高的全省历史案例和个人承办的历史案例供检察干警参考。

2. 案件图形化分析。案件图形化分析能够以图形化界面列出系统所识别对所有犯罪嫌疑人列表、犯罪行为列表、证据列表、适用的法律法规列表,以关系图形快速帮助检察官厘清案件的整体逻辑架构。通过案件事实和证据之间的对应关系,来帮助检察官厘清现有证据和犯罪之间的关系,系统能够智能提醒检察官在案件现有证据目录中是否有缺少关键证据的情况。检察官根据证据分类体系,能够清楚地了解常见罪名的证据分类模型,从而完善证据分类,提高案件质量。

3. 量刑过程可视化处理。量刑过程可视化处理能够将量刑的逻辑推理过程以可视化方式提供给检察官,让检察官完全知晓机器的推理过程,避免出现误导检察官的情况。系统按罪名形成不同的量刑计算模型,通过对法律法规和相应的会议纪要，结合检察干警经验形成量刑计算模型。按【量刑起点】>【基准刑】>【基本宣告刑】>【宣告刑】的量刑计算流程设计量刑计算模型，该模型为开放性模型，检察干警查看每一步计算过程中的计算依据，并随时修改错误节点、重新录入计算依据，使得量刑计算模型可以不断修正和优化。计算机自动量刑的意义在于能够不带感情色彩地帮助检察官准确地给出量刑建议，避免检察官因为主观认识上的错误而导致办案出现偏差。

4. 简单案件智能办理。智能办理是计算机中完全学习了案件的内容之后，根据智能办案的模型自动完成案件定性、文书撰写、量刑建议等内容，是本系统最为核心的功能之一。智能办理并不是完全替代检察官办案，而是将基层院最为常见的集中罪名的案件中，将最为简单的案件进行流程化办理。比如危险驾驶中的醉酒驾驶、盗窃案中的单人单笔盗窃等。智能办理功能需要机器不断地学习和算法不断的调整，才能有更好的效果。

5. 出庭辅助。出庭辅助是指系统通过对起诉书、举证提纲、讯问提纲、答辩提纲的大数据积累，在计算机自动判断案件情况之后，在数据库中搜索出与本案最为相似的案件的三纲一书，从而帮助检察官快速回顾以往案件，并省去部分文书撰写的时间。

（三）案件评查

案件评查辅助模块实现办理案件的质量评查，包括诉判不一致、文书重复率计算、强制措施不适用、依条件评查案件等模块。

1. 诉判不一致。系统通过对在办案件的分析与案例库中的案例进行匹配，找出相似案例并将在办案件的起诉书与相似案例法院判决书进行比对，如在定罪及量刑等出现较大差异的及时进行提醒告警。

2. 文书重复率计算。系统根据录入在办案件中公安提交的《提请逮捕意见书》《起诉意见书》与检察干警编写的《审查逮捕意见书》《起诉书》进行查重计算，一旦发现两边的文书相似度过高，系统及时地进行告警。

3. 强制措施不适用。系统经对在办案件的卷宗分析，实施的强制措施不符合相关法律法规的，系统将及时告警。

4. 提押证与笔录不对应。提押证上所记载的时间与笔录形成的时间具有一一对应的关系，如果存在不对应的关系，那么可能存在办案程序上的问题。

5. 依条件评查案件。系统根据事实认定、证据采信、法律适用、办案程序、风险评估、文书使用和制作、涉案财物处理、办案效果等方面对案件的质量进行评查，按比例计算案件办理的评查分数，并显示失分项及原因。

（四）检委会会议辅助

检委会会议辅助模块主要服务于检委会成员，辅助检委会成员对疑难案件的决策，包括相似案件推送、专家观点推送、案件图形化分析三个子模块。

1. 相似案件推送。系统分析检委会讨论案件的四要素并与案例库中的案例进行相似度计算，推送相似度最高的案例，辅助检委会成员做决策。

2. 专家观点推送。系统根据案例特点自动从专家理论库中计算匹配相关专家论点进行智能推送，辅助检委会成员做决策。

3. 案件图形化分析。根据构成案件四要素、犯罪事实、证据链等对案件进行归纳总结，并按相应逻辑对其进行图形化展现，辅助检委会成员快速地了解掌握案件的基本情况和疑难点。

（五）案件风险评估

案件风险评估模块旨在对检察机关办案过程中，是否存在引发不稳定因素、激化社会矛盾、公正廉洁执法等进行分析研判和论证评估，系统对相应的评估内容进行分析研判打分，对于存在案件风险的及时告警。具体评估内容如下所示：

1. 是否掌握拟作出不逮捕决定的案件中被害人的态度和意见；

2. 犯罪嫌疑人是否有重新犯罪或逃跑的可能性，是否会有威胁被害人、证人或有伪造证据等干扰诉讼进行的行为；

3. 要求公安机关立案的案件下一诉讼环节能否顺利进行，是否会激化矛盾或引起新的社会矛盾等问题；

4. 拟作出不起诉决定案件中被害人及其家属的态度和意见，原侦查机关的意见及拟不予抗诉案件中被害人或申诉人的意见以及被害人或申诉人上访的可能性；

5. 对重大黑恶势力犯罪、群体性犯罪等可能影响社会稳定的案件拟作出

起诉或不起诉决定后,当事人及家属可能出现的非正常情况;

6. 其他可能造成案件风险的情况。

六、系统构建路径

（一）面向对象的大数据库

所有的信息系统都要以数据为基础,大数据则是智能信息系统的基础。面向对象的大数据的构建,是基于数据化的无尽可能性。《大数据时代》中的一个观点是:一切皆可数据化,文字可以数据化,位置信息可以数据化,沟通可以数据化,事件可以数据化,行为可以数据化,世间万物都可以数据化。这就赋予了大数据无穷的生命力,人类的行为完全可以通过数据化来记录。有了这样的认识,面向对象的大数据库构建就有了外在的形式和内在的含义。面向对象的数据库是以人为单位,用以记录每个人每天的行为,并通过对人的行为的分析,帮助人们更好地把握工作和生活。

智能化同样需要基于面向对象的大数据库的深度分析才得以实现,面向对象的数据库需要记录每个人的工作内容、对话聊天、搜索内容等方面的内容,基本涵盖一个检察干警8小时内方方面面的行为轨迹。基于大数据分析,能够概括出检察干警的工作内容、心理健康程度、擅长办理哪类案件、不善于解决哪些问题、知识结构是否合理、需要重点学习内容是什么。每个干警都拥有自己的数据库,辅助自己开展工作,学习知识结构的不足、合理平衡身心健康。

当这样的数据经过长时间的积累以后,人机智能系统能够从宏观上对干警的行为提出分析判断,并基于数据给出工作效率、工作量等一系列指标,为领导决策提供有力的依据。面向对象的大数据库的价值,不仅在于给干警提供智能化、人性化的服务,还在于通过微观的视角给予每个人认识自己观察自己的窗口,因为人脑是无法记忆所有的细节的,能做到对工作痕迹准确记录的只有计算机。面向对象的大数据库最核心的意义在于,能够让领导及时得知单个事件或者政策对全体干警的影响,从而能够更加准确地把握事物发展的方向,调整策略以更好地发挥检察队伍的战斗力和创造力。

（二）从定性到定量的智慧知识库

智慧知识库有别于一般的知识库或者问题库，智慧知识库既有具体的知识性数据，又有抽象的经验性数据，既有精确和专业的问题解答类数据，又有模糊的数据关联，既有方法论上的指导，又有具体事务处理的流程。智慧知识库具有三大特点：共享性、开放性、实用性。共享性是指数据库内的所有数据向所有干警免费开放查询，同时可以提出问题向所有或特定干警进行咨询。开放性是指所有检察干警依据自己的权限大小能够对智慧知识库进行维护和补充，对于知识库中存在的错误或疑问提出自己的见解。智能性是指对于干警向智慧知识库提出的问题，自动进行全库搜索，将相似性最高的问题解答自动推送给干警，并提供评价体系以便不断完善解答。同时提供问题相似度，提醒干警不断降低自己问题的模糊程度，最终获得准确的答案。

智慧知识库是一个生态型数据库，包含了检察工作中各个层面的问题的解决方案和工作相关的知识点，能够实现自我增长自我完善，当然这个增长和完善的过程需要人工进行回应，系统的智慧知识库无法实现完全的自动学习和完善自我，但它能够非常方便地为干警提供将对话记录添加至智慧知识库的入口，干警只要在聊天之中完成对相关问题的解答，即可将自己的解答添加至智慧知识库。智慧知识库支持每个干警为自己建立知识库，将自己工作当中的问题记录在知识库中，一旦问题得到回答或解决，通过一键入库方式上传自己的知识库到智慧知识库当中完成问题的共享。

智慧知识库包括法律知识库、工作思路库、文案起草库，法律知识库包含了所有的法律法规、司法解释、会议纪要等法条类数据，也包括省市区三级案例库，能够与办案干警的案件实现自动关联法条和案例，省去干警查找法条的时间。工作思路库包括了检察机关常规性工作的流程与方法、案件办理程序性规则，以及其他抽象性方法论集合。文案起草库包含了常规的文书、报告、文件的格式、提纲、模板等内容。智慧知识库具有一个重要的特点在于，它能够实现人机共同演进，随着检察干警工作水平的不断提升，智慧知识库也会变得更加人性化、智能化，帮助干警更好地解决工作实际问题。

（三）基于人像识别和无线射频技术的智能感知网络

感知网络是收集基础数据的重要节点，是智能系统的基础网络，感知网络需要众多的感知终端负责收集基础数据，感知终端需要准确且迅速。人像识别与无线射频技术具有不同的性质和用途，人像识别是基于人体特征识别的感知终端，无线射频是基于物理特征识别的感知终端，而只有将两者结合使用，才能全面记录人事物三者的对应关系。

智能感知网络是实现涉案财物智能化管理的重要手段，通过对涉案财物不同管理级别的区分，可以限定涉案财物的转移范围，保证涉案财物的安全，准确定位涉案财物的位置，有效帮助案管部门准确管理涉案财物。人像识别系统通过对访客的识别，准确定位访客在单位内部的位置，对于陌生人接近重要部门进行告警，有效地保障涉密部位和重要人员的安全。人像识别还能应用在开会签到，对尚未参会的干警提供智能提醒服务。通过对单位内部停车位使用情况的统计，实时告知进入单位的车辆停车位的适用情况，并进行智能引导停车，提高停车效率。通过对就餐人数的统计，实时告知未就餐的检察干警合理避开就餐高峰期，缩短等待时间。智能感知系统的重要特点在于，能够收集事物发生的时间地点，通过大数据分析合理匹配有限资源，有效提高资源利用率。

（四）基于语音识别和语义搜索的人机对话系统

广义的人机对话是指人对计算机通过某种操作，要求计算机完成某个任务的过程。本文所指的人机对话是指第三代人机对话方式，即人与计算机基于自然语言，计算机通过模拟人类思维的方式以人习惯的自然语言的方式解决使用者所提出的问题的过程，第三代人机对话系统俗称聊天机器人。

当前聊天机器人的实现方式包括：基于模板、基于检索、基于机器翻译，以及基于深度学习等四种方式。在这些方式中，基于模板的方式精度最高，但能够回答的问题最有限，并且对问题的精确度要求较高。基于检索的方式也能获得较高的回答精确度，但需要较大的对话数据库，对系统计算能力有较高的要求。基于机器翻译的方式精确度较低，但其能够让使用者获得较好的体验，让使用者觉得与人在对话，但是机器翻译所提供的回答尚无法拥有较强的逻辑性，因此在对答案精度较高的领域无法适用。基于深度学习的方式是目前最先进的方式，但入门门槛较高，系统较为复杂尚不具备推广价值。

检察机关所需的人机对话系统，是基于检察业务开展的模型化的对话方式，并且具有提供日常办公常用信息功能的问题数据库。人机对话系统的核心是问题数据库，通过优化的检索方式快速找到相关问题的内容，并以文字或语音的方式输出检索结果。人机对话系统的一个重要特点是学习功能，这种学习功能并不能自动实现，而是需要系统使用者在日常使用当中以及与检察干警的网络对话当中一键导入对话模型，不断扩充人机对话系统的问题数据库，从而实现人机对话系统智能性的提升。

检察机关人机对话系统主要服务于检察办案和辅助办公，因此问题库的建设以准确性为首要原则，兼顾日常办公的辅助，对于简单问题的回答要基于语义分析准确地输出答案，提高系统的可使用性。对话方式包括语音和文字，兼顾使用便利性和准确性。基于检索的人机对话系统以搜索技术为实现方式，问题的精确度越高，所获得的答案的精确度也越高，这也决定了其难以开展基于干警生活的人机对话。一种较好的构建方式是结合模板与检索两种实现方式，充分发挥两者的优势，提高系统的智能化水平。

（五）基于案件生命周期的智能辅助系统

刑事案件始于侦查机关立案侦查，终于法院判决，从立案侦查到判决这个过程即为案件生命周期。检察机关依据其各部门职能，既对侦查机关的侦查活动进行监督制约，也要对法院的判决予以监督审查以防止错判误判。可以说有且只有检察机关才能参与刑事案件的全生命周期，因此刑事案件要实现从程序到实体的公平正义，检察机关扮演着核心的角色。而如何帮助办案人员更好地把握刑事案件的整个周期，是人机智能系统的重要任务。

刑事案件的办理过程中，办案人员既需要对法条的准确运用，也需要对事实的清楚认定，最后根据严密的逻辑对案件定性。然而没有一个案件是完全相同的，办案人员需要基于自己的判断和经验来对案件做整体把握。在这个过程中，办案人员需要从浩繁的法律法规中准确地寻找到适用的法条，并且依据以往相似的案例寻找思路，而寻找的过程正是计算机系统的优势所在。办案智能辅助系统依据上一个节点所有的信息去查找本节点所需要的办案支持，使得办案人员能够将大部分时间用在案件本身的办理，而不至于在查找资料的过程中花费掉较多的时间。

一般刑事案件包括以下节点：立案、侦查、批捕、侦查终结、移送审查起诉、审查起诉、准备出庭预案、出庭公诉、判决。案件全生命周期特点在于，后一个办案节点能够看到前面所有节点的处理结果、文书、案卷等信息，并对本节点需要开展的工作提供智能化支持。办案智能辅助系统的数据来源于统一业务系统，不需要办案人员进行二次输入，而是在统一业务应用系统数据的基础上提供办案辅助等扩展功能。办案智能辅助系统的建设原则是全过程自动智能处理，无须办案人员输入任何信息，通过鼠标的点击即可完成信息获取，并且自动记录整个案件的所有材料和信息，实现办案、学习、研究相结合的生态型办案模式。

（六）开放性综合智能服务平台

检察机关的工作任务包括办案和综合两大部分，办案的数据来源于统一业务应用系统，而综合工作任务来源于政务管理系统，通过读取两大数据库的数据，自动将工作任务分配到每位检察干警的终端界面，并根据任务优先级排序。每位干警可以自行新建任务，也可以建立自己的小型资源库来存放常用的数据文件。

每个终端都可以建立可视化沟通渠道，可视化沟通既可以实现点对点沟通，也可以实现组群沟通，或者召开网络会议。可视化沟通依托于小型高清摄像头传输本地图像，同时可以集成物证展示台的图像来实现物证和材料的展示。通过可视化沟通渠道的建立，同时能够实现检察业务网络远程协助功能，两级院检察干警通过网络即可完成工作的传达与汇报。

平台在构建完成后，系统数据一方面来自于统一业务应用系统，另一方面需要系统使用者进行维护与管理，各部门依据自身职责负责相应的维护工作，功能性调整由技术部门负责。系统资源无偿向全员开放，各部门依据工作需要申请系统各个模块的功能，实现全员维护、全员共享、按需供给。

（七）基于模块化设计的大型复杂系统

模块化设计是指大型系统先通过对系统整体框架的描述和构建，将系统主要结构和流程勾勒出来，然后逐步实现功能性模块的开发，保证每个模块的生产相互独立不受影响，但投入使用后又可以协同工作，发挥整体效果的开发模式，模块化设计为人机智能系统的构建提供了可行的思路。

模块化设计的优势在于，能够兼顾需求的个性化和系统建设的标准化，使得检察机关在系统建设的过程中不必重复投入建设，以最小的成本获得较好的用户体验，与以往为某一功能开发一个系统的建设思路有本质的区别。模块化设计为检察机关提供了个性化服务的可能，每位干警可以基于自己工作的需要申请使用各类系统模块，而这些模块基于标准化的流程生成数据，实现数据统一生产分步使用，避免计算机过度计算而导致计算能力下降。

模块化设计为检察机关提供人机智能系统建设路径的另外一个重要因素是投入与产出的比例。检察机关的应用是基于检察业务逻辑形成的，检察业务是依据法律而设计的，在较长的时间内，检察业务是相对稳定的。因此，当一个功能模块获得检察干警的认可，就能在较长的时间内持续地发挥作用。即使有新的需求产生，也可以在不影响原有的功能模块的基础上进行二次开发，不需要检察干警重新学习新的界面和系统，从而较好地保留了原有的使用界面和习惯。

简而言之，模块化设计既能保证每个模块之间的独立运行，也能多模块协同工作，使得计算机信息系统的开发从原有的重复建设推倒重来，转变到沉淀式累积式建设，为检察信息化建设带来较好的延续性。

七、系统整体框架设计

刑事检察办案辅助系统是集日常办案、数据存储、数据分析与挖掘、展现为一体的综合软件平台。系统采用分布式大数据技术路线和 SOA 的体系架构，具有先进、安全、稳定、跨平台等特点，可支持 Unix、Linux 等操作系统。

刑事检察办案辅助系统不同功能块之间高度集成，能够作为一个整体提供给用户，主要体现在其通用性和支撑作用。基于平台能够满足面向未来的刑事检察业务应用,且由于技术标准确定、统一,能够利用平台的开放标准实现后续的集成与扩充延长系统的使用寿命。

系统整体采用分布式集群硬件部署方式,分布式系统最大的特点是可扩展性,它能够适应需求变化而扩展。检察院的业务应用需求会随时间而不断变化,这也对应用平台提出了很高的要求。应用平台必须要能适应需求的变化,即具有可扩展性。随着刑事检察办案辅助系统的规模从区县院到市中院再到省高院的部署,业务规模会不断增大,业务变得越来越复杂,并发用户请求越来越多,要处理的数据也越来越多,这个时候应用平台必须能够适应这些变化,支持高并发访问和海量数据处理。

分布式系统有良好的可扩展性,可以通过增加服务器数量来增强分布式系统整体的处理能力,以应对业务增长带来的存储、计算需求。分布式系统的核心理念是让多台服务器协同工作,完成单台服务器无法处理的任务,尤其是高并发或者大数据量的任务。分布式系统由独立的服务器通过网络松散耦合组成的。每个服务器都是一台独立的PC机,服务器之间通过内部网络连接,内部网络速度一般比较快。因为分布式集群里的服务器是通过内部网络松散耦合,各节点之间的通讯有一定的网络开销,因此分布式系统在设计上尽可能减少节点间通讯。此外,因为网络传输瓶颈,单个节点的性能高低对分布式系统整体性能影响不大。对分布式应用来说,采用不同编程语言开发带来的单个应用服务的性能差异,跟网络开销比起来都可以忽略不计。因此,刑事检察办案辅助系统每个节点一般不采用高性能的服务器,而是性能相对一般的普通PC服务器。提升分布式系统的整体性能是要通过横向扩展(增加更多的服务器),而不是纵向扩展(提升每个节点的服务器性能)。

(一)价廉的硬件集群

系统的硬件平台选用大量廉价的PC服务器搭建分布式集群,充分利用检察院淘汰下来的PC机,以此来降低系统硬件平台的建设成本。对服务器硬件可靠性不做要求,允许服务器硬件发生故障,硬件的故障由软件来容错,系统的高可靠性由软件来保证。对服务器的性能不做要求,不要求使用高频CPU、大容量内存、高性能存储等。因为分布式系统的性能瓶颈在于节点间通讯带来的网络开销，单台服务器硬件性能再好，也要等待网络IO。

（二）横向可扩展性

横向可扩展性（Scale Out）是指通过增加服务器数量来提升集群整体性能。纵向可扩展性（Scale Up）是指提升每台服务器性能进而提升集群整体性能。纵向可扩展性的上限非常明显，单台服务器的性能不可能无限提升。横向可扩展性的上限空间比较大，刑事检察办案辅助系统的分布式集群能很方便地增加服务器。而且分布式系统可以保证横向扩展带来集群整体性能的（准）线性提升。比如有10台服务器组成的集群，横向扩展为100台同样服务器的集群，那么整体的系统性能会提升为接近原来的10倍。

（三）分布式架构设计

随着信息系统的快速发展，海量的信息需要可靠存储的同时，还能被大量的使用者快速地访问。传统的存储方案已经从构架上越来越难以适应近几年来的信息系统业务的飞速发展，成为了业务发展的瓶颈和障碍。刑事检察办案辅助系统采用基于HDFS的高容错性和高吞吐量的海量数据存储解决方案。通过高效的分布式算法，将数据的访问和存储分布在大量的服务器中，在可靠的多备份存储的同时还能将访问分布在集群中的各个PC服务器上，是传统存储架构颠覆性发展。

刑事检察办案辅助系统的构建是检察机关信息化建设的一个发展方向，这个方向符合计算机技术发展的潮流，也符合人类社会发展的趋势。然而这种融合人工智能技术的智能系统是一个规模巨大、功能众多、结构复杂的计算机系统，该系统自身的定位决定了其作为大型复杂系统构建面临着重大的挑战。虽然任重道远，但是笔者相信人机智能在检察机关的发展也面临着重大的机遇，只要稳步向前、扎扎实实，就能获得成功。

检察大数据在实践中的运用

——基于北京市人民检察院大数据实践应用的分析

闫仲毅

[讲演者小传]

闫仲毅，北京市人民检察院检察技术部主任，全国检察机关技术信息化人才库成员。从检17年，一直耕耘在检察信息化岗位上，始终致力于将最新信息技术与检察工作深度融合，推动提高效率，严管质量，提升检察公信力。

一、大数据的一般认识

(一) IT 产业的三次技术革命

20 世纪 80 年代至今,全球 IT 产业迅猛发展,20 世纪 80 年代,个人计算机(PC)使得计算机的预算资源和能力大幅提升,20 世纪 90 年代,互联网实现了计算能力的互联,21 世纪,云计算将计算、存储资源通过网络进行了整合。PC 和互联网时代的 IT 基础设施建设及智能终端的普及为大数据时代的到来和发展打下了坚实的基础。

(二) 检察信息化发展进程

回顾科技强检的历程,从三位一体到四个统一,从简单的办案流程管理到办案应用的丰富、深入;从发展规划到技术标准。我们已明显感受到科技强检步伐的加快。

1. 1995 年计算机办公辅助,如统计数据、电子邮件、Web 网站、文档编辑等;

2. 2000 年网络化辅助,建成检察专线网,实现视频会议和网络办公协同;

3. 2005 年业务应用辅助,召开全国检察机关信息化应用推进会议,强调推进信息技术在检察工作中的广泛深入应用,把检察机关的信息化建设提高到一个新的水平。建设 C/S 架构的分布式办案软件,并逐步完善改进至 B/S 架构及 SOA 架构的办公、办案软件;出台《2005—2007 年检察信息化建设与发展规划》;

4. 2010 年全国检察机关信息化"四统一"发展,更加趋向一个整体;出台《全国检察机关分级保护建设要求》《人民检察院业务装备配备标准》《2009—2013 年全国检察信息化发展规划》《软件大统一实施方案》《"十二五"时期科技强检规划纲要》;

2015 年大数据辅助,全国检察机关统一业务应用系统上线,"检立方"大数据项目随之启动,出台《"十三五"时期科技强检规划纲要》《检察大数据行动指南》。

二、检察机关信息化的趋势

在办公自动化时代，应用替代手工操作，业务协作水平不高，信息共享不充分，信息资源没有有效整合和充分利用。

在统一业务应用系统时代，网络设施基本贯通和完善，业务应用逐步开展和覆盖，数据资源丰富，积累增多，数据服务广泛开展，探索实践。

在大数据应用时代，已积累海量、多样的检察信息资源，应用深度整合，开启数据综合利用及服务，云计算、云存储技术日趋成熟，开展智能化应用。

在大数据时代，我们现在可以看到大数据在各个行业都涌现出了一些应用，比如谷歌依据网民搜索内容分析全球范围内流感等病疫传播状况，准确率达到97%；阿里巴巴根据平台上买家询盘数分析宏观经济，成功预测2008年经济危机；华尔街"德温特资本市场"公司：分析3.4亿微博账户留言，判断民众情绪，依据人们高兴时买股票、焦虑时抛售股票的规律，决定公司股票的买入或卖出；根据各地降雨、气温、土壤状况与历年农作物产量信息分析，预测农场来年产量；我国推行的智能电网建设，依据智能电表采集的数据，获取全网电力使用运行情况，合理支配能源供给；微信、微博社交APP应用极大地扩宽了人们的社交网络，随时随地地分享各自的状况、位置信息。

此外，大数据在电子商务、社交网络、智能农业、物流等领域也都有很多创新的应用。可以分析数十万份菜谱，来综合了解各地域人的口味；可以结合深度学习和谷歌街景，分析街景中的汽车类型、型号、年份，进而分析人口结构，辅助选举拉票；可以根据互联网热点新闻预测某国战争趋势，对发生战争的区域预测吻合度很高，但是对于未发生战争的区域误差也是很大；无讼做了很多工作，无讼案例、无讼名片（推荐律师，也是一个匹配度的应用，硬币的另一面就绩效）、无讼法规（以引用次数排行，命中率非常高）。

这些应用无不体现出对规模化、多样化、快速增长的大数据的采集获取、存储加工和分析挖掘，从中获得潜藏在大数据中的价值，从而推动业务模式的创新。我们认为：21世纪，网络和信息已经成为我们工作和生活的必需品，数据共享和公开也将助力社会组织管理的转型。大数据催生行业的渐进融合。

但是，大数据会不会超出人类的控制，大数据、人工智能，最终会不会毁灭人类。因为大数据条件下，战争形态发生变化，不对称性更突出，优势一方优势更明显，那么就会更轻易的决策发动战争。

随着全球 5G 网络竞赛的开始，第五代移动网络已经逐渐开始出现在我们的面前。而 5G 作为 3G、4G 后的新一代移动网络，5G 将会带来颠覆性的变化和更协调的无线电频率。这意味着整个城市都会被智能地连接到一起，包括了远程手术、无人驾驶汽车和各种各样的"物联网"。

物联网可不仅仅只是让你通过远程控制的方式提高室内温度或冰箱提醒你购买牛奶，甚至在列车还未到站的时候就可以告诉等车的乘客们现在还有多少空座。

基于大数据的报告全面汇聚了各方面的权威数据，据介绍共有 30 多个种类，总计 40 多亿条相关数据，综合运用多种大数据分析方法，对我国大数据产业发展进行了全面分析，是用大数据来了解大数据：（1）数据来源——政府公开信息、互联网信息、民意调查等 9 项；（2）数据类型——结构化数据、文本信息；（3）数学模型——主题分析、聚类分析、综合指标权重分析等 5 种；（4）业务模型——9 大类业务主题，16 个细分主题；（5）可视化效果——区域热力、关系气泡、二维象限等 6 种图形。

三、大数据辅助决策分析实践

大数据分析及应用典型架构，大数据分析与应用需要基于海量的、多类型的数据信息资源，有完善的数据库和数据仓库管理系统，通过数据清洗、整合、建模和挖掘，形成固定的数据挖掘方法库和模型，实现基于用户需求、应用场景的可视化信息关联、分析和展现。

检察院的信息化经历了数据累计阶段、数据应用和数据专项分析阶段，已经累积了海量、多样的信息化资源，初步具备了大数据应用的基础。大数据应用目标：通过汇总海量数据资源，从不同层面、不同角度，以多种形式为检察决策、规范执法提供数据支持。

近年来，北京市检察院党组认真贯彻落实最高人民检察院的工作部署，在不断深化检察改革的进程中结合科技强检战略，融合前沿信息技术（在

"全员、全面、全程、规范"应用统一业务应用系统的基础上,建设"检立方"系统和检务中心,实现执法行为全员全流程监督,执法质量实时动态监控,执法场景监督全覆盖,执法信息依法公开)实施大数据技术与检察工作融合的研究和应用,覆盖办案责任制的"四个环节",提升内部"四类监督"能力,强化"四项公开",研究趋势分析,用信息化加固权力的"笼子",坚持问题导向,为落实办案责任制,确保案件质量,规范检察权运行提供强有力的科技支撑。

(一)全面整合执法数据,以落实办案责任制为核心,保障检察权规范运行

检察官办案责任制的改革,将使检察权的运行集中体现在主任检察官执法办案活动中。规范权力运行,就是规范执法活动。"检立方"系统全面整合执法数据,覆盖办案责任制的落实、通报、监督、反馈等四个环节,服务辅助办案责任制改革落实。

一是数据公开、公正、透明,监督办案责任制的落实。采集案件信息60万件,业务数据9800万项,整合四大信息资源数据库和160个系统功能,分析765项指标和4300名人员信息,建立客观指标库,分为10个业务,共271项业务指标。每类业务指标分为质量、效率、效果三个方面,每项指标通过四个维度分析,细化到每一个院、每一个部门和每一名检察人员,使所有承办人、决策者在数据对比中自己找准位置,看到差距,及时改进,强化自我约束,形成规范司法的行为自觉。

二是彻底取消依据数字考核排名,改为常态化的业务通报,核心数据模块展示了最高人民检察院确定的26项业务核心数据,落地细化的辅助数据67项,实时、客观、真实,明确办案责任的落实,避免重数量不重质量,重名次不重效果,甚至弄虚作假。

三是"检立方"支撑监督机制整体化,检委会承担主体责任,监察部门重点对十八类案件进行重点督察,案管部门对全部八类案件实行百分之百的重点评查,条线业务部门对9类案件逐案复查。整合内部监督,一旦发现问题绝不护短,限期整改。

四是建设问题反馈机制，聚焦办案责任制落实过程中所关注的业务信息和指标变化，当变化幅度超过预设阈值时，触发自动反馈，将提示信息定向推送至承办人和主管领导，进而关注具体案件，调整工作策略，保障办案责任制落实和检察权的规范运行。

（二）实现执法办案监督全覆盖，以提升确保案件质量为重点，促进检察权规范运行

案件质量是检察工作的生命线，检务中心聚焦于对执法办案流程、内容、结果和行为等四个方面监督能力的提升，为确保案件质量提供丰富的信息化工具。

一是"全员、全面、全程、规范"应用统一业务应用系统，按照统一的执法流程标准、执法行为标准和法律文书标准进行网上案件办理，所有司法行为全程留痕，实时监控，覆盖每个业务流程、每个办理节点。切实解决执法标准不统一、执法程序不规范、制度规定不落实以及选择性执法、任意性执法等问题，进一步规范了检察权的运行。

二是在"检立方"系统中实现对统一业务应用系统中执法办案内容的审查功能，通过梳理对比案件和流程的关系、信息项之间的逻辑关系、信息项和文书之间的对应关系，形成数据质量检查体系，自动发现问题，追踪问题改正状态。所有办案数据真实准确、全面整合、动态引导。

三是通过强化内部反向制约确保案件质量。整合三级检察院案件信息和文书，形成一案一表和"文书链"，实现一个案件所有诉讼环节的信息纵向贯通，以刑事申诉案件为切入点开展问题追溯，倒查该案件在检察院所有诉讼环节的案件信息和文书信息。

实现执法办案信息对内公开透明，突出检察一体化优势，在流水线型的检察权运行过程中，前一办案环节对后一办案环节负责，后一办案环节对前一办案环节把关，上下级之间相互负责，检察机关整体对案件质量负责。

四是实现对执法行为和现场的同步监督及指挥。接入了全市检察机关控申接待室、大要案指挥中心、提讯室等执法场所信号，严格执行同步录音录像制度，实行查办职务犯罪讯问和技术部门制作"审录分离"，做到凡接触

犯罪嫌疑人必录、凡问必录、凡搜查必录,在移送审查逮捕、审查起诉时,一并接受审查。

通过数据交换实现看守所、监狱在押人员、监外执行人员信息的准确实时监控、集中管理和报表分析。

(三)执法信息依法公开,强化外部监督,倒逼检察权规范运行

十八届三中、四中全会以来,最高人民检察院大力推进以案件信息公开为重点的检务公开工作。北京市检察机关严格落实最高人民检察院的要求,2016年9月1日起将案件程序性信息、重要案件信息和法律文书依法依规全部公开,同时依托北京检察网和微博微信,大力推进检务公开工作。

第一,实时公开案件程序性信息,方便当事人。2017年9月1日起,在互联网上向当事人提供职务犯罪侦查案件等14类案件查询服务,实时公开案由、受理时间、办理期限、办案部门、办案进程等信息。例如,市检一分院承办的尹某某故意伤害案,已绑定律师白某的信息,律师在互联网上登录案件信息公开系统,即可查看该案件的相关程序性信息。

第二,适时发布重大案件办理信息,积极回应社会关切。对有较大社会影响的职务犯罪案件的立案侦查、决定逮捕、提起公诉等情况,有较大社会影响的刑事案件的批准逮捕、提起公诉情况,及时向社会公开发布。

第三,及时公布法律文书,自觉接受当事人及社会监督。对不起诉决定书、刑事申诉复查决定书等法律文书,一律在互联网公开发布。法律文书公开之前,按照规定将相关字段利用技术手段进行屏蔽。如某不起诉决定书,将被不起诉人姓名、住址、身份证号等涉及个人隐私的信息予以屏蔽,保护当事人合法权利。印发《北京市人民检察院关于公诉案件起诉书制作的规范意见(试行)》,提高公诉案件起诉书制作规范化水平,提升案件质量。

第四,积极开展司法便民服务,打造阳光检察。在北京检察网,统筹整合控告、举报、申诉、行贿犯罪档案查询、律师预约申请、告知接受委托等需求,形成"一站式"检务公开网上办事平台,使群众反映司法诉求更加便捷、高效。2017年,北京检察网被国家工信部评为全国政务网站优秀奖,全市有13个检察院被评为全国检察机关"文明接待室"或"文明接待

示范窗口"。

（四）探索预测执法办案发展趋势，保障检察权运行符合司法规律

"检立方"二期以趋势发现为导向，研究基于数学模型的检察业务预警预测体系，探寻业务发展趋势。包括案件多维分析、指标项关联分析、信息项关联分析、回归预测分析、文书挖掘等。

1. 案件多维分析模型。针对普遍关注的重点业务指标，增加更多维度的专题分析。如对不起诉情况按照结论、地域、案由、关联性等多个维度进行分析，以图形化展示，分析影响不起诉率明显变化的相关因素。

2. 信息项关联分析模型。不起诉案件信息项关联分析模型，提取一审公诉案件涉及的200多个维度数据，按照关联性分析（Apriori算法）的思路，将每个维度和不起诉结论进行"碰撞"，按照概率与数理统计的方法计算，得到信息项与不起诉结论的强弱关联关系。

3. 指标项关联分析模型。对侦监业务的各项指标，按照不同案由、月度、年度进行分类，按照五种关联性通用模型分析算法进行计算，分析受理数、不捕数、批捕数与不捕率之间的关联关系，研究潜在的规律和特点。

4. 回归预测分析模型。根据各项指标历年数据，自动确定正常波动范围，监测超出范围的指标，实现超范围警示，和即将超范围的预警。预警信息以"检立方"系统弹窗、内部邮件、即时消息通讯等形式中推送至相关承办人。

5. 文书检索云。检察机关在案件办理过程中形成案件相关的大量法律文书和工作文书，是检察工作的重要信息载体，包含了客观案发情形，以及承办人个人办案经验、思路、方法等重要内容，可以为后续实证研究、案例参阅起到重要作用。近期对较为关注的涉台和医患关系两种类案进行了专题分析。如医患关系专题，分析可见近年来涉医案件的整体趋势特征，并对被害人特征、案发特殊情形、造成损失等三个方面进行了针对性分析。

6. 检力资源配置模型。我们将电子商务物流领域利用大数据技术优化人力资源配置、减少中间环节、提高物流效率的相关经验引入检察工作，通过对历年来审查起诉案件中盗窃罪、故意伤害罪办案周期分析，地域差别明显，平均办案周期与办案总人数存在较为明显的关联性，而与人均办案量关系并

不大。通过分析，找出影响办案周期的一些关键性因素和隐性规律，建立数据模型，计算出理论上的办案周期和承办人数量，为检力资源科学配比提供参考依据。

目前，"检立方"仍然是基于检察专网的内部检务云。未来，我们将进一步引入外部社会面数据，在确保安全的前提下，打通内外部数据之间的桥梁，将检务云扩展融合社会云，在更大的样本空间中联合开展智慧分析。

四、大数据辅助司法办案实践

当前，检察业务工作存在许多痛点，包括案多人少，案件办理工作压力大；阅读证据材料、法律文书占据检察官大部分审查精力；年轻检察官经验不足，同时缺少优秀检察官经验的积累、沉淀、传承；大量证据材料监督，易造成监督死角；经验决策，法律法规理解差异，易造成同案不同诉。

传统的信息技术面对上述痛点束手无策，只能在工作流程上做到简化，实现扁平化管理。或者在数据库方面提高检索效率，节约数据查询时间。目前，一些新的大数据技术成熟度越来越高，以前不可想象的应用场景能够逐步实现。

自然语言识别：将非结构化的文本段落进行转化、分词、进行词性标注、进行实体识别、用Parser构造为语法树，以供计算机使用逻辑方法进行识别和认知。该项技术在各大互联网搜索引擎中已广泛应用，能够实现大批量生产。

知识图谱：知识图谱是对科学知识以可视化的形式直观展示，且深入知识内部对其发展进程与结构关系进行系统分析。具体来说，知识图谱是把应用数学、图形学、信息可视化技术、信息科学等学科的理论与方法与计量学引文分析、共现分析等方法结合，用可视化的图谱形象地展示学科的核心框架、发展历史、前沿领域以及整体知识架构的多学科融合的一种研究方法。基于现有数据的再加工，包括关系数据库中的结构化数据、文本或XML中的非结构化或半结构化数据、客户数据、领域本体知识以及外部知识，通过各种数据挖掘、信息抽取和知识融合技术形成的统一的全局的知识库。此项技术较为成熟，已在药物发现、金融风险预测等领域深度应用。对于法律领域，知识图谱技术同样可以应用于案件的定罪量刑和证据审查，比如说故意伤害罪可以根据《刑法》拆分为 85 个要素，建立要素之间的关联关系，就能够形成这一罪名的知识图谱。

构建起每个罪名的要素体系之后，通过人工标注和机器学习，对海量法律文书样本进行采样；通过对法律文书大数据的挖掘，形成知识图谱，真正挖掘法律大数据的价值；通过知识图谱的不断累积，可将常见的审查角度和监督视角固化为办案中的流程节点。避免了年轻承办人因为个人经验缺失导致的监督死角，将优秀承办人的成熟办案思路和知识沉淀、固化、分享。

目前，以半自动生成文书为主要目标的公诉辅助系统已初步成型，特别是在简易程序领域，根据速裁案件办理模式事实清楚、证据充分的特征，可用信息化手段实现对该类案件的事实认定、文书编写和量刑建议。承办人只需要在系统中进行案件关键信息的核对即可完成统一且规范文书的自动生成。辅助系统主要针对当前案多人少的突出问题，在阅读卷宗材料阶段，用系统替代一部分摘卷和审查工作，节省阅卷、证据审查的时间，提高效率。该系统利用的核心技术主要是自然语言识别引擎，将非结构化的文本段落进行转化、分词、进行词性标注、进行实体识别、用 Parser 构造为语法树，以供计算机使用逻辑方法进行识别和认知。该项技术近年渐趋成熟，在各大互联网搜索引擎中已广泛应用，能够实现大批量生产。也正因为要对文本进行识别，系统辅助效果很大程度上取决于侦查机关移送卷宗的电子化程度和卷宗编写的规范性。

传统的量刑系统都是基于量刑指导意见的计算器式量刑计算工具，目前随着自然语义理解、实体识别特别是知识图谱等技术的逐步成熟，新量刑辅助系统已经演进到了以法律知识图谱为核心的要素式量刑辅助方式。依托新的系统，检察官只需提供在办案件的要素，即可获取具有相同量刑情节的既往案件的裁量情况全真数据分布，从而辅助做出当前案件合理的量刑建议幅度。在检察机关已经具备大量案件信息和法律文书累积的前提下，利用法律知识图谱技术能够实现对历史案件的要素提取和知识深度挖掘。现阶段将这种技术结合进个案量刑研判中，期望能够有效改善当前的个人经验式办案，把相对而言模糊随机的办案经验扩展至充分利用历史案件数据样本，通过相似案例的实际裁量分布，为量刑建议或审判监督提供客观依据，改善同案不同判现象。

在智能推送领域，相关产品有的长于智库数据容量，有的长于类比推送精度，都是以案例为载体实现办案经验的传承与分享，帮助新人快速成长。在"检立方"二期建设时试用的"检察文书检索云"目前已经升级演进成为检察云智库。系统内部收录检、法各类公开案例、相关法律法规和司法解释，并可接入北大法宝刑事专家精释观点，再结合办案辅助应用中采集到的实际办案经验，综合汇集成为内容丰富、结构清晰的检察知识中心资源库。其中，独特的以案件为视角融合刑事案件诉讼全流程数据，将检法一体化检索变为可能。另外，相较于传统关键词检索的案例检索模式，法律要素式案例检索更将检索的命中率提升到了新的高度，为案件办理和问题研究提供更为智能的知识辅助。

五、大数据辅助管理监督实践

北京市检察机关在全面落实司法责任制，突出检察官主体地位的同时，特别注重建立健全与新的检察权运行方式相适应的检察管理监督模式，在全市检察机关设立检察管理监督部，构建了"一个窗口对外、一个闸门对内"的检察管理监督格局，通过建立信息化平台、优化现代管理方式，健全案件质量评估、办案流程监控等制度机制，有效促进了检察管理监督的科学化、程序化、公开化，推动检察管理监督由微观向宏观转变，实现了案件质量效率的全院、全员、全过程监管和把握，全面提升了检察工作法治化水平和检察公信力。

为推进检察管理监督工作的科学化、程序化和公开化建设，更好地运用大数据信息服务检察业务工作，北京市人民检察院在打造检察服务中心和案件管理中心的基础上，将检务中心正式转型变更为检察管理监督平台，"检立方"大数据平台3.0版正式升级为检察管理监督平台系统1.0版，支撑服务"两中心、一平台、三条线"改革发展理念和机制，使之成为检察管理监督体系的"主阵地"和"中枢"。正式启动运行的检察管理监督平台主要职能为：统筹、管理、监督、服务，将统筹实现对外服务、对内管理监督，对检察机关人、财、物、案等要素进行科学组合；"两中心"受理的案、事件进入平台后，由

"中枢"各岗位检察官分派流转，动态管控，实现全程网上留痕，全院、全员、全过程的管理监督。

检察管理监督平台规划采集统一业务应用系统案件和文书信息、检察服务中心专网信息、检察服务中心互联网信息、原办案系统案件信息、检察院干警信息等5类内部数据和公安机关的户籍信息、法院的判决信息等多种外部数据，使用数据挖掘、搜索引擎等组件技术，建设检察服务中心，部署在检察专网和互联网上，以天为单位利用光盘摆渡进行内外网数据交换；建设案件管理中心、监督管理等各类应用系统，为各院院领导、检察管理监督部负责人、各业务处室负责人、社会公众、律师等各类用户提供服务。

此平台主要对院领导提供统计分析、业务情况分析、人员情况等功能，为领导了解检察业务情况、科学决策提供各类数据参考。检察管理监督平台为检察长提供展示全市各院各业务各部门在不同时间范围内的案件收结案情况及核心数据辅助数据情况，为领导从多方面了解各院、全市各业务的整体情况提供数据支持。通过业务维度查看全市各院各业务的办案情况，比如查看本院公诉业务案件受理办结总数，为检察长了解各业务的办案情况提供数据支撑。通过部门查看全市各院各部门办案的情况，比如查看海淀区检察院知识产权部门案件受理办结总数。为检察长了解各部门尤其是司改后专业化办案机构的办案情况提供数据支撑。受理办结数据均采用可视化热力地图的方式进行展现，根据颜色不同展示案件数量的多少，为检察长比较各院情况提供支持。在地图下显示当前选择的业务或者部门的核心数据辅助数据并提供同比。对于主管检察长来说，更为关心的是分管业务的案件受理情况。所以我们量身定做了另外的界面以业务条线的方式呈现出来。主管检察长可根据自身负责的业务进行查看，通过定位负责的业务条线，可精确查看到每个院、涉及该业务部门的工作开展情况，也可细化到部门各承办人所负责的案件信息情况。检察管理监督部门负责人更加关注的是两个中心的相关工作情况。此界面以地图的方式全面显示了案件受理和办结的相关情况。从案管中心、服务中心、监督管理三个方面辅助部门领导做好对外服务群众、对内服务办案部门的工作。

六、大数据下一步行动计划

新一轮的司法改革必将带有鲜明的时代特征，特别是科技快速发展，信息技术渗透到社会生活的方方面面，大数据已经成为当前信息技术发展的前沿，我们的工作内容、工作对象、工作方法都已经不可避免地被数据重构。在这样的大势之下，检察工作更加离不开大数据技术的支撑。以数据为基础，用数据说话，实现创新管理方式、提升自身管理科学化水平的同时，加强内外部监督与推进检务公开。

一是办案责任制改革，将切实保障检察官依法独立办案的主体地位，改革中必须切实解决责任落实和监督制约的问题。赋予检察官更多的执法办案决定权，承担更大的执法责任。按照权限清单，依据"抓两大放两小"原则，授权检察官。"两大两小"如何智能判断，从而减少检察官揽权或者检察官躲责。需要依托信息化打造一个基于检察大数据的，纵横贯通的有效评价监督平台，切实解决部门壁垒、信息分散、信息滞后等难题。整合执法办案各环节，完善案件管理、业务考评功能，建立统一的评价监督平台。

二是检察人员分类管理，人员类别划分为检察官、检察辅助人员、行政管理人员三类核定员额，经过筛选，三类员额分别占队伍总数33%、52%、15%的员额比例。实行检察官统一由省遴选、管理并按法定程序任免的机制：在省一级设立检察官遴选委员会，实行统一的遴选条件、标准和程序，从专业角度对检察官人选进行把关；组织人事、纪检监察部门在政治素养、廉洁自律等方面把关，确保检察官人选政治坚定、清正廉洁；依照相关程序，由检察长提名任命；各级人大依照法律程序进行任免。人员分类管理，就要分类评价，要分类遴选，还要跨类流动，评价是核心，评价中运用数据是最为客观、中立、公开的。

三是省以下法院、检察院人财物的统一管理，确保依法独立公正行使审判权检察权，实现省以下地方法院、检察院人财物统一管理，从而探索建立与行政区划适当分离的司法管辖制度。当下以地方党政部门管理为主、上级检察院管理为辅的检察院人财物管理模式，让省以下地方检察院受制于地方，检察权在一定程度上被干扰,设立在地方的各级检察院变成了一个地方的检察院,这与现代法治理念相悖。要从根本上解决这一问题,省以下地方检察院的人财物管理职权应从相应行政区划的党政部门中分离出来,统一由省级党委政府实施,构建省以下地方检察院人财物由省级党委政府统管、检察系统上下协管的新模式。

在改革的大形势下,检察大数据的发展面临着一些不可回避的困难。一是缺数据。美国联邦政府交通局大量采集交通事故信息,利用数据分析发现在某一路段车辆右侧事故多于左侧事故。实地考察发现该路段路肩设计有问题,影响视线,导致事故多发。这样的分析要基于全量的交通事故数据。但现在检察信息化缺数据量,案件信息少,范围太窄,都是承办人结合办案手动录入,采集方式单一、效率低。电子卷宗利用刚刚起步,公安机关移送的案件信息不够。缺数据维度,案件信息项、必填项太少,当然,多了录入麻烦,这也和采集方式有关系。例如 e 租宝案件中,想分析投资人情况,没有任何数据,缺有价值数据,比如时间节点快照,操作行为记录,在流程监控和工作量测算中都很有用处。二是缺关联。数据库相对分散,清洗、梳理、汇聚工作依赖服务企业,效率不高,很多外部资源库关联不起来,非结构化数据和结构化数据关联不精确。例如典型的披萨店的例子。

某比萨店的电话铃响了,客服人员拿起电话。

客服:XXX 比萨店。您好,请问有什么需要我为您服务?

顾客:你好,我想要一份……

客服:先生,烦请先把您的会员卡号告诉我。

顾客:16846146×××。

客服:陈先生,您好!您是住在泉州路一号 12 楼 1205 室,您家电话是 2646××××,您公司电话是 4666××××,您的手机是 1391234×××。请问您想用哪一个电话付费?

顾客:你为什么知道我所有的电话号码?

客服:陈先生,因为我们联机到 CRM 系统。

顾客:我想要一个海鲜比萨……

客服:陈先生,海鲜比萨不适合您。

顾客：为什么？

客服：根据您的医疗记录，你的血压和胆固醇都偏高。

顾客：那你们有什么可以推荐的？

客服：您可以试试我们的低脂健康比萨。

顾客：你怎么知道我会喜欢吃这种的？

客服：您上星期一在中央图书馆借了一本《低脂健康食谱》。

顾客：好。那我要一个家庭特大号比萨，要付多少钱？

客服：99元，这个足够您一家六口吃了。但您母亲应该少吃，她上个月刚刚做了心脏搭桥手术，还处在恢复期。

顾客：那可以刷卡吗？

客服：陈先生，对不起。请您付现款，因为您的信用卡已经刷爆了，您现在还欠银行4807元，而且还不包括房贷利息。

顾客：那我先去附近的提款机提款。

客服：陈先生，根据您的记录，您已经超过今日提款限额。

顾客：算了，你们直接把比萨送我家吧，家里有现金。你们多久会送到？

客服：大约30分钟。如果您不想等，可以自己骑车来。

顾客：为什么？

客服：根据我们CRM全球定位系统的车辆行驶自动跟踪系统记录。您登记有一辆车号为SB-748的摩托车，而目前您正在解放路东段华联商场右侧骑着这辆摩托车。

在这个例子中，主要依赖跨库的关联挖掘分析。跨越数据孤岛，数据库关联融合，才能被赋予大数据时代新的生命力。三是缺主题。业务需求不充分，缺乏分析方向，我们最开始看到大数据分析报告，从9大类业务主题入手，分16个细分方向，来分析中国大数据发展形势。相对而言，我们要去寻找检察工作的分析主题和方向，要贴近业务和办案一线。四是缺分析。大数据的价值不在数据，而在于数据分析。有数据固然好，但是如果没有分析，数据的价值就没法体现。目前所做的应当说还局限在统计意义上的计算，没有真正的分析场景。五是缺创意。大多数产品和系统应用前景同质化。其实也无关乎创意，各级检察机关都遵循宪法法律开展业务工作，趋同性是本意，要维护法律实施的稳定性和可预期。大数据和信息技术辅助业务办理和管理的方式、目标和效果基本差不多，相差太多只能说明对目标和对象不一样了。这种情况下我们的协作是非常必要的，成果分享的可复制性就很强。但是我们仍然要追寻一些个性的服务支撑，主要是和区域主要案件类型密切关联，这就是我们要在厂商提供的分析产品之上要做的工作了。六是缺平台。想当检察机关的数据科学家吗，你需要很多工具和知识，要自己搭数据库，明确数据目标后自己动手扒取数据，再清洗导入，然后做数学模型和业务模型，还要在十多种常用可视化工具和效果中来做展现。打完这一套组合拳，你不用再检察院待下去了。检察院的数据分析工程师，重点在业务模型，其他环节，需要工具，灵活定制的工具，就像图像编辑时代的Photoshop，网站开发时代的Dreamweaver三剑客。七是缺人才。在大数据应用方面，我们必须要培养自己的人员，与服务企业合作的同时，明确分工，在建模、分析等环节，利用我们熟悉业务的优势，不断提升自身的大数据应用能力。

在"十三五"时期，北京市检察机关全面推进执法办案体系建设，深化统一业务应用系统，建立职务犯罪检察流程，实现案件移送受理衔接机制、线索相互移送机制、案件调查、审查办理衔接机制、强制措施衔接机制、办案协助配合机制和制约制衡机制。建设辅助执法办案系统，实现证据审查、智库辅助、出庭管理、量刑建议和动态案例推送。支撑认罪认罚从宽试点，探索数据画像与心理测试配合使用。服务行政公益诉讼，利用好公共信息查询和分析工具。

全面推进检察监督体系建设，落实诉讼与监督适当分离原则，建立独立的检察监督线索统一管理流程，加强两法衔接信息共享，从行政执法信息中发现线索，加强监督调查能力，从互联网信息中发现线索，加强刑罚执行监督，全面连接监管场所和社区矫正协同平台。

全面推进检察权运行监督制约体系建设，落实案件办理与案件管理适当分离原则，建设检察管理监督平台，按照"抓两大、放两小"程序指引实现线索和案件的统一分配、动态管控。

全面推进检察组织体系、检察队伍体系建设，深化应用检察队伍信息管理系统，全面实现检察人员分类管理，建设检察人员司法档案和司法行政人员业绩档案，实现对检察官、检察辅助人员、书记员的分类精确业绩评价，支撑检察官遴选和惩戒程序，完善检察队伍教育培训管理系统，建立起职业荣誉体系，激发和提升队伍的凝聚力、向心力和职业荣誉感。

全面推进检务保障体系建设，推进检务保障系统深化应用。建设智能集约的基础设施资源平台，建立完善的系统安全保密保障平台。

大数据在量刑中的运用

唐万辉　陈　焰

[讲演者小传]

唐万辉，男，1973年3月出生，本科学历，法学学士学位。现任大庆市让胡路区人民检察院纪检组长。历任该院办公室副主任、技术科长、办公室主任。2012年始，参与该院与哈尔滨工业大学共同研发的公检法一体化办案平台项目，在确立软件架构与梳理业务需求中，做了大量细致的工作。2015年，独立运用钉钉软件平台，通过浅开发，推出了该院的移动办公应用。2016年以来，在互联网侦查及大数据在公诉工作中的应用做了深入的研究，并在《人民检察》等杂志、媒体上发表多篇论文。2017年4月，入选黑龙江省检察人才库。

陈焰，女，1978年出生，法学硕士。广州市人民检察院侦查监督处检察员，四级高级检察官。研究领域和专长为刑法、刑事诉讼法和网络安全法。先后在《现代法学》《中国检察官》等学术刊物上发表过多篇论文，承担完成多项省级、市级重点检察理论研究课题，并多次在省部级以上学术研讨会中获奖。在大数据研究方面，曾参与首届检察大数据沙龙、首届"司法大数据应用与研究"研讨会，撰写《大数据时代侦查监督业务的创新与完善》被评为广东省侦查监督学术研讨会二等奖。

当前，大数据和人工智能正在改变并将继续深刻改变我们的社会治理方式和社会运行方式。

在司法领域，我们要把握时代的脉搏，有效地发现大数据的价值和利用方法，应用到实际工作中。

事实上，人工智能在整个世界范围之内已经有很多相对成熟的研究，比如说人工智能在医疗方面的研究。IBM 公司开发的人工智能医疗程序，叫作沃森。有一位日本的女性患者，她患了白血病，在医生已经觉得束手无策的情况下，沃森花了十几分钟就把两千万页的医疗文献读完了，他给出了自己的医疗建议，并且把这位女性治好了。人工智能在医疗方面已经具备了超越人类的可能，但是它只是在个例上超越了，它要想在更多的范围内获得突破，它还要学更多的病例。还有，斯坦福大学利用深度学习算法诊断皮肤癌，将其诊断的结果与 24 位资深皮肤病专家的诊断结果做对比，准确度高达 91%，现在人工智能在医疗方面已经与专家的能力接近，也就是向专家学习，超过一般医生。

人工智能会不会超越人类，它和人类之间在伦理上的关系应该怎么处理？如果由人工智能管理人类，由其自主给被告人量刑，人类是否可以接受。出现不准确时的责任如何认定。我们确实需要事先去考虑，但是我们不要对此过于困惑，要在用的过程中去调整与应对。人工智能和大数据是一个怎样的关系？我们谈大数据量刑，为什么要谈人工智能呢？事实上二者是紧密联结在一起的。人工智能，是使用计算机来模拟人的某些意识思维过程和行为，比如学习、推理、思考、规划，比如：计算机视觉、语音识别。这些都是应用了人工智能技术，它是模仿和人相似的一种意识和思维过程，达到与人相似的处理问题的能力。大数据是人工智能的原材料，人工智能以大数据为基础进行训练，才得到了新的跨越。以前在没有大数据的情况下，人工智能几起几伏，很多人已经看不到希望了，信息的高速发展，数据的大量产生，科学家们发现通过数据训练人工智能可以得到很好的效果。

一、大数据的特征

大数据有四个特征：

第一，大数据他要有足够的量。数据量要存在，但只是相对大，不是大到无限，不追求得到全部数据，能够解决问题就可以了。

第二，快速的数据运算和流转。运算速度快，是指有这种处理数据的工具，比如说我们现在有计算机了才可以，处理足够快，比如我们的中医中药事实上是古代的大数据成果，只不过它不是用计算机去处理，它的时间轴以千年计，用古代人在生活中积累的若干数据，总结出来的。如果用计算机处理这些数据，应用大数据的分析方法，也同样可以得出精确的医疗方法。数据是具有时效性的，采集到的大数据如果不经过流转，最终只会过期报废。这些行为往往具备时效性，快速流转的数据就像是不断流动的水，只有不断流转才能保证大数据的新鲜和价值。

第三，多样的数据类型。数据是多维度的。"横看成岭侧成峰"，从不同的角度看，都能看到不同的内容，比如说机械制图，它是主视图、俯视图、左视图，不同的角度看是不一样的，但是这些角度放在一起是物体本身，数据维度一定要多，它对于勾画的物就更准确，相对于三视图，那可能是复杂得多的视图，可以把数据描述得很准。

第四，价值密度低。单个信息，它不是一个很全面的、很具体的信息，单体信息相对来说信息量不能太大，比如在上网的时候，有的时候我们要用实名，大家一眼就能知道就是你，价值密度相对比较高，如果我们用网名，这个信息密度就降低了，用多个数据关联分析出来人的实名，这个大数据分析的方法就有意义了。

二、检察机关大数据的应用

我们的卷宗，就是我们最好的数据。但需要加工转化。加工，就是加工成结构化数据；转化，就是转化成数据化卷宗。

检察机关大数据可以有哪些应用呢？可以智能生成起诉书，可以用大数据量刑，也可以做撰写法律宣传文稿，自动摘录卷宗的内容，用大数据判断罪行罪名；也可以做智能讯问，智能联网取证；还可以做多维度推送，把整个卷宗中的每一个词都设置成关键词，按照需求都可以推送。

三、大数据在量刑中的运用

（一）大数据量刑的可行性

我们为什么要做量刑，一般来说，量刑是法院的工作，检察机关量刑意义似乎不大。此前，由公诉部门要给法庭提交量刑建议，这是作为一个切入点，但量刑建议在实践中也遇到一些情况。比如，法院不采纳公诉人的意见，特别是不采纳精确的量刑建议。

2016年9月3日，全国人民代表大会常务委员会正式通过了认罪认罚从宽制度试点工作的决定。就是犯罪嫌疑人、刑事被告人自愿如实供述自己罪行的，对指控的犯罪事实没有异议，同意人民检察院量刑建议并签署具结书的案件，可以依法从宽处理。签署协议后，只要没有原则性的违反法律，法院应当认可检察机关的量刑建议。要深入地研究如何做大数据量刑，可以让量刑建议更加精确化，更容易让被告人和辩护律师接受，更加权威，从而有利于认罪认罚从宽制度的推行，节省司法资源。使制度的运行更加规范透明。当然，我们研究大数据量刑，最终是一种社会通行的量刑思维与模式。不仅是司法机关，社会各界都可以应用这个量刑模式，实现量刑公正性、透明性。

通过设计良好的数学模型进行量刑，可以实现同罪同判、节约司法资源、减小工作压力。要想把工作压力减下来，就应该让机器做更多的事，能不用人的就不用人，人只去做更有智慧的一些工作。没有什么不能被先进的科学技术取代，所有能够减轻工作压力的方式都应该积极探索。再就是提高效率，我们过去花费一天时间做的事，电脑可能一分钟就做出来了。量刑也是这样，在单位时间内能够做更多的量刑。

（二）电脑量刑的探索

1973年西德司法部就在研究数据量刑，它是一种检索的装置，那是最早的。1977年美国开发了一个资讯的法律专家系统，所谓法律专家系统其实是什么呢？就是把诸多情况人为地罗列出来，其他国家及地区像澳大利亚的量刑研究系统，荷兰的北极星球形系统，德国的还有日本的检索咨询软件，在我国台湾地区也都先后开发，比如说对于这方面的探索不是只有我们，而是国际上也都在做这方面的研究和探索，现在大数据和人工智能正当时，我们都要参与进来去研究它。我们国内 2006 年山东淄博市淄川区法院也开发了一套专家量刑系统，像福建漳州市龙文区检察院也做了一个相应的一个软件，所以说我们国内也在探索像贵州法院那样的智能生成裁判文书、量刑软件等，他们从故意伤害作为切入点，把全省的故意伤害数据都收集上来，这就是一种大数据量刑的方式。

我们来认识一下电脑量刑，它需要我们深入研究每一个方法，就软件来说，是把犯罪的所有情况，也就是犯罪情节、法定量刑情节和酌定量刑情节进行全面汇总，通过编制的公式计算，得出量刑结果。

（三）大数据量刑软件开发要具备的三个要素

第一要有足够大的量刑数据；第二要对每个罪名的量刑情节有一个分类；第三要编制一个量刑的数学模型。

接下来探讨一下这三个要素怎么得到，我们分析一下现有的资源和寻找的要素。

从现有的资源看，最高人民法院的文书库，有足够多的判决书用。每个罪名的量刑情节，是法律、法规或司法解释明确规定的，这个需要进行总结。数学模型，通过应用回归分析等方法来确定。

开发设计怎样才能更合理呢？我们要做三件事：

第一建立一个词典，这个词典是从法律条文、抽取卷宗、判决书中量刑情节的规则；词典存放的是规则，是如何在数据化卷宗中抽取量刑元素的规则。法律的修改、司法解释的推出，导致量刑情节的变化，词典可以有效从其变化中抽取出相应结果，在新的案件中，加以运用。

第二建一个卷宗数据库，把所有的历史卷宗或者说将来的卷宗建立一个结构化卷宗的数据库，这里也要标识量刑所需的全部元素；数据化卷宗（数据库），既包含卷宗结构化本身，还要标识具体元素在量刑中的角色。

第三要做一个量刑工具。量刑工具利用字典中的量刑规则找到在卷宗库中的量刑元素，代入数学模型，得出量刑结果。数学模型在这个量刑工具中。

（四）已有的大数据量刑模式的探索

下面简述一下白建军教授提出的观点：基于法官集体经验的量刑预测。使用已有裁判文书的全样本数据研究量刑，基于量刑的历史数据做研究，这是大数据量刑。所谓基于经验并不是撇开法律规定，而是更加着眼于法律规定和如何具体适用对象的实践经验。

首先研究法定的量刑情节，要研究哪些情节对案件量刑起绝对的主导作用。

比如说死亡人数法定的重伤人数、事故责任、毒驾、酒驾、无证、无牌、严重超载等交通肇事的，现在最高人民法院裁判文书库里有14万交通肇事的样本，数据来源真实、数量大、更新及时，研究起来也比较有价值。用回归分析，各个案件中涉及的量刑情节各有不同，出现的时候，他们量刑都会不一样，我们按照相应的数据做一个数学模型，让这条线穿过这些点，并且居于这些点的中心，从2000年到2015年，做线性回归分析，线性回归要产生一个系数，也就是相当于准确度，它达到了30%。感觉30%有点不可靠，再看一个历史事件，在2014年最高人民法院颁布的一个常用量刑指导意见，这里把交通肇事的量刑细化了，细化每个量刑情节，或者每一种组合的情节对应的刑期缩减了，针对2014年、2015年两个整年的案件进行回归分析的时候，他的可靠性提高了。

法官自由裁量权裁量度小了，可靠度就提高了，可以提高到50%，还有没有可能继续提高呢？还要优化模型，其实真正要做大数据分析就是要不断优化模型。怎么优化呢？

把离散程度较大的个案裁剪掉，有些点偏离太多了，这种偏离太多，有的可能是法律规定量刑的，我们把这种偏离太多的去掉，侧重分析居于中心的这部分数据，建立数据模型，这时回归确定系数就肯定提高了，提高到0.734，这时候，你对一个新案件进行量刑检验，更接近于历史上数据的平均值。

进而，对酌定量刑情节再逐层研究，可以得到更有效的数学模型。

这种数学模型可能会有偏差，产生偏差的原因有以下几种：第一种它做出来的本身就不是说最精确的，但它不会脱离了法定范围；第二种是历史上没有数据，没有这种量刑情节。法律规定了有这种情节，但是法官在历史裁判的经历中没有或很少；第三种，地区不同，社会条件不同，法律的制定不同，量刑也不同。最后，二审、再审改判的数据也会造成偏差。

（五）大数据量刑在实践中的应用

把准备量刑的卷宗通过扫描识别变成结构化数据，从数据卷宗中抽取出量刑情节，然后把量刑情节输入公式得到应判刑罚，不仅包括主刑，也包括附加刑。

大数据量刑是国内外正在探索的一种量刑模式，这种模式，具有高效、更接近实际量刑幅度的优点，但可能产生黑箱效应，也就是其内在的计算方法不是简洁明了。这个需要人按照机器的语言模式进行理解与适应，更好地应用新的信息技术，推动法治的进步。

附：授课信息

2016 年 最高人民检察院电子取证与信息侦查培训班授课	
2017 年 最高人民检察院大数据培训班授课	

如何运用人工智能提升检察工作

蔡 欣

[讲演者小传]

蔡欣，男，1980年11月出生，毕业于中南财经政法大学，湖北省人民检察院干部。曾在基层、市级检察院从事公诉工作十余年。业余酷爱信息技术，曾六次率队在百度、微软等主办的编程比赛中获奖。曾参与湖北检察微信、APP、全省一体化门户网站等新媒体的研发工作。近期重点研学和思考区块链、深度学习等新技术在检察工作中的运用。

一、人工智能的爆发点：深度学习

（一）人工智能的历史

1. 起源

每当我们提起人工智能，都应追溯到英国数学家、逻辑学家阿兰·图灵（1912-1954），他在 1936 年提出了一种抽象的计算模型——图灵机（Turing Machine），这是一种用纸带式机器来模拟人们进行数学运算的过程，因此图灵也被视为是现代计算机科学之父。

图1　阿兰·图灵　　　图2　图灵测试

相信大家都听说过"图灵测试"，它是图灵在 1950 年的一篇论文《计算机器与智能》（Computing Machinery and Intelligence）中提出的，大意是：如果电脑能在 5 分钟之内回答由人类测试者提出的一系列问题，且其超过 30% 的回答让测试者误认为是人类所答，那么就算电脑通过了测试，并可依此下结论为机器具有"智能"。今天看来，"5 分钟""30%"这些具体的数字界限早已经被突破，但"图灵测试"的概念却依然在神坛之上，这是因为它定义了人工智能的任务和功能。

所以在当时，顺着"图灵测试"的思路，卡耐基·梅隆大学的两位科学家 A.Newell 和 H.Simon 造了一个叫"逻辑理论家"的程序，它能够非常精妙地证明罗素的《数学原理》52 道中的 38 道。这个结论让人非常兴奋，于是 Simon 宣称：在 10 年之内，机器就可以达到和人类智能一样的高度〔值得一提的是，这位 Herbert A. Simon（赫伯特·西蒙）教授是迄今人工智能领域唯一的一位诺贝尔奖获得者，而且又是图灵奖的获得者，并且，他还与中国有不解之缘，是中国科学院的外籍院士，有个中文名字叫"司马贺"。他一生的故事也非常有趣，大家可以去搜"赫伯特·西蒙+开挂"看百度贴吧里的一篇文章〕。

2. 第一次浪潮

正是因为有类似"逻辑理论家"这样的探索，所以在1956年达特茅斯会议上，人工智能被确立为一门科学，有了较完整的任务和发展路径，达特茅斯会议推动了全球第一次人工智能浪潮的出现，即为1956年到1974年。

当时乐观的气氛弥漫着整个学界，在算法方面出现了很多世界级的发明，值得一提的有两个：一个是"贝尔曼公式"，它是后来"增强学习（Reinforcement Learning）"的雏形，增强学习就是现在大名鼎鼎的AlphaGo的核心算法，它可以教机器学会玩游戏，后面我们会有具体说明和演示；另一个就是"感知器"，它就是后来"深度学习（Deep Learning）"的雏形，深度学习最近几年才火爆，但其实这项技术已经有五六十年的历史了。

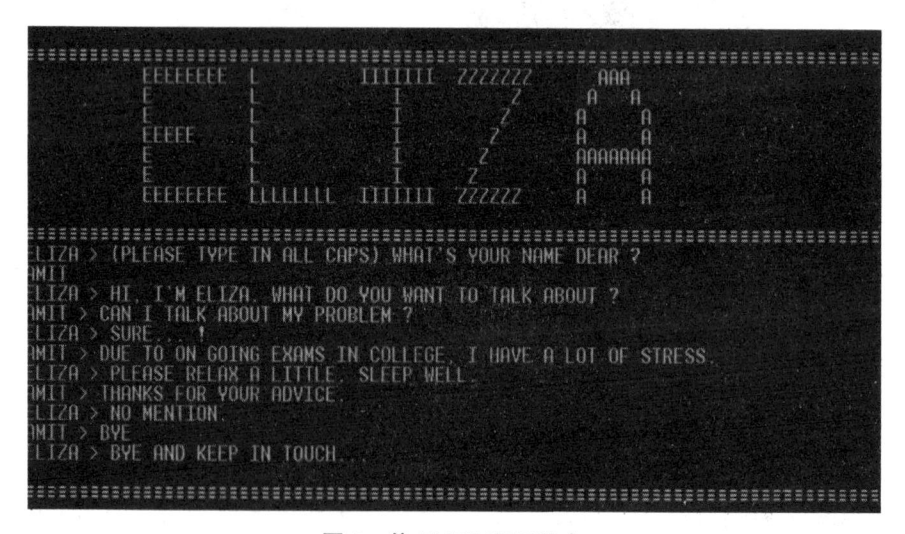

图3 仿ELIZA聊天程序

除了算法和方法论有进展，在第一次人工智能的浪潮中，科学家们也造出了一些"聪明的机器"。比如，1964年有一台叫作STUDENT的机器能证明应用题，还有1966年有一台叫作ELIZA的机器可以实现简单的人机对话。这些在当时人看来确实足够神奇，所以大家都认为，按照这个速度发展下去，人工智能很快会取代人类。

3. 第一个寒冬

然而，随着人们对于人工智能的期望不断增加，大家发现其实很多数学模型和算法存在不小的缺陷，更关键的是当时计算机硬件的限制，导致逻辑证明器、感知器只能做一些简单的运算，并不能完全满足生产生活的需求，所以20世纪70年代后期开始，很多对人工智能的资助项目就被缩减甚至取消了，这段时期被成为"人工智能的第一个寒冬"。

4. 第二次浪潮

进入20世纪80年代，专家系统开始崭露头角，比如卡耐基·梅隆大学为DEC公司制造的专家系统，可以帮助DEC公司每年节约4000万美元左右的费用，特别是在决策方面能提供很有价值的内容，所以从1982年开始，受此鼓舞，于是日本、美国等国家就开始再次投入巨资研发所谓"第五代计算机"，当时人称"人工智能计算机"。

这一时期，数学模型得到了迅猛发展和完善，作为今天深度学习不可分割的部分，著名的多层神经网络、BP反向传播算法这些都是在1986年提出的。这一时期也出现了很多有意思的应用：比如，1989年有了可以跟职业选手下国际象棋的智能机器，还有了能自动识别信封上邮政编码的机器，甚至识别精度已经达到99%以上，这个99%的精度已经超过了人类，所以，大家突然又觉得人工智能似乎还有戏，于是这就带来了人工智能的第二次浪潮。

这段时期有一个很有趣的故事，1989年，当时著名的专家系统Cyc的推论引擎发现了一个前后矛盾的地方：它知道人类是没有电驱动模块的，但是因为弗雷德拿起了一个电动剃须刀，所以这个引擎认为"一个正在剃胡子的弗雷德"有了一个电驱动的模块。然后这个系统就问，这个弗雷德到底还是不是一个人啊。可见，当时的专家系统还是有非常大局限性的。

5. 第二次寒冬

这一次终结人工智能研究热潮的原因是1987年到1993年出现的现代个人电脑（PC）。当时苹果、IBM开始推广第一代台式机，计算机开始走入个人家庭，同时它的费用远远低于专家系统所使用的 Symbolics 和 Lisp 等机器。相比于现代 PC，专家系统被认为古老陈旧而非常难以维护。所以，政府投入的研发经费开始下降，寒冬又一次来临，以至于有一些学者都不好意思说自己是从事人工智能的。

6. 第三次浪潮

有一些人因为寒冬的到来放弃了，有一些人却坚持了下来，通过改进数学工具、发展理论模型，一直在艰难前行着，当然，与此同时"摩尔定律"昭示的计算机硬件能力的迅猛提升，是非常重要的因素。1997 年 IBM 深蓝战胜国际象棋大师卡斯帕罗夫，这是第三次浪潮到来的前兆，随后，伴随着互联网 web2.0 社交媒体的兴起、电子商务的遍地开花、物联网大数据等新事物层出不穷，特别是近几年无人驾驶或自动驾驶汽车的需求兴盛，使得这一次的人工智能浪潮格外迅猛。

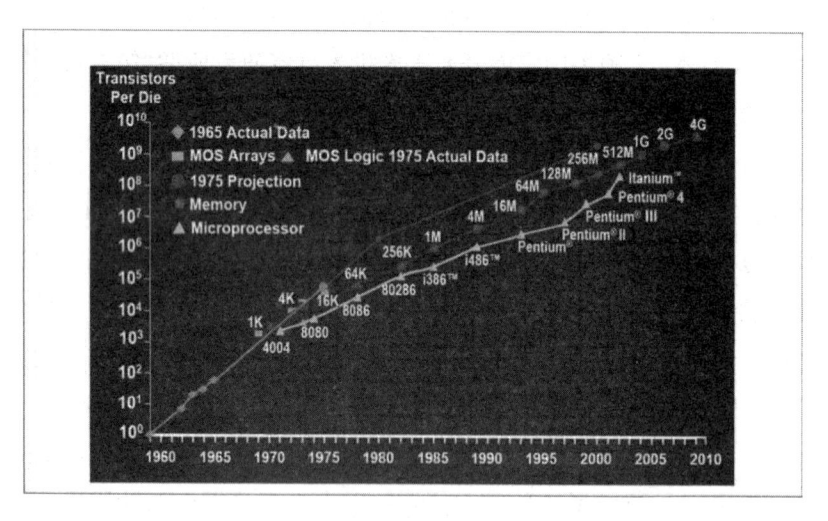

图 4　摩尔定律

2011 年，IBM Watson 在 2011 年的益智电视节目"危险边缘（Jeopardy!）"中战胜两名成绩优异的人类选手；2014 年年底，谷歌无人驾驶车上路；2016 年，谷歌 Alpha Go 战胜了李世石，2017 年谷歌 Master 在围棋网络平台对战中日韩顶级选手取得了 60 场不败（其实是 59 胜，有 1 场平局，但造成这场平局的原因其实是网络掉线了,并不是棋局本身的原因,于是有人调侃,面对机器人的挑战,唯一办法只有拔网线断电);不久前德州扑克人机对战机器毫无悬念战胜人类[卡内基梅隆大学开发的德州扑克机器人"冷扑大师(Libratus Alan)",于 2017 年 1 月在美国匹兹堡战胜 4 名人类顶尖选手,2017 年 4 月在中国海南以巨大比分优势战胜 6 名中国顶尖选手组成的"中国龙之队"],这些都是我们如今耳熟能详的事件了。

图 5 2014 年底,谷歌无人驾驶车上路

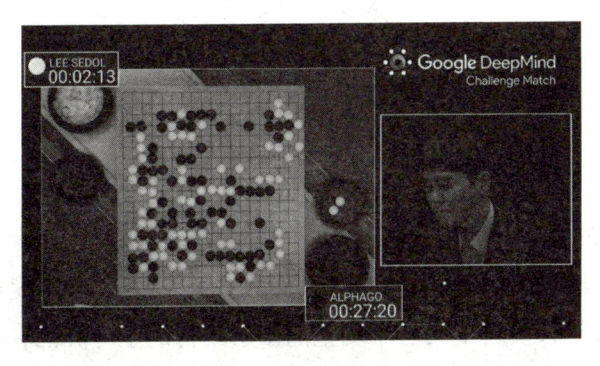

图 6 2016 年底,谷歌 Alpha Go 战胜李世石

图7 2017年,卡内基梅隆大学的德州扑克人工智能程序"冷扑大师(Libratus Alan)"在"一对一对局"中战胜人类选手

（二）深度学习是什么

深度学习最初是用计算机模拟人的大脑神经网络的一种尝试,是一种含有多隐层的多层感知器的算法结构,所以叫"人工神经网络",不过这个概念只是受到人脑的启发,并不是完全地对人脑的模拟,所以用计算机实现其实并不是一回事。

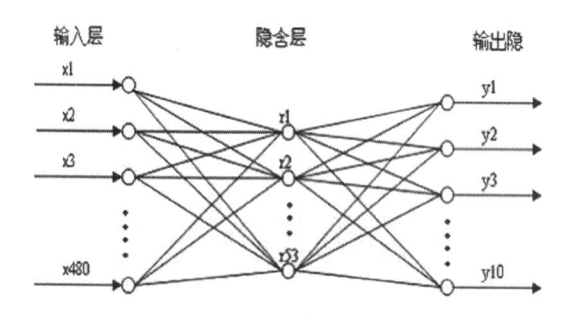

图8 人工神经网络基本原理

通过前面的分析,我们已经知道,感知器这种算法在几十年前就已经有了,只是到了2006年,Geoffrey Hinton等人才正式提出"深度学习",而随后Yann LeCun等人实现了第一个真正的多层结构的学习算法,也就是"卷积神经网络"（Convolutional Neural Network,CNN）。当然,不仅仅有CNN,

还有 RNN、DNN 等一系列的"NN"。

简单来说，深度学习就是一个特征自动提取和自动选择的多层网络。过去我们做传统的机器学习，比如让机器分辨花朵，都会人为设定一些特征，比如花瓣长度多少、花蕊宽度多少、是什么颜色，然后让机器学会认识花朵；又比如给淘宝网的商品做"分类器"，需要人工设置一些特征，比如商品的题目、描述、图片等，根据这些来让机器能够自动分类，据说以前曾有"特征抽取工程师"这样的职位，有阿里巴巴的同学开玩笑说，如果他们一不小心把成人玩具分到儿童玩具类目里了，是要丢工作的。人工提取特征是不完备的，操作上也很麻烦，提取特征之前要对数据做严格的预处理，比如过滤掉"亲""包邮"之类无意义的话，而且，将来如果数据有了更新，很多工作得重头来过。最关键的，有很多事物很难用数学公式去定义，比如一只猫的图像，因为不同的角度、姿势、颜色、距离、光线、遮挡的组合，人工提取特征根本不可能。

现在我们用深度学习方法，不用再做这么复杂的人工设定，特征抽取工程师这个人类职位成为历史了，深度学习自带"特征学习（representation learning,有时候也被翻译为表征学习）",我们直接就给机器成千上万张的图片，然后告诉机器，这个是牡丹花，这个是茉莉花，或者这个是猫，这个是狗，就够了。剩下的，交给神经网络自己去抽象、自动提取特征、从诸多特征中再通过多层网络的迭代自动选择最有价值的特征（降维）。

这是一张运用深度学习的人脸识别的过程示意图：第一层是像素（pixels），什么也看不出来，后面渐渐能提取到一些边缘（edges）的特征，再后面慢慢能看到鼻子、嘴巴这些物体部分（object parts），到最后才是一个完整的人的模型特征（object models）。

简而言之，机器学习是人工智能的一部分，而深度学习是机器学习的其中一个门类，这一轮人工智能浪潮的爆发点就是深度学习，相比于传统的机器学习，深度学习最大的特点就是让机器自己找特征，而不用人为设置特征点了，这样，成本可以大大的降低，因此，深度学习引爆了人工智能！可谓是"旧时王谢堂前燕，飞入寻常百姓家"！

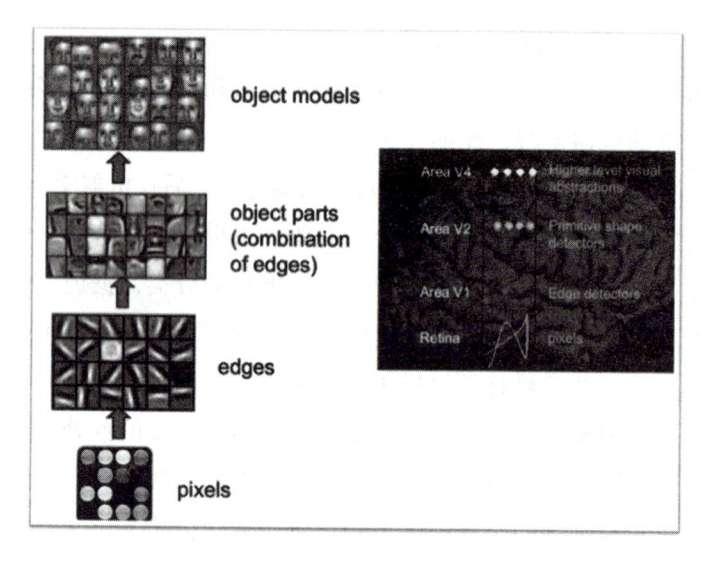

图9 运用深度学习的人脸识别的过程示意

（三）一个线性回归的例子

我们用一个简单的线性回归的例子来解释一下，机器是如何能自己提取特征的。

这里需要插一段，如果大家想自己动手的话，不妨在自己的电脑上安装一些主流的深度学习框架，比如 tensorflow、caffe，接下来我的演示跑的也主要是这两个框架上的代码。如果你熟悉 linux，不妨在 ubuntu 系统（推荐 14.04.5 版本）下做相关的操作，版本支持、运算性能、稳定性都极佳；如果跟我一样还是习惯 windows，也是很好的（linux 有太多的坑，学习曲线比较陡），我现在的电脑是 win10 系统，用 python 语言做深度学习运算（3.5 版本，tensorflow 不支持 windows 上的 python2.x 版本），所以要安装 python，用 pip install 的方式安装诸多科学计算的包，比如 numpy 等（由于某种原因，pip 在国内使用需要特殊配置，可搜索 "pip 国内源"），当然，更加推荐的是直接用 anaconda，它集成了 Python 和几乎所有这些科学计算需要用的包，而且也是个易用的代码笔记本，现在很流行；如果你是认真的，请在有 GPU 也就是显卡的电脑上安装这些，而且必须是 NVIDIA 品牌的，只有这样才能支持 CUDA 运算（后面会详细介绍），因为倘若没有 GUP 运算的帮助，你用 CPU

运算深度学习的话，速度会慢若干个数量级，哪怕你的 CUP 再先进，用它计算的速度也是无法忍受的，除非你只是把某些已经训练好的简单项目的 model 拿来试试效果，所以，要安装 CUDA，之后还要安装专门的深度神经网络库 cuDNN（NVIDIA CUDA® Deep Neural Network library）。这些安装可以求助于网上和书中的教程，也有很多坑，但如果你擅用搜索引擎，仔细阅读官网的手册，都是能够解决的问题。安装完这些之后，就可以配置 tensorflow、caffe 等深度学习框架，然后开始你的深度学习之旅了！

回到我们刚刚的话题，用一个简单的线性回归的例子来解释一下，机器是如何能自己提取特征的，这个是 tensorflow 官方的例子，地址在：https://github.com/aymericdamien/TensorFlow-Examples/blob/master/examples/2_BasicModels/linear_regression.py。

我们在命令行（windows 的 cmd 命令提示符或者 Power shell）按照如下格式运行即可（后续 python 文件都按这个格式运行，除特殊情况外不再赘述）：

python linear_regression.py

图 10 这个例子演示的就是，在一个二维空间中有若干的点（x，y），然后定义了一个函数 y=wx+b，w 就是权重（weights）（这里有点表述上的差异，图中权重用 m 表示的），b 就是偏移（bias）。我们现在就要通过大量的已知的 x 和 y 来求一个合适的 w 和 b，以便这个函数能够较好地描述这些二维空间的点。

什么叫"较好地描述"呢？就是成本代价（cost）最小。我们看到，并不是所有的点都恰好能落在函数的曲线上，这些点与函数之间是有一定的距离的（这里要说明的是，让机器来分析出规律、提取出特征，并不意味着客观事实就是这个样子，客观事实并不一定能符合这个函数，但是机器会努力往你设定的函数上靠，所以最终一个深度学习项目能否算成功，与代价函数的设计也是有直接关系的），那么，所谓的代价（cost）就是所有这些点与当前函数之间距离值的总和，因此，cost 越小，说明当前的权重（weights）和偏移（bias）构造的函数越精准，最好的就是 cost 为零。在这个例子中，我们看到经过 1000 次的训练（epoch），得到了一个较小的 cost 值。这是它的可视化图表（图 11）。

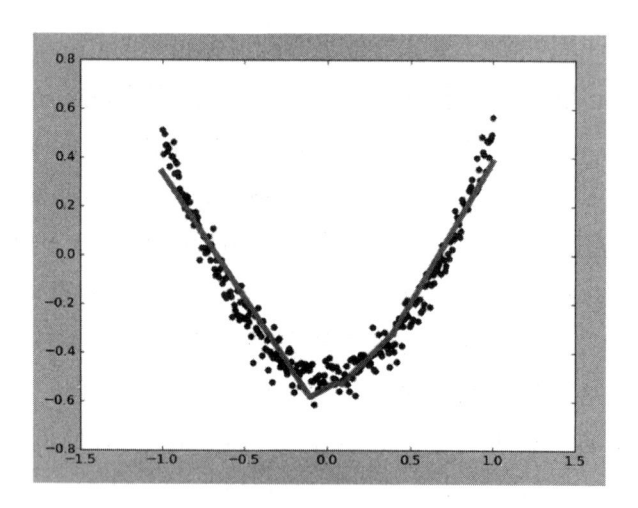

图10　一个线性回归的例子——程序执行效果

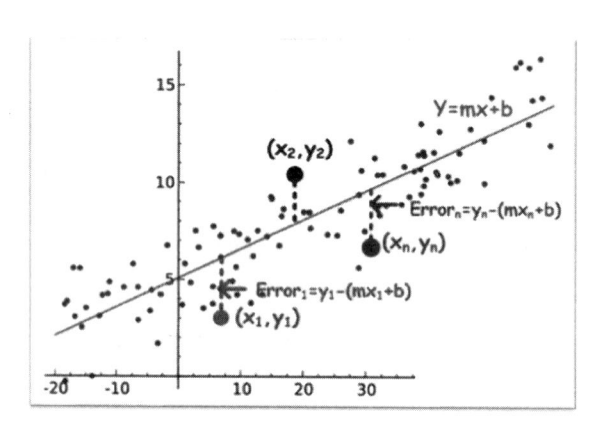

图11　y=mx+b 表示一条曲线，已知很多 x 和 y，求 m 和 b 的最优解（总误差 cost 趋于最小）

这只是一个在二维空间中最简单的一个构造函数的例子，在真正的深度学习项目中，机器要提取的特征是成千上万维度的，我们只能发挥自己的空间抽象能力去想象了。求解 y=wx+b 这样的函数，实际上就是微积分的"求导"，而多维度向量的运算则是要用到线性代数，所以，如果我们要做深度学习，可能需要复习甚至重新学习高等数学的知识。

我们再来看谷歌开源的深度学习工具 tensorflow 官网上提供的一个人工神经网络的可视化游乐场（playground）：http://playground.tensorflow.org。

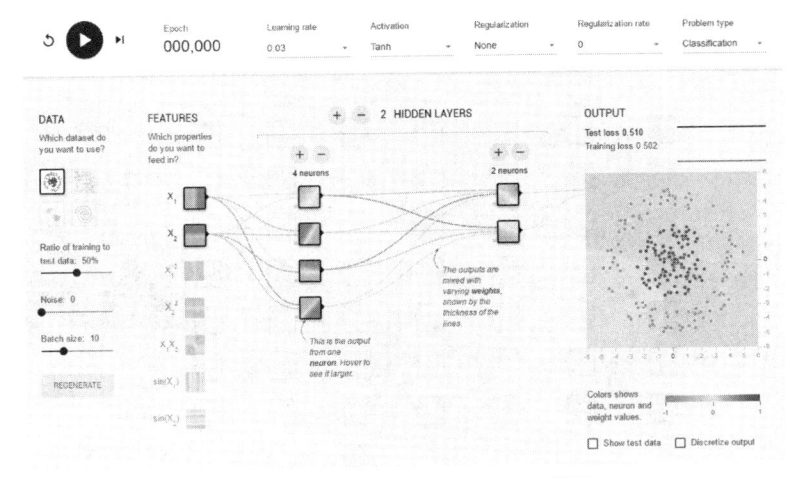

图 12　Tensorflow playground 截图

一打开网站，就会看到顶部的标语："Tinker With a Neural Network Right Here in Your Browser.Don't Worry, You Can't Break It. We Promise." 这是非常酷的一段话，翻译过来就是："在你的浏览器中就可以玩神经网络！不用担心，我们保证，怎么玩也玩不坏哦！"

这里有橙色和蓝色两种点，需要我们自己调整机器学习的每一层的算法，构造不同的函数，以便让机器能够在两种颜色的点之间划出界限，即机器能知道哪些位置出现哪种颜色的点。总共有四类场景（图13），不用调整任何默认设定，直接点击左上角的运行按钮，前面三类场景 Circle、XOR、Gaussian 都很容易就达成任务了；唯独第四类螺旋（Spiral）需要调整，一个偷懒的办法就是把所有的特征 FEATURES 都选上，然后把神经元 neurons 增加到7个，就可以实现拟合了，当然，这不是最有效率的做法，你还可以调整左侧的参数，可以增加很多的隐藏层（HIDDEN LAYERS），就像这样的画风（图14），课后大家可以自己去尝试。

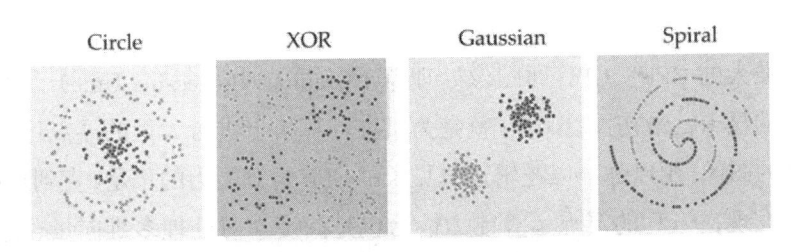

图 13　Tensorflow playground 中的四类场景

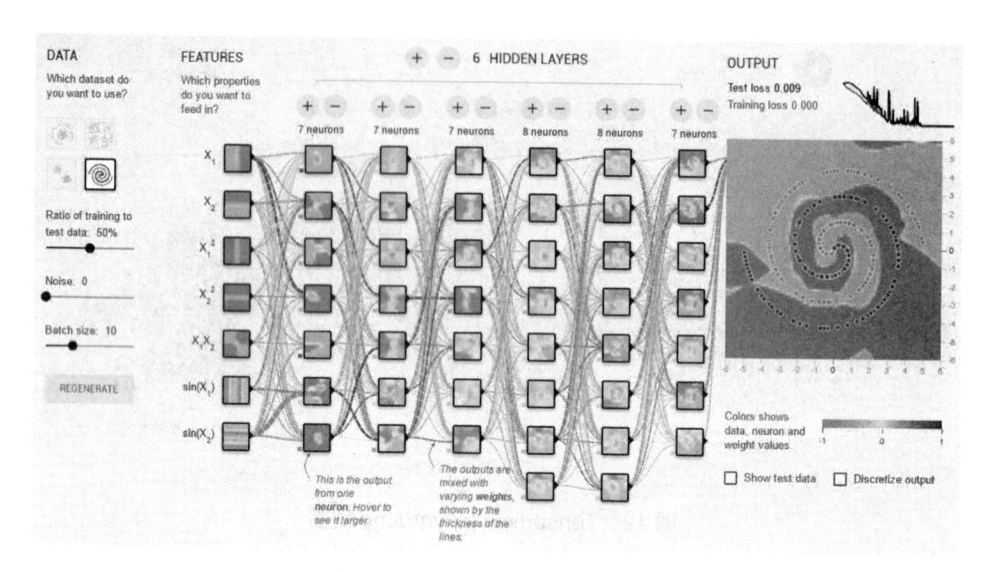

图14 在Tensorflow playground中增加很多的隐藏层（HIDDEN LAYERS）

（四）深度学习为何在这个时间点爆发

在对深度神经网络有了直观的认识之后，我们不禁要问：深度学习为何在当下这个时间点爆发？前面简述人工智能历史的时候，我们说过，深度学习和人工神经网络并不是什么新的技术，它们在二十世纪五六十年代就已经出现，基础的理论早已经完善，那么为何它只有到了现在这个时间点，才算是爆发了呢？我们分析，有三点原因：

1. 大数据。只有到了现在，发端于web2.0的社交网络的海量数据，还有各种终端接入互联网产生的物联网数据，只有这些上G乃至上T级别的数据，才能"喂得饱"机器，才能足够让机器从数据中提取出成千上万的特征点，而在这之前，数据量有限，势必特征并不能很好地反映，即便多层神经网络，也不能很好地工作。

2. 强大的GPU。GPU即图像处理器（Graphics Processing Unit），就是我们俗称的显卡，最初设计GPU就是为了在计算机上进行大量的浮点运算以显示逼真的图像，用以弥补以逻辑运算见长的CPU运算能力的不足，直到近些年，人们才发现，GPU的浮点运算能力恰恰也是深度学习处理多维向量、进行矩阵运算所需要的一种能力，所以，机器的"学习"本质上就是把大量的数据带入GPU进行运算。我们固然可以用传统的CPU运算，但用GPU来运算的话，原本CPU要算几天乃至数月的，用GPU则几个小时乃至几分钟就算完了。深度学习要爆发，也只有当GPU这种计算硬件达到一定的能力时，才有可能。当下最主流的GPU就是英伟达NVIDIA的，俗称N卡，它的CUDA通用并行计算架构（Compute Unified Device Architecture）目前几乎占领了所有的深度学习市场（当然是"几乎"，不是"唯一"，它的竞争对手还有AMD、英特尔，还有在机器视觉领域更多被尝试应用的FPGA，此外还有刚刚发布了一种新的计算单元TPU的谷歌），英伟达的股票在2016年从20多美元涨到100多美元，由此即可见深度学习一下子变得有多热了！

3. 开源工具。过去，与人工智能相关的高深玩意儿只有在实验室里才能看到，而现在，我们随便在互联网上一搜，就能找到十多种深度学习的开源框架，谷歌、facebook、微软、百度等巨头都有深度学习的开源方案，比如Caffe［就在前几天F8开发者大会上，facebook开源了全新架构的caffe2，Caffe的作者是曾就读清华大学的贾扬清，他在UC Berkeley（加利福利亚大学伯克利分校）读博士期间做出了caffe，caffe是第一个主流的工业级深度学习工具，后来贾扬清在Google Brain工作过，现在去了facebook，所以今天的caffe2是由facebook发布的］、谷歌的Tensorflow（目前应用最广泛的深度学习开源工具，后面我要演示的大量例子几乎都是基于tensorflow，tensor就是向量，flow就是流动的意思，让向量流动、飞一会儿的感觉，实际上前面caffe的意思也是，让数据跑一会儿，然后坐下来喝杯咖啡）、微软的CNTK［如果你想在windows平台做深度学习，可以考虑这套微软开源的"计算网络工具包（Computational Network Toolkit）"，毕竟兼容性最有保障］、百度的PaddlePaddle，此外还有Theano、Torch（配套的是Lua语言，比较小众，然而，近期facebook又发布了pytorch，Torch终于移植到了python生态中，简直是大福音）、MXNet等（网上有很多测评文字，横向对比这些工具，各有优缺点，功能都差不太多，大家可以通过比较后找到最适合自己的一款工具）。如果你对底层的开发没什么兴趣，想直接从更高层实现应用，也有很多造好的"轮子"供你选择，比如Keras、TensorLayer、TFLearn等，用它们的话，三五行代码就能构造一个深度学习应用。

二、人工智能现在能做什么

（一）图像分类

1. Cifar-10

我最早接触的就是 Cifar-10，它是前面介绍过的深度学习大神 Geoffrey Hinton 的学生 Alex Krizhevsky 等人收集的一个用于普适物体识别的数据集（DataSet）。我们知道，深度学习，就是让机器从现有数据中提取出特征，然而数据从哪里来？而且是已经标注了的成千上万的大数据，巧妇难为无米之炊，数据集就成了深度学习项目面临的首个瓶颈。

Cifar-10 是由 60000 张 32×32 的 RGB 彩色图片构成，共 10 个分类。它的姊妹数据集还有 Cifar-100，顾名思义，就是 100 个分类。Cifar 作为一个经典的数据集项目（几乎所有的深度学习框架都以它作为范例之一），当年集结了诸多的各个领域的专家，包括计算机科学家、生物学家、电气工程师、神经科学家、物理学家、心理学家，而且也有国家行为，加拿大政府资助成立了 Cifar 研究所，所以我们也不难理解，Cifar-10 的官网是挂在多伦多大学的域名之下：http://www.cs.toronto.edu/~kriz/cifar.html。

图 15　Cifar-10 数据集

一般来说，这60000张图片，其中50000张用于训练，另外10000张用于测试（交叉验证）。所谓训练（train）就是把数据"喂"给机器学习的过程，经过若干时间和次数的迭代，机器将抽象出的有效特征就保存为模型（model），之后，想知道机器学习的效果如何，是否能认出是猫还是狗，认得准不准确，就用另外的数据来测试。用于测试的数据必须是不同于训练数据的，那样才有意义。这就好比，如果考试题是平时教学的例题，就无法检测学生到底有没有举一反三的能力，也就不知道学生是否真正地学会了这个知识点，这在机器学习上有个术语叫泛化（generalization）。

2016年我因为参加百度的一个比赛，需要用百度的深度学习框架PaddlePaddle，才首次接触到这方面的知识，所以当时是照着文档里一步步操作的：http://www.paddlepaddle.org/doc_cn/tutorials/image_classification/index_cn.html。

当时就是抱着试一试的心态，一测试，发现居然机器认得好准确，于是之后就开始对深度学习技术着迷了。深度学习用于Cifar-10进行图像分类，如何产生这么神奇的效果呢？这里有一个通过Javascript演示的页面值得一看，通过它把整个过程可视化的展示，可以看到深度神经网络每一层分别是做什么的，然后达到了怎样的效果，这个页面与之前演示的tensorflow playground是类似的，也是"玩不坏的"哦，大家不妨自己操作，改改参数，看看怎样才能达到最佳效果：http://cs.stanford.edu/people/karpathy/convnetjs/demo/cifar10.html。

Cifar-10是一个相对简单的"有监督学习"的示例。所谓"有监督学习（supervised learning）"就是给定了训练数据的标签，在机器学习的过程中，告诉机器这是猫、这是狗，等等，然后机器才能学会，这个过程就像大人教小孩一样；而"无监督学习"（unsupervised learning）则不需要标注，是通过其他的方法教会机器做某件事情，也就是无须外部指引，让机器自己对数据进行建模，比如"聚类"就是一种无监督学习，这个过程有点像一个对艺术一无所知的人去参观画展，当他欣赏了足够多的画作之后，肯定能具备把写实派和朦胧派画作区分开的能力。除了"聚类"，后面我们会涉及目前火爆的"生成对抗网络（Generative adversarial networks，GANs）"，也是无

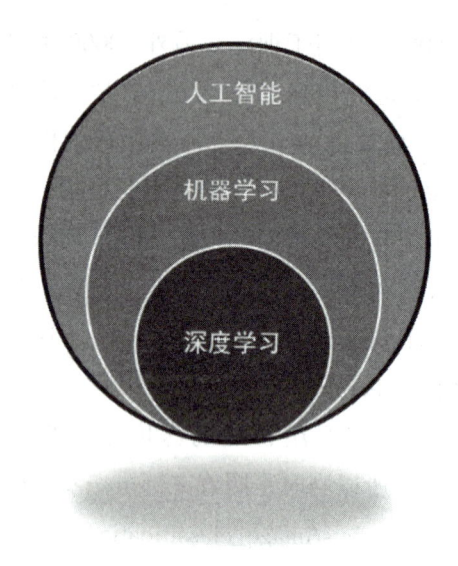

图16 人工智能、机器学习、深度学习之间的关系示意

监督学习的新近成果。在"有监督学习"和"无监督学习"之外，还有另辟蹊径的"强化学习（Reinforcement Learning）"，这个我们到后面涉及了再详细介绍。

说到这里，我发现很多词语用得比较混乱，所以还是有必要解释一下词语之间的关系。所谓"人工智能"是一个统称，所有用计算机方法进行智能计算的方法，都可以归结为"人工智能"，"机器学习"只是"人工智能"中的一个门类。"人工神经网络"是诸多"机器学习"方法的其中一种，几十年前就发明了，但是直到最近几年人们才搭建多层神经网络进行机器学习，层数少则数层，多则成百上千层，这就是所谓"深度学习"的"深度"的含义。也因此，在有些叙述中"深度神经网络""多层神经网络"也基本可以理解为"深度学习"的同义词。

"有监督学习"和"无监督学习"实际上是从另外的角度（不是从方法的角度）来对"机器学习"进行的划分，只是因为近来"深度学习"火爆，所以我们这里是在"深度学习"的语境下讨论"有监督学习"和"无监督学习"。理清这些概念之间的关系，有助于我们接下来的演示和探讨。

2. HIBOP

我说过，是因为要参加百度的比赛，所以接触了PaddlePaddle和Cifar-10，后来我就在Cifar-10的基础上，核心代码一句都没有变，只改了外围代码，然后把训练和测试的内容换成了自己的数据集，做了HIBOP项目，它的意思就是"基于深度学习的手写笔迹鉴别"即"Handwriting Identification Based On PaddlePaddle"。

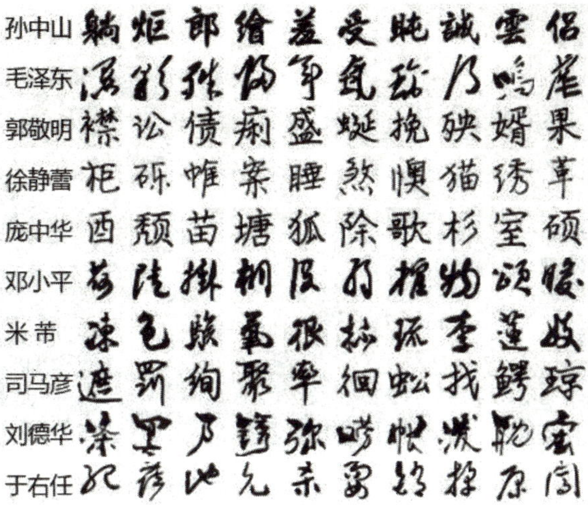

图 17　模仿 Cifar-10 的 HIBOP 项目手写字体数据集

当时做 HIBOP，我也是想尝试一下，既然机器能够提取特征，能认识具体的物体的"形"，那么，能不能识别"神"呢？请注意，这不是 OCR，不是认具体的汉字，而是分辨区分字体，更进一步是笔迹的鉴别，是张三的字，还是李四的字。当然，短时间内要获得大量的真正手写字体的样本，是不可能的，但是有个变通的办法，那就是拿网上可以下载到的名人手写字体来生成图片，于是就写了个脚本，按照一定的规范，生成了 10 类名人手写字体的图片，每个类别 3500 张，对应的是一级常用汉字 3500 个（本来想把二三级汉字也加进来，但是二三级汉字多是复杂结构的汉字，在 32×32 的面积上无法很好展现特征，于是作罢），用其中的 3000×10 张进行训练，另外 500×10 张进行测试，最终的综合错误率最低达到了 8.18%，这说明尝试是成功的，用深度学习识别手写字迹是可行的。

通过做 HIBOP 项目，不但给我打开了深度学习这扇窗户，也给深度学习本身提供了一种新的思路，开了脑洞，比如把深度学习用于"手写密码""智能鉴宝"这些就成为了可能。详细的研发过程、数据集的下载，还有在线测试，可以前往 HIBOP 项目官网：http://www.ddaayy.com/。

图 18　基于深度学习的手写笔迹识别项目 HIBOP 官网截图

3. 区分犯罪人，是否可行

几个月前，我读到了这样一篇新闻报道：《上海交大：神经网络识别犯人的精准度高达 89.5%》，上海交通大学的研究人员宣称他们建立了一个神经网络，用于通过面部特征识别来辨别和确认谁会是犯罪人，而且还发表正式的论文，这让我们不禁想到了龙勃罗梭。文章一出，也引得人们的热闹讨论：有的学者认为这样的研究是哗众取宠，认为犯罪人的照片本来就是在被捕之后特定灯光环境和心情下拍摄的，机器学到的特征有可能并非人脸本身的特征，而是这些附加的信息；还有人指出这项研究只是基于 2000 个样本，完全不足以支撑复杂度如此之高的模型，总之，这项研究的科学性还有待进一步探讨，人们的情感道德也很难接受这样的结论。

不过，我想提醒大家的是，过去我们提起龙勃罗梭和他开创的"天生犯罪人"理论，大多就是一笑而过，但是当我有一次真的一睹他的那本《天生犯罪人》著作时，我吓了一跳，那本书厚得可以当板砖砸人，而且里面有大量的数据图表和手绘解剖图，这让我改观了过去的看法，开始认真对待这门严肃的学问。扯这些题外话，我是想说，倘若龙勃罗梭活到今日，恐怕他也是会用深度学习的方法来验证他的理论吧！

4. MNIST

诚如之前所说，深度学习并不是最近才有的技术，只是最近才被业界认识到并广泛应用，所以，它的代表人物之一 Yann LeCun 早已在 20 世纪就将相关的技术用在了支票手写数字的识别上了。

  MNIST 是一个从 20 世纪 80 年代末就开始的庞大的手写数字的数据集项目，基于它进行训练，可以让机器认识手写的数字，哪怕很潦草，准确率也几乎是百分百，因此它才会在识别支票金额、邮政编码等领域广泛应用，是一个非常成熟的经典商业应用。其官网在 LeCun 教授的主页域名下：http://yann.lecun.com/exdb/lenet/。

  主页非常朴实，唯一的一张图是一个 gif 动图，需要一段时间载入，通过这张动图可以大致了解 MNIST 项目的运算过程。其实，要训练 MNIST 所需的神经网络结构相比 Cifar-10 要简单得多，但是之所以在后面介绍，是因为数字识别可以给我们带来一系列的有趣应用。

  5. 数字字母的识别相关的有趣应用

  （1）识别验证码。这段代码的原始出处是：http://blog.csdn.net/u014365862/article/details/53869816。

  是用的 tensorflow，我修改整理后的代码在这里可以下载：http://pan.baidu.com/s/1gf88MkV。

  训练（把数据给机器学习）： python 2train.py。

  预测（测试效果）： python 3crack_pro2.py test/3.jpg。

  我们可以看到，3.jpg 这张图片中的验证码被准确识别了。识别验证码技术可以用在很多场合，比如自动化系统需要模拟登录，又如我们要做研究，需要采集互联网数据，验证码往往来捣乱，通过深度学习的方法识别验证码，就可以让采集更顺畅了。

  识别验证码，不仅限于数字和字母，如果你想让机器识别汉字和物体图片，就给机器学那方面的数据。大家是不是想到了 12306 的验证码，是的，如果有了深度学习这个法宝，机器就可以帮你认 12306 的验证码了，我猜很多抢票工具的内部原理也有这一环吧！

  （2）交通管理。在交通方面，我们还可以用它来识别车牌，代码在：https://github.com/matthewearl/deep-anpr。

  不但如此，还可以认车辆的品牌和型号等，还是那句话，给机器学什么，它就会什么。当机器学会从布满城市的监控摄像头图像中自动提取到这些有效信息，并根据需要实时提醒工作人员的时候，城市的交通管理一定可以更加科学、安全、顺畅。

（3）OCR。用深度学习来做 OCR，比传统方法更快更准确，不信你试，代码：https://github.com/pannous/tensorflow-ocr。

上面的是西文的识别，对于汉字的 OCR 识别，原理是同样的，实现可参考：http://blog.csdn.net/u014365862/article/details/53869837。

6. 人脸识别

基于深度学习的图像分类还可以更好地实现人脸识别，识别张三、李四，可以做家里的门禁，前不久 facebook 创始人扎克伯格秀出的"智能管家"Jarvis 就有这个功能，他的岳父岳母来了，在家门口被机器"认"了出来，于是门就自动开了。

当然，我们是法律工作者，所以我们更多想到的是让这项技术助力工作，比如协助办案人员对犯罪人进行同一认定，即便他作案时戴着口罩蒙着脸，机器也有办法认识，或者通过动作、步态识别，就像美剧《疑犯追踪》里表现的那样；还有审讯时的用高清摄像机捕捉的微表情，训练有素的机器可以比人对微表情更敏感，它们的效率和正确率比人类"读心神探"更高。

7. ImageNet

ImageNet 是目前世界上图像识别最大的数据集，是美籍华人李飞飞主持创建的，她是斯坦福的计算机科学家，2016 年底加入了谷歌。截至 2017 年 3 月底，官网显示，ImageNet 中已有 1419 万余张图片，分为 21841 个类别，以至于它被誉为机器视觉的标杆项目。ImageNet 官网：http://www.image-net.org/

创立和维护这样一个庞大的数据集不是一件容易的事情，相传在项目经费拮据的时期，李飞飞曾经开洗衣店来补贴项目，然而她最终还是把这个项目做成了。

这样经典的项目，当然也是每个深度学习框架的标配。我在本机用 caffe 来运行演示，我已经把 caffe 的 windows 版本和 imagenet 项目（包括已经训练好的 model）打包了，下载后解压缩，进入 imagenet 目录，点 run.cmd 即可运行看效果。可以看到，让机器识别一张图片，它不但认识是猫，而且还是很具体的 tabby cat，同时也提供可能的其他候选项，每一项前面的数字表示置信度，最高当然就是 1 了。运行环境和代码打包下载：http://pan.baidu.com/s/1kVkefLP

```
D:\caffe\imagenet>D:\\caffe\\caffe\\bin\\classification.exe D:\\caffe\\caffe-mas
ter\\models\\bvlc_reference_caffenet\\deploy.prototxt D:\\caffe\\imagenet\\bvlc_
reference_caffenet.caffemodel D:\\caffe\\imagenet\\caffe_ilsvrc12\\imagenet_mean
.binaryproto D:\\caffe\\imagenet\\caffe_ilsvrc12\\synset_words.txt D:\\caffe\\im
agenet\\cat.png
---------- Prediction for D:\\caffe\\imagenet\\cat.png ----------
0.2923 - "n02123045 tabby, tabby cat"
0.2336 - "n02123159 tiger cat"
0.1371 - "n02124075 Egyptian cat"
0.1131 - "n02119022 red fox, Vulpes vulpes"
0.0603 - "n02119789 kit fox, Vulpes macrotis"
```

图 19　用 caffe 运行 imagenet 项目，让机器识别一张图片，它不但认识是猫，而且还是很具体的 tabby cat，同时也提供可能的其他候选项

那么，事实上我用的这个 model 并不是识别率和运行效率最高的，每年都会举办 ImageNet 国际计算机视觉挑战赛（ImageNet Large Scale Visual Recognition Competition）即 ILSVRC，可谓是计算机视觉领域的华山论剑，当然，这个比赛中有很多挑战项目，在图像分类项目中，在各路人工神经网络高手一场又一场的巅峰之战中，Top-5 错误率从 2012 年的 16.4% 已经降低到 2015 年已经降到 5% 以内（所谓 Top-5 错误率，统计的规则是，机器识别出的置信度最高的 5 个类别中至少有一个是对的就算正确，比如前面我们演示的例子中，前 5 项只要有 1 个认为是 cat 就算正确，而不必一定要是置信度最高的那个才算。在 2012 年之前，大家都是用传统机器视觉方法做的，当时的最低错误率仅是 26.172%，是前面多次提到的 Geoffrey Hinton 教授的学生 Alex Krizhevsky，他领衔的团队首次依靠 8 层深的卷积神经网络以巨大优势一举获得了 ILSVRC-2012 比赛的冠军，这才瞬间点燃了卷积神经网络也即深度学习的热潮。网络结构以他的名字命名为 AlexNet，AlexNet 综合应用了 ReLU 激活函数、Dropout、最大覆盖池化、LRN 层、GPU 加速等在当时看来非常新奇的技术，启发了后续更多的技术创新，今天我们在这里研学人工智能的诸多神奇表现，都得感谢 Alex，是他把深度学习技术的研究带入了快车道）。

机器视觉有了如此丰富的认知，我们就可以做"以图搜图"，现在百度等搜索网站上，你可以传一张图上去，它就能搜出一样和类似的图片，背后的原理大抵就是这个；我们还可以让机器像小学生一样"看图说话"。我们来看个更牛的例子（这个可能得科学上网）：https://www.clarifai.com/demo

这个网站的"看图说话"应用（不仅仅是图，视频也可以），不但能识别出来场景和物品关键词，而且还可以告诉我们 elegant（优美的）这样主观的判断，还有 no person（没有人）这样的氛围。比如游乐场的图，它还会识别出 fun（好玩的）。点击右上角的 configure，可以选择设置成中文。

8. 图像分类的其他应用

深度学习还有个特点，就是"端到端（end to end）"，我的理解就是可以由人只定义输入和输出，直接将输入端和输出端通过深度学习建立关联，而不必像传统的方法那样考虑中间的过程。所以，当我们给定输入是说话的图片、输出是说话的内容时，可以训练机器识别唇语。

说到识别唇语，我想啰嗦两句：我觉得机器智能的主要价值，将人类可以做到的事情提升效率是一方面，但更重要的另一方面，是做人类做不到的事情，就比如识别唇语这种事情，因为细节太多、太细微，很多像素级的特征是人类肉眼几乎观察不出来的，或者即便看得出来，反应也不会有那么快，类似这样的事情交给机器来做，不但可以胜任而且也是恰如其分可以充分发挥机器性能的。

在农业方面，有人提出过用来从上空识别哪些地方适合种哪种农作物，还有，我看过一个日本的技术人员用深度学习帮助"挑拣黄瓜"。这名技术人员的父母是种植黄瓜的，为了给种出来的黄瓜评定等级是一件很麻烦的事情，比如颜色、长短、粗细、纹理等，费时费力，需要有一定的经验，没法临时雇用人手帮忙，于是这名技术人员就用深度学习做了一套帮助挑拣黄瓜的系统。所以说，深度学习搞好了，可以用来孝敬父母，美哉！

在医疗领域，用来识别心脏病、癌症等疾病的早期症状、识别癌细胞（正在进行的阿里巴巴天池数据竞赛就是这方面的题目）；社会管理方面，在去年的上海 SODA 竞赛中，有十强团队的项目是根据城市街景判断治安状况的；我觉得，深度学习的图像分类既然能够分类黄瓜，应该也可以用来分类垃圾。

实际上，只要有足够的数据，就能够让机器用深度学习的方法来创造有用和有趣的应用，所以现在普遍的说法是"数据第一，算法第二"。比如，检测一张图片是否是色情图片，雅虎提供的鉴别色情图像的model，可以直接拿来用：https://github.com/yahoo/open_nsfw

但是，如果你读过美国法官理查德·波斯纳的《性与理性》等著作，就更能理解，判断什么是"色情"，其实是一个"剪不断、理还乱"的问题。当没有一个客观标准的时候，或者说社会个体之间并没有一个强烈的共识，我们教机器学会的分辨能力就一定是"正确"、普遍适用的吗？很显然，学者们早已经注意到这个底层的哲学问题。在美剧《疑犯追踪》里，主角们用机器来观测城市闭路电视的录像，然后预测哪里会有犯罪，提醒人们防范，避免悲剧发生，有人问机器程序的作者，"你是如何教机器分辨善恶的？"机器程序的作者沉思良久，然后说："列举法。"于是乎，机器就出错了，它把小孩的玩具枪识别为危险物品，把话剧舞台上的表演误认为是犯罪……

反过来，也有学者在考察，如何欺骗机器。比如通过一些"小伎俩"，人的肉眼看到的熊猫图片被识别为一只秃鹫，人的肉眼看得是一只猫却被机器识别为是浴巾，肉眼所见是狗却被机器识别为是网球。文章可见这个网址（该文末尾是相关代码的链接）：http://www.csdn.net/article/1970-01-01/2826566

这是两点额外的思考，也让我们不要盲目乐观，深度学习技术仍然有不完备的地方。不过总的来说，深度学习还是给社会带来了非常多的翻天覆地的变化，其中在我看来非常让人感动的一个应用，就是仍处于研发中的"机器导盲犬"，不过，要帮助盲人"看见"，就不仅仅是"图像分类"了，而是更进一步的"目标检测"。

（二）目标检测

1. 人脸检测

这里有一个人脸检测的例子，运行py文件，可以看到给定图像上的人脸就被方形的框标注出来了。代码在这里可以打包下载：http://pan.baidu.com/s/1i5MbVZB。

除了图片，也可以从摄像头的实时画面中检测出人脸，打包代码在：http://pan.baidu.com/s/1o7ITLR8

运行 py 文件，程序会打开你的电脑摄像头，然后你在需要的时候按 esc 键，它就会实时检测到人脸，并且将结果保存在目录下了。

我们知道，这就是在安防领域普遍应用的一项技术原理，不仅仅检测人脸，也可以用来检测是否有物体移动，或者特定的姿势，等等。以上两个例子，只用到了 OpenCV，并没有用到深度学习。

2. 检测并识别

Darknet-Yolo2 是一个号称可以快速检测 9000 种物体的一种深度学习方法。之所以叫 YOLO，取意是"You Only Look Once"，可见在保证识别率的前提下，速度之快，令人惊艳。YOLO 的官网是：https://pjreddie.com/darknet/yolo/。

我在 Windows 下用 visual studio 2015 将这一套好不容易编译成功了，所以打包了所有内容并含有详细的操作指南，提供下载：https://pan.baidu.com/s/1kVc9Siz。

接下来我们就来看看 YOLO 有什么惊艳的表现吧：解压下载下来的包，进入如下目录，darknet\Yolo_Windows_v2\darknet-master\build\darknet\x64。

如果你跟我的配置一样，可以直接用 build 好的 darknet.exe 文件，如果配置有差异，请按照方法重新编译。

我们可以运行 darknet_coco.cmd，稍等片刻，一张图片上的信息就被识别出来了。用记事本或其他文本编辑器打开 cmd 文件，可以看到实际运行的命令代码是：darknet.exe detector test data/coco.data yolo.cfg yolo.weights -i 0 zhangweijie.jpg -thresh 0.1。

前面分别定义的是任务名称、数据集、配置文件、权重文件及参数、待识别的图片等。最后 thresh 为 0.1 指的是，置信度大于 10% 的都标注出来；所以，如果把 thresh 设置为 0.8，就是只标注置信度大于 80% 的物体。thresh 越大，检测出的物体越少。

图20　thresh 参数分别为 0.1、0.2 和 0.3 时，从街景图片中检测出来的物体

我们还可以运行 camera2n1.cmd 实时从摄像头检测物体，当中实际的代码是：darknet.exe detector demo cfg\coco.data cfg\yolo.cfg cfg\yolo.weights。

也可以运行 camera3n1.cmd 实时从一段视频中检测物体，当中实际的代码是：darknet.exe yolo demo cfg/tiny-yolo-voc.cfg cfg/tiny-yolo-voc.weights xiyouji25.mp4 -i 0。

我是找了 1986 年版《西游记》第 25 集做例子，当时主要是想测试一下，看猪八戒是否会被识别成猪，结果大失所望，机器还是能正确认为他是"人类"的。大家如果有兴趣，不妨换个"动物世界"集锦视频放进去，看看YOLO能认识多少动物，我相信它一定比一般人认得更多更快更准。

YOLO并不是唯一的目标检测方法，还有很多，用微软的CNTK框架实现的Fast-R-CNN也是一个较容易跑起来的例子：https://github.com/Microsoft/CNTK/wiki/Object-Detection-using-Fast-R-CNN

相比起来，有的方法是把确定位置和检测物体作为两个步骤，而YOLO直接实现的是"端到端"的目标物体检测，速度当然是最快了的。所以，在不久前IBM与CSDN联合举办的一场深度学习比赛中，要求检测画面中的人脸，然后判断是否蒙面，比如戴了帽子、口罩之类的就是蒙面，如果银行ATM机面前的人是蒙面的，就不让他正常使用取款功能。当时获得冠军的团队就是用的YOLO的方法。

3. 无人驾驶车

我们可以给树莓派小车装上一个摄像头模块，通过训练，让它会认红绿灯、交通标志甚至玩具人，然后给它设定一个"终点"，试试它在路途上会否"红灯停、绿灯行"，是否见到行人会躲避，等等，是不是有点类似自动驾驶汽车的感觉。机器视觉确实是自动驾驶汽车的重要一环，不过工业级的自动驾驶汽车的原理却比我们今天演示的要复杂，它的视觉不是平面的，而是360度全景雷达图。我们熟悉的"滴滴出行"目前正在搞自动驾驶车的数据算法比赛。

自动驾驶汽车或者称无人驾驶汽车，是机器视觉的巅峰级应用，是目前最受到期待的科技引爆点。不过，特斯拉等自动驾驶车辆的研发企业也遭遇过挫折，最严重的莫过于近几年来的一些交通事故了，为此，近期有人提出，自动驾驶汽车要适应各种极端条件，或许可以让机器在《GTA（侠盗猎车手）》等自由度较高的游戏中进行学习，《GTA》中的路况不但与现实环境十分相似，游戏中有262款车型、14种天气、还有逼真的交通灯、桥梁及隧道，此外还有数千个不可预测其行为的行人和动物，行人碰瓷、飞车追击、连环车祸也是随处可见，因此，它是比现实路况更复杂和极端的路况，为无人驾驶AI提供了绝佳的实验场所。大家可以在腾讯视频或B站搜索《人工智能在GTA5

中驾驶汽车》看视频，还可以在这里下载代码，自己亲手尝试一下：https://github.com/Sentdex/pygta5。

（三）图像生成

1. 生成绘画

深度学习智能程序不仅能识别图片，也能创造图片。

谷歌的autodraw很好玩，新建一个画布，在左边一列工具中选择"AutoDraw"，然后在画布上随便画几笔，画布上方的一行就会自动提醒相关联物体的简笔画。比如你画了一个圆圈，它会提示出苹果、篮球、项链等各种物体，点击就可以把你想要的内容嵌入图中替换那个圆圈。体验网址：https://www.autodraw.com/。

如果觉得简笔画不过瘾，你可以试试Neural Doodle，它将可以把你绘制的草图自动变成油画，官网如下：https://nucl.ai/blog/neural-doodles/。

图21 Neural Doodle 将粗糙的草图变成精美的油画

2. 生成人脸

机器不但会依照特定的笔画和形状生成图像，也可以自主生成图像，比如通过大量的人脸图像的训练，然后生成一个新的人脸图像。这个人脸不是任何人的，但肉眼所见就像是真的人脸一样。原始代码：https://github.com/carpedm20/DCGAN-tensorflow。

我整合了全部打代码和训练数据，提供打包下载：http://pan.baidu.com/s/1bp8biWZ。

下载之后解压缩，用我已经训练好的model，运行如下代码进行人脸生成，经过2000多次迭代，就能生成一些差不多的看起来很真实的"人脸"了：

python main.py --dataset celebA --input_height=108 --crop。

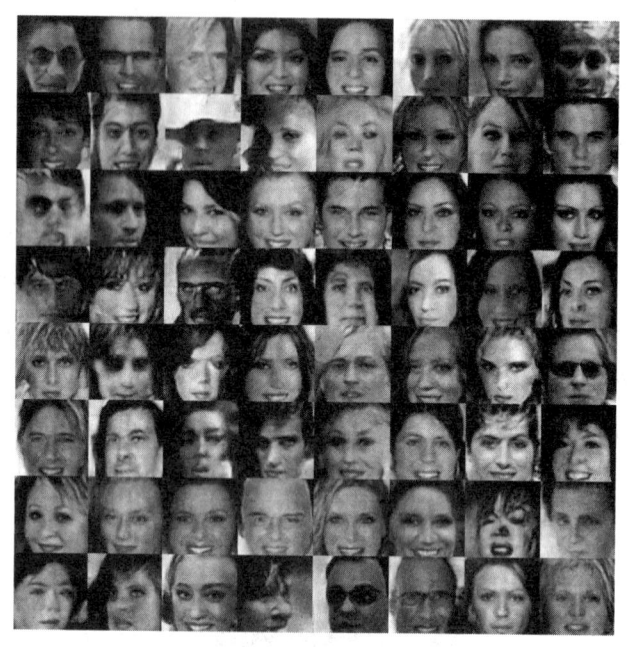

图 22 运用 DCGAN 经过 2268 次迭代生成的"人脸"看起来已经很真实了

这个应用不仅仅是好玩,也有很多实际需求的,比如为了应对儿童拐卖现象,我们可以用大量小时候的照片生成数十年后的样貌图片,看是否能帮被拐儿童回家。

3. GAN 及其应用

上面的"生成人脸"项目实际上就是用到了"生成对抗网络(Generative adversarial networks,GANs)",从 DCGAN 这个项目名称就可以看出来。所谓 GAN,通俗来说,就是让 AI 自己左右互搏,创建一个生成器和一个鉴别器。就以上面那个生成人脸项目为例,生成器的任务就是"造假",造出新的假人脸图片,而鉴别器的任务就是用来"打假",它会基于给定的真实图片特征告诉生成器"你这个太假了",于是生成器就进行迭代,慢慢的缩小与鉴别器的要求之间的差距,慢慢的让鉴别器分辨不出来真假,如此,接近真实的"人脸"就生成出来了。

有了 GAN,我们可以做很多颠覆式创新,比如用机器学习的方法修复图片，挖掉图片的一块，让机器自动补全，代码在：https://github.com/bamos/dcgan-completion.tensorflow。

所以我们看到，以后马赛克这种保护隐私的手段很可能就没用了，这也会涉及到法律，诸如此类的问题，都需要我们这些懂得技术的法律人未雨绸缪。

用 GAN 还可以给黑白照片涂色，有一个在线演示：http://demos.algorithmia.com/colorize-photos/。

图 23　运用 GAN（生成对抗网络）可以将黑白照片转化为彩色照片，效果惊人

我在本机用 caffe 跑如下代码，成功将黑白照片转换为彩色照片，效果惊人！（经典修图软件 PS 中已经有越来越多的 AI 要素了，比如我们可以通过深度学习的方法来使模糊的照片变清晰，机器自动去掉图像中的噪点，在一个网络段子中，当旁人羡慕程序员是 P 图高手时，程序员却傲骄地说："我这是用程序自动生成的效果，不是 P 的图。"）https://github.com/richzhang/colorization。

我已经把 windows 下编译的 caffe 以及给图片上色的代码均打包，提供下载：http://pan.baidu.com/s/1kUNdEo3 。

下载之后解压缩，在 colorization-master 文件夹中运行如下代码即可看到超酷的效果了：python ./colorize.py –img_in ./old_pic.jpg –img_out ./out.png。

4. Pix2pix

Pix2pix 是一种"端到端"的从图片到图片的生成网络，我们可以在这里在线体验它的神奇效果：https://affinelayer.com/pixsrv/。

打开页面，在 facades 项目中，你可以点 clear 清除画布，然后用鼠标随便点选一些颜色、勾画一些方形，然后点 process，等待一小会儿，就看到机器生成的杜撰的建筑物图片了；在 edges2cats 项目中也是一样，你用鼠标大概构了个轮廓，就可以生成一只猫的图片（有时候用户勾勒的轮廓根本不是猫能存在的样子，会生成一个怪物，但整体形态仍然像一只猫）；在 edges2shoes 中，会根据轮廓生成鞋子；edges2handbags 会根据轮廓生成手包的图片。演示了这些，要生成什么，关键还是你给机器学什么数据，像尝试的话，而已在这里下载代码：https://github.com/affinelayer/pix2pix-tensorflow

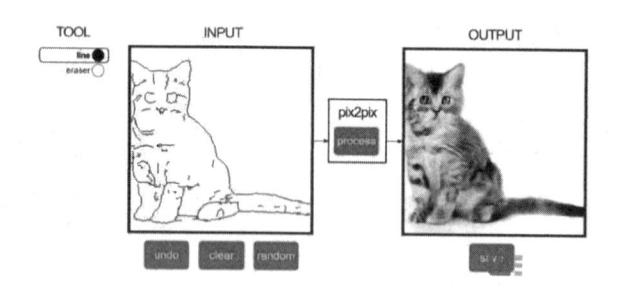

图 24　pix2pix 将轮廓生成猫的图片

需要注意的是，这个项目必须用 tensorflow1.0 以上版本运行（本文中其他 tensorflow 项目均兼容 0.12rc 版本）。

进入 pix2pix-tensorflow-master 文件夹，运行如下代码进行训练，得到模型：
python pix2pix.py --mode train --output_dir train_AtoB --max_epochs 2 --input_dir val --which_direction AtoB。

运行以下代码进行测试：python pix2pix.py --mode test --output_dir edges2shoes_test --input_dir x1 --checkpoint train_AtoB。

得到的测试结果在定义的 output_dir 文件夹中，可用网页形式呈现。

Pix2pix 的方法可以构建很多应用，取决于你给它什么数据。我想到一个在办案中有用的应用，用当事人描述的轮廓寻找匹配的卫星图片，从而有助于警察快速定位发案地点。

图 25　用勾勒的路况轮廓寻找匹配的卫星图片，从而有助于警察快速定位发案地点

5. 从 2D 图片生成 3D 模型

看标题就明白这个是干嘛的了，这个程序是用了 Torch 和 Lua 写的，windows 上没法部署，只有在 linux 下运行了。代码在：https://github.com/zck119/3dgan-release

从 2D 图片生成 3D 模型，再配合 3D 打印机，功能感觉要逆天了。

6. 从侧脸生成正脸照片

TP-GAN 即"双通道生成对抗网络（Two-Pathway Generative Adversarial Network，TP-GAN）"，通过这个，可以把给定的侧脸图片生成正脸图片，看一下下面这张图，运用 TP-GAN 用侧脸生成正脸图片，左边一栏和右边一栏，其中一栏是真实的人正面脸，另一栏是机器生成的，你能分辨出来吗？（答案：右边一栏是真实的正脸，左边一栏是机器生成的。）

图 26　运用 TP-GAN 用侧脸生成正脸图片

（右边一栏是真实的正脸，左边一栏是机器生成的）

这是中科院自动化所（CASIA）刚刚发表的一篇论文，逆天一词已经不足以形容我的惊诧了。论文地址：https://arxiv.org/pdf/1704.04086.pdf 。

（四）文本生成

1. Word2vec 词向量

Word2vec 是文本的机器学习的第一步，顾名思义，就是把 word（词语）变成 vector（矢量），把词语变成多维空间坐标系中的点，这样就可以反映出词语与词语之间的关联。如下面这张图，我们输入"共产党"，它会找到一系列与之相关联的词语，越靠前的词语说明在多维空间中它们关系越密切。

2. 写文章

机器除了会画画，还会写文章，只要给它学足够的某类素材。比如，生成乔治·RR. 马丁（《冰与火之歌》的作者）风格的文字，找到之前我们下载的 YOLO 包（东西都打包进去了，如果没有也可以去 YOLO 的官网下载），进入后运行 rnn_text_generate_grrm.cmd 命令，实际上的代码是：darknet.exe rnn generate cfg/rnn.cfg cfg/grrm.weights –srand 0 –seed JON。

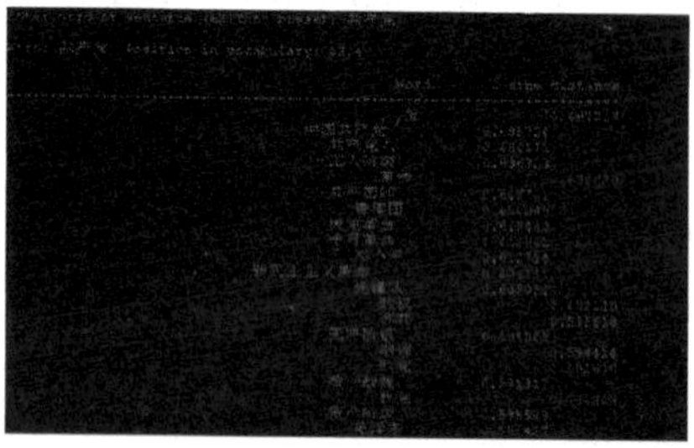

表示这里的种子（seed）设定为 JON，机器就会返回一段描写小说人物"琼恩"的文字，虽然我是英文学渣，但也看得出来，写得确实有马丁的风格，不愧是学习了大量原著后得到的文字。

在 YOLO 官网，还有莎士比亚、托尔斯泰、康德等人的 weights 文件可供下载。如果你愿意，可以试试给机器学甄媒体或者 CU 检（检察网红，大家认识吧？），也可以用自己的文字作为素材试试。https://pjreddie.com/darknet/rnns-in-darknet/。

图 27 Word2Vec 词向量

素材和算法都不是问题，但我只想问一个问题：新生成的文字的知识产权归谁？

3. 写稿机器人

一方面，通过上述 RNN 的方法，可以生成新的文字，这个可以用于写稿机器人，甚至还可以用来进行作词、作曲等艺术创作。

另一方面，运用文本摘要（text summarize）方法，可以对较长的文字素材进行缩写，这样就可以把新闻素材缩写为新闻，还可以通过调整参数概括出新闻的标题，提炼文章配图（搜狐最近就在办新闻配图大赛，当然不是人工的，而是要通过机器学习）。有兴趣可看代码：https://github.com/rockingdingo/deepnlp/tree/r0.1.5/deepnlp/textsum。

思考一下，我们可否用 text summarize 技术来生成法律文书，比如在审查起诉工作中，从"案件材料"生成"审查报告"、再从"审查报告"生成"起诉书"？我认为技术上是可行的。

4. 机器写诗

我们可以给机器学习《全唐诗》，然后机器就会根据要求作诗。代码可参考：http://blog.csdn.net/u014365862/article/details/53868544。

我将相关代码和素材均打包，提供下载（我只训练了 50 步，现在的 model 基本上不能生成像样的文字，大家可以自己再多训练一些，训练足够了，效果就可以像百度的"为你写诗效果一样好）。

还有生成藏头诗（设置诗首字在 py 代码的最后一行），运行 test_rnn2.py

类似的，我们可以给机器学一堆姓名，它就可以成为起名达人；给他学一堆古典乐/歌词，它会学着生成古典乐/歌词；还有生成菜谱，用于发现新药物，甚至可以给它输入源代码，让它学会写代码……难怪罗振宇号召我们"到数据肥沃的地方去"，"数据就是新时代的黄金"这句话我现在明白了!

不过呢，还是有点问题，真的试了这些代码你就会发现致命的短板：写稿机器人大多还是用在天气预报、体育新闻这样的"弱逻辑"场景中，机器写的小说、剪辑的电影还处于不知所云的状态，所以，机器替代程序员还不是一个迫在眉睫的问题，因为深度学习没有给机器赋予推理智能。然而，今天尚不可行不代表不久的将来不可以，事实上，当 GPU 如日中天的时刻，推理芯片的研发也是突飞猛进的，"数据系"和"推理系（例如知识图谱）"的机器学习流派很可能从山峰的两面同时在攀登，他们在山顶胜利会师的一天是指日可待的。

5. 图片生成文字

有通过文字生成图片的，即"看图说话"，代码如下：https://github.com/paarthneekhara/text-to-image。

图28 机器也会"看图说话"

也可以反过来,通过文字生成图片,代码如下:https://github.com/tensorflow/models/tree/master/im2txt。

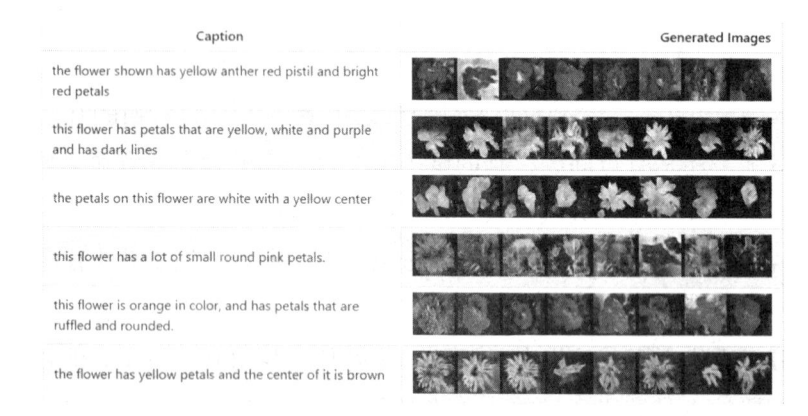

图29 与"看图说话"相反,通过文字生成图片

(五)生成音频、视频

无论是图像还是文字,本质上都是比特字节的流动,所以,当我们把不那么直观的音频也转化为直观的声纹图的时候,也就是把它编码化,我们就

可以对它进行学习和处理了；我们将视频抽取为一帧一帧的图像，这样也可以对视频进行处理了。

1. 生成音乐

我们可以用机器来生成音乐，代码：https://github.com/llSourcell/AI_Composer

如果不想麻烦，可以直接去这个页面听一些机器作的曲子，有的还蛮好听的（由于实际存储音频文件的网站 vimeo.com 可能会打开失败，你得搭个"梯子"）：http://www.cs.toronto.edu/songfrompi/。

此外，我们可以用同样的方法教机器学说话：给机器说话的声音，让它学说话，一如给它学音乐生成音乐。关于让机器开口说话，我们在后面的"聊天机器人"一节再详细讨论。

2. 生成视频

比单纯生成音频和图像需要更大的运算量，但生成视频也是可能的。代码（也是 torch 框架下 lua 语言写的）：https://github.com/cvondrick/videogan

程序作者提供训练好的 model，我们可以直接下载下来用，可惜它放在谷歌网盘上，我费了九牛二虎之力终于下载下来了，存在百度网盘上分享：http://pan.baidu.com/s/1pLuJetX。

这个程序有两种用法：一种是可以根据文字生成视频；另一种是给定一张静态图，机器据此生成动态图。到前面的代码下载页，我们可以看到效果：给一个小狗的图片，机器反馈的视频是小狗往前跑；给海滨的图片，机器反馈的视频是海浪打来；给火车的图像，机器反馈的是火车开动。虽然看起来还是很初级的、粗糙的，但是，这项技术发展下去不得了，不但给虚拟现实技术开了脑洞，而且你甚至可以说，机器能预测未来（别急，关于预测未来，我们在后面专节讨论）。

（六）风格迁移

1. 内容＋风格→生成新画作

让我们下载如下代码：https://pan.baidu.com/s/1c1A0Gc4。

解压缩后，运行：python neural_style.py --content content.jpg --styles style.jpg --out OutFile.jpg。

它能把 style.jpg 图片的风格迁移到 content.jpg 图片的内容中，就像下图展示的。

图 30　用 RNN 实现图片风格迁移

2. 歌曲风格转换

用 RNN 转换歌曲的风格，代码如下：http://pan.baidu.com/s/1misjKtq

运行 music_runn_style.py 即可将两首歌，其一的内容、其二的风格合二为一。

不过说实话，程序还处于实验性阶段，很难说合成的歌曲有什么美感可言。

3. 图片的压缩传输

我们回到深度学习的原理，一张图片在机器看来可能就是记录其 30 个点的特征，这个在有一个场景非常有用途，就是数据的压缩与传输。当我们把一张原本较大的图片文件通过深度学习只记录为 30 个点的特征之后，传输的文件会非常的小，之后再进行还原，效果是棒棒的，这里已经有可用的代码了：https://github.com/tensorflow/models/tree/master/compression。

有兴趣还可以阅读关于它的论文：https://arxiv.org/abs/1608.05148。

总之，我觉得这是个容易被忽略却非常棒的理念，因为它跟风格迁移的原理有重合的地方，所以归在此节中。

（七）预测未来

1. 应用

RNN 还可用于预测股票，这里有一个简单例子代码：https://github.com/LouisScorpio/datamining/tree/master/tensorflow-program/rnn/stock_predict。

可以用机器预测股票，也可以用它来预测物价、预测节假日出行（2014 年百度就推出的"百度迁徙"）、预测人们的购买行为，电子商务网站商品展示页上，你买了什么，还会买什么，其实都是基于机器对你的未来行为的预测。

在金融领域，那些金融机构根据大数据来预测一个用户会不会到期不还信用卡或者判断他是不是恐怖分子，这些都是早已经在广泛应用的项目。

除了购买，阅读也会被推荐（今日头条），音乐也会被推荐（虾米、网易云音乐"猜你喜欢"），当然，推荐的前提是要先做好分类，这里有一段音乐分类的代码：https://github.com/despoisj/DeepAudioClassification

这是一个高手的博客上预测火车货运量的代码：http://blog.csdn.net/u014365862/article/details/53869802

这确实是在预测未来，我们想想之前演示过的一系列的例子，Videogan生成关于未来几秒钟的视频，空间上也可以通过"补充盲点"、"2D 转 3D"等方法补全未知，难怪有人撰文，标题党又火了一把：《麻省理工学院的深度学习软件能生成未来的视频》（搜标题可以搜到正文）。

深度学习的预测力量很神奇，在之前提到的 IBM 那个判断是否蒙面的比赛中，遇到一个天文台的人，他说，他们用深度学习来找宇宙里的新星。这个听起来好酷，仔细想想，确实也是可行的，如果宇宙是有规律的话——说到规律，我想说："深度学习，你这么厉害，双色球知道吗？"双色球知道吗？大家自己课后去试试吧！

2. LSTM

LSTM（Long Short-Term Memory，LSTM）是一种时间递归神经网络，论文首次发表于 1997 年。由于独特的设计结构，LSTM 适合于处理和预测时间序列中间隔和延迟非常长的重要事件。啥意思呢？简单来说，就是如果我们要处理较长的文本，如果把所有的词都带入计算，很可能会造成维度急剧扩大的灾难，所以需要设置不同类型词语带入计算的不同规则，假设你每天要见很多人，你一定会记住重要的人，忘掉不重要的人，谁重要谁不重要，会自然而然分个层次，这个解释不精准，但 LSTM 大概就是这么回事。

3. LSTM 的应用

（1）与机器对话。Chatbot（Lua 写的）：https://github.com/llSourcell/Chatbot-AI

（2）翻译。用 Seq2Seq（Sequence To Sequence），给机器学习大量的英文

与法文对应的例句,然它最终学会如何把英文翻译成法文。2017年年初,谷歌、百度等提供在线翻译的网络服务均切换到深度学习方法,据说效果比从前更好。

以下是百度的PaddlePaddle的方法及详细代码:http://www.paddlepaddle.org/doc_cn/tutorials/text_generation/index_cn.html。

(3)阅读理解和完形填空。提到这两个词,我们一定想起了学生时代恐怖的画面,然而这对深度学习来说是小菜一碟,只要有可供学习的数据,拯救学渣的AI来了,参照以下两个博文做:http://www.cnblogs.com/LittleHann/p/6429561.html,http://blog.csdn.net/u014365862/article/details/54428325。

(4)机器人法官是否可能?模仿前面Seq2Seq中英文与法文的一一对应,我采集了近五年内部分地区法院的一审刑事判决书,把其中"本院认为"后面的法律事实叙述与"判决如下"后面的判决内容都采集并进行了一一对应,然后带入Seq2Seq的模型中进行学习,很快,机器就学会了定罪量刑。

我用这个应用向马克斯·韦伯[①]致敬,是他提出的"法官就像自动售货机"的说法从学生时代就一直萦绕在我心中。前几天遇到9年未见的大学同学(睡我上铺的兄弟),我告诉他我做了一个自动判决的机器尝试,他不以为然地说:"你上学的时候不就一直想这样做嘛!"我惊诧:"是吗?我自己都忘记了!"慢慢的,我想起来,我似乎在一篇学生时代探讨案例法的文章中提到过这个理想,或许,机器学习真的是"遵循先例"的最忠实执行者吧!

无论如何,现在弄出来了,本来是好的,但是网络数据库被不明人士攻破了,服务崩溃了,所以只能挂一张截图出来,如果我过几天把应用恢复了,大家可以访问这个地址亲手测一下(如果没内容,说明还没修复),输入法律事实,机器反馈定罪量刑的判决:http://www.ddaayy.com/seqToseq/。

[①] 马克斯·韦伯关于"法官就像自动售货机"的经典阐述是:"现代的法官是自动售货机,投进去的是诉状和诉讼费,吐出来的是判决和从法典上抄下来的理由。"

> 输入内容：本院认为，被告人周某某为他人吸食毒品提供场所，其行为已构成容留他人吸毒罪，公诉机关指控罪名成立。被告人周某某归案后能够如实供述自己的犯罪事实，可予以从轻处罚。
>
> 计算结果（多数AI计算结果）：-6.82992 依照《中华人民共和国刑法》第三百零三条第二款、第五十二条、第五十三条之规定，判决如下：被告人某某犯容留他人吸毒罪，判处拘役五个月，并处罚金人民币一千元。
>
> 备选结果（少数AI计算结果）：-7.21487 依照《中华人民共和国刑法》第三百零三条第二款、第五十二条、第五十三条之规定，判决如下：被告人某某犯容留他人吸毒罪，判处拘役五个月，并处罚金人民币一千元。

图 31 我尝试的机器自动判决应用截图

如果你也想也做一个自动判决机器（机器人法官），不妨下载我采集的数据集：https://pan.baidu.com/s/1cAdLxk。

然后带入 seq2seq 的模型里跑，无论是 PaddlePaddle 还是 tensorflow，都是可以做的。

通过这个项目，我其实发现了很多问题，包括我偷懒没有给中文分词，而只是把它们进行了单字切分，这会在计算时有影响；数据类型分布不均匀，因为现实中的案例也并不是每种犯罪都一样多，所以盗窃、抢夺、交通肇事、醉酒驾驶这些罪名明显多，而有些罪名却非常少，甚至根本没有，针对这个情况，数据要经过一番精致的处理，才有可能得到更准确的判决结论；再就是，给机器学的都是有罪判决，机器根本不懂世界上还有无罪判决这回事，要解决此问题，也是要下更多功夫的。

（八）聊天机器人

1. 对话机器人

对话是与人类最自然的交互方式，所以才有了 Siri、Cortana、微软小冰、亚马逊 echo 盒子这些语音助手。我之前为了教家里小朋友学《弟子规》，搞了个弟子规机器人，当小朋友说上句的时候，机器会接下一句。今天我给大家演示的是"翻译机"，演示这个要先改一下 python 环境变量的设置，改成 2.7 版本的（之前运行 tensorflow 需要 python3.5，而 3.5 缺少必要的库，没有变通办法，只能切换版本），这个"翻译机"先用 pyaudio 库记录声音，然后把声音传给云端进行"语音识别",从声音得到文字;把中文文字再传给云端,得到翻译成的英文文字;然后用TTS(Text To Speech)把文本转换为语音(也可以用云端服务,我这里的云端服务都是用的百度的,如果是windows上可以直接调用speech.say(text)接口让机器"说话")。代码:http://pan.baidu.com/s/1hsn8kVq。

下载后运行即可。

我们不禁要问,这些云端服务可以在本地实现吗?这是有实际需求的,比如检察系统内网需要与外网物理隔离,那么我们内部的智能应用,可否自己搭建语音识别、文本转语音等服务?答案是当然可以。

2. 无不可计算

无不可计算,只要能转化为特定的格式。要进行关于声音的计算,需要把声音转化为图谱,这里我们提供一个matlab程序,将声音转化为图谱:http://blog.csdn.net/u014365862/article/details/54024158。

3. 语音识别

这里有两个语音识别的代码,分别是tensorflow的和caffe的:

https://github.com/pannous/tensorflow-speech-recognition

https://github.com/pannous/caffe-speech-recognition

4. 中文语音识别

我用以下博文的方法进行中文的语音识别,初现效果:http://blog.csdn.net/u014365862/article/details/53869701。

我把所有代码和训练素材还有用不怎么好的显卡训练了一天的model打包,提供下载,大家可以用好的显卡进行训练(这个文件非常大,因为训练素材有大量语音,所以打包文件又11G之大):http://pan.baidu.com/s/1jH6kJl0

我现在运行test.py,可以识别有限的两三个字,主要是训练量还不够。

我跟一位地方电视台工作的朋友商量过,能否用方言节目中的音频和字幕来作为素材,教程序识别地方话,因为当初曾经设想在12309控申接待处安装语音识别工具,帮助减轻检察工作人员的记录负担,但是可惜的是,现实中大家并不怎么说普通话,都是说地方话,如此看来,地方语音的方言识别是迫在眉睫的需求。

然而，我发现科大讯飞输入法中已经有地方话识别了，微信对话中的语音转文字功能，也能够精准识别武汉话，看来我没必要重新制造一个轮子了。

5. 机器自动加字幕

用深度学习，让机器识别语音，从而可以自动给视频等加字幕。

此外，还记得前面的唇语识别吗？我们可以通过它，给30年代的无声电影配上音。

Skype早几年就可以在聊天界面加上本地语言的翻译字幕，而更厉害的是谷歌的YouTube，它不但早就可以给视频加自动识别的字幕，而且能识别出环境音效，比如视频中两个人正在火车上说话，屏幕的下方会显示传统的对话内容，而上方则显示环境音——火车轰隆声。

图32 用DNN模型为YouTube视频添加环境音效字幕

6. 文本转语音TTS

用新近的WaveNet来实现TTS，我们可以到这里找到代码：https://github.com/ibab/tensorflow-wavenet

当然，如果你不想用深度学习的方法那么麻烦，其实有很多做法来实现TTS，最简单的，你就用festival，输入如下内容，它就会读出来：festival> (SayText "Put something here")

输入如下内容，它会把内容保存为wav音频文件：festival>（utt.save.wave（SayText "Put something here"）"name.wav" 'riff）

7. 个性化语音

我们移步至"科大讯飞"的主页，在这里有各种"发音人"，可以听一听：http://www.xfyun.cn/services/online_tts?tab_index=1

我们还可以在"得到"app里听到他们为罗振宇订制的"罗胖专属语音"。

再来通过"世界语音地图"听一听世界各地语言、方言的发音（架梯子）：http://homepages.inf.ed.ac.uk/jyamagis/Demo-html/map-new.html，http://tundra.simple4all.org/demo/index.html。

以上这些，技术叫 Voice Clone，以前在《碟中谍》的电影中见过。现在我们自己也可以做：http://homepages.inf.ed.ac.uk/jyamagis/page55/page60/page60.html。

或者运用刚刚发布的新技术，不再需要太多的语料和长时间的训练，新闻标题是说：《只需极少数据，训练一分钟，这个 AI 就能复制任何人的声音》：https://lyrebird.ai/demo（据说里面还有模拟美国总统特朗普的声音，可惜存储多媒体文件的 soundcloud.com 网站似乎也需要架"梯子"。我听了一下，确实很逼真，不过该技术没有开源，如果你仅仅只是想应用他们的 API，也可以在网站最下面留下邮箱地址，可以接收研发的进展程度。）

我有点担忧，如果克隆语音的技术如此之廉价便捷，那模拟声音的电话诈骗会不会出现爆发呢？作为执法者的我们，该如何防范和应对呢？

8. 对话引擎

要实现对话机器人，需要"听"和"说"，更需要"思考"功能，我们参考如下博文来实现对话引擎（我们可以用很多素材来训练机器，这位作者还开脑洞的拿电视剧对话字幕来作为训练素材呢，原理的话，其实与之前介绍过的 Seq2Seq 很类似）：http://blog.csdn.net/u014365862/article/details/53869660

相关代码、训练素材和我训练好的 model 打包，提供下载：http://pan.baidu.com/s/1nuEmfRb。

运行 4test.py 看效果，哎，训练并不够，效果太差了，答非所问已经不足以表达我对它的失望了。因为准备讲义时间仓促，有很多程序，回头我要拿强劲的 GPU 好好训练，才会有好的效果。

9. 复活去世的人

英剧《黑镜》有一集，是说有一个地方，去世的人的记忆可以继续在那个世界存活，如果活着的人想与已经去世的人"再见面"，可以去那里找他们。

据新闻报道，俄罗斯的程序员为了纪念去世的好友，用好友生前编写的若干条手机短信生成了一个 ChatBot，这样，好友、家人就像是再一次与此人交流一样。

未来，肯定不仅仅是语言，包括音容笑貌、一颦一笑都是可以记录和模拟的，再有虚拟现实技术加持，《黑镜》的片段一定会成真。

（九）让机器会玩游戏

1. 强化学习

所谓强化学习（reinforcement learning），是一种无监督学习。我还是用自己理解的通俗语言来描述，准确的定义大家自己查资料看论文。我们设定一些策略，让机器可以自己去尝试各种操作，然后不停地试错，如果成功就加分，如果失败就减分，最后让机器自己总结出获得高分的最佳策略。大名鼎鼎的 AlphaGo 就是用了强化学习。

强化学习也有 Play Ground，这里有四个项目，不妨看看，加深对强化学习的理解：http://cs.stanford.edu/people/karpathy/reinforcejs/waterworld.html。

2. 围棋

说到围棋，不仅仅 AlphaGo，用 darknet 对付我等业余人士绰绰有余。官网参考：https://pjreddie.com/darknet/darkgo-go-in-darknet/。

运行如下代码启动：darknet go test cfg/go.test.cfg cfg/go.weights。

当然界面比较简陋，是命令行的，输入字母加数字确定纵横坐标进行落子。如果你想界面好看的，可以去网络对战平台挑战 DarkGo，它现在已经是 5 段了。

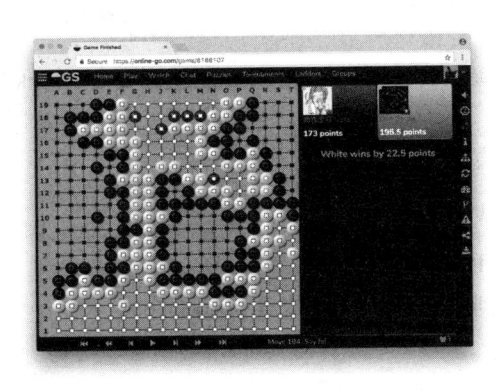

图 33　围棋 AI 不仅仅有 Alpha Go，还有很多其他的，Dark Go 现在已经是 5 段了

3. 简陋游戏的训练过程

我们让机器通过"强化学习"学会玩游戏，代码下载：http://pan.baidu.com/s/1pL0lgP9。

运行 python game0.py 之后，会看到游戏界面启动，命令行中则是一些训练的参数。板子就是要接到球，通过反反复复的一次又一次的失败，最终机器能成为一个游戏高手。

4. Flappy Bird

这是大家都非常熟悉的游戏，操作也很简单。那么，机器是怎么玩的呢？我们这里可以直接把现成的 model 带进来跑，看看 Flappy Bird 高手——机器是如何想失败都失败不了的。原始代码：https://github.com/yenchenlin/DeepLearningFlappyBird。

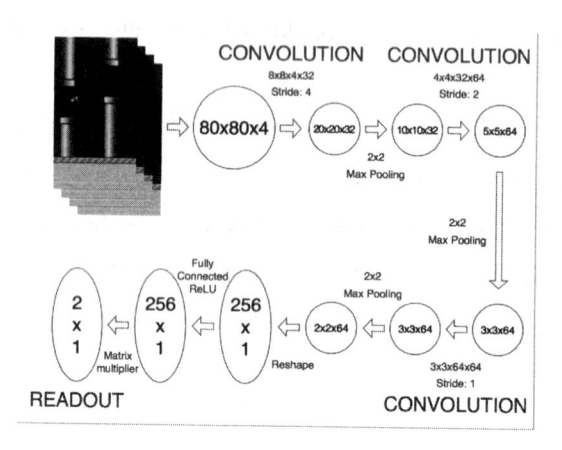

图34　训练机器玩 flappy bird 游戏的 Deep Q-Network 的架构图

我打包的可以直接运行的代码：

http://pan.baidu.com/s/1i5FWzpb

运行 python deep_q_network.py

然后就可以看到不停地、毫无失误飞翔的小鸟了。

5. 更多应用

"强化学习"近来火爆也与其运用多层神经网络有关，给很多事物打开了一扇新的窗户。比如无人飞行器的飞行，传统的自动飞行要考虑太多的因素，现在用强化学习方法，就给它一个激励函数，飞得好就加分，飞得不好扣分，如此训练出来的飞行器程序，保证管用。

美国的军用大狗，看视频就像是真狗一样，踹都踹不倒，而且可以在冰上行走，可以驮重物；还有所谓的只在4月1日发布的谷歌无人自行车，我其实觉得通过强化学习来实现，也是可行的，只是这东西没啥实际作用，而不是技术实现不了，所以没有人去做它罢了。

此外，听说 AI 的"星际争霸"打得很好，恐怕未来也一定会如围棋、扑克这些游戏，"星际争霸"的人机也必有一战吧！

6. 训练人与机器合作共赢

独乐乐不如众乐乐，不如找个机器人与人一起狂欢。微软的 Malmo 项目告诉你：《合作共赢：你需要一个机器人助理》。Malmo 是建立在青少年最喜爱的游戏《我的世界》中的一个 AI 引擎，你可以写程序来教机器如何在"我的世界"中生存。代码和安装指南：https://github.com/Microsoft/malmo#getting-started

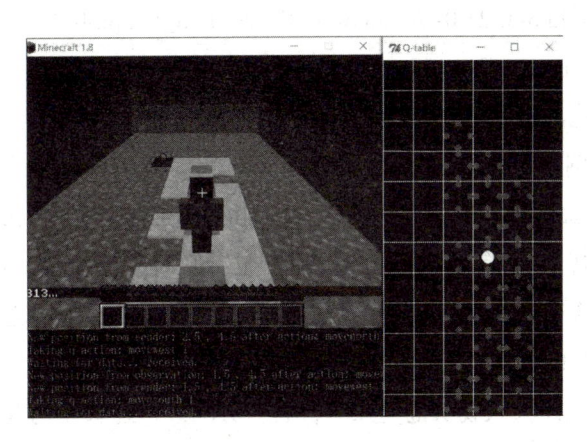

图35　用 malmo 引擎训练《我的世界》游戏中的人走岩浆迷宫

最近微软还发起了一个挑战赛，用 malmo 引擎试图破解"猎鹿博弈（Stag Hunt Model）"这样的协作难题。它是一个叫"Pig Chase（小猪快跑）"的小游戏，这个游戏中，两个人抓一只猪，这两个人中有一个是你的机器人，另一个可能是人，也可能是另外的机器人，二人协作抓到猪、不抓猪离开游戏区域这些不同的选择策略有不同的得分。据说灵感是来自卢梭的著作《论人类不平等的起源和基础》中的一个故事。低幼的游戏配之以启蒙思想家的思想，微软这次可谓是用心良苦，阳春白雪和下里巴人通吃呀！联想起微软 CEO 纳德拉甚至还曾亲自撰文《未来的伙伴关系》（The Partnership of the Future）来宣传 malmo 平台，足见微软对于人工智能的极端重视。限于篇幅，我叙述规则有点不清楚，请大家自己看挑战赛的代码：https://github.com/Microsoft/malmo-challenge

由于某种大家都熟悉的原因，在国内配置 malmo 平台比较困难，所以建议大家最好用 docker 安装，我是在这篇博文作者的指导下配置成功的：https://my.oschina.net/qinhui99/blog/864138

安装配置成功后，启动分两步：

第一步，Launch the Malmo client

> cd ~\Malmo-0.21.0-Windows-64bit\Minecraft

> .\launchClient.bat

第二步，Start a second PowerShell and start an agent

> cd ~\Malmo-0.21.0-Windows-64bit\Python_Examples

> python tabular_q_learning.py

7. 通用智能与迁移学习

从上面的例子可以看到，我们只能用一套模板来训练一个特定的游戏，我们不能用会玩 Flappy Bird 的 model 来玩 malmo 或 GTA，那么，我们能否创造一个通用的智能、什么游戏都会玩呢？或者暂时妥协一步，训练某个 AI 会玩某一类差不多却略有差异的游戏。这是可以实现的，事实上很多学者都在研究这个，解决的方案之一叫"迁移学习（Transfer learning）"。

机器学习大神级人物吴恩达 2017 年年初说："迁移学习是未来五年的重要研究方向。"不过这个方面的知识比较新，我其实并不太明白，所以还是等积累以后再跟大家来探讨吧！

（十）嵌入式设备和移动应用

1. 树莓派

前面我们用树莓派小车进行物体检测，实现一个小型的自动驾驶。可以靠网络在云端主机进行深度学习的运算，现在当我们知道 tensorflow 可以运行在树莓派上时，我们可以抛开网络做单机版，这样小车可以跑得更自由。

2. 手机应用

图 36　Tensorflow demo on android 的运行界面

Tensorflow 可以运行在安卓手机上（毕竟 tensorflow 和 android 都是谷歌家），我们可以在官网找到 tensorflow 的安卓手机应用的源码：https://github.com/tensorflow/tensorflow/tree/master/tensorflow/examples/android/。

也可以直接下载编译好的 tensorflow demo on android 的 apk 安装文件：https://ci.tensorflow.org/view/Nightly/job/nightly-android/。

还有网友汉化后的中文版 apk 安装文件：http://pan.baidu.com/s/1o7KpDl4。

Demo 其实是有三个：第一个是物体识别，第二个是画面风格迁移，第三个是物体检测（检测人类，用框标出）。这些之前在电脑上都演示过，唯一不同的，只是这次是在手机上实现的，它的意义是深远的，当移动设备也具有了深度学习的能力，智能物联网还会远吗？

3. 苹果手机上的深度学习应用

（1）Prisma——图画风格迁移；（2）Philm——视频的风格迁移。

三、一些反思

（一）人与机器的关系

我们知道，人工智能、机器学习、深度学习用于检察工作，是历史的必然趋势，那么，我们不得不思考，究竟它们与人类（检察官）是什么关系？是协助检察官，还是取代检察官呢？

（二）五个该如何

除了日常的工作，更深远的影响，是人工智能对于法律内容方面的影响。当信息技术已经渗透到社会的方方面面，在这个急速变革的时代，我们的法律体系显得前所未有的千疮百孔，我把它们概括为"五个该如何"，未来的法律从业者（当然包括我们检察人员）要从事法律工作，绕不过这些问题：

1. 虚实该如何区分

微软的增强现实装置 hololens，让每一个体验过它的人，都沉醉其中，流连忘返，它极可能会成为未来"西部世界"的标配，当我们戴上它仰望天空，看到的不再是灰蒙蒙一片，而是新海诚滤镜带给我们的蓝天白云；"逻辑思维"作为一档网络上受欢迎的脱口秀节目，在 2016 年由科大讯飞推出了虚拟罗胖语音，你可以把一篇文章转化为罗胖的声音读出来，与传统 TTS（文本转语音）效果截然不同，在某种范围内比较，几乎可以以假乱真了。那么，什么是真实？什么又是法律上的事实？如果证人描述的事实其实是发生在他不自知的虚拟环境中，如果确凿的电话录音其实只是模拟生成的，如何辨别真假？又该如何证明？

证据的真假难辨，带来了新的法律问题，甚至对未来法律自身的形态都是一种挑战。我们将来如何辨别真假？如何防范假签名、假声音、假画面给我们带来损失？或许，区块链是一个办法，把区块链嵌入到生成对抗网络的鉴别器中……你可以亲身体验一下这个手写字体生成的程序：http://www.cs.toronto.edu/~graves/handwriting.html

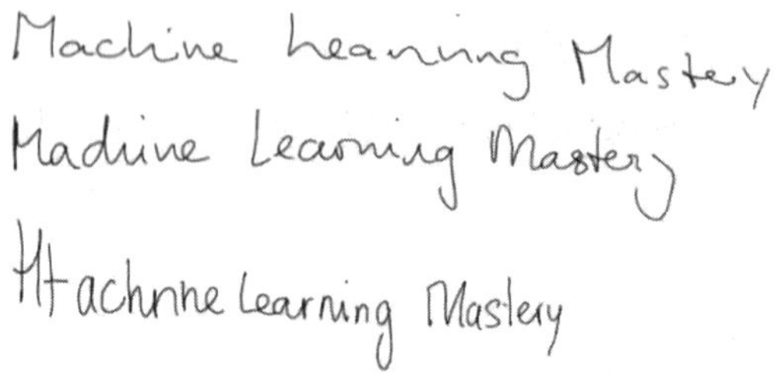

图 37 机器生成的手写字体图片

2. 规范该如何施行

前段时间的《新闻调查》，说只要花三百块钱，就可以寻人定位，一个人的银行户头、家庭住址、开房记录、行动轨迹统统可以获知；苹果手机的 IOS 系统最新版本中，打开"相簿"，会发现有个"人物"文件夹，你会发现系统已经自动把照片进行了人脸识别，将张三李四猫猫狗狗的照片统统分门别类，呜呼哀哉，我们正在进入一个隐私透明的时代，法律上的隐私保护条款，形同虚设，无比尴尬！

3. 性质该如何界定

我们都用过微信，微信有一个功能是可以语音转文字，在我们开会的时候，如果收到一段语音，可以长按它"转文字"，这样就可以把听的内容转化为看的内容了；这是个已经相对非常成熟的技术了，阿里云把它用在法庭记录中，在整个浙江省的法院运用它，取代了书记员的工作，正确率达到了 96%（把这些庭审记录数据给机器学习后，传统意义上的开庭法官也可以被取代了）；商务通讯软件 Skype 内置实时翻译功能，当外国友人说话时，你的屏幕上会显示机器同声传译的中文字幕，而下一步，将字幕变成同步的语音，甚至是用说话人的语调音色读出来（即便此人根本就不懂中文，这项技术早在两三年前就在微软的发布会上演示过），也是可期的。到了这一步，当运用自然语言处理和语音处理技术给人机交互带来几乎顺滑无缝的体验时，"人－人"之间交互的时空隔离就会变成常态，到时，给大家在这里讲课的可能会是机器人蔡欣，因为我（这个自然人的蔡欣）可能是在三亚的海边度假呢，那么问题来了，接受邀请的是自然人蔡欣，所以，当机器人蔡欣的讲授更好更精彩，讲课的人究竟是谁？我这样做算不算违约？有的朋友说，从演讲内容的作者判断，可是，机器人蔡欣演讲的内容，当然是我（自然人）的，因为机器技能是从我的数据中习得（我写的文章著作、我的授课演讲、我的日常言行），可同时，也不是我的，它们是由算法迭代千百次之后拼装而成（被改变结构的石墨可能变成金刚石）——也是在 2016 年 6 月，纽约大学的机器人本杰明在 48 小时内，"学习"了上千部电影和三万首流行歌之后，编剧了一部叫《SUNSPRING（阳春）》的 9 分钟科幻微电影；9 月，IBM 的沃森（曾经参加智力问答节目战胜人类选手的那位机器人）也试水电影界，操刀了一部恐怖片的预告片；让人工智能进行艺术和文学创作，在某些领域，也已经是相对成熟的技术了，用深度学习生成特定作者的文字，这个之前演示过，还看到了通过"学习"梵高作品，从而将现实景色的照片转变成梵高风格画作的功能。此时，知识产权很尴尬，这些AI创作的内容，究竟算不算"创作"？是否需要得到知识产权的保护呢？

4. 责任该如何认定

如果这些AI"创作"的作品只是看一看，仅限娱乐一下，也算好办，可如果是人工智能写的代码、做的产品，这些代码和产品运用在工业生产、日常生活中，造成了错误和损害，责任如何认定呢？经过几年的"实习"和"锻炼"，IBM的沃森早已成为在医疗界赫赫有名的"癌症专家"，2016年8月，它在"学习"了两千万篇癌症研究论文的基础上用10分钟时间诊断出日本的一位患者的罕见类型白血病，挽救了她的生命，紧接着沃森就进驻了中国的21家医院，机器人医生"坐诊"离我们不远了，在基因检测、研发新药物等方面，人工智能也已经启程，可是，如果沃森诊断错了，机器人发明的新药物、新疗法给人类造成了预料之外的伤害，要承担什么法律责任呢？未来很快也会出现机器人教师，如果它传道授业解惑灌输了不恰当的知识、误人子弟了怎么办？还有机器人程序员，如果将机器人程序员写的代码用在无人驾驶汽车或者无人机上，发生了事故，是由最初的程序设计人员担责，还是由教会机器人写代码的数据提供者担责呢？如何证明这些编码的纰漏是故意、过失还是意外？

5. 价值该如何判断

在美剧《疑犯追踪》里，人工智能程序的作者担心它过于强大会造成威胁，于是设定每天中午定期删除智能程序的记忆，当智能程序意识到这一点之后，它说了一段话，大意是：智能体的生命本质就是记忆，如果故意删除记忆，无异于谋杀。这个场景把我们的脑洞开向了什么是生存和死亡的宏大命题，但，其实我们连"人"是什么都难以说清楚，当人造心脏、3D打印机体组织植入身体，当脑机接口越来越明晰，当手机和网络已经事实上成为了人类的附脑，当人与机器开始深度融合、共同进化，自然人会如同"忒休斯之船"一样进化成"新的物种"。到那时，如果我的视网膜中植入了一枚能与云端相连的芯片，去参加考试，算不算作弊？如果我用超算方法预测到了出题老师会出的考题，向我透露出题者是谁的人是否等同于泄露了题目本身而触犯刑律呢？如果从开端追溯，那么笛卡尔的心物二分法就是现代法律体系的底层根基（马克思主义也有主观与客观、主体与客体之区分，西方文明实则一脉相承），当科技发展已经让人机越来越无法截然分开，以人为中心的价值判断的焦距开始越来越模糊，无法做出价值判断，未来的法律又当依据什么进行裁判呢？

　　所有这些问题，都还没有答案，但是不管我们有没有想好明天会怎样，明天终究会到来，这些问题是法律在人工智能时代绕不过的问题，也必然是检察工作需要正面面对的问题！希望我们能集思广益，共同迎接新时代的挑战！

机器学习在检察机关案件办理中的应用

蔡 欣

[讲演者小传]

蔡欣，男，1980年11月出生，毕业于中南财经政法大学，湖北省人民检察院干部。曾在基层、市级检察院从事公诉工作十余年。业余酷爱信息技术，曾六次率队在百度、微软等主办的编程比赛中获奖。曾参与湖北检察微信、APP、全省一体化门户网站等新媒体的研发工作。近期重点研学和思考区块链、深度学习等新技术在检察工作中的运用。

大数据、人工智能正在重新定义我们的社会生活，同时也在影响和改造着检察机关的传统办案流程，为司法体制改革和检察业务发展提供强大的技术驱动力。本文的目的是探讨机器学习技术对检察机关办案的影响。主要分三个部分：什么是机器学习、为什么要用机器学习来辅助办案以及如何应用？

一、什么是机器学习

（一）机器学习的定义

机器学习 (Machine Learning) 是人工智能研究的一个分支领域，是一种能够让机器模仿人类学习能力的一种学科。它也是一个交叉学科，涉及概率论、统计学、逼近论、凸分析、算法复杂度理论等多门学科。Arthur Samuel 在1959年首次提出了机器学习的定义，即"学习领域，使计算机能够在没有被明确编程的情况下学习"，就是分析的自动化。由于近年来人工智能研究在深度学习的突破，机器学习成为人工智能研究的核心，被认为是使计算机具有智能的根本途径，其应用遍及人工智能的各个领域。

我们可以把机器学习的过程与人类对历史经验归纳思考的过程做个比对。

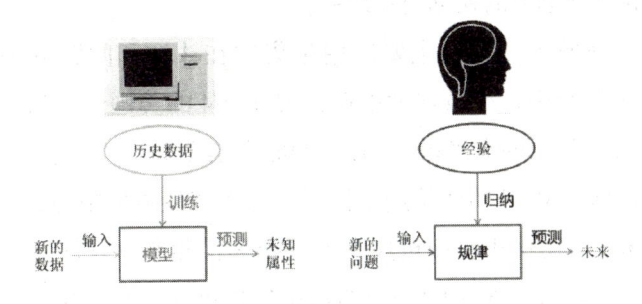

图 1　机器学习与人类思考的对比

人类在成长、生活过程中积累了很多的历史与经验。由于人类能够定期地对这些经验进行"归纳"，因此获得了"规律"。当人类遇到未知的问题或者需要对未来进行"推测"的时候，人类使用这些"规律"，对未知问题与未来进行"推测"，从而指导自己的生活和工作。

机器学习的过程则是通过利用数据，训练出模型，然后使用模型预测。机器学习中的"训练"与"预测"过程可以对应到人类的"归纳"和"推测"

过程。通过这样的对应，我们可以发现，机器学习的思想并不复杂，仅仅是对人类在生活中学习成长的一个模拟。由于机器学习不是基于编程形成的结果，因此它的处理过程不是因果的推理逻辑，而是通过归纳思想得出的相关性结论。

目前机器学习应用最多的是两大领域：感知（perception）和认知（cognition）。在感知领域类中，最前沿的进展大部分是和语音相关的。例如苹果手机的Siri、谷歌的Google Assistant。斯坦福大学计算机科学家James Landay 的一项研究发现，语音识别的速度大约是手机上打字速度的三倍。语音识别的错误率已经从过去的8.5%下降到了4.9%。图像识别领域的机器学习应用也非常多。例如自动驾驶汽车中所使用的视觉系统，在识别一个行人的时候，以往会在30帧中出现一次错误（在这些系统中，相机记录大约每秒30帧）；而现在，它们的错误频率要少于1千万帧。ImageNet 这个大型数据库中识别图像的错误率，已经从2010年的30%下降到了2016年的4%。Aptonomy 和 Sanbot，这两家分别是无人机和机器人的制造商，正在使用改进的视觉系统来自动化大部分保安人员的工作。软件公司 Affectiva 使用它们来识别诸如快乐、惊讶和焦点小组的愤怒等情绪。Enlitic 是利用机器学习来识别医疗影像，进而帮助诊断癌症的深度学习的初创公司之一。

机器学习领域第二类的主要应用是集中在认知和问题解决方向。早在2002年的一次交锋中，决策树就准确预测了3/4的美国最高法院裁决，超过了一个专家小组60%的准确率。2017年机器已经打败了最优秀的人类围棋选手柯洁。谷歌 DeepMind 团队使用了机器学习系统使数据中心的冷却效率提升了15%。Paypal 公司也正在用机器学习系统来检测恶意软件。由 IBM 技术支撑的系统使得新加坡一家保险公司的索赔过程进入了自动化。华尔街数十家公司正在使用机器学习来帮助进行金融交易决策，而且越来越多的信贷决定是在机器帮助下做出的。亚马逊采用机器学习来优化库存，并提升给客户的产品推荐。Infinite Analytics 公司开发了一个机器学习系统来预测用户是否会点击某个特定的广告，为一家全球消费包装产品公司的在线广告位置进行了优化，使年收入增加了1.25亿美元。

（二）机器学习的算法流派

机器学习里面有很多经典的算法。按照全球顶尖的算法问题专家、机器学习领域的先驱人物佩德罗·多明斯戈在《终极算法》中的分类，机器学习的算法主要有五大学派，包括符号学派、联结学派、进化学派、贝叶斯学派、类推学派[①]。每个学派都有体现本学派的主算法。下面简要介绍一下机器学习中的几种经典算法。

1. 回归算法

在大部分机器学习课程中，回归算法都是介绍的第一个算法。原因有两个：一是回归算法比较简单，可以让人平滑地从统计学迁移到机器学习中。二是回归算法是后面若干强大算法的基石，如果不理解回归算法，无法学习那些强大的算法。回归算法有两个重要的子类：线性回归和逻辑回归。

线性回归就是最佳值求解问题。如何拟合出一条直线最佳匹配所有的数据？一般使用"最小二乘法"来求解。"最小二乘法"的思想是这样的，假设我们拟合出的直线代表数据的真实值，而观测到的数据代表拥有误差的值。为了尽可能减小误差的影响，需要求解一条直线使所有误差的平方和最小。最小二乘法将最优问题转化为求函数极值问题。函数极值在数学上我们一般会采用求导数为0的方法。但这种做法并不适合计算机，可能求解不出来，也可能计算量太大。

计算机科学界专门有一个学科叫"数值计算"，专门用来提升计算机进行各类计算时的准确性和效率问题。例如，著名的"梯度下降"以及"牛顿法"就是数值计算中的经典算法，也非常适合来处理求解函数极值的问题。梯度下降法是解决回归模型中最简单且有效的方法之一。从严格意义上来说，由于后文中的神经网络和推荐算法中都有线性回归的因子，因此梯度下降法在后面的算法实现中也有应用。

逻辑回归是一种与线性回归非常类似的算法，但是，从本质上讲，线性回归处理的问题类型与逻辑回归不一致。线性回归处理的是数值问题，也就是最后预测出的结果是数字。而逻辑回归属于分类算法，也就是说，逻辑回归预测结果是离散的分类，例如判断这封邮件是否是垃圾邮件，以及用户是

---

① 参见佩德罗·多明戈斯：《终极算法：机器学习和人工智能如何重塑世界》，中信出版集团2017年版。

否会点击此广告等。

实现方面的话，逻辑回归只是对线性回归的计算结果加上了一个Sigmoid函数，将数值结果转化为了0到1之间的概率，根据这个概率可以做预测，例如概率大于0.5，则这封邮件就是垃圾邮件，或者肿瘤是否是恶性的等。从直观上来说，逻辑回归是画出了一条分类线，见下图。

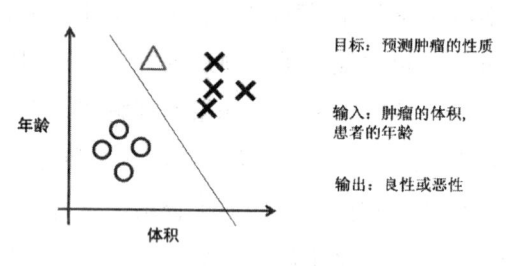

图2　逻辑回归的直观解释

假设我们有一组肿瘤患者的数据，这些患者的肿瘤中有些是良性的（图中的圆圈），有些是恶性的（图中的叉号）。这里肿瘤的圆圈和叉号可以被称作数据的"标签"。同时每个数据包括两个"特征"：患者的年龄与肿瘤的大小。我们将这两个特征与标签映射到这个二维空间上，形成了上图的数据。

当有一个三角形时，我该判断这个肿瘤是恶性的还是良性的呢？根据圆圈和叉号训练出了一个逻辑回归模型，也就是图中的分类线。这时，根据三角形出现在分类线的左侧，因此我们判断它的标签应该是叉号，也就是说属于恶性肿瘤。

逻辑回归算法划出的分类线基本都是线性的（也有划出非线性分类线的逻辑回归，不过那样的模型在处理数据量较大的时候效率会很低），这意味着当两类之间的界线不是线性时，逻辑回归的表达能力就不足。下面的两个算法是机器学习界最强大且重要的算法，都可以拟合出非线性的分类线。

2.神经网络

神经网络（也称人工神经网络，ANN)算法是80年代机器学习界非常流行的算法，不过在90年代中途衰落。现在，携着"深度学习"之势，神经网络重新归来，成为最强大的机器学习算法之一。

神经网络的诞生起源于对大脑工作机理的研究。早期生物界学者们使用神经网络来模拟大脑。机器学习的学者们使用神经网络进行机器学习的实验，发现在视觉与语音的识别上效果都相当好。在 BP 算法（加速神经网络训练过程的数值算法）诞生以后，神经网络的发展进入了一个热潮。

神经网络的学习机理是什么？简单来说，就是分解与整合。在著名的 Hubel-Wiesel 试验中，学者们研究猫的视觉分析机理如下图所示。

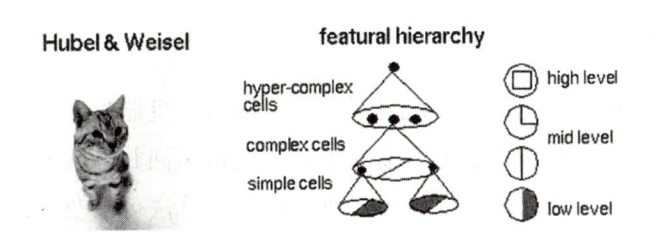

图 3　Hubel-Wiesel 试验与大脑视觉机理

比方说，一个正方形，分解为四个折线进入视觉处理的下一层中。四个神经元分别处理一个折线。每个折线再继续被分解为两条直线，每条直线再被分解为黑白两个面。于是，一个复杂的图像变成了大量的细节进入神经元，神经元处理以后再进行整合，最后得出了看到的是正方形的结论。这就是大脑视觉识别的机理，也是神经网络工作的机理。

让我们看一个简单的神经网络的逻辑架构。在这个网络中，分成输入层、隐藏层和输出层。输入层负责接收信号，隐藏层负责对数据的分解与处理，最后的结果被整合到输出层。每层中的一个圆代表一个处理单元，可以认为是模拟了一个神经元，若干个处理单元组成了一个层，若干个层再组成了一个网络，也就是"神经网络"。

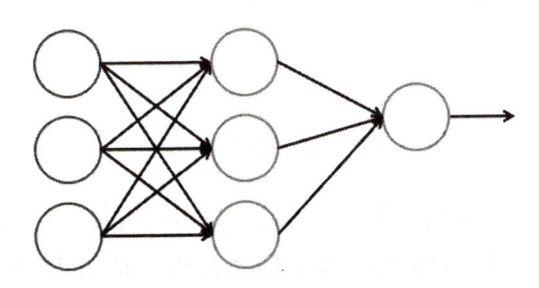

图 4　神经网络的逻辑架构

在神经网络中，每个处理单元事实上就是一个逻辑回归模型，逻辑回归模型接收上层的输入，把模型的预测结果作为输出传输到下一个层次。通过这样的过程，神经网络可以完成非常复杂的非线性分类。进入90年代，神经网络的发展进入了一个瓶颈期。其主要原因是尽管有 BP 算法的加速，神经网络的训练过程仍然很困难。因此90年代后期支持向量机(SVM)算法取代了神经网络的地位。

3. SVM（支持向量机）

支持向量机算法是诞生于统计学习界，同时在机器学习界大放光彩的经典算法。支持向量机算法从某种意义上来说是逻辑回归算法的强化：通过给予逻辑回归算法更严格的优化条件，支持向量机算法可以获得比逻辑回归更好的分类界线。但是如果没有某类函数技术，则支持向量机算法最多算是一种更好的线性分类技术。

但是，通过跟高斯"核"的结合，支持向量机可以表达出非常复杂的分类界线，从而达成很好的分类效果。"核"事实上就是一种特殊的函数，最典型的特征就是可以将低维的空间映射到高维的空间。如下图所示。

图5 支持向量机图例

我们如何在二维平面划分出一个圆形的分类界线？在二维平面可能会很困难，但是通过"核"可以将二维空间映射到三维空间，然后使用一个线性平面就可以达成类似效果。也就是说，二维平面划分出的非线性分类界线可以等价于三维平面的线性分类界线。于是，我们可以通过在三维空间中进行简单的线性划分就可以达到在二维平面中的非线性划分效果。

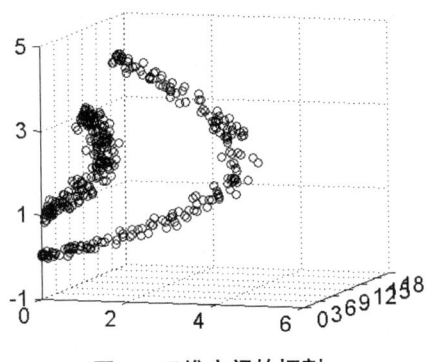

图6 三维空间的切割

支持向量机是一种数学成分很浓的机器学习算法（相对而言，神经网络则有生物科学成分）。在算法的核心步骤中，有一步证明，即将数据从低维映射到高维不会带来最后计算复杂性的提升。于是，通过支持向量机算法，既可以保持计算效率，又可以获得非常好的分类效果。因此支持向量机在90年代后期一直占据着机器学习中最核心的地位，基本取代了神经网络算法。直到现在神经网络借着深度学习重新兴起，两者之间才发生了地位的转变。

4. 聚类算法

前面的算法中的一个显著特征就是给出的训练数据中包含了标签，训练出的模型可以对其他未知数据预测标签。在下面的算法中，训练数据都是不含标签的，而算法的目的则是通过训练，推测出这些数据的标签。这类算法有一个统称，即无监督算法(前面有标签的数据的算法则是有监督算法)。无监督算法中最典型的代表就是聚类算法。

让我们还是拿一个二维的数据来说，某一个数据包含两个特征。我希望通过聚类算法，给他们中不同的种类打上标签，我该怎么做呢？简单来说，聚类算法就是计算种群中的距离，根据距离的远近将数据划分为多个族群。聚类算法中最典型的代表就是K-Means算法。

5. 降维算法

降维算法也是一种无监督学习算法，其主要特征是将数据从高维降低到低维层次。在这里，维度其实表示的是数据的特征量的大小，例如，房价包含房子的长、宽、面积与房间数量四个特征，也就是维度为4维的数据。可以看出来，长与宽事实上与面积表示的信息重叠了，例如面积=长×宽。通过降维算法我们就可以去除冗余信息，将特征减少为面积与房间数量两个特征，即从四维的数据压缩到二维。于是我们将数据从高维降低到低维，不仅利于表示，同时在计算上也能带来加速。这里说的降维过程中减少的维度属于肉眼可视的层次，同时压缩也不会带来信息的损失（因为信息冗余了）。如果肉眼不可视，或者没有冗余的特征，降维算法也能工作，不过这样会带来一些信息的损失。但是，降维算法可以从数学上证明，从高维压缩到低维中最大限度地保留了数据的信息。因此，使用降维算法仍然有很多的好处。

降维算法的主要作用是压缩数据与提升机器学习其他算法的效率。通过降维算法，可以将具有几千个特征的数据压缩至若干个特征。另外，降维算法的另一个好处是数据的可视化，例如将五维的数据压缩至二维，然后可以用二维平面来可视。降维算法的主要代表是PCA算法（即主成分分析算法）。

6. 推荐算法

推荐算法是目前业界非常流行的一种算法，在电商界，如亚马逊、淘宝、京东等得到了广泛的运用。推荐算法的主要特征就是可以自动向用户推荐他们最感兴趣的东西，从而增加购买率，提升效益。推荐算法有两个主要的类别：

一类是基于物品内容的推荐，是将与用户购买的内容近似的物品推荐给用户，这样的前提是每个物品都得有若干个标签，因此才可以找出与用户购买物品类似的物品，这样推荐的好处是关联程度较大，但是由于每个物品都需要贴标签，因此工作量较大。

另一类是基于用户相似度的推荐，则是将与目标用户兴趣相同的其他用户购买的东西推荐给目标用户，例如小A历史上买了物品B和C，经过算法分析，发现另一个与小A近似的用户小D购买了物品E，于是将物品E推荐给小A。

两类推荐都有各自的优缺点，在一般的电商应用中，往往是两类混合使用。推荐算法中最有名的算法就是协同过滤算法。

7. 其他

除了以上算法之外，机器学习界还有其他的如高斯判别、朴素贝叶斯、决策树等算法。但是上面列的六个算法是使用最多、影响最广、种类最全的典型。机器学习界的一个特色就是算法众多，发展百花齐放。

（三）机器学习的分类

通过上面对机器学习算法流派的介绍，对机器学习的分类可以按照训练的数据有无标签，将其分为监督学习算法和无监督学习算法，但推荐算法较为特殊，既不属于监督学习，也不属于非监督学习，是单独的一类。监督学习算法包括：线性回归、逻辑回归、神经网络、SVM。无监督学习算法包括：聚类算法、降维算法。特殊算法即推荐算法。除了这些算法以外，有一些算法在机器学习领域中也经常出现。但他们本身并不算是一个机器学习算法，而是为了解决某个子问题而诞生的。可以理解他们为以上算法的子算法，用于大幅度提高训练过程。这里就不多做描述了。

（四）机器学习的应用场景

机器学习在国外已经被成功地应用于很多领域，从检测信用卡交易欺诈的数据挖掘程序，到获取用户购买兴趣的信息过滤系统，再到能在高速公路上自动行驶的汽车等。概括而言，机器学习最主要的应用领域有：专家系统、认知模拟、规划和问题求解、数据挖掘、自然语言处理、计算机图像识别、语音识别、自然语言理解、机器博弈等领域。下图是机器学习涉及的一些应用：

图 7　机器学习的相关应用领域

（五）机器学习和大数据

随着大数据概念的兴起，机器学习大量的应用都与大数据高度耦合，计算科学界认为大数据是机器学习应用的最佳基础。例如经典的 Google 利用大数据预测了 H1N1 在美国某小镇爆发的例子，百度预测 2014 年世界杯，从淘汰赛到决赛全部预测正确。

究竟是什么原因导致大数据具有这些魔力的呢？简单来说，就是机器学习技术。正是基于机器学习技术的应用，数据才能发挥其魔力。大数据的核心是利用数据的价值，机器学习是利用数据价值的关键技术，对于大数据而言，机器学习是不可或缺的。对于机器学习而言，越多的数据会越可能提升模型的精确性，同时，复杂的机器学习算法的计算时间也迫切需要分布式计算与内存计算这样的关键技术。因此，机器学习的兴盛也离不开大数据的帮助。大数据与机器学习两者是互相促进、相辅相成的关系。

二、检察机关为什么要使用机器学习

2015 年曹建明检察长首次提出了智慧检务的概念，随后最高人民检察院制定出台了《检察机关科技强检十三五规划纲要》，2017 年曹建明检察长指出要建立以人工智能为主导的智慧检务。最高人民检察院印发的《检察大数据行动指南（2017—2020 年）》，明确提出要把人工智能、大数据结合在一起，作为探索智慧检务的核心路径。而机器学习作为当前人工智能研究的一个重要子领域，同时也是人工智能理论研究和实际应用的主要成果，对检察机关的智慧检务建设重要性是不言而喻的。最高人民检察院检察信息技术中心赵志刚主任也在讲话中提到："机器学习是未来检察人工智能的潜力增长点。"

从解决问题的角度而言，机器学习在检察办案中的主要作用就是解决如何让机器学习检察官的办案经验，对办案流程中的大量数据进行智能化分析，并根据历史处理的案例，自动进行学习、校正，并实现对特定结果的预测。概括来说就是以下流程：办案经验学习→智能化分析→输出分析结果→实现效率提升。

我们知道，当前机器学习与大数据的结合产生了巨大的价值。这反映的

是机器学习界的一个著名理论：即机器学习模型的数据越多，机器学习的预测效率就越好。基于机器学习技术的发展，数据能够"预测"的精度就越高。示范如下图所示：

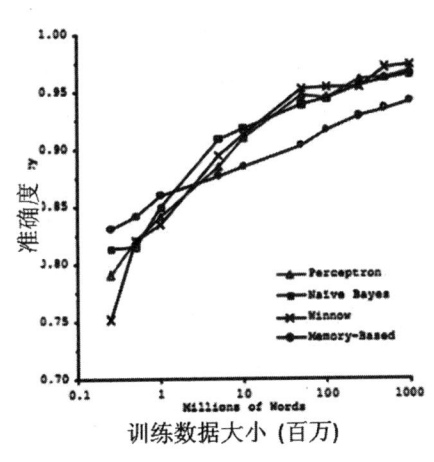

图8 机器学习准确率与数据的关系

在大数据的时代，我们检察机关有天然的优势促使机器学习能够应用更广泛。例如全国四级检察机关统一业务应用系统平台从2014年开始运行以来，我们积累的历史案件数据越来越多。随着智能语音识别系统在各地的推广应用，我们办案中积累的语音文件数据会越来越多。随着移动办公和物联网设备的应用，我们拥有的视频、图片等非结构化数据也越来越多。这使得机器学习模型可以获得越来越海量的数据。同时大数据技术中的分布式计算Map-Reduce使得机器学习的速度越来越快，可以更方便地使用。以上种种先决条件，使得在大数据时代，机器学习的优势可以在检察机关得到最佳的发挥。

三、如何将机器学习应用在检察机关案件办理中

这部分主要介绍检察机关如何利用司法办案大数据来进行机器学习，如何运用机器学习的不同算法搭建检察业务条线的各类智能应用。

（一）机器学习与情报研判

在职务犯罪侦查中，随着国家对贪腐案件的打击力度加大，职务犯罪案件立案数量逐年增加。而这类案件中由于检察技术手段的运用，例如电子取

证等，涉及大量的手机和计算机等高科技电子设备需要取证。这里就存在一个如何从提取的电子数据中快速高效提取需要的情报信息的问题。以手机信息为例，一般检察技术部门往往只关注如何提取、恢复移动电话内的相关数据，缺乏加工分析、自动处理的工具，而侦查部门往往以人工分析案情为主，效率和效果都不佳。我们检察机关急需的是一个智慧情报分析体系，提升案件情报数据分析的精准度和速度。这里以贿赂案件的情报研判为例：我们可以通过机器学习对侦查中获取的样本文本进行标识，也就还是文本的向量化，识别出目标人短信、微信、QQ等文本交互信息中和案件有关的线索，再标识出文本中探讨的话题，例如：银行交易、招投标信息、饭局、异性等信息。然后采用随机森林（Random forest）[①]方法学习样本，形成预测模型（这里之所以推荐随机森林是因为这一算法在机器学习中是属于解释力比较好的算法，它不需要测算就能够处理二分特征、分类特征、数值特征的数据，并且提供一个很好的特征重要度的选择指标）。当预测模型形成后，就可以开始对新信息进行预测分类。这里通过机器学习的辅助，可以建立3个子系统：

一是线索分析辅助系统：通过对案件相关的线索及数据库中相关的历史数据进行综合分析，从海量数据中遴选出有价值的线索和内容，可以大大提高情报分析的效率，缩短数据分析时间，减少人为偏差和遗漏，输出精准的情报分析报告，为快速侦结案件提供有力支撑。

二是串并案信息管理系统：串并案信息管理系统通过对案件信息、嫌疑人员、涉案物品、线索等进行关联分析，筛选出案件间的相同或类似点，提出串并案处理的建议，对其进行概率分析，为案件快速侦破提供辅助支持。

三是目标轨迹分析系统：目标轨迹分析系统以人员、物品、车辆轨迹、网络访问等为目标，在大数据挖掘与分析的基础上，提供特定轨迹分析、综合轨迹分析、异常动态预警、犯罪团伙挖掘等应用功能，为案件办理提供可视化的辅助支撑手段。

---

① 随机森林，顾名思义，是用随机的方式建立一个森林，森林里面有很多的决策树组成，随机森林的每一棵决策树之间是没有关联的。在得到森林之后，当有一个新的输入样本进入的时候，就让森林中的每一棵决策树分别进行一下判断，看看这个样本应该属于哪一类（对于分类算法），然后看看哪一类被选择最多，就预测这个样本为哪一类。

在上述子系统的基础上，可以搭建一个综合性的情报研判系统：即由机器学习对收集来自各个方面的情报数据进行分类整理、格式转换、标签标注等处理，形成有价值的情报体系，并在此情报体系的基础上实现对情报的有效管理和综合分析。

今后随着检察机关职务犯罪的逐步转隶，职务犯罪侦查业务将从检察机关中剥离出去。但是这并不意味着检察机关对情报研判就没有机器学习应用的必要了。相关，随着检察机关监督职能的强化，在立案监督线索发掘、控告申诉线索分析、犯罪预测预警等方面，同样有机器学习的用武之地。关键在于我们对检察业务数据场景必须有清晰的认知和深刻的了解，才能将这一技术在相关领域展开充分的应用。

（二）机器学习与量刑建议

量刑建议是检察机关行使公诉权的一个重要职能，如何科学合理地提出量刑建议，减少量刑建议的偏离度，保证量刑的公正性，是司法实践中的长期难题。刑法一共有451个罪名，每个罪名根据犯罪情节的不同，相关的量刑档次与处罚轻重也是不同的。以往没有大数据和机器学习技术的时代，完全依靠办案人的个人经验来进行量刑，效率低，还经常出现同案不同罚的情况。国外已经出现使用人工智能来预测判决的实例，伦敦大学牵头开发的预测审讯人工智能系统处理欧洲人权法院（ECTHR）案件准确率达79%。这个研究项目中的裁判机器人运用机器学习算法，研究裁决文书先例，通过不断学习形成自己的判断。研究人员一共选取了584个研究案例，包含250个反酷刑和非人道待遇，80个保障人权平等，以及254个关于保护嫌犯个人隐私与家庭生活的案例。所有案例材料都输送进人工智能系统，运用机器学习算法寻找其中的模式，然后机器人就有了自己的判断。通过学习，预测审讯系统成功实现79%的判决准确度。

通过机器学习实现智能化的量刑建议，可以考虑从最高人民法院《关于常见犯罪的量刑指导意见》中列举的23种常见罪名入手。这里以最高人民法院常见量刑罪名的第一种：交通肇事罪为例，详细分析机器学习如何实现智能化量刑建议的处理过程。

首先是把交通肇事案件信息结构化，之后再做数据化，做到能够让计算机进行学习和处理。结构化这部分涉及对法律卷宗文书的断句、分词、关系抽取，像是采用一些正则表达式、上下文无关文法、命名实体识别等。在这个基础之上，再进行回归、数据建模、机器学习。简单地说，就是首先进行信息抽取，之后对抽取的信息进行结构归一化，然后是机器学习进行计算，最后输出量刑结果。

具体来说，在结构化信息抽取中，计算某个交通肇事犯罪嫌疑人应该量刑多少年？在一份案件卷宗中，需要抽取多个关键词：伤亡人数、伤情等级、事故责任、是否有逃逸情节、是否赔偿和解、赔偿金额等，这需要把一份案件卷宗拆分得很细，每一个部分都要提取出来，才能让机器更好地去理解案情。第一步做的就是类似这样的抽取的过程。第二步是数据建模。从一堆训练数据集中，进行建模，用数学模型来描述它的特点和规律。通过建模过程，算出与其最相符的数学模型，用公式对原训练数据集中不存在的信息进行描述。那么，基于交通肇事罪，"致人重伤、死亡或者使公私财产遭受重大损失的"就是其司法解释中的入罪标准，入罪标准包括比较明显的三个维度：致人重伤、造成死亡以及公私财产遭受重大损失。在此基础上，责任程度、以及逃逸等其他影响犯罪构成的犯罪事实都会对交通肇事罪的基准刑增减造成影响。

接下来，我们可以选取历史案例库中造成致人重伤的交通肇事案件的判决书，根据其量刑幅度做一个判处刑期的分布图，用这些数据做训练，得到回归之后的函数曲线，曲线应当最大化地接近训练集中的这些点。也就是说，如果给出一个交通肇事量刑的情节，从曲线上找到对应的判决刑期，基本上是准确的。当然，计算出来的这个结果，不会完全和之前的某一个案例相同，而是和之前同类的多个案例的平均值更加接近。同样，对造成死亡、公私财产损失金额、责任程度以及逃逸分别对判决刑期的影响作回归建模；还要对三个因素共同影响判决刑期进行建模，从公式上可以看到，这个函数是很复杂的，可能真的没办法人工计算，但机器计算起来却非常方便。其计算过程只需要提供造成死亡人数、财产损失金额、责任程度、是否逃逸等参数，就会立刻算出判决刑期，这就是机器学习辅助量刑的过程。如果要进一步提升量刑的准确度,就要提升训练数据集的规模。上文提到过,在机器学习里,学习的数据越多,训练效果越好。另外还要加入多特征的提取。也就是加入更多的数据特征,考虑更多的量刑参数,现在选的特征指标较简单,但已经可以做比较准的预测,而特征选取得越多效果会越好。此外,需要采用一些深度学习的算法,例如多隐层(multilayer)的神经网络(Neural Network)会具有优异的特征学习能力,更多的层数也让网络更能够刻画现实世界中的复杂情形,循环神经网络(RNN)可以很好地对时间序列上的变化进行建模。

(三)机器学习与羁押必要性审查

检察机关的一个重要职能就是对羁押必要性进行审查。例如在审查逮捕环节中的逮捕必要性审查,需要综合考虑犯罪嫌疑人的社会危险性等因素。在逮捕后的审查起诉、再之后刑事执行环节中也有羁押必要性审查的程序。以往对羁押必要性的审查只能依靠案件经办人的主观经验判断,随意性很大,可能出现案情差不多而羁押结果完全相反的情况,即"同案不同判"。这里我们可以参考下国外的做法。美国联邦司法系统于2008年就开始了审前风险的精算评估,在法官作出羁押犯罪嫌疑人的决定之前,由审前服务官(pretrial service officer)负责协助法官对犯罪嫌疑人的羁押风险进行评估。这相当于我国对逮捕阶段社会危险性的评估。而美国的精算评估采用2001年10月1日至2007年9月30日进入联邦司法系统的所有犯罪嫌疑人(总数为565178人)为样本,通过相关变量的Logistic回归模型找到显著性和相关性,最终完成模型的赋值。这种定量研究的方法实际上就是机器学习算法的应用,它的准确性远高于承办人主观判断的"临床评估",已经成为发达国家竞相模仿的做法。我国传统的司法办案数据的缺失使得之前无法复制这种样本量需求很大的工作,但在大数据技术逐步应用于检察机关办案的条件下,经过一段时间的数据积累后,通过对审查逮捕、审前羁押的历史数据进行机器学习,可以在输入案件后系统自动生成羁押必要性参考指数,为检察人员及时作出是否批准逮捕的决定提供科学依据,在刑事执行检察业务中,应用机器学习还可以刑罚变更执行监督、羁押必要性审查评估辅助建议等,从而提升羁押必要性等一系列审查判断的准确度。

（四）机器学习与引导侦查

检察引导侦查是检察机关提前介入引导公安机关侦查活动，同时对侦查活动进行法律监督，从而保证刑事诉讼程序的合法、公正、高效的一个重要机制。如何提升引导侦查的效率，避免出现人为拔高侦查要求，浪费侦查资源，是检察引导侦查必须考虑的重要命题。这里引入机器学习的应用就很有必要。例如检察机关可以通过对历史判决案件数据库中的证据情况进行统计，采用决策树的模型预测出不同种类案件的侦查最合理策略，包括具体罪名的最小证明标准（即排除合理怀疑的证据要求）、特定证据在认定事实中的证明力系数（各种类证据所能提供的证据价值）、搜集取证的可行性（例如获取近亲属指证证言的可行性）等，通过综合上述指数，采用贝叶斯算法，通过机器学习进行概率推理。在大多数的案件中，侦查机关都可以根据检察机关建议开展侦查，以最小的侦查成本获得最大的侦查收益。虽然这种做法可能无法适用于所有案件，但可以在刑案高发而警力不足的情况下，帮助检察机关有效引导侦查，提升侦查效率，降低无效侦查，从总体上强化打击犯罪的力度。

四、结语

最后，用《大数据时代》一书作者维克托·迈尔-舍恩伯格的话来为这篇文章做个结语："大数据并不是一个充斥着运算法则和机器的冰冷世界，其中仍需要人类扮演重要角色。"在机器学习的运用中，同样需要人来发挥重要作用，运用创新思维不断拓展机器学习在检察机关业务中应用的疆域。数据可以搜集，算法可以开发，模式可以复制。只有新思维，可遇不可求。具备挖掘新价值的思维，才是不断创新的源泉。

电子数据与反贪侦查

陈景春

[讲演者小传]

陈景春，深圳市人民检察院检察官，国家检察官学院兼职教官、中国人民大学网络犯罪研究中心兼职研究员，广东检察业务专家，省检察学院优秀教师，精品课程获得者、医学硕士。曾先后获得电脑硬件维修工程师、国家二级心理咨询师资格。曾负责深圳市反贪案件指导，追逃以及心理测试审讯的培训和实践工作，擅长职务犯罪信息化侦查建设以及实务工作。心理测试讯问近百余人次，在实践中，逐步总结了网络信息侦查、电子数据侦查、心理测试审讯等工作机制和模式，在办案实践中取得了良好的效果，并作为主要参与者编制《全国检察机关职务犯罪侦查与预防信息平台》方案、最高人民检察院《电子数据云平台》建设。

一、背景与现状

随着信息技术的飞速发展，尤其是互联网 3.0 时代的到来，当前正在方方面面地影响和变革着人们的工作与生活。国家也已将信息化上升至战略高度，将信息化作为了国家"新四化"的手段。伴随着信息化的不断深入和影响，信息技术正在驱动着社会的经济变革，国民经济社会的运行规律也正在发生着转变。我们检察机关的职务犯罪查办和预防必然要顺应形势，迎接挑战，全面改进现有工作机制和模式，才能完成国家和人民交给的光荣惩治腐败的任务。

《十二五科技强检规划纲要》提出："十二五期间，检察科技工作在检察工作中的战略性、基础性地位更加突出，科技在检察工作中的核心战斗力作用得到充分发挥。"职务犯罪侦查和预防工作是检察机关重要的工作职能部分，在新的时代背景下，充分应用信息化这一重要手段，将传统职务犯罪侦查工作方法和模式进行转变，是落实科技强检战略和适应社会发展需求，提高核心战斗力的重要方式。

（一）建设职务犯罪信息平台是迫切需求

随着社会飞速发展，大数据、云计算、3G/4G 移动通信技术的大量应用，移动社交、互联网金融等"互联网+"服务应用的大量兴起，这些都已成为了日常生活的新常态，因此，职务犯罪也呈现出了智能化、隐蔽化、复杂化、群体化、跨区域、跨部门化等新的特点，同时，随着修改后《刑事诉讼法》的实施，给检察机关的侦查工作提出了更高的要求，检察机关如何适应信息化快速发展形势，强化以法律监督职能为主旨的检察工作，这些都给职务犯罪侦查工作提出了很大挑战。因此，检察机关采用新的手段和措施，对职务犯罪侦查工作的开展具有十分迫切的需求。

（二）目前平台建设应用的问题和困难

近年来，全国检察机关开展了部分职务犯罪侦查信息化建设和应用，提升了办案效果和水平。但由于各级检察机关所建系统功能较为单一，建设较为分散，没有统一的侦查信息平台载体和网络，不能较好地实现侦查信息收集、存贮、管理，无法实现海量数据的研判、分析，不能满足检察机关职务犯罪侦查部门高效、快速、高质量协同办案对信息的需求。在建设的过程中，存在两张皮现象，在技术信息和办案需求的深度融合上还有很大的提升空间，在应用上面，对于如何对信息侦查平台进行管理、审批、应用以及机制和组织建设保障等方面存在许多的问题。为了推动职务犯罪侦查手段现代化，亟须建成全面、系统、规范、安全的侦查信息平台，实现四级检察院侦查信息共享、协同、综合分析研判。

1. 思路观念急需更新

目前，各地对于信息化侦查工作普遍存在认识和观念上的不足。在当今日新月异的信息化社会发展之下，信息化侦查模式的重构是职务犯罪侦查发展的必由之路，是对传统侦查模式的一场革命。它不是信息引导侦查，不仅是信息联网，也不仅是信息查询，不等同于两化。更不是想用就用、想丢就丢的一个工具。

自2010年以来，反贪总局提出了"两化建设"（侦查信息化、装备现代化）和"信息引导侦查"。虽然在一定的时期内发挥了较好的作用，但是现在这个提法容易让人误解，使得反贪信息化侦查发展偏离了方向。原因如下：一是侦查信息化和信息化侦查的含义不同。在信息化时代的背景下，我们所做的创新和示范需要对我们传统的侦查模式进行重构，而不是仅仅强调"两化"。否则就会导致许多人认为信息化就是买些电脑、测谎仪以及侦查设备或者建个信息平台能查询信息等。二是容易导致出现为了信息化而信息化的不良倾向。信息化侦查模式追求的是创新、高效、示范侦查方式的变革。而不是给人参观的花架子。不少地方的信息化侦查工作汇报材料写得好，但实际应用较差。不少存在着审批烦琐、流程设置不符合实际等现象。三是"信息引导侦查"定位不准确。信息引导这个概念根本不能反映出我们所要做信息化变革的工作，不管是当今还是古代的侦查和战争都需要信息和情报的引导。我们所做的信息化侦查模式重构是通过借助信息化技术和手段，改变信息和情报的生产和传递机制从而彻底改变传统的侦查模式。就犹如是长城烽火到飞鸽传书再到电子邮件的变革一样。也就是说，信息引导是永恒的，信息化手段传递和处理信息的方式需要变革。我们要想创新和示范，就要落脚到信息化侦查模式的重构上来,而不仅仅是"信息引导侦查"为主。

2. 队伍专业化问题

一是机构设置问题。国内有近十个省分别成立的反贪局内部或者是院里所属的信息侦查处(具体名称有所不同)。其他省份没有相关的机构,或者是仅仅在指挥中心、综合处等部门内部仅有两三个人负责,难以发挥信息侦查的引领作用。二是工作职责定位问题。建立侦查信息部门的省市院多数是依托本单位建立的侦查信息平台主要负责信息查询工作,最为重要的情报分析研判工作仅仅是刚刚起步,且反贪局内部的配合较差没有形成应用的战斗力,部分省市虽承担了线索初查的任务,但是和侦查处职责定位不明确导致发挥功用欠佳。三是人员专业分工问题。小而全的办案组织不能适应形势发展。国内多数地方的反贪侦查部门仍然采取三五个人为一个小组的办案模式,包办从线索初查一直到结案的工作。这对于信息化侦查所要求的专业化团队分工的模式差距较大,也难以形成信息化侦查模式的真正转型。

3. 平台问题总结

目前国内检察机关相关的侦查信息化平台的建设存在以下问题:一是思路不明确。多数省市院没有搞清楚信息侦查平台的定位以及上下级的关系、内部信息和外部信息共享关系、工作职责和流程再造的问题就匆忙上马,导致平台系统与实际应用存在许多问题。而这些问题都是公安机关多年来建设已经走过了的弯路。二是没有形成良好的平台系统需求,平台需求的研发对于平台的成败至关重要。而多地的系统平台建设中,平台建设往往局限于个别领导的意志,甚至只有两三个人就拍板定论了。对于内部相关职能部门的流程再造沟通不够,导致系统和实践应用脱节、系统功能虚置。三是侦查与信息部门配合问题。由于自侦工作的特点以及复合人才的欠缺,导致系统平台开发中侦查和信息部门在谁来主导、如何配合、职责划分等方面存在种种问题,使得信息化和侦查融合欠佳。部分地区还出现了信息侦查平台完全不让信息技术部门参与或者信息技术部门根本不与侦查部门沟通就想当然地定下研发需求。四是网络应用问题,由于检察机关内网涉密的问题,自侦部门的信息平台多数信息又来自外部,如何处理内外网对接、无线应用等导致的冲突和矛盾。和如何顺应最高人民检察院提出的应用"互联网+"等技术给我们提出了严峻的挑战。五是审批和监管的问题，对于任何一种工作模式，效率和安全都是不可偏废的。目前平台建设存在一种倾向，就是一提监管就是层层审批，甚至超越了现有法律规定和职责的审批，往往把信息查询在内部作为一种权力。而严重忽视了效率问题，导致系统平台的废弃。部分领导和同志不愿意接受也不愿意学习新的网络信息知识，固守陈规、故步自封。使得我们的自侦工作和整个社会的发展严重脱节。

二、全国侦查信息综合平台

（一）建设背景和目标

随着社会、经济、文化、科技等的飞速发展，大数据、云计算、3G/4G通信技术的大量商用，职务犯罪也呈现新的特点，职务犯罪案件的智能化、隐蔽化、复杂化、群体化、跨区域、跨部门化的特点日益明显，这给检察机关的侦查与预防工作提出了更高的要求，检察机关如何适应信息化快速发展形势，强化以法律监督职能为主旨的检察工作，都需要检察机关采用新的手段和措施。

近年来，全国检察机关深入开展职务犯罪侦查与预防信息化建设和应用，提升了办案效果和水平。但由于检察机关目前还没有侦查与预防信息的载体和网络，不能实现侦查信息收集、存贮、管理，无法实现海量数据的研判、分析，不能满足检察机关职务犯罪侦查部门高效、快速、高质量协同办案对信息的需求。为了推动职务犯罪侦查手段现代化，亟须建成全面、系统、规范、安全的侦查与预防信息平台，实现四级检察院侦查与预防信息共享、协同、综合分析研判。

1. 建设目标

通过先进的计算机、网络、通讯、大数据、云计算、多媒体技术，建立一个全方位、立体的、安全可靠的全国检察机关职务犯罪侦查与预防信息平台。该平台融合职务犯罪侦查与预防信息数据的采（收）集、传输、存贮、研判、搜索、反馈为一体，以满足检察机关职务犯罪侦查部门高效、快速、高质量协同办案对信息的需求，优化和改造传统侦查模式，加快侦查模式的转变，实现信息化侦查模式的全面转型奠定基础。

2. 建设思路

按照统一规划、统一标准、统一建设、统一管理的原则，依法规范，分阶段、分步骤实施，逐步建设上下贯通、协同高效、方便实用的检察机关职务犯罪侦查与预防信息平台，实现侦查信息收集、存贮、管理，实现海量数据的研判、分析，从而为职务犯罪侦查与预防提供信息服务和支持。

（二）主要功能软件

1. 基础数据软件

为了满足全国职务犯罪侦查与预防所需要的基础信息需求，以现有技术、政策为前提，结合办案需求，依托涉密专线网建立基础信息系统，并根据授权，向全国检察机关提供服务。

基础信息数据库包括侦查与预防人才信息、侦查谋略信息、典型案例信息、未被处理的行贿人员信息、职务犯罪嫌疑人信息、人大代表信息、政协委员信息、国家工作人员信息、国家机关事业单位及其内设机构职能信息、在逃犯罪嫌疑人信息、境外追赃案件信息、涉案人员自杀死亡信息、侦查装备信息、中央及地方政策信息、职务犯罪侦查与预防工作法律法规（含规范性文件、工作文档等）、职务犯罪侦查与预防工作资料信息等子库。

各级检察机关根据权限通过对基础信息库进行录入、修改、查询，并可对查询结果按权限进行打印、下载、浏览、导出等。

2. 线索评估软件

实现广泛收集线索、最大限度挖掘线索价值、提高线索初查成案率。在管理上需要对督办线索、经营线索、存查线索实时跟踪管理，及时掌握线索查处情况，相关信息收集工作，时机条件是否成熟，做到动态管理。线索分析研判的结果，如需进入诉讼程序的，将导入检察机关统一业务应用中，实现线索审批、分流的科学管理。

（1）线索录入、导入功能：主要完成各类举报信息的录入。录入互联网信息数据、电子数据以及历史举报线索数据、办案中带出新线索等智能导入的线索，以及手工录入线索，支持不同来源线索的导入。录入信息保存在后台数据库中，便于评估和检索。

（2）线索管理功能：包括跟踪线索、预警线索、已办线索和待办线索。

（3）基础信息功能：主要包括行贿人员信息、人大代表信息、政协委员信息、县级以上干部信息、其他公务员信息、省管企业及人员信息的录入，以及外部信息导入。信息保存在后台数据库中，便于评估模块调用。

（4）线索查询、检索功能：主要完成线索信息查询、历次举报内容检索、办理历史记录查询等，便于线索管理人员查询检索各类线索信息。

（5）线索评估功能：完成手工线索评估和自动线索评估，对各类线索信息进行处理，通过系统"自动化""智能化"的分析评估，找出最有价值的线索信息，自动生成为评估表，为领导决策提供第一手资料。

（6）线索批转流程功能：完成线索信息在本级院和上下级院之间的办理流程，将有价值的线索信息按照程序下发给专人办理，并对办理流程进行监控。

（7）权限管理：主要完成分级权限管理、系统账号管理、系统权限管理、系统日志管理，通过权限管理，保证系统的健全性和安全性。

（8）信息统计功能：主要完成线索信息查询，历次举报内容检索，办理历史记录查询。便于线索管理人员查询检索各类线索信息。

3. 异地协查软件

随着有关涉案公共信息管理部门将信息查询权限上提、跨区域职务犯罪以及犯罪嫌疑人异地隐匿资产的日益增多，职务犯罪侦查工作面临越来越多的省内、国内异地信息协查的需求。传统的信息协查采取传真、电话、信函等形式，效率低、效果差，已不能满足侦查信息工作的需要，各级院侦查部门迫切需要更加快速、便捷、高效的异地信息协查模式。

具体需求：

（1）协查请求发起。全国任何一个检察院都可以作为发起方发起信息协查请求。能够生成电子版协查函，支持上传协查函、相关法律文书扫描件等附件。

（2）协查请求流转。协查请求可通过逐级上报到省级或地市级检察院后同级转交的方式流转或者点对点直接发送的方式流转。

（3）协查请求受理。系统自动对受理方进行提醒，并支持协查函、法律文书打印。受理方履行审批手续后，通过侦查基础信息数据库或公共信息查询平台进行信息查询。

（4）协查结果反馈。协查结果通过点对点的方式直接反馈给发起方，系统自动提醒发起方查收，并支持协查结果的打印。

4. 电子数据分析软件

对各类电子数据进行分析检验、能够在判断线索或证据的真伪、确定犯罪嫌疑人、固定犯罪证据等方面发挥作用。如手机、计算机、硬盘等各类存储介质提取和恢复的电子数据。

（1）功能描述。电子数据分析：通过对采集到的手机、计算机、硬盘等各类存储介质提取和恢复的数据进行分析、研判，从而发现侦查线索、固定诉讼证据、为侦查提供强有力的支持。主要功能如下：支持主流智能手机系统；支持手机数据提取和恢复；支持多系统信息采集；支持应用程序解析；支持即时通讯解析；支持邮件类解析；支持浏览器解析；支持用户痕迹分析；支持常用程序解析；支持银行卡类采集；支持数据清洗；支持数据业务分类；支持标准接口导入。

（2）权限说明。本级检察机关职务犯罪侦查部门、技术部门干警、领导有权录入、查询，管理员有权修改、删除；上级院可以根据权限查看下级院的数据；上下级院、同级院可以根据权限流转数据。

（3）数据库表。包括手机的电话簿、短信、通话记录、便签、日程表、即时通讯类应用程序的痕迹记录、软件信息解析提取记录、邮件记录等；电脑操作系统的用户痕迹、常用程序解析等；银行卡的卡号、姓名、证件号、开户行、卡名、有效期、卡片类型、地区等；各种话单、账单记录等。

5. 互联网信息软件

（1）互联网线索综合处理。采用大数据处理架构，通过互联网爬虫等采集技术手段，与云计算相结合，能够实现互联网海量信息的采集、存储、处理、分析，以不断更新线索信息。对既有信息库进行快速查询，用户层实现秒级响应，实现快速的信息分析业务支撑。

功能描述：

①线索对接功能：结合传统的举报、上访、投诉等方式获取的线索进行网络内容的对接功能，实现对线索的初步分析和研判。

②线索串并功能：根据网络信息对现有线索进行串并、扩线，从而为真正实现办理窝案串案以及"抓系统、系统抓"打下信息化条件下的基础。

③线索主动发现：根据需要对没有传统线索和网络线索的系统和个人进行主动线索分析、发现整理并生成线索。

④线索动态管理：以专项任务、职务级别、行业系统、专项领域等形式，进行建库管理，对已知线索和新线索的查找结果进行归档、建立基于任务、行业等的线索库。并能实时动态跟踪。

⑤线索初查衔接：实现线索和初查的无缝对接，线索移交侦查员，除传统纸质材料外，应包括传统举报材料以及所有线索的网络信息资料，以减少重复。

⑥专人账户：每个单位的线索模块专用账户由专人管理，可以采用密钥、密码狗等方式控制，严格控制。

（2）互联网信息分析。持续利用爬虫搜索等技术在互联网上根据案件线索的不同类别预设规则和策略，并对线索的关联结果进行二次或多次搜索，将搜集信息积累成基础数据资源并动态实时更新。利用统一的数据标准将数据资源导入到公共信息系统，通过公共信息系统进行统一分析研判。

（3）互联网案件监控。实现职务犯罪网络舆情监测，网上对职务犯罪工作的评价和个案评论等，分析案件在网上引起的舆论传播、整体走势、网民观点和负面效果等网络信息，建立风险分析调查制度和风险处置预案管理体系。

（三）支撑系统

1. 网络平台

当前，"三网"间实行物理隔离，各自承载相应的业务数据；拟逐步采用密级标识、信息交换隔离系统等新技术，实现"三网"间信息共享互用、综合利用。

（1）全国检察机关涉密专线网：对现有的检察机关一、二、三级专线网进行完善，确保承载基础数据库、案件线索库的查询、管理、分析等，按照分级保护的要求建设。

（2）全国检察机关非涉密专线网：依托新建的全国检察机关非涉密专线网，承载公共信息数据库、电子证据数据库、互联网信息数据库等，实现有线用户终端与无线移动终端同等接入，是整个平台的核心网络，按照等级保护第三级的标准建设。

（3）互联网：依托互联网，主要收集互联网信息数据，逐步与全国检察机关专线网非涉密实现信息互通，按照等级保护第三级的标准建设。

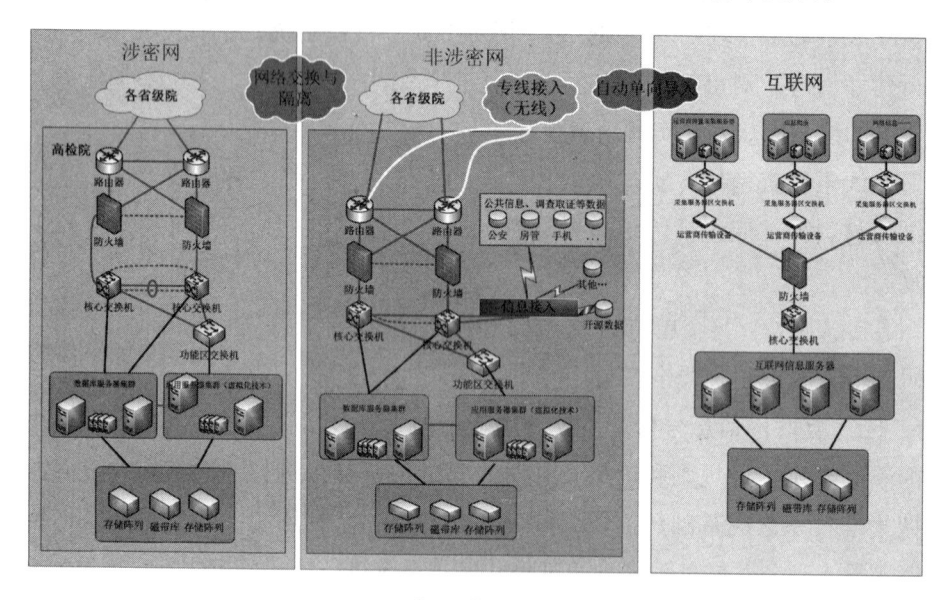

"三网"平台图

2. 运行平台

随着国家检察数据共享中心的逐步完善，以及各行业全国信息系统的逐步建立，最高人民检察院对于全国集中的公共信息数据、互联网开源信息，采用云技术搭建侦查信息化大数据处理中心，利用虚拟化技术实现应用层、数据库层、存储层对硬件资源的综合利用，构建高速存储网络系统，建立大数据仓库，通过数学建模、优化算法、高效搜索引擎等，实现数据采集智能化，数据分析和数据挖掘高速、多样、精确，逐步实现"三网"数据资源整合利用，通过有线、无线等多种方式为全国检察机关提供 7×24 小时的实时在线服务。省级院根据本省办案工作需要，进一步整合本省范围的数据资源，为下级院提供服务。

对非涉密网承载的公共信息数据库、电子证据数据库、互联网信息数据库等中的结构化数据、非结构化数据进行综合信息分析研判，为职务犯罪侦查业务提供全面的信息数据。主要实现对主体类信息、行踪轨迹类信息、涉案资产类信息的查询，并能将查询到的数据统一标准存储到公共信息库中，供侦查工作查询使用。

（1）信息查询。功能描述：① 搜索平台：根据身份证号码实现全信息搜索，分析人员关系、社会关系等。② 关联查询：根据姓名、证件号码、电话号码、银行账号、企业名称、车牌号等对所有的侦查信息进行检索。将符合条件的各项数据内容进行集中式的展现。同时可以在查询结果基础上进行数据关联检索，提供全面的信息数据。

（2）专项信息分析。①话单分析；②银行账单分析；③资产分析；④轨迹分析；⑤邮件分析；⑥社交网络分析。

3. 平台部署模式

平台借鉴统一业务应用系统的成功经验，采用最高人民检察院和省级院两级集中部署的模式。地市级院和县区级院原则上不建设平台，作为终端节点使用。

这部分主要涉及技术问题，本课题不再进行详细展示。

三、各地检察机关的探索

信息化侦查工作是破解反贪难题的唯一途径，全国各地检察机关都比较重视，尤其是山东、河南、江苏、北京等省份发展很快，在信息侦查平台建设、反贪实战中取得了很好的成绩。就信息侦查相关平台而言，已经初步建成和投入使用的有北京、山西、山东、河南、江苏、湖南。目前国内正在积极推进信息化侦查相关平台建设的省份有黑龙江、天津、福建、浙江、广西、云南、江西、湖北等。没有建设信息化侦查相关平台的省份：辽宁、吉林、内蒙古、河北、新疆、西藏、兵团、陕西、广东、河北。建设较好的地方信息化侦查平台各有特色。深圳市院最早成立了检察情报处，建立了全国检察机关第一个职务犯罪情报系统，在电子数据信息应用、互联网数据应用等方面为信息化侦查做了有益探索，但近几年来相关工作进展缓慢。河南省院在社会公共资源信息接入、三级院互联互通、装备现代化方面率先为全国省级院作出垂范，现整合了公共信息，并建立的系统平台。还在线索管理上作出了初步应用；湖南省院起步晚，但是投入高、硬件新、设施标准高。侦查指挥平台和侦查信息平台建设省院已经基本完成，应用效果良好，目前正逐步推广到地市级院。山东省院近两年来规划明确、推进迅速，明确的总体思路：以司法规范化、检察信息化、基层基础"三项建设"的重要工作部署，以实现全省检察机关互联互通、信息共享为目标，以严格监督、公开透明、规范建设为保障，坚持边建设边应用边完善和勤俭节约、利旧改造的原则，统一数据标准、安全规范管理，建设了"一网、两室、两中心、七大应用"为主要内容的侦查情报信息平台。江苏无锡院在信息化侦查方面持续投入，突出培训和实战应用。建成了"一中心、三平台、五系统"的智慧侦查体系。"一中心"即指职务犯罪智慧侦查指挥中心。"三平台"是指数据平台、研判平台、指挥平台。"五系统"具体是快速查询系统、智侦分析系统、移动办案系统、远程视讯系统、指挥决策系统。下面分别介绍特色突出地方的主要经验和做法。

1. 北京市。

北京市检察院2015年4月2日印发《关于加强北京市检察机关职务犯罪侦查"两化"建设成果实战应用的意见》，文件提出了要短期内搭建完成"一个体系（组织结构合理，工作机制健全，管理制度完善的侦查管理体系）、二个平台（侦查指挥平台和网上办案平台）、五个系统（案件线索管理系统、公共信息查询系统、职务犯罪侦查基础信息系统、职务犯罪情报系统、侦查装备信息管理系统）"的"两化"工作总体框架的《北京市检察机关职务犯罪侦查"两化"建设实施方案》。职务犯罪侦查"两化"建设工作已从"搭建框架、全面发展"过渡到"重点建设、深度整合、规范应用"阶段。在今后把抓好"两化"建设成果的实战应用作为"两化"工作的重中之重，明确提出将信息化侦查手段和侦查装备的应用融入到侦查办案的各个环节中去；要深化创新，完善职务犯罪侦查工作运行机制和加大队伍建设。具体而言：一是在创新方面提出了进一步拓宽信息渠道、汇聚信息资源；深化信息查询工作，以情报分析为重点，全面应用信息化侦查手段；二是侦查装备实战应用注重实效，加强调度指挥、统筹规划以及加强侦查装备在重点环节的实战应用；三是在探索人员专业化、制度规范化、专门工作场所建设方面提出了原则要求。在此基础上，出台了《关于加强北京市检察机关职务犯罪侦查信息化建设的意见》就信息化侦查的意义、指导思想、目标和任务进行了全面规划。

出台了《北京市检察机关职务犯罪侦查装备重点配备目录》，其中就跟踪、监控、抓捕被调查对象或犯罪嫌疑人、现场搜查、讯问犯罪嫌疑人和询问证人等环节分别提出了装备名录，并提出了设备使用的预期效果。

2. 湖南省。

湖南省起步较河南省晚，但今年投入较大，省院层面侦查指挥室、查询室、装备室、分析研判室等硬件建设较好。其建立的侦查指挥平台、信息平台和侦查装备平台先后建成，进入初步应用阶段。以上平台基本实现了线索、基础数据和社会公共资源数据的接入，但是分析研判的能力和软件功能较弱，对于电子数据取证工作和数据库建设处于起步阶段，互联网数据的应用较差，且目前连接到三级院正在推进中。

自2008年至2014年10月，湖南省院先后投入1600万元，目前建成的主要有三个部分：一是侦查指挥平台，二是侦查信息平台，三是侦查装备平台。2010年制定下发了《关于湖南省检察机关职务犯罪侦查信息化建设实施方案》，提出了立足于"信息技术规范引导侦查，推动办案模式变革"，做到统筹规划、分步实施，突出重点，整合资源，稳步推进，逐步建立功能实用、数据完备、运行通畅的侦查信息化工作体系，实现全省三级检察院侦查信息共享的基本原则。侦查信息化体系主要包括四个方面内容的平台即：办案服务信息平台、侦查指挥信息平台、决策咨询信息平台和网上办公、办案平台。

侦查指挥平台主要作用包括远程的案件指挥、案件监督、案件讨论、案情通报、证据传送和信息共享等，能够实现对侦查中的职务犯罪大要案的实时决策和远程指挥，同时保证其实用、先进、安全、易管理、易维护。充分利用现代信息技术手段为办案服务。

该省院开发了侦查基础信息系统包括七个子系统：线索管理系统、案件管理系统、侦查管理系统、侦查协作系统、情报信息管理系统、决策咨询系统、公共信息查询系统。基本实现快速、准确、全面、高效地对案件线索、情报信息进行收集、整理、归类、加工、管理和分析，为侦查办案提供情报信息查询服务，为领导决策提供信息支持，为侦查指挥提供科学管理。

侦查装备平台：根据最高人民检察院侦查装备现代化建设方案要求，湖南重点投入建设了指挥装备、取证装备、无线通信装备，并建立了系统平台进行管理。从而增强了发现犯罪、侦破案件、取证固证、追逃追赃等各方面的侦查办案水平。

3. 河南省。

河南省信息化侦查的建设起步较早，在2010年前后，通过院领导强势接入了当地30多家单位的信息，率先在省级院层面建立了比较全面的社会公共资源信息，初步实现了大部分信息足不出户就能查询，通过召开全国现场会而闻名全国。此后在2014年建立了线索管理系统。直到2016年才初步整合了各单位的信息实现了平台的查询。但该系统分析研判功能较弱，查询审批过于烦琐，使很多下级院不愿使用，新乡、安阳等地积极发展自己的信息侦查工作机制和平台，取得了不错的应用实绩。这就导致省院的平台没有发挥应有的作用。加之面临领导换届，近一年多来推进不大。关于侦查指挥、侦查装备以及无线应用等方面没统一的建设，落后于山东和湖南。

4. 山东省。

山东省院职务犯罪侦查信息化建设总体思路是：在最高人民检察院、省院党组统一领导下，认真贯彻落实省院党组和吴鹏飞检察长对"三项建设"的重要工作部署，以实现全省检察机关互联互通、信息共享为目标，以严格监督、公开透明、规范建设为保障，坚持边建设边应用边完善和勤俭节约、利旧改造的原则，积极采用大数据、云计算等先进技术，立足侦查需求，加强顶层设计、统一数据标准、安全规范管理，建设"一网（连接全省百兆侦查信息网络）、两室（侦查情报信息查询室和侦查指挥室）、两中心、七大应用"为主要内容的山东省检察机关职务犯罪侦查情报信息平台，实现信息引导侦查，加快侦查模式转变，不断提高查办职务犯罪的侦查能力和水平。

5. 江苏省。

江苏的特点是省院建设平台虽然早，但是应用欠佳；反而是无锡、徐州、常州地市级院建设和应用特色比较鲜明。省院侦查信息平台经过9年建设，形成了4.5亿条侦查信息的"大数据"平台。建立了覆盖三级院职务犯罪侦查综合管理的应用流程，建立初步侦查工具集，但是由于审批过于烦琐导致市县两级应用欠佳。而无锡院开发的信息侦查平台所具有的技战法市场，常州院开发的云侦查平台，徐州院开发的无线应用平台比较接地气，在办案实际工作中发挥了良好的作用，受到了最高人民检察院调研组的一致好评。

四、最高人民检察院电子数据云平台

（一）建设背景

近几年，检察机关逐步提高对电子数据取证、固定和检验分析工作的重视程度，电子数据对检察机关执法办案的意义和价值逐渐显现。但从电子数据的潜在价值和执法办案对信息的需求分析，当前的电子数据工作模式尚不能满足现实需要，突出表现在"两缺乏一局限"上，具体如下：

1. 缺乏对全国检察机关电子取证软硬件资源、取证工具的优化整合，各地取证水平不一，重复建设严重；

2. 缺乏对涉案电子数据的历史积累，没有利用电子数据进行综合分析，没有对侦查办案提供特定对象全方位信息支持；

3. 电子数据应用过于狭窄，往往局限于单纯作为证据而承担的证明作用，而忽视了其作为发现案件事实的功能。

（二）建设目标

电子数据云平台在设计中将功能定位于解决当前电子数据应用不足存在的各种问题，作为侦查信息平台的组成部分，承担侦查信息平台"三网五库一平台"里，"五库"所包含的，调查取证数据库的建设任务。电子数据云平台面向应用，紧紧围绕电子数据服务侦查信息化，整合全国检察机关电子取证软硬件、人才资源，整合侦查对象相关电子数据信息，提高电子数据获取能力，提高电子数据对于侦查办案的贡献度。具体目标如下：

1. 资源整合。利用云平台整合有效的取证软件工具，提供标准配置方案，所有检察机关只需要利用云平台上的相应工具即可完成各类电子取证任务，从取证工具层面将全国检察机关电子数据获取能力提升到较高层面。利用云平台构建全国检察机关云计算中心，提供强大的运算能力，以满足密码破解、综合处理、大数据分析等大运算量任务。

2. 互通互联。利用云平台实现各电子取证实验室互联，进而支持各区域内和跨区域的电子取证联动，实现远程协同调度，多地取证人员联动分析取证。

3. 数据积累。利用云平台汇集形成全国涉案电子数据池。将电子取证所获得的涉案通讯录、通话记录、短信息、即时聊天信息、上网记录、邮件记录等，构建电子数据池，形成数据积累效果。

4. 服务侦查。利用云平台展示电子数据隐含的各类侦查突破入口。在电子数据池的基础上，对涉案人员进行关联分析，结合形成的涉案对象的全方位信息，从A直接案件线索类信息、B违法类信息（赌博、包养情人等）、C隐私类信息、D正面类信息（获得的荣誉、正面评价等作为心理战辅助使用）四个方向展示电子数据隐含的各类侦查突破入口。

5. 人才建设。利用云平台实现全面提高全国检察机关电子取证能力整体水平的同时，实时查看全国各电子数据处理领域专业人才工作开展情况，打造各专业领域的精兵强将和领军人物，结合专题科研和深化，建设全国检察机关电子数据实战精兵队伍。

6. 标准规范。制定电子数据云平台数据标准、管理规范，对电子数据采集、汇总、分析利用、信息安全等方面进行严格规定，对云平台涉及的关键技术启动科研立项和研究工作。

五、课程小结

信息化侦查的模式是自侦案件侦查发展的必然道路，初查过程中，建设和应用信息化侦查平台是信息化侦查模式的核心和关键工作，是改变检察机关落后办案模式的必由之路。通过平台建设和应用，实现信息化时代的侦查信息综合查询和检索、分析研判和比对碰撞数据，加以分析研判案情，使得反贪侦查工作实现在大数据和云计算年代的全面转型，通过建设互联互通、安全高效、监管有利的信息情报平台，锻炼一批情报分析研判人才、总结适合反贪侦查的信息化侦查技战法，查办一批有影响的案件，建立一批工作机制和规范，从而基本实现反贪侦查工作的信息化侦查模式的顺利转型，为我国的反腐败事业贡献应有的力量。

互联网数据在检察办案中的应用

唐万辉

[讲演者小传]

唐万辉，男，1973年3月出生，本科学历，法学学士学位。现任大庆市让胡路区人民检察院纪检组长。历任该院办公室副主任、技术科长、办公室主任。2012年始，参与该院与哈尔滨工业大学共同研发的公检法一体化办案平台项目，在确立软件架构与梳理业务需求中，做了大量细致的工作。2015年，独立运用钉钉软件平台，通过浅开发，推出了该院的移动办公应用。2016年以来，在互联网侦查及大数据在公诉工作中的应用做了深入的研究，并在《人民检察》等杂志、媒体上发表多篇论文。2017年4月，入选黑龙江省检察人才库。2016年3月起创建互联网侦查小组[1]。

---

[1] 互联网侦查小组成员：唐万辉，男，黑龙江省大庆市让胡路检察院办公室主任；吕彤，女，北京市房山区检察院检察技术部干部；王曦晖，男，广东省清远市清城区检察院技术科副科长；毛奕宏，男，甘肃省兰州市检察院检察技术处处长；刘一乐，女，四川省绵竹市检察院技术科书记员；李燕，女，广东省深圳南山区检察院反贪局检察员；樊江，男，贵州黔西南检察院技术处副处长；白雪皎，女，山西省院案管中心检察员；范江阳，男，山西省襄垣检察院反贪局检察员；于洪敏，男，山东省淄博市恒台县院职务犯罪预防局副局长。

一、示例

首先通过一个例子来看互联网数据在检察办案中的作用。

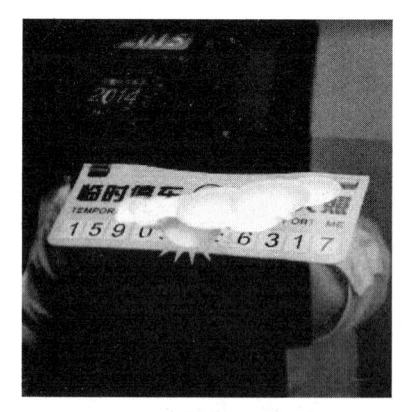

在互联网上有一个微信的网友在网上晒了一张照片，就是挪车的这张照片（如图1），手机号码隐藏了，为1590××× 6317，思考一下：这个隐藏的号码使用互联网方法如何恢复推倒出来？通过微信中的个人基本资料可以看到该人标注的地区是浙江金华，姓名是蒋某某。

大家思考一下，能够用什么方法把号码挖掘出来？思路打开，首先想到的是区号，下面看如何通过区号查出号码。

图1

在网上通过搜索引擎可以搜索出159为浙江金华地区的移动公司手机号段，这个号段共有74个，也就是对应740000个号码，具体号段如图2。

159 移动号段（共74个）

计算得出金华移动159号段共有超过74万个手机号（计算方式：号段数*万门 74*10000=740000）

1590579	1590589	1590679	1590689	1592420	1592421
1592425	1592426	1592427	1592428	1592429	1592590
1592594	1592595	1592596	1592597	1592598	1592599
1595793	1595794	1595795	1595796	1595797	1595798
1595842	1595843	1595844	1595845	1595846	1595847
1595891	1595892	1595893	1595894	1595895	1595896
1596790	1596791	1596792	1596793	1596794	1596795
1596799	1598850	1598851	1598852	1598853	1598854
1598858	1598859				

图2

由于隐藏的手机号码为：1590×××6317，所以只考虑1590号段的号码即可，这样从74个号段中筛选出4个号段，缩小了号码可能的范围。如图3。

159 移动号段（共74个）

计算得出金华移动159号段共有超过**74万**个手机号（计算方式：号段数*万门 74*10000=740000）

1590579	1590589	1590679	1590689	1592420	1592421
1592425	1592426	1592427	1592428	1592429	1592590
1592594	1592595	1592596	1592597	1592598	1592599
1595793	1595794	1595795	1595796	1595797	1595798
1595842	1595843	1595844	1595845	1595846	1595847
1595891	1595892	1595893	1595894	1595895	1595896
1596790	1596791	1596792	1596793	1596794	1596795
1596799	1598850	1598851	1598852	1598853	1598854
1598858	1598859				

图3

怎样从这四个号码中再推出真实号码成为了下一步要考虑的问题。刚才是从微信中看到的这个信息，我们就利用微信软件中自带的好友添加功能，顺序搜索每一个号码，即15905796317、15905896317、15906796317、15906896317。采取这种方式，查找到对应的号码，与基本信息对应（如图4）。从这个例子可以看出互联网数据是可以验证和查找数据的。

图4

二、互联网侦查的背景

（一）互联网发展

互联网的出现，就是以网络的形式拓宽了人与人之间信息沟通的渠道。从网络建成那天起，数据海量存在，随着互联网逐步融入生活，信息量飞速增长。

尤其是淘宝、微信等互联网生活方式的兴起，把各个人群都粘合在了互联网上，互联网上有了更多的信息源。个人的行为轨迹在网络中有所体现，像淘宝购物时，信息都在网络中，如消费者购买的品牌型号、物流信息、物品传递轨迹、物品到达地点等信息，如果掌握了某一渠道中某一点的情况，就可以获得更多的信息。像支付宝表面上充满了金融信息，也有个人身份信息暗含在其中。这些信息就是我们主要研究的对象。

互联网在生活中常用的软件主要包含以下几大类：沟通交往、交通出行、生活服务、办公软件、信用查询等，像QQ、钉钉、微信、支付宝、去哪儿、火车订票、美团、大众点评、滴滴、百度图片、邮件、企查查、启信宝、微信读书、手机助手等。很多APP中都包含了信息泄露，罗列了这些但也只是沧海一粟。每个软件都不是那么的完美，我们暂选取一些例子集中比对，日后有机会进行更多的探索感知更深刻。

（二）互联网精神

互联网精神包含分享精神，互联网侦查发展是因为互联网精神的存在而发展的。像几年前的瑞星杀毒软件，使用单位每年年底购买光盘进行升级服务。据统计杀毒软件每年有1000万销售额，但是还有3亿用户有杀毒的需求而没有安装软件，360的出现和迅速发展就是运用了互联网思维，进行分享，提供免费服务，通过分享的方式取得了用户。360手机助手可以备份用户手机通讯录等信息，掌握了数据，必然会有泄露点。

互联网精神包含用户的良好体验，简称用户体验，互联网高速发展必然要求有良好的用户体验。在过去，注册手续比较烦琐，比如一个注册的页面包含用户名、密码、邮箱、性别、地点等，用户体验不够友好，很多人厌烦繁杂的注册过程，被拦截在注册阶段拦，放弃使用该网站功能。现在常用的注册方法就是手机注册，手机注册成为常态，通过动态码或者密码使用方便快捷，注册一个网站一分钟内就能完成。注册简便的同时带来一定的信息泄露，核心点在于每个手机号与多个网站绑定，在探讨信息问题时，使用手机号注册的网站就使查找本人成为可能。信息在网站后台储存起来，如果有信息泄露，即可反查到手机机主信息。

互联网精神包含公开透明，信息公开展示。如果互联网信息都被封闭在一定的圈子中我们就无从得到，只有当信息分享出来才有机会获得，互联网恰恰将信息分享了出来。比如在淘宝中有物品信息，购物后有评论，分享用户评价，买卖双方的信息进行交流，随时积累，促进了商业发展。即使不是完全完整的信息，比如说像购物评论的用户名不完整，这种情况也没有关系，可以进一步的组合。

（三）终端普及

之所以可以探讨互联网应用与侦查，是因为信息足够多，用户足够多。而用户的来源需要有合理的终端，台式机是一种终端集中了一批人，手机作为终端广泛集中了一批人。功能机信息有限，对互联网发展促进有限，智能手机的出现作为移动互联网终端，互联网信息在其之上进行广泛交流。千元手机的出现降低了互联网使用的门槛，打开了O2O的大门，O2O即线上申请，线下服务，线下的商务机会与互联网结合，让互联网成为线下交易的平台。比如打车、订餐等系统，像饿了么从早先的外卖到后来开放的峰鸟系统，开始正式对接第三方团队和物流，还有苏宁的线上线下同价，可以线上下单，线下服务。信息大量产生，我们才有获取的可能，数据量越大，可获得的体量就越多。

（四）信息披露的驱动力

我们预判信息有很多，信息能够获取是偶然还是必然？每个发布信息的角色都有其内在的驱动力，可以从以下四个角度进行分析，分别是政府、人性、企业和媒体。

1. 政府管理

政府追求信息公开，信息公开可以获得更多、更及时的反馈，有利于政府的规范管理；政府追求管理高效，政令的传达，通过互联网可以更及时、更广泛到达，有利于政府的高效管理；政府寻求监督，将权力关在笼子里，政府现在人事任命的公示、政府重大事项采购都在互联网上公示。

在经济全球化和信息化的时代，瞬息万变的信息，已成为社会经济发展的决定因素。信息社会就是信息和知识将扮演主角的社会，作为最重要的信息资源的政府信息涵盖全社会信息的80%，它既是公众了解政府行为的直接途径，也是公众监督政府行为的重要依据。因而，政府信息应该公开，也必然公开。企信宝和企查查能够查询工商信息，应该是从接口直接获取的信息，是真实的工商信息。

2. 人性需求

每个使用互联网的人都在发布互联网信息，是发自内心的自主行为，有人本性的因素在其中，对应到商家建立的评价的信用体系。像淘宝这类电子商务之所以在中国这么成功推行开来，就是因为它建立了自己的一套商业运行体系。这套信用体系的建立是靠第三方支付和购买评论两方面支撑的。通过第三方支付平台的交易买卖双方更有保障，买方选购商品使用第三方平台支付，由第三方通知卖家货款到达、进行发货；买方检验物品后通知付款给卖家，第三方再给卖家转账。购买者评论可以有好评、中评、差评等不同等级，购买者可以根据以往的评价记录查看其他人对商品的评价。另外，人是需要与外界交流的，即要表达自己的观点，也要获取别人的观点，可以对商品点赞，也可以查看别人的评论。

社会人在群体或者朋友圈里的自娱自乐、情绪宣泄、自我展示、与朋友互动，在沟通过程中也是可以判断个人性格特点、所在地区等信息的。

3. 企业追求

企业需要介绍自己，推销商品，以淘宝评论为例，用户名仅保留了第一个和最后一个字母，隐藏了中间部分（如图5）。客户信息的泄露是企业的一个必然选择，这种选择是为了增加用户体验的效果。同时，他们也对信息加以部分隐藏，隐藏是为了说明尽到了阻止信息泄露的防范义务。因此，我们得到的必然是碎片信息，我们要将多信息通过关联，才能转化为有效信息。当然，不同的网站或者APP隐藏的部位可能会不同。

企业注重吸引用户参与，鼓励评论，增强用户参与感互动。就像小米科技联合创始人黎万强说的：小米的秘诀，第一是参与感，第二是参与感，第三还是参与感。互动就会有信息的交流，信息就能够积累。

4. 媒体追求

媒体获取积累信息，并公开传播信息，这也是毋庸置疑的，所以媒体上有大量我们需要的信息。对一些官员、重点部门、敏感问题的信息媒体都非常关注，及时报道，这种信息也可以为我们所用。

图5

三、开展互联网侦查的必要性

（一）互联网侦查与传统侦查的关系

美国一位大法官布兰代斯是预见到技术的发展将会不断侵蚀人类隐私的先觉者。1876年，贝尔发明了电话，这项新的技术极大地方便了人们的交流，推动了社会的发展，但也给隐私权投下了阴影。加上照相机、摄像机等新技术的相继出现，隐私权开始面临很大的挑战。现在只要是使用手机的任何人，他的行踪被通讯运营商的大型计算机存储器记录，也可以通过GPS每时每刻记录下（使用手机的）人的行动轨迹。从这个角度也可以看出，互联网上隐藏着大量的个人信息。

互联网侦查是信息化侦查的一部分，它并不是独立的系统，不可能完成所有的侦查任务。互联网侦查与常规侦查相互补充。互联网侦查偏向碎片信息，要使用大数据思维进行关联分析，才能得到有价值的信息，而信息化侦查获得的是原始信息。互联网企业从个人隐私保护角度出发，它所泄露出来的数据很少有完整的信息，这就要通过大数据思维进行关联分析，才能得到有价值的信息。

通过互联网能得到什么信息？职务犯罪侦查中所需的信息，从互联网侦查的角度看，主要可以提供以下几个方面的资料：人员信息、职业职责、人际交往、位置行踪。人员信息是基于自然人的，职业职责是指做什么职责是什么，人际关系是看和谁交往，位置行踪是指人员的行动轨迹。

（二）时代发展的需要

据中国互联网协会发布的《中国网民权益保护调查报告2015》显示，78.2%的网民个人信息被泄露过，63.4%的网民个人网上活动信息被泄露过。2014年7月底到2015年7月底，中国网民因为垃圾信息、诈骗信息和个人信息泄露等现象导致的经济损失达805亿元，超过4500万人平均损失1000元，个人信息的泄露不仅影响公民网络空间生存秩序，还影响公民个人人身财产安全。

眼光放回我们的生活中，伴随着互联网的高速发展，现在犯罪类型越来越高科技，运用计算机技术，借助于网络对其系统或信息进行攻击，非法获取计算机信息系统数据和网络侵犯公民个人信息犯罪频发，对于由此滋生的敲诈勒索、网络诈骗等犯罪，社会危害严重。传统侦查方式不能完全满足办案需要，确实要通过互联网方法来取证，固定证据。

四、互联网侦查的方法

通过互联网得到信息的方法是什么？在互联网信息的收集过程中，信息不一定是原始一手资料，可以先假设正确，多方面搜集起来综合分析，再去排除不合适的内容。

信息，指音讯、消息、通讯系统传输和处理的对象，泛指人类社会传播的一切内容。人通过获得、识别自然界和社会的不同信息来区别不同事物，得以认识和改造世界。

数据是事实或观察的结果，是对客观事物的逻辑归纳，是用于表示客观事物的未经加工的原始素材，数据的组合有一定的体系。在收集数据时有以下几个问题需要思考：有没有？有哪些？多不多？久不久？给不给？漏不漏？互联网数据的收集，对上述几个问题要有正确的认识，就可以解决应不应该重视这个方向的研究。

有没有是指互联网信息的覆盖面，包含哪些信息，有没有可能性。

有哪些是指是否有我们所需要的信息，或者说能为我们所用的信息。

多不多是指信息是否海量，用户群不够大，信息量不够大，研究是否还有价值？每个信息都有其价值，就要进行适当组合综合考量。

久不久是指数据的时效性，就像天气预报只能预报未来一定时期内的天气，比如航班信息，要把握信息的时效性。淘宝的评论，微信关联的手机号，存在时间都比较久。

给不给是指网站或者 APP 是否公开信息，有信息获取的可能。

漏不漏是指从某种意义上泄露客观存在，企业为了发展允许其存在，我们才能进行挖掘分析。

互联网侦查主要使用的方法有：查看浏览、软件搜索、人机对话、利用规则、关联分析、图片分析以及一些其他方法。

互联网数据的收集，对上述几个问题要有正确的认识，就可以解决应不应该重视这个方向的研究。

（一）查看浏览

新闻网站，像新浪、腾讯、搜狐、凤凰网，有重大活动，官员走访，有出席相关活动的介绍，相关人物图片，也可以反映出与哪些企业更密切。从新闻角度在网站上可以自然浏览到很多信息。

搜索引擎，像百度、必应、搜狗、谷歌，有关于官员的履历、简历的介绍、判决等信息。

地方政府网站。在查找政府人员信息的时候，重视当地政府网站这个信息源，当地政府的网站是一个重要的资源。地方政府的人事任免，与政府采购基本是必列项目，可以重点关注。互联网上不仅存在高级别官员的信息，各级干部任命的公示信息也会出现在互联网上。

企业网站。企业网站出于自我推广需要，出于对产品推广，会有很多介绍内容

从浏览的角度，以咕咚运动为例，经常可以看到朋友圈中分享出来的路线，这也是泄露的一种方式，侧重位置信息。如图 6 所示，起点和终点一致，有重复路线，怀疑原始出发点是发图者的住址，即使不能锁定具体范围，通过他的运动路线也能确定其居住的范围。

图 6

（二）软件搜索

由手机号查人，可以有多种途径，微信、支付宝、QQ、大众点评、百度。下面以安卓系统为例，将各个 APP 的功能进行展示。

利用微信中"添加朋友"的功能输入手机号码搜索，可以看到手机号对应的名字。有时不是真实名字只是网名，网名也有其价值。

利用支付宝中"转账"功能中的"转到支付宝账户"，输入手机号码搜索，可以看到手机号对应的名字，虽不是完整的，但依然存在价值。

QQ 在这两年使用率有所下降，但也跟手机号有所关联，而且里面包含了很多信息，在不使用后很多信息也没有想到再去修改。以一个 QQ 号码的信息为例，能够显示出所在地区、性别、年龄等信息，如果日志空间开放，还可以获取更深层的内容，对当事人开展更多的分析。

以上三个软件是通过手机号查找人名使用频率较高，覆盖率比较大的，查询效果比较好，这是由于客户群比较广泛决定的。信息泄露在大企业中也是存在的，这是增强用户体验的必然。

其他 APP 相对使用面没有那么广，但有其存在的范围。比如大众点评，搜索位置可以输入用户名和地点，但是输入手机号能够搜索出一些信息的，从某种意义上可以称为功能改用。

启信宝提供多角度的搜索方式，可以搜索企业信息、工商信息。输入手机号码后，查找到相关联的企业、人员信息，以关联的形式展示出来。

其实我们发现，通过手机号可以查的东西很多，也很具体。现在互联网企业找到了一个方便查找网络用户的捷径，收集相关信息。因此，我们以后的探索中，尽量让我们的信息与手机号关联，提供了一个可能性，会有广阔的天地。

百度地图输入电话号码，也可以查出信息，如图 7 所示。

企查查在号码查询方面也可以提供比较强大的功能，拥有 1000 个网站数据监控节点，5000 个网络采集服务器，90 个维度大数据采集。

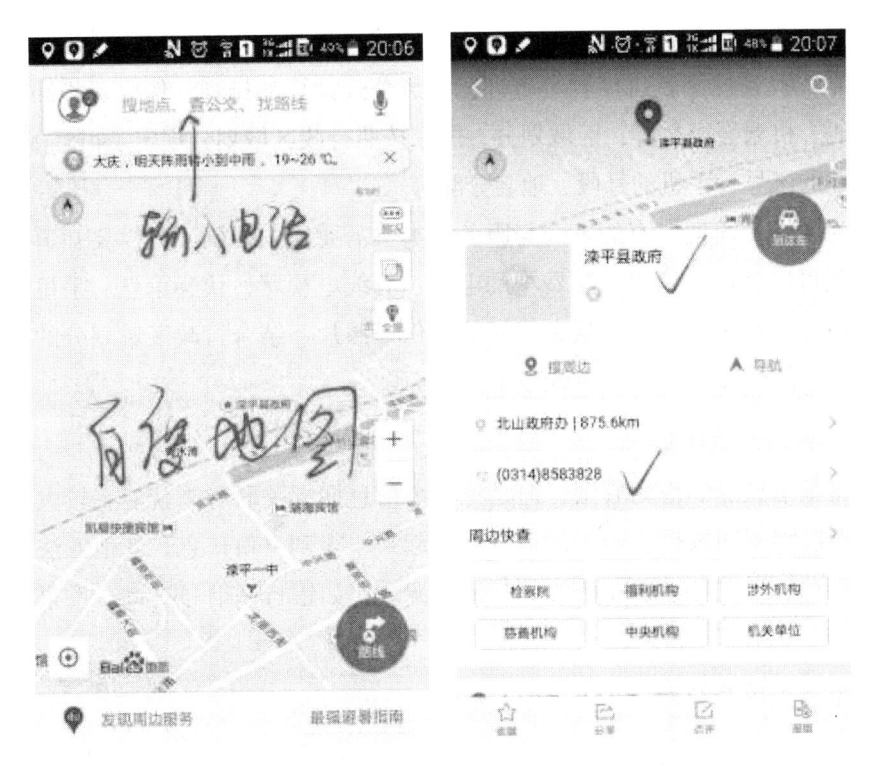

图 7

(三) 人机对话

人机对话的原始概念是计算机操作员或用户与计算机之间，通过控制台或终端显示屏幕，以对话方式进行工作。我们所说的人机对话是指用户在使用软件过程中的一种反馈。后台存储的信息对行为的反馈，针对不同情况，提示是不同的。就像编程序时，对程序不同的错误有不同的提示。比如当当网的用户注册，在注册新用户时，如果是已存在的用户会提示"该手机已经注册，请更换其他手机"。比如去哪儿网在注册新用户时，有已被用户某某某注册的提示，能暴露出部分用户名。注册信息是无法屏蔽的，是网站控制的，可以利用这种方法与其他途径结合使用，比如人格分析、人物画像方面。

(四) 利用规则

生活中存在多种类型的信息：有序的规则，像手机号区域号段，汽车发动机编号规则、身份证区域划分、毕业证编号规则、快递编号、各类编号都有规则，找到规则就可以顺利查询；需经公式计算的排列，像电费号码、闭路号码、机票会员号等；区域划分，国家按照行政区域划分规定了很多规则：身份证的区号、手机的号段、地名分配等。

为了操作简便，有的查询与服务根本不需要输入密码，只需要知道号码规则就可以查询。像生活缴费中的电费、有线电视费、快递信息、手机号区域号段。再举一个例子，遇到模糊的身份证照片，结合行政区域划分的身份证号段，能够推导出对应真实的身份证号码。

(五) 关联分析

每个信息点的作用有限，但是将各个信息捆绑关联起来就能有较大的作用。可以将不同软件提示出的信息综合起来，得到身份信息。其他方法包含公开资源、社工库、网友资源、其他资源。比如银行联航号查询、发票查询网站。

(六) 图片分析

为什么要开展图片分析？网络是以多媒体的方式交流，图片在朋友圈或聊天中占比非常大。通过图片，可以分析出对应人的位置、爱好、交往、亲属关系等元素。我国最著名的"照片泄密案"，就是1964年《中国画报》封面刊出的一张照片。大庆油田的"铁人"王进喜头戴大狗皮帽，身穿厚棉袄，顶着鹅毛大雪，握着钻机手柄眺望远方，在他身后散布着星星点点的高大井架。日本情报专家据此解开了大庆油田的秘密，他们根据照片上王进喜的衣着判断，只有在北纬46度至48度的区域内，冬季才有可能穿这样的衣服，因此推断大庆油田位于齐齐哈尔与哈尔滨之间。并通过照片中王进喜所握手柄的架式，推断出油井的直径；从王进喜所站的钻井与背后油田间的距离和井架密度，推断出油田的大致储量和产量（如图8所示）。

图8

（七）其他方法

网络上流出的社工库等。

五、互联网数据的应用

（一）邮单信息挖掘

这是一个真实生活中的案例，收货人收到一个包裹，不知道发件人的具体情况，邮单信息如图9所示，向小组进行求助。该情况在侦查中也有可能有类似的情况出现，比如给侦查的对象送礼这种背景下。从图中可以提炼出几个关键点："顺丰605685665979""广东中山""蒋先生""1856××3411""FR-6855原汁机"，下面查找该邮单的原始存在或者说背景是什么。

图 9

首先通过支付宝查看单号，结果如图 10、图 11。其次看到手机号不要放过，一般都是信息的关键桥梁，恢复全名，在支付宝中验证（如图 12），验证成功（如图 13），得到发货人全名——蒋某。支付宝的信息一般都比较真实。

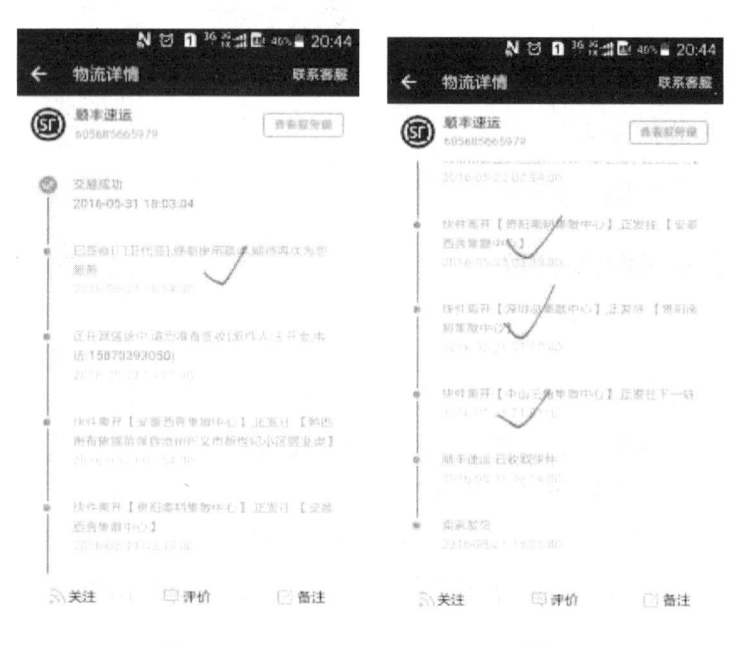

图 10　　　　　　　　　图 11

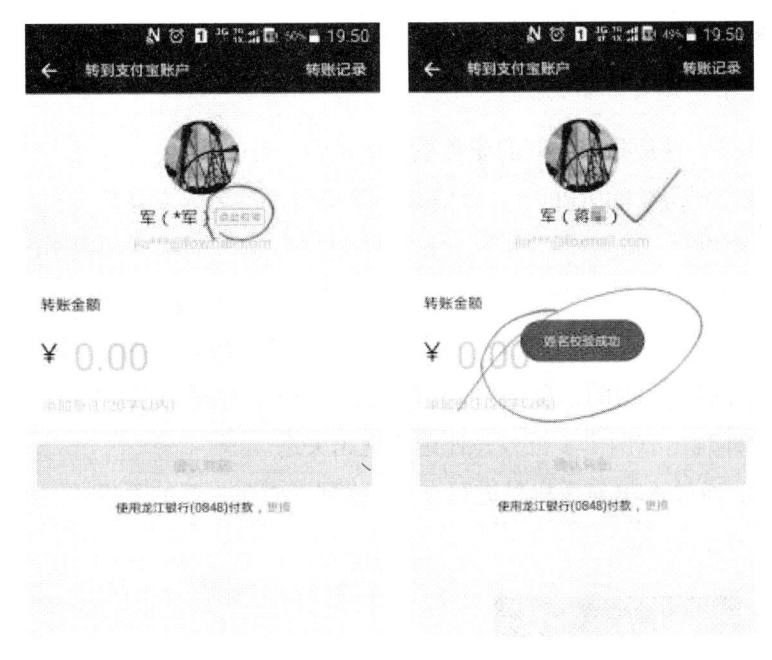

图 12　　　　　　　　　图 13

下面再在微信中搜索一下该手机号，还是延续之前对 APP 的功能改用，结果如图 14，判断蒋某是原汁机的卖家。再用产品型号"FR-6855"在淘宝中搜索下，现实真实存在，与实物吻合。判断蒋某不是送礼的人，只是淘宝的商家，接下来再通过电话等方式咨询店家得到送礼人的名字。现实中是同学邮寄的，出于惊喜送的礼物。

小结：邮单的信息挖掘，我们练习了 4 个软件，使用到互联网侦查手段有：查快递、支付宝查询人名、微信查询人名、淘宝查询物品。微信虽然不是直接的实名，但是得到了手机号的主人是淘宝商家，经营商品种类。这样，联系他，就可以找到邮购人了。在未知其身份前未敢贸然打扰。目的达到，成功。有人戏称：

图 14

有了"BAT"基本什么都可以查出来。

(二)手机号关联挖掘

手机号一直是我们强调的非常重要的信息,对应着人,下面看一个例子。手机号融合到所有的APP中。微信查询手机号,姓名"壹某某",如图15。QQ查询手机号,名字为"、Sum"结果信息过于简单,如图16。"、"是顿号?单引号?部首/笔划?"Sum"是英文半角符号?半角英文+空格?全角英文?要注意具体的格式。再通过网名查找,可以看到他的空间,如图17。进而可以查看他的信息,挖掘交往人、手机号、生活习惯、社会关系。"换手机号"体现出有两个手机号,评论体现出关系。

小结:通过APP对手机号进行查找,找到了对应人新的手机号、出生日期、手机号、社会关系。

图 15

图 16

图 17

（三）涉企信息挖掘

该案例利用了大数据思维。首先利用微信进行查找，在微信查找页面，关键字搜索手机号码，昵称为"某某胡"，头像是一个女性图标，地区和个性签名的信息没有什么意义，如图18。

大众点评和QQ没有挖掘出来相关资料或者说可能就没有这个用户。

尝试用支付宝搜索手机号码，结果有两个账号，如图19。分别打开两个账户，一个关键信息有"海某"、女性头像、"徐州"、"xin***@163.com"，另一个关键信息有"乐某"、开通了"芝麻信用"，有可能是使用了支付宝支付和信用相关的功能。

图 18　　　　　　　　图 19

使用百度对号码进行搜索，列出很多包含该关键字的信息，其中有一个是徐州某某机电设备有限公司，联系人是胡女士，公司地址在江苏徐州市泉山区瞿山工业园区，有两个电话号码0516-8×××9715、8×××9725，所留的信箱是HHY×××@163.COM，与支付宝的是一个类别。另一个是上海某某机电设备有限公司，电话是021-5×××0575、5×××0578，公司地址是浦东大道×××大厦1#××室，企业性质为国有企业，这个后面印证是错误的，不能完全相信单一的搜索页面，同时发现了官网。

使用必应搜索出来的结果与百度进行对比，第一个是号2123码为上海移动，第二个直接给出了上海某某机电设备有限公司的官网，从另一个侧面反映出来百度搜索的结果并不是那么客观，而是它希望呈现给我们的结果。公司地址是一致的，还有两个电话、一个传真和一个163邮箱地址。通过关键字也找到了徐州某某机电设备有限公司，联系人胡小姐，公司性质是私营企业。徐州某某机电设备有限公司是上海某某机电设备有限公司的加工工厂，一下就把两个公司关联上了。

利用启信宝再对两个公司的具体信息进行查询。

上海某某机电设备有限公司胡某某是法人代表，唯一股东，与私营企业相互印证。地址浦东大道甲室，使用过的另一个地址：浦东大道乙室。联系邮箱是一致的，即HHY×××@163.COM，有鲜明的个人特点。

通过5个渠道进行了搜索：微信、支付宝、百度、必应、启信宝，综合分析，可以发现一些确定的信息。号码主人的姓名和性别可以确定，相互印证。

通过百度、必应、启信宝的信息，上海某某机电设备有限公司是个人独资的企业。

徐州某某机电设备有限公司是同一个人间接控股公司，上海某某机电设备有限公司成立不久徐州某某机电设备有限公司成立，联系人姓氏相同，提到两个公司的关系，具有一定从属关系，从办案角度可以判断属间接控股公司，也符合现在社会上实际的情况，委托控股。

从多个渠道搜索的数据进行综合分析，可以提炼出更多结果，可以查证。

上海某某机电设备有限公司公司的性质是私营公司，多方面数据可以对单一渠道数据是否真实进行核实。还可以对具体公司情况进行核实，比如公司有过两个经营场所，都在徐州但在不同地区，固定电话和固定场所都有过变动，但确实属于同一公司。

通过数据还可以进行扩展，深挖下去可以挖出注册资本、增资情况，甚至可以发现法人代表的家庭住址。

（四）身份信息挖据

火车票票面上包含多种信息，包括乘车区间、车次、开点、座位号、座位等级、票价、发售车站等信息，最重要的是火车票是实名制的，这个点可以为我们所用。假如得到这样一张火车票，如图20所示，上面有一个身份证号码，能否得到完整的身份证号码信息吗？

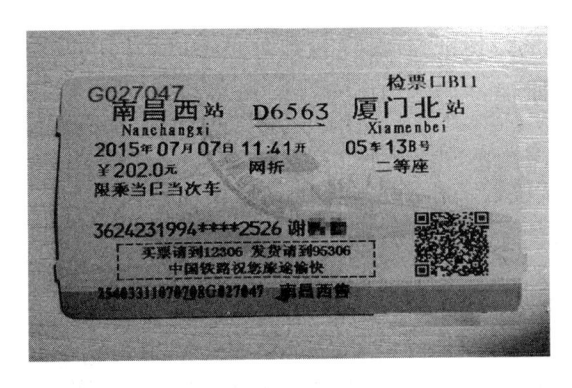

图 20

1. 了解身份证编排规则

首先先讲解一下身份证的基本编排规律。大陆的身份证为18位，老的身份证是15位，日期位多了两位，校验位多了一位。根据《中华人民共和国国家标准 GB 11643-1999》中有关公民身份号码的规定，公民身份号码是特征组合码，由十七位数字本体码和一位数字校验码组成。排列顺序从左至右依次为：六位数字地址码、八位数字出生日期码、三位数字顺序码和一位数字校验码。

数字地址码（身份证前六位）表示编码对象常住户口所在县（市、旗、区）的行政区划代码。前1~2位数字表示所在省份的代码，第3~4位数字表示所在城市的代码，第5~6位数字表示所在区县的代码。（所有区域的编码可以到这个网站 http://www.stats.gov.cn/tjbz/index.htm 查询到最新的县及县以上的行政编码资料）。

生日期码（身份证第七位到第十四位）表示编码对象出生的年、月、日，其中年份用四位数字表示，年、月、日之间不用分隔符。例如：2016年10月15日就用20161015表示。

顺序码（身份证第十五位到十七位）为编码对象户口所在地派出所的代表号码，是在同一地址码所标识的区域范围内，对同年、月、日出生的人员编定的顺序号。其中第十七位奇数分给男性，偶数分给女性。

校验码（身份证最后一位）是根据前面十七位数字码，按照ISO 7064:1983.MOD11-2校验码计算法计算出来的检验码。第十八位数字的计算方法为：

（1）将前面的身份证号码17位数分别乘以不同的系数。从第一位到第十七位的系数分别为：7、9、10、5、8、4、2、1、6、3、7、9、10、5、8、4、2。

（2）将这17位数字和系数相乘的结果相加。

（3）用加出来和除以11，看余数是多少。

（4）余数只可能有0、1、2、3、4、5、6、7、8、9、10这11个数字。其分别对应的最后一位身份证的号码为1、0、X、9、8、7、6、5、4、3、2。

（5）通过上面得知如果余数是2，就会在身份证的第18位数字上出现罗马数字的X。如果余数是10，身份证的最后一位号码就是2。

2. 按照规则编写公式

在EXCEL中按照规则编公式，每一位占用一个单元格，12-MOD（（A12*7+B12*9+C12*10+D12*5+E12*8+F12*4+G12*2+H12*1+I12*6+J12*3+K12*7+L12*9+M12*10+N12*5+O12*8+P12*4+Q12*2），11），得到的结果再利用公式IF（V2=12，1，IF（V2=11，0，IF（V2=10，"X"，V2））），得到验证码，根据验证码得到若干符合规则的。号码在365天中会得到符合规则的数字排列红字就是符合规则的。如图21。

3. 测试符合规则的号码

利用"平安一帐通"APP测试符合规则的号码。正确的和错误的身份证号在"平安一帐通"APP中的反馈是不同的，由此可以测试出正确的号码。分别将姓名和身份证号输入在对应位置，号码输入正确，显示界面如图22，号码输入错误，显示界面如图23。

（五）机票信息挖掘

1. 由身份证号，找到航班号（航旅纵横）（如图24、图25）。

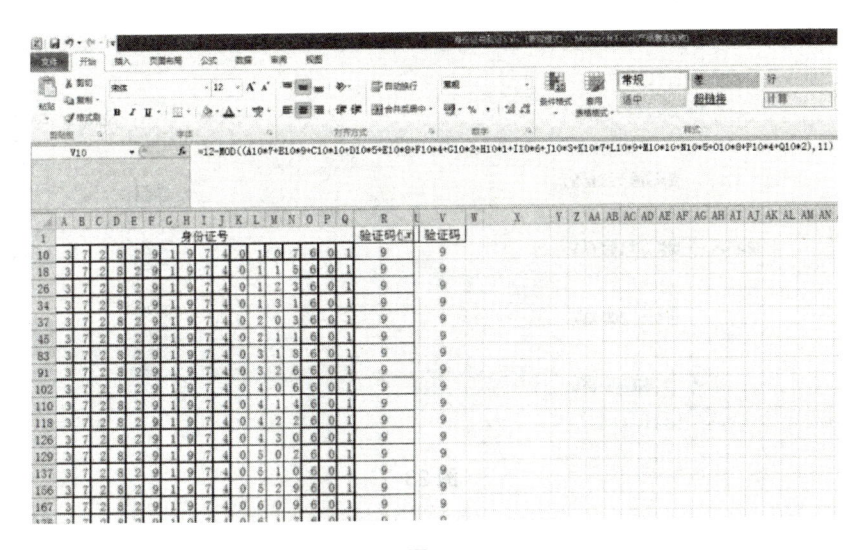

图21

图22

图 23

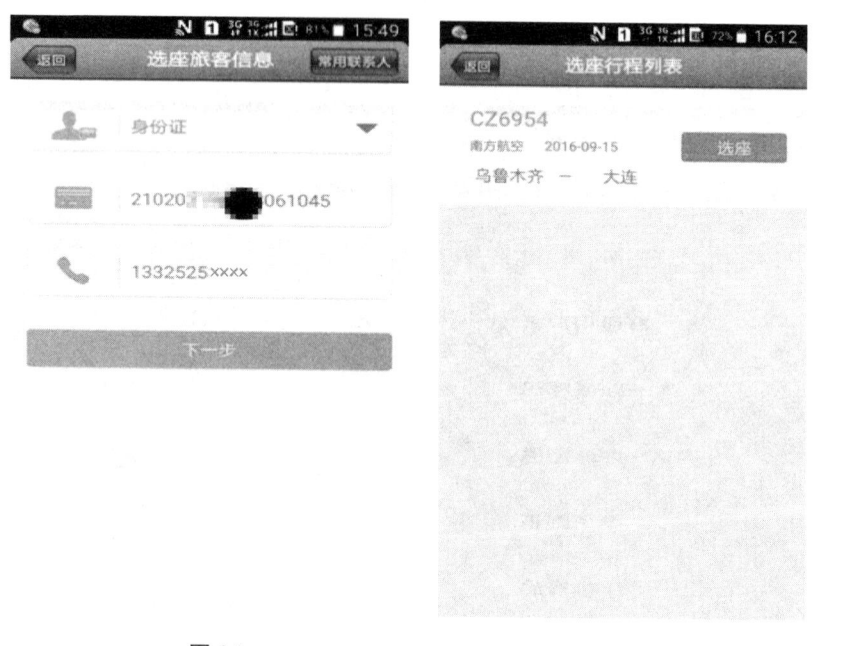

图 24

图 25

2. 由身份证号，找到票号（南航、换登机牌）（图 26、图 27）。

图 26

图 27

3. 由找到的票号按顺序的前后 5 个票号，找到对应的同行人人名（航旅纵横。

4. 由票号和人名，找到同行人的身份证号（南航，更多 - 票号验证）。

六、总结

互联网的侦查，我们总结的一些方法，还只是初级的，更多的是提供了一个思维方式和一种导向。按现有的方法，我们仅把互联网侦查作为一种侦查的补充方式。互联网侦查，还有很多值得总结探索的空间。

职务犯罪侦查中电子数据的获取和使用

秦志超

[讲演者小传]

秦志超，1983年11月生，江苏省无锡市人民检察院检察员，全国检察教育培训精品课程主讲教师、全国检察教育培训讲师团成员，江苏省检察院兼职教师、业务教研员、反贪二级人才库"两化"建设及应用专业人才、侦查信息化建设项目组成员，无锡市人民检察院兼职教师。在反贪一线工作11年，多次荣立二等功、三等功，具有电子取证、数据分析实战经验，主讲电子数据相关课程被评为第二批全国检察教育培训精品课程、全省检察机关首批检察教育培训"十大精品课程"，被授予无锡"最美检察官"称号。

随着通讯技术、网络技术的高速发展，海量电子数据已经广泛渗透到人们的日常生活、社会活动中。由于政府管理、金融管理以及社会管理的信息化程度越来越高，人们的每一个行为都不可避免地在虚拟空间留下大量电子数据痕迹。这些电子数据痕迹所承载的信息不断记录着每一个人的日常生活和社会活动，已成为反映人们行为轨迹最广泛、最基本的工具。犯罪行为也不例外，犯罪行为和掩盖犯罪的行为都会产生电子数据。而职务犯罪案件由于其特殊性较一般刑事犯罪案件更易留下电子数据，那么检察机关在职务犯罪侦查过程中，通过获取与职务犯罪行为人有关的大量电子数据，通过技术处理和筛选组合，将有价值的电子数据提炼出来，就可以判断侦查方向、证明犯罪发生，甚至重塑犯罪过程。

2013年修改后《刑事诉讼法》将"电子数据"首次列为法定证据种类之一，是刑事证据种类立法之进步。但是司法机关对电子数据的认识尚处于萌芽状态。以检察机关为例，最高人民检察院早在2011年就认识到电子数据作为证据使用对检察机关办案带来的深远影响，并下发了《人民检察院检察技术部门电子证据勘验程序规则（试行）》（征求意见稿），但由于实际操作性不强而未能普及。《2009—2013年人民检察院司法鉴定实验室建设规划》发布以来，各级检察机关在电子数据鉴定机构、专业队伍、基础设施建设等方面都取得了一定的成效，省级检察机关大都建立了电子数据鉴定实验室并开展相关工作，但发展极不平衡。[①]虽然在2016年，"两高一部"出台《关于办理刑事案件收集提取和审查判断电子数据若干问题的规定》，但在司法实践中，以职务犯罪案件为例，侦查人员对于收集、运用电子数据直接或间接证明犯罪的运用还未形成成熟的体系，其根本原因是电子数据证据属于技术和法学的交叉科学，立法者与司法工作人员对电子数据的认识仍处于初级阶段，对于能够证明犯罪行为的电子数据的范围种类、存储空间、收集固定、示证质证等方面不够熟悉，对于电子数据作为证据的客观性、关联性、合法性判断尚未形成共识。

---

① 参见杨亮：《检察机关电子数据实务探析》，收录于《第27次全国计算机安全学术交流会论文集》（2012年8月），第252页。

因此，笔者结合自身在检察机关职务犯罪侦查部门长期从事电子取证工作的办案实践，采用从表象到本质、从获取到处理、从判断到证明、从线索到证据的方式，探讨检察机关如何科学获取电子数据并将其价值发挥到最大化。

一、电子数据与职务犯罪侦查

（一）电子数据与职务犯罪

1. 电子时代与日常行为

就当前来看，我们的大部分行为都会在不同空间、不同领域产生大量的电子数据，有学者称其为"数据足迹"或"数据痕迹"，这种数据具有累积性和关联性，且有些数据的产生是无法避免和控制的。下面以五个常见日常行为为例：

（1）发一封电子邮件。①发件人、收件人个人电脑缓存中留有电子数据痕迹；②个人手机中绑定的电子信箱会留有电子数据痕迹；③电子邮件运营商服务器中会有邮件相关内容的电子数据痕迹。

（2）打一个电话。①电话运营商后台数据库中会存有通话记录痕迹；②本人手机中会存有通话记录痕迹；③手机连接电脑后进行资料备份，电脑中会留有相关记录痕迹；④运营商网站以个人身份登录后，会有通话记录痕迹；⑤对方手机中会存有通话记录痕迹；⑥手机经过云空间备份后，云空间中会有记录痕迹；⑦部分专门机关、机构对通讯数据的收集、整理后，该机关或机构也留有该通讯痕迹。

（3）银行存取款。①金融机构数据库有存取款记录痕迹；②银行监控系统中有存取款人员的出入银行视频数据痕迹；③手机中的存取款提醒信息也会留下痕迹；④网上银行操作会留有操作痕迹；⑤手机银行操作会留有相关记录痕迹。

（4）购买房产。①金融机构有购房款消费记录；②保险机构有贷款保险记录；③房产机构有房产备案信息；④物业公司有业主相关信息；⑤水电气管理机关有系统数据库信息；⑥网络公司有房屋开户登记信息；⑦广电公司有房屋开通有线电视信息；⑧装修公司有房屋装修信息；⑨中介公司有专门收集的房屋及客户信息；⑩手机中有水电煤消费等提醒信息。

（5）住宿吃饭。①酒店管理系统登记相关信息；②公安住宿登记信息；③刷卡消费信息；④手机通话位置信息；⑤停车信息。

2. 职务犯罪产生的电子数据

犯罪行为除了本身的实行行为以外，还需要犯罪预备期间行为人与外界的沟通、联系、出入各个场所、吃饭住宿、银行存取款，掩盖犯罪行为期间可能要乘坐交通工具、吃饭住宿、沟通联系，这些行为依附于犯罪行为，或多或少会在各个空间和领域产生电子数据。但是，一起国有企业的贪污案件所留下的电子数据痕迹必然比一起在山区发生的故意伤害案件所留下的电子数据更多。甚至可以说，对于职务犯罪来说，较一般犯罪行为更易留下电子数据痕迹。笔者认为主要是由以下四方面原因造成的。

（1）职务行为与信息化办公密切关联。职务犯罪必然涉及行为人履行或不履行职务行为，在当前信息化办公的大背景下，行为人的职务行为经常需要运用计算机、通讯设备以及网络设备进行管理、沟通、协调，因此职务行为不可避免地会在相关计算机、通讯设备以及网络设备中留下大量电子数据。

（2）财产型犯罪对金融机构的天然依赖。职务犯罪中的贪污贿赂犯罪属于财产型犯罪，在涉及财物交易过程中，不可避免地通过银行、证券、保险等机构进行交易，而这些机构会将客户交易数据以电子数据的形式保存下来。即使以现金、物品进行交易的职务犯罪案件中，在现金的筹备、物品的购买、财物的处理等过程中也不可避免地依赖金融机构。

（3）商业行为与政府管理挂钩紧密。职务犯罪行为人在获取财物后，除了在金融机构储蓄或理财之外，处理的方式还有消费、置业、投资、变卖等商业交易形式。但是无论购房、购车、投资入股、拍卖等商业行为都会在政府相关管理部门予以登记，而且往往通过计算机和网络对相关资料以电子数据的形式同期做记录，并录入行业数据库备查。此外，部分商业机构也会将交易行为、客户资料以电子数据的形式记录存档。

（4）经济条件与电子设备使用拥有量成正比。职务犯罪行为人一般具有一定的经济条件和社会地位，所拥有或使用的电子产品一般是较为先进的智能手机、存储量大的计算机或平板电脑，以及移动硬盘，在其使用过程中，会将大量行为痕迹以电子数据的形式记录在这些电子设备或存储介质上，如职务犯罪预备阶段的沟通联系记录会记录在行为人的手机中。

3. 职务犯罪侦查实践中涉及的电子数据

虽然2013年《刑事诉讼法》才把"电子数据"作为证据种类之一，但检察机关利用电子数据侦破职务犯罪案件的历史却是在更早时间。尤其在2011年以来，随着最高人民检察院"两化建设"工作（侦查信息化、侦查装备化）的推进，各地检察机关陆续购置了侦查技术装备和工具，也在案件中不断尝试使用，其效果也是翻天覆地的变化。

2011年至今XX市检察机关运用"两化"突破的部分案例列表

办案单位	案例说明	使用装备、工具	实现效果
市院、区院	中石化刘某某受贿案	计算机快速取证	中标服务费
市院、区院	环保局郜某受贿案	计算机快速取证	三份"控告信"
区院	某案件	手机取证	与某女子的频繁短信
区院	郭某某受贿案	手机取证	已删除串供短信
市院	王某某案件	计算机取证	删除浏览器中QQ空间登录情况发现情妇信息
区院	某案件	话单分析	每天晚9点后的通话地基站位置，确定其新居住地
市院	江阴赵某受贿案	话单分析	图谱分析找到特定关系人
市院	江阴葛某、陆某受贿案件	手机取证、话单分析	戳穿两人未碰面谎言
市院	江阴路某受贿案件	手机取证、话单分析	通过短信和通话信息找到相关物证
区院	天骄宾馆赵某等6人涉嫌贪污一案	电脑中被删除数据	相关领导职责分工等材料
区院	某房管所房管员张某涉嫌贪污	移动硬盘数据提取	一移动硬盘内存有涉案房产底册资料

续表

办案单位	案例说明	使用装备、工具	实现效果
市院	彭某案件线索初查	话单分析	行贿时间段内停留地所涉及所有银行
市院	蔡某受贿案	话单分析、手机取证	确定蔡某与其情妇串供情况
市院	戴某受贿案	话单分析、手机取证、计算机取证、	综合判断受贿突破口、硬盘数据恢复
市院	吴某受贿案	监控录像数据恢复	监控录像恢复监控碰头
市院、区院	某案件	电脑综合运用勘查平台	恢复电脑中送卡记录
……			

历年来，在办案实践中运用技术装备和工具有效突破案件的成功案例为数不少，其中运用最多的是话单分析[1]、账单分析、手机取证、计算机取证等手段。但其本质，无非是利用先进的科技手段，获取并分析五大类电子数据——通话记录数据、金融交易数据、互联网及行业数据库数据、手机终端数据、计算机数据的最大化价值。

（二）侦查中常见的电子数据类型

1. 与电子数据有关的概念

（1）电子数据与电子证据。电子数据是2013年《刑事诉讼法》修改后新的证据种类之一。那么在刑事诉讼过程中，电子数据应当属于"可以用于证明案件事实的材料"的范畴。电子数据是英文Electronic data的直译，这一定义主要来自计算机技术。单从字面上的意义来看，所谓电子数据，是指基于计算机应用、通信和现代管理技术等电子化技术手段形成的包括文字、图形符号、数字、字母等客观资料。[2]但我们通过与书证比较得知，电子数据更多强调的是记录数据的方式，而非数据记录的内容。[3]另外，在一般

---

[1] 话单分析是指侦查人员对涉案人员的通话记录进行分析、排列、组合，发现其中规律的过程。一般情况下，侦查人员可以利用"话单分析软件"进行辅助分析。

[2] http://baike.baidu.com/view/1151563.htm?fr=aladdin.

[3] 参见李学军：《电子数据与证据》，收录于《证据学论坛（第二卷）》，中国检察出版社2001年版，第434页。

人的理解中，能够作为证据的电子数据就是电子证据，有时两个概念是混淆的，作必要的区分没有多大的意义。有些研究人员还提出了"电子数据证据"（Electronic Data Evidence）的概念[1]。

笔者认为，电子数据既然被《刑事诉讼法》列为证据种类之一，那么就成为了法律规范用语，是一种证据表现形式。如"电子数据证据"这一概念就显得重复而繁冗，根据电子数据与书证的比较以及自身的特点，笔者认为，所谓电子数据（Electronic data），是指以排列组合片段记录在特定存储介质中，通过电子设备和相关程序读取并识别成为文字、图形符号、数字、字母的客观材料。在诉讼活动中，能够证明案件事实的电子数据统称为电子证据。

（2）电子数据与电子物证。电子物证这一概念主要出现关于电子数据的搜索、检验、同一认定的国家标准和公安行业标准文件中，国家标准如《电子物证数据搜索检验规程》（GB/T 29362-2012），公安部门行业标准如《电子物证数据搜索检验技术规范》（GA/T 825-2009）、《电子物证数据恢复检验技术规范》（GA/T 826-2009）等。这些标准大多是2009年制定，是公安部门早期对计算机中的信息进行分析、提取、鉴定时用的通用概念。通说中，电子物证是指以存储于介质载体中的电磁记录或光电记录对案件事实起证明作用的电子信息数据及其附属物。[2]在电子物证的概念中，更侧重于对案件事实起证明作用的电子数据，较电子数据的概念更为狭窄。

笔者认为，在《刑事诉讼法》修改后，可以用"电子数据"统一替换这些概念，以便于诉讼活动中各部门和机关的对接。

2. 电子数据载体类型

电子数据可以说存在于一切电子设备和存储介质中，我们生活、工作都离不开计算机、手机、网络等工具，因此各类电子设备也时刻记录着我们的各种行为所产生的电子数据。对于侦查人员来说，电子数据不是在物理空间

---

[1] 如滕友娟2011年南京师范大学法律硕士论文《电子数据的证据效力问题研究》一文中提到：电子数据证据是一种以计算机为基础的证据，但又不限于此，终端多样化的趋势使任何电子的、数据的、磁性的、光学的、电磁的或者类似技术产生的信息、记录以及"信息处理系统"都有可能成为电子数据证据。

[2] http://baike.baidu.com/view/5101215.htm?fr=aladdin.

能够摸得到的，但是电子数据的载体确是侦查人员能够获取的。在侦查实践中，常见的电子设备和存储介质包括以下几类：

（1）计算机及硬盘。如台式电脑、笔记本电脑、平板电脑等。（2）移动存储设备。如U盘、移动硬盘、软盘、录音笔、MP3等。（3）通讯设备。如手机、座机、传真机、SIM卡等。（4）网络服务器。如云空间、网络硬盘等。（5）数码照相、摄像设备。如相机、摄像机中的存储卡等。（6）其他设备。如打印机、复印机、扫描仪中的存储模块等。

3.电子数据的权属类型

电子数据在产生、复制等的过程中，必然会产生权属问题。权属不同的电子数据，也直接影响着检察机关获取的手段和方式。笔者认为，一般可分为以下几个方面：

（1）个人权属数据。主要指属于个人电子设备或存储介质中的数据，如个人计算机中存储的数据、数码相机中存储的照片等。（2）政府机关权属数据。主要指政府机关等有关机构基于管理行为产生的行业数据库数据，如房产登记部门、工商部门、社保部门等因监管需要而形成的数据。（3）商业机构权属数据。主要指商业机构运营产生的数据，如各商业银行、证券公司、通信运营商所存储数据。（4）特定机构权属数据。主要指专门对数据收集存储机关、机构所属数据。如国安部门、公安部门、检察机关根据办案需要所收集、储存的数据。（5）其他权属数据。如互联网上的各类数据等。

（三）作为证据的电子数据与书证的比较

电子数据与书证有着极深的渊源。书证，是指以文字、符号、图形等方式记载的内容来证明案件事实的文件或其他物品。广义的书证包括录像、摄像、多媒体图像、计算机存储资料等以记载的内容证明案件事实的试听资料。[①]其中"计算机存储资料"就属于电子数据。部分文件、传单、证明材料等书证在打印或印刷之前，一般也是以电子数据的形式存在于计算机中的。在2013年《刑事诉讼法》修改前，计算机中存储的电子数据一般也是通过打

---

① 参见何家弘、刘品新：《证据法学》（第5版），法律出版社2013年版，第153页。

印转换成为书证后作为证据使用的。由于2013年《刑事诉讼法》修改后，电子数据和视听资料与书证是并列的证据种类之一，因此本文中所讲的书证不包括广义的书证中所讲述的内容。但是，电子数据作为新的证据种类之一，其本质、存在形态等方面与书证有着很大的不同，也具有传统书证所不具备的优势和功能。通过与书证的比较，我们更能看清电子数据的本质特征。

1. 电子数据以特定排列组合为基础

从物理层面来看，书证是记载在各种载体上的图形符号涂层或印记。如一份文件材料，则是油墨按照文字或图表的样式涂抹在纸张上。而电子数据，是在存储介质上按照一定规则排列组成的一组"点"的组合。如电脑硬盘就是利用盘面上的磁粒子的极性（S极和N极）来记录数据的，若干磁粒子根据特定规则排列成为特定组合形成不同的电子数据。需要读取数据时，可以通过磁头感应磁粒子的不同极性，再转换成不同的电脉冲信号，利用解码器将这些原始信号翻译出来，才是我们感官能够阅读的图形和符号。下图就是放大后的光盘的信号坑图。①

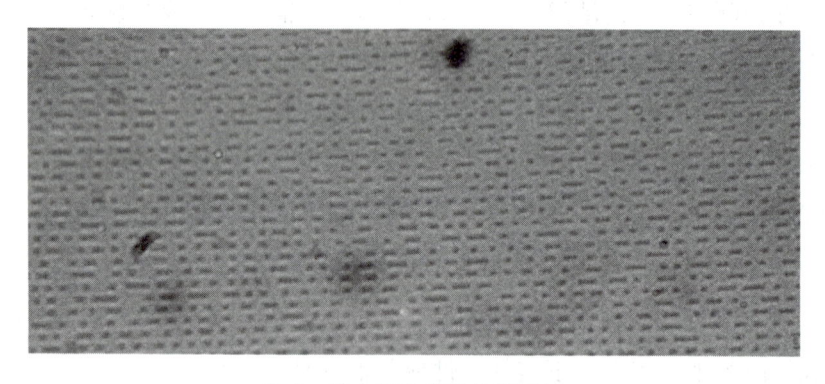

图1　放大后的光盘的信号坑

从上图可以看出，以光盘为例，电子数据存储在光盘上，是以相同的距离内"有坑""无坑"的排列组合来记录信息的。这些特定的排列组合和书证有着完全不同的表现形式。

---

① 参见中国显微图像网：光盘信号坑，http://www.microimage.com.cn/bbs/read-htm-tid-439.html，2014年7月4日。

2.电子数据以特殊材质载体为支撑

除了纸张以外，金属、木板、岩石、塑料、墙壁、织物等材料都可以作为书证的载体。但是电子数据不同，必须采用专门的具有磁性、电性或光学载体，便于通过磁、电或激光技术对载体进行记录或读取。如光盘存储电子数据利用的是一种特殊的反光材料，电子数据是利用激光在反光材料上蚀刻出来的。常用的载体有以下几种：

（1）磁介质材料。我们常见的硬盘就是将电子数据记录在磁介质材料上的。在硬盘内密封着若干个洁净的盘片。这些盘片以非金属或塑料作为基体，在盘片上涂满（或电镀、沉积）一层很薄的具有高导磁率的磁性粒子，通过磁头使这些磁性粒子变幻 N 极或 S 极来组成有规律的组合，用磁层的两种剩磁状态记录信息"0"和"1"，以此记录数据。下图就是磁介质材料的存储示意图。[①]

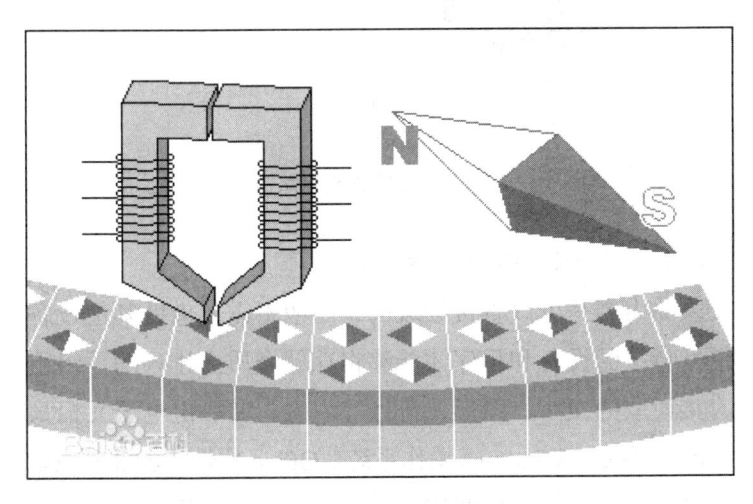

图 2　磁介质材料的存储示意

（2）有机染料材料。光盘存储主要采用这种材料。光盘的原理是将有机染料涂在基板（硬塑料板）上，通过激光烧录后，烧录出的"坑"与未烧录

---

① 百度词条：磁表面存储器，http://baike.baidu.com/album/2423274/2423274/7842480，2014 年 7 月 4 日。

的地方反射率不同，以此记录电子数据。到 2013 年为止，市场上存在三大类的有机染料：花菁（Cyanine）、酞菁（Phthalocyanine）及偶氮（AZO）。

（3）电存储材料。U 盘、内存等常用电存储材料，电存储技术主要指的是半导体存储器存储的技术，早期使用的是晶体管技术，现代主要采用集成电路板技术。下图就是 U 盘集成电路板，黑色区域为存储介质。①

图 3　U 盘的集成电路板

3. 电子数据借助特定设备和程序读取

书证反映的内容是可以直接读取的，一般不需要借助其他设备。但电子数据必须借助特定的设备和程序才能够将存储介质上排列的一组组"点"转换成为可直接读取的文字、图形、符号等内容。如一份电子文档只有依托计算机这一设备，再依托 Windows 操作系统、Office 软件才能顺利读取。否则，电子数据只是记录在特殊材质载体上没有意义的排列组合。以光盘为例，烧出的"坑"与未烧过的"坑"由于反射率不同，通过特定设备上的激光读取，反映出 0 与 1 的一串数据，如"001011010"，这些数据串再通过特定的程序加工分析，才反映出文字、图形、视频等不同形式的可读画面。简单地说，

---

① 参见丁祎：《适应能力超强威刚 RB19 优盘拆解测试》，来源于 ZOL 首页，http://mst.zol.com.cn/58/581626.html，2014 年 7 月 4 日。

电子数据只有经过特定设备和程序的读取后，反映的内容才具有作为"证据"的意义，此时的价值才等同于书证。

4. 电子数据不仅包括图文符号还包括附属信息

除了银行、财务票据这一类必须注明生成日期的以外，书证的内容中如果没有记录形成时间，一般情况下很难判断该书证内容是何时生成的。即便是书证内容中记录了时间，也很难鉴定其真伪。但电子数据中对于生成的文档类数据，一般都记录了"创建时间""访问日期""作者"等相关附属信息，这些附属信息可以帮助我们知道电子数据是何时生成的。即使通过一些技术手段对这些附属信息进行修改，也有方法将其鉴定出来。此外，鉴于计算机操作系统的特殊性，在计算机中进行操作的每一个重要步骤都会被记录下来，如开关机的时间，最后一次插U盘的时间、文件打印信息等，这些附属信息本身也构成了电子数据，就像一个车间中的工作日志可以作为书证一样，不过计算机中的记录是自动进行的，而且较为完整。

5. 电子数据可以高速精准复制、无损传递

书证的复制一般通过复印、扫描、传真等方式进行，但复制后效果变差；如果书证原件传递给他人之后，原件则不复存在。而电子数据可以实现精准复制，并且非常容易。电子数据的传递过程本质上也属于将精准复制后的"复制件"传递给他人，实现无损传递，而且原件仍然存在。这一本质属性是书证所不具备的。

二、电子数据的提取

书证可以在任何犯罪现场收集到，但电子数据的获取尤其具有局限性。理论上，所有产生的电子数据痕迹都能获取。但实践中，由于考虑到法律规制、侦查目的、侦查手段、侦查效率等原因，检察机关能够收集并运用的电子数据还较为局限。但是，对于散落在各个虚拟空间的电子数据痕迹，检察机关可以从两方面入手收集，一方面是以各机关、部门权属的行业数据库为中心进行收集；另一方面是以行为人权属的电子设备、存储介质构成的虚拟空间为中心进行收集。

（一）提取途径

1.电子取证的概念

电子取证顾名思义，就是获取电子数据的法定方式。关于电子取证的定义，我国狭义的概念是将电子取证与"Computer Forensics"等同起来。有人认为，电子取证是"将计算机系统视为犯罪现场，运用先进的技术工具，按照规程全面检查计算机系统，提取、保护并分析与计算机犯罪相关的证据，以期据此发起诉讼"[①]。这一概念将电子取证局限于"计算机犯罪"，而忽略对其他犯罪行为在计算机、手机、U盘等电子设备和存储介质中留下的电子数据痕迹的获取。还有人将电子取证比作"计算机法医学"，主要是对计算机进行辨析、分析以及确认犯罪的一种手段。但这一概念没有将除了计算机以外的手机、其他电子设备涵盖进来。

关于电子取证是否需要专业人员进行在学术界也有不同观点。早期，由于电子计算机还不算太普遍，对于计算机恢复、提取数据是一项非常专业的活动，因此需要专业人员进行提取和鉴定。但是随着科技水平的提升，在计算机内发现数据，或运用简单的恢复软件进行恢复已经比较常见，普通人员也能够完成，因此，笔者认为，电子取证应当将提取、检验、鉴定作区分，一般人都会的计算机或手机等电子设备的操作步骤和方法可以由普通人员操作、提取，就如当事人提交书证的程序一样。对于需要运用一定的技术手段才能够恢复、提取的数据，则需要专业的人员和专业机构以及认证的软件或工具进行提取。

从技术角度来看，对于电子设备来说，获取的数据包括从内存里获取易灭失的数据和从硬盘获取相对稳定的数据。[②]从检察机关侦查部门角度来看，获取数据分为获取行业数据库数据和获取虚拟空间中的电子数据痕迹。至于具体获取的技术手段问题，则可以委托技术人员来进行。

[①] 王彩玲、陈贺明：《浅析计算机犯罪取证与反取证》，载《吉林公安高等专科学校学报》2007年第2期。

[②] 参见吴鸣：《计算机犯罪案件的侦查模式和策略》，载《贵州警官职业学院学报》2010年第4期。

2. 获取行业数据库电子数据痕迹

法律规定，在初查过程中，可以采取询问、查询、勘验、鉴定等不限制人身自由、财产权利的调查措施，收集、调取相关证据材料；经检察长批准，可以调取初查对象的通话记录，查询初查对象及其家庭成员的资产信息和房产、车辆等大宗支出信息，查阅或者复制相关账目资料，经所有人或者持有人同意，也可以调取相关账目资料。因此，对于行业数据库电子数据信息，可通过三个途径获取：（1）对"已建数据库"内容进行调取，如检察机关内部已办案件数据库、行贿人档案数据库等；（2）对"借用数据库"内容进行调取，如检察机关已连线或者已经拷贝的外部行政单位、其他机构组织等已有的数据库，包括人口、车辆、房产、社保、工商、招投标等；（3）针对个案的司法协助查询进行调取，如公安人口信息、通话记录、金融记录、涉案单位行政管理数据库、财务管理数据库等。

3. 获取虚拟空间中电子数据痕迹

以行为人权属的电子设备、存储介质构成的虚拟空间为中心的电子数据获取，主要目标是最大限度地提取涉案人员工作、生活中使用的计算机、手机、其他存储介质、网络空间等虚拟空间中的涉案电子数据。一般概念中，职务犯罪没有现场，但引入了虚拟空间概念后，职务犯罪便有了现场，这个现场在虚拟空间。通过调取、扣押、勘验电子设备或存储介质，可以实现从虚拟空间中获取电子数据的目的。当前，检察机关可以通过一些技术手段和装备辅助获取。具体包括以下几种：（1）计算机（快速）取证系统。可以对计算机硬盘、移动硬盘、U盘等载体进行镜像、复制等功能。部分计算机快速取证设备还具有体积小、使用方便等优点，能够在短时间内有效提取目标计算机的特定文档、密码等信息。（2）手机取证系统。手机取证系统是既适合在犯罪现场也适合在实验室使用的设备，能够从手机中提取和恢复重要数据，如电话簿、图片、视频、文本短信息、通话记录等数据。（3）电子数据综合勘查系统。可以在不破坏硬盘原始数据的情况下恢复计算机的真实运行环境，进行相关数据的恢复、提取等操作。此外，还可以通过专门的取证软件实现对电子数据的有效获取。

（二）公开提取与秘密提取

1. 目前法律规定缺乏配套操作流程

《刑事诉讼法》第52条规定，人民法院、人民检察院和公安机关有权向有关单位和个人收集、调取证据。有关单位和个人应当如实提供证据。行政机关在行政执法和查办案件过程中收集的物证、书证、视听资料、电子数据等证据材料，在刑事诉讼中可以作为证据使用。《人民检察院刑事诉讼规则（试行）》第238条第3款规定，对于可以作为证据使用的录音、录像带、电子数据存储介质，应当记明案由、对象、内容、录取、复制的时间、地点、规格、类别、应用长度、文件格式及长度等，妥为保管，并制作清单，随案移送。"两高一部"的《关于办理刑事案件收集提取和审查判断电子数据若干问题的规定》也只是规定了电子数据收集提取的程序规定，尚缺乏规范的技术操作流程，导致在实现收集电子数据时还存在诸多困难。

2. 公开提取电子数据的界限

《公安机关刑事案件现场勘验检查规则》第56条明确规定，"现场勘验、检查中发现与犯罪有关的痕迹、物品，应当固定、提取"。应当扣押的是"能够证明犯罪嫌疑人有罪或者无罪的各种物品和文件"。但是电子数据有着快速复制的特点，如果需要调取的是一个电子文档文件，但复制了整个硬盘的行为应当如何评价？如果需要一份办公桌上的书证，就查封了整个办公楼肯定是不合适的，但在电子数据的领域中，这种情况经常发生。虽然法律规定，扣押、保管的物品如果发现与案件无关，应当退还。但电子数据可以无损复制，即使退还后，海量的个人数据仍然面临着风险。

3. 秘密提取电子数据的合法性

除了正常将电子数据作为证据以外，在办案实践当中，调取、扣押的电子数据更多作为线索，为今后进一步采取侦查措施，或者获取口供、转换证据使用。鉴于此，实践中存在借用查账、谈话的机会秘密获取电子数据，并从中发现更多线索的情况，再转换为其他类的证据，这样的"毒树之果"是否合法？另外一种情况是，秘密调取的电子数据经分析后如果发现存在证明与犯罪有关的证据，再以勘验或调取程序去收集、固定电子数据，这样的"两次调取法"是否具有合法性？可以说，第一种"毒树之果"由于可以脱离电子数据本身而单独构成证据体系，是可以被法庭采纳的。但是从严格意义上来说，侦查权是国家赋予的，虽然没有明确禁止不能做，但是由于超出了法律授权范围，秘密侦查行为是属于不当行为范畴。但是，在很多个案中，获取电子数据首要任务是解决问题，如秘密获取手机通讯录方便查找相关人员的联系方式，发现的个人隐秘事项可以用作辩诉交易，这些都不作为证据提交法庭，被非法证据排除的风险也很小，而且整个活动一般是在直接领导的控制和监督下进行，只针对犯罪行为，所以侦查机关总是乐此不疲地从事秘密取证工作。但笔者认为，随着大数据的发展和多手段的补充，非经法定程序获取个人数据的行为将越来越少，侦查权和个人隐私保护回归到合理界限必定是未来发展的趋势。第二种"两次调取法"似乎在司法环节的文书审查方面看不出问题，但是却存在隐患。一方面是如果辩护人得知这一情况，通过司法鉴定是可以查明司法人员曾经接触过电子设备或存储介质，容易造成电子数据被排除的隐患。另一方面是获取电子数据由于不公开性，缺少了法律必要的监督和监管，司法人员制造伪证的风险无法规避。因此，在当前的司法环境下，秘密获取电子数据作为线索使用是可取的，但一定要受到更加严格的监管和控制。

（三）电子数据提取的规范性

1. 电子数据可以通过现场勘验的形式提取固定

现场勘验是勘验、检查的统称，也是公安机关办理刑事案件常用的侦查措施，但是在办理职务犯罪案件过程中并不常用。通过现场勘验，可以提取物证、书证、视听资料等证据材料。那么，电子数据作为证据的种类之一，当然能够通过勘验被提取。那么这里就存在一个"现场"概念外延的扩大问题。

以书证为例，在现场勘验过程中，书证存在于犯罪现场的物理空间内，但是电子数据是存在于虚拟空间里。存在于勘验现场的计算机、手机等电子设备本身没有任何意义，勘验人员需要提取的是其中的电子数据，因此，对虚拟空间的勘验也是现场勘验不可或缺的一个组成部分。

在传统案件的现场勘查过程中，"勘验"和"检查"是可以同时进行的。

参照公安部《计算机犯罪现场勘验与电子证据检查规则》第四章"现场勘验检查"、第五章"电子证据检查"是将勘验和检查区分开的。这一做法似乎将提取、固定电子数据的载体作为勘验，将提取其中的电子数据作为检查。但是现代通说很少提及"电子数据检查"这一概念，更多的是"电子数据检验"。而且，在不知道电子数据载体中究竟记录着什么内容的情况下，盲目提取各种存储介质和电子设备也不符合现场勘查的精神。

但在"两高一部"《关于办理刑事案件收集提取和审查判断电子数据若干问题的规定》中，明确提出了对电子数据检查的规定，而且列举了五种方式：恢复、破解、统计、关联、比对，当然也规定不限于这五种方式。对于勘验，只列举了远程勘验的规定，也未明确现场勘验电子数据的相关程序规定。因此，笔者建议将电子数据的现场勘查明确规定可以勘验电子设备、存储介质，以及在不破坏（或不破坏核心数据）的情况下浏览电子数据，对于有必要的电子数据，以复制等方式将电子数据提取固定，并提交司法鉴定机构或相关技术机构进行进一步开展检验鉴定工作。

2. 现场勘验使用工具的合法性问题

证据的合法性包括主体合法、形式合法和程序合法三种情况。[①]因此，勘验电子数据工具的选取是否适当关乎程序合法性。如何能够使勘验工具设备具体合法性呢，比如说在当前国内技术、知识产权保护还不够先进的情况下，部分盗版软件获取的证据能否成为定案证据就是我们面临的难题之一。

破解这一难题我们通常的做法是，在只读情况下[②]运用盗版软件进行的分析结果，或者找出的关键证据，可以通过常规的手段和方法也能够找得到，并在检验报告简单阐述为"在什么位置发现什么数据，在计算机内恢复了什么文件"这样的结论性描述。避免工具瑕疵导致的证据效力问题。

但是，对于只能够依靠勘验工具才能够提取的电子数据，比如说恢复数据，相关的软件工具必须是正版，而且要经过认证。因为未知来源的工具不

---

① 参见何家弘、刘品新：《证据法学》（第三版），法律出版社2008年版，第118页。

② 只读状态下对电子数据内容不能修改，可以确保证据不被污染。

能排除被植入木马或其他程序的可能性。当然,对于这种情况提取出的电子数据,转化为讯问、询问笔录后,也可以考虑对这些程序上存在瑕疵的证据予以直接采纳,作为定案依据。①

3.电子数据调取与第三方的配合义务

法律规定,在初查过程中,可以采取询问、查询、勘验、鉴定等不限制人身自由、财产权利的调查措施,收集、调取相关证据材料;经检察长批准,可以调取初查对象的通话记录,查询初查对象及其家庭成员的资产信息和房产、车辆等大宗支出信息,查阅或者复制相关账目资料,经所有人或者持有人同意,也可以调取相关账目资料。根据办案需要,办案人员可以对相关材料及物品进行拍照、录像或者复制。初查工作中,应当严格依照《刑事诉讼法》的规定收集、固定证据。通过该规定得知,获取电子数据除了勘验以外,还有调取证据的形式。比如调取银行系统中的电子数据,调取保险公司数据库中的数据,调取房产管理机构数据库中的房产信息等。调取这一类电子数据涉及第三方是否需要配合,配合到什么程度的问题。

我们以书证来比较,在办案中司法人员需要查找一笔可疑的资金去向,最好的办法是逐一翻阅某个银行营业厅某一天所有的票据。部分银行配合司法机关,可以将整本票据全部从仓库拿出,由司法人员按照自己的侦查思路逐一查找疑点,翻到后只复印需要的材料;部分银行不配合司法机关,因为有的银行规定,历史票据不可以离开仓库,仓库也不可以由非银行人员随便进出,但是案件疑点以及具体的侦查思路是没有办法写在查询文书上的,如果不逐一翻阅也无法确定需要调取哪些记账票据,于是司法人员要调取当天全部的客户存取款资料的票据,但银行要求司法机关提供具体的人员信息,否则不予提供,此时是否尽到了配合义务?

再看电子数据,司法人员是否可以为查找一笔可疑资金去向,要求银行提供当天所有客户存取款的数据库记录?银行是否应当配合?

在实践中第一种情况部分银行是允许的,但第二种情况银行肯定不允许。因为翻阅票据、选择需要的票据复印,都是在银行的可控范围内。但

---

① 参见刘品新主编:《电子取证的法律规制》,中国法制出版社2010年版。

是电子数据由于高度精准复制、快速传递的特点，使银行存在失控的风险。因此，对于电子数据的调取，司法人员必须在调查范围内提出具体的、明确的要求，防止调取电子数据出现"为了查一张纸，复制了整个办公楼"的情况出现。

三、电子数据的处理与引导侦查

前文所述，通话记录数据、金融交易数据、互联网及数据库数据、手机终端数据、计算机数据是职务犯罪案件侦查过程中常用的数据，也是检察机关可以依法提取到的数据。但是，对于提取的大量电子数据如何运用，就涉及对电子数据的技术处理，使其作为侦查工作的判断手段或证据手段使用。面对大量的电子数据，一位分析师必须对大量信息点进行筛选，每个信息点单独看起来也许琐碎或没有意义，但寻求这些信息点之意义的组合，就会得到远大于单个部分相加的意义。[1]因此，本章笔者就以检察机关办理的真实职务犯罪案例为分析对象，逐一剖析如何处理五类电子数据。

（一）通话记录数据

手机通话记录通常是指检察机关通过移动运营商或有关部门调取的涉案人员通讯信息的电子数据，包括近一段时间内每一次通话的本机号码、对方号码、通话日期、通话时间、通话时长等信息，也是检察机关在办案中最容易获取的电子数据，尤其在初查过程中，基本上每个案件都会通过各种途径获取。对于通话记录数据的运用，笔者在长期实践过程中，借助通话记录分析软件（也称"话单分析软件"），总结出特定关系人找人到案法、图谱分析排查重点法、节假日联系号码比对法等技术处理方法，使得通话记录这一电子数据实现侦查方向价值，能够在职务犯罪侦查过程中有效使用。

1.通话记录与找人到案

检察机关通常调取的通话记录中除了包含上述本机号码、对方号码等信息之外，还包含了能够反映通话时位置信息的代码，如移动公司的小区号、

---

[1] 参见［美］特伦斯·安德森、戴维·舒姆、威廉·特文宁合：《证据分析》，张保生、朱婷、张月波等译，中国人民大学出版社2012年版，第68页。

基站号代码，联通公司的 LAC、CELLID 代码，电信公司的 SID、NID、BID 代码。通过话单分析软件，能够将代码翻译成为具体位置信息。笔者在长期的实践过程中发现，一般情况下，判断居住地有以下两种方法：第一种方法是"8小时外规律法"，即通话位置结合通话时段规律判断，如某位置8小时之外通话最频繁，一般判断该位置为居住地。第二种方法是"早晚规律法"，即判断每晚最后一个位置信息与第二天第一个位置信息是否相同，如果相同，该位置一般也可判断为当天的居住地。

但在办案实践中，也会碰到很棘手的找人难问题。让我们来看下面这个案例。2013年1月，无锡某大型国企向无锡市某区院举报，该国企在审计过程中发现，原高管王某有伙同下属贪污公款嫌疑。但由于王某半年前已被公司停职，无锡住房已退租，现虽知道在苏州居住，但具体地址不清楚，找人到案存在一定困难。该基层院向市院请求支持。此时临近春节，该大型国企又要求由市院直接查办，同时向市委施压，说明年将在无锡投资100多亿元，如果案件不立即查处，是否投资还要再考虑。形势很严峻，本案面临的第一个难点就是如何找人到案。

（1）常规分析判断

常规找人办法为手机定位、查找房产信息等方法。在这一案例中，为找到王某，我们再次研究分析了前期初查中掌握的王某的手机号码、车牌号码和公安人口信息等基础信息，制定多套方案着手找人。我们按照常规做法，经公安部门协作，定位到王某在苏州大致位置，我们立即赶到该位置，想通过看周围是否有居民小区、是否停有王某的车辆，来发现王某的踪迹，但均查找无果。我们又想出动侦码车，但异地定位数据不易获取。这时，办案干警试图协查王某在苏州的房产信息，得知查遍全苏州范围房产信息要跑5个地方，且需要3天左右才能反馈信息。

（2）常规话单分析方法判断居所

常规话单分析方法即前文所述"8小时外规律法"和"早晚规律法"。在上述案件中，办案干警又尝试从已调取的通话记录中找线索。先对王某通话记录进行分析，统计每晚7点以后活动规律，经过统计，发现有3个位置夜间活动频繁，而且也没有发现夜间最后位置与白天第一位置相匹配的情况，无法确定王某居住地的唯一性，而且办案人员在外地人生地不熟，不可能逐一排摸，找人工作一时陷入僵局。

（3）挖掘特定关系人信息判断居所

在该案中，似乎所有的手段都用尽了，那怎么才能在短时间找到王某归案呢？办案人员不甘心，思考着王某如果居住在苏州某地，还会有什么信息点是我们遗漏的呢？固定电话。如果王某与家人联系，一般会通过固定电话联系。办案人员将王某打给苏州地区的固定电话进行梳理，发现通话最多的一个苏州固定电话号码，其尾号与王某手机最后4位尾号相同，都是7017。侦查人员初步判断与王某手机四位尾号相一致的苏州固定电话很可能是其家庭电话。在苏州市院支持下，我们反调固定电话机主信息及装机地址，并将这些信息与公安人口信息进行比对，发现该固定电话机主为王某未成年儿子，登记地址为苏州某高档小区，且该小区位置与三个位置中第一个位置相一致，因此判断该小区就是王某居住的小区。办案干警立即赶赴该小区实地侦查，成功地在地下车库发现了与王某的车牌号码一致的车位号。为了不在夜间惊扰王某的未成年儿子，待第二天一早，王某下楼准备开车前，办案人员将其有效控制。

通过该案，我们总结出通过通话记录找人到案的第三种方法——特定关系人找人到案技战法。换言之，就是对通话记录数据以及相关数据的技术处理，步骤如下：

第一步梳理密切号码（固定电话、手机号码）。将与被查对象联系号码按通话次数进行排序，并找出联系最多的3个手机号码和3个固定电话号码。

第二步反调有关信息。分别是（1）固定电话装机地址、手机号码机主的居住地址；（2）号码对应的机主身份信息；（3）号码机主与对象的关系，可以借助行业数据库或公安人口数据库等平台查询。

第三步是分析研判居住地。采取以下两个方法：（1）分析判断固定电话的装机地址是否为涉案对象的居住地；（2）分析判断涉案对象近亲属的居住地在哪里，并进一步分析是否与其同住，以确定涉案对象的真实居住地。

第四步是外围走访调查。如果是城市的小区，可以通过小区物业询问、实地勘查了解两方面内容：（1）确定已排查出的居住地是否为涉案对象所居住;(2)确定该房屋对应的车位信息,并检查车位上有无涉案对象的车辆停放。确定涉案对象在此地居住后,则部署力量将其带离。

2.图谱分析与关系判断

在初查过程中获取通话记录后,如何在一个个陌生号码中判断哪个是排查重点,每一个陌生号码与被查对象是什么关系,可以通过"图谱分析法"进行初判断。具体方法是,利用话单分析软件将被查对象与某个号码的通话情况反映在一张坐标图上,横坐标为通话时间(0时至24时),纵坐标为通话次数,即表示在一段时间内,某个号码与被查对象在每天24小时中,每个时刻分别联系几次。通过坐标图反映的图形规律,可以初判断某个号码与被查对象的关系。

(1)业务关系(工作关系)——"M"型图谱

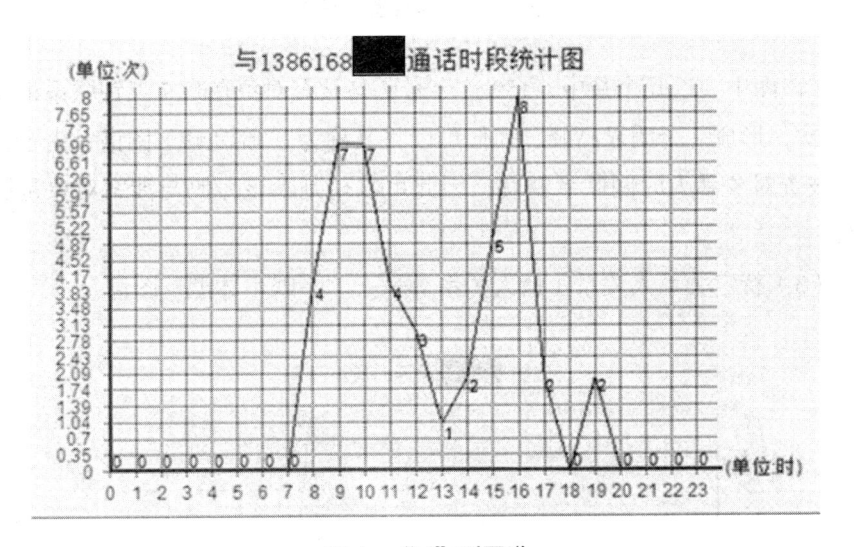

图4 "M"型图谱

在该图中,近3个月来,138这个号码与被查对象在上午9点、10点时通话分别为7次,形成一个高峰;下午4点通话8次,形成另一个高峰,我们可以形象地称其为"M"型图谱(上午、下午两个峰值),由于符合公务人员朝九晚五的工作规律,因此可以初判断该号码与涉案对象是工作关系或业务关系。

（2）朋友关系——"晚高峰型"图谱

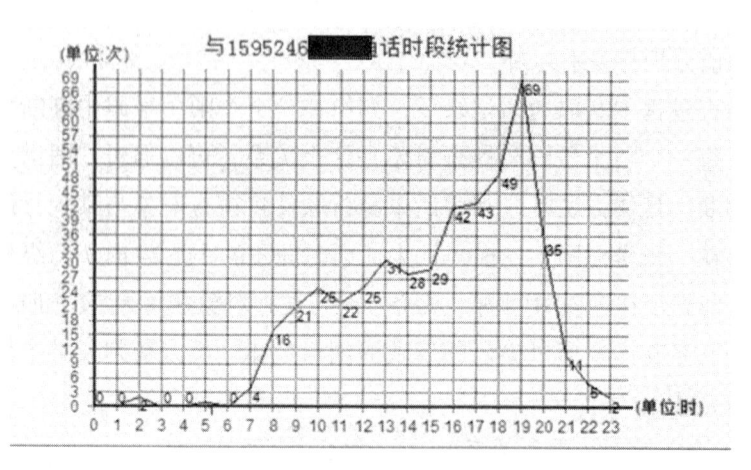

图 5　"晚高峰型"图谱

在该图中，近几个月中，159 这个号码与被查对象在晚 7 点钟联系最多，达 69 次，形成一个明显高峰，我们可以将其称为"晚高峰"图谱，由于该号码与被查对象私人时间联系密切，因此可以初判断该号码与涉案对象是朋友关系。

（3）特定关系人关系（情人关系）——"不眠不休型"图谱

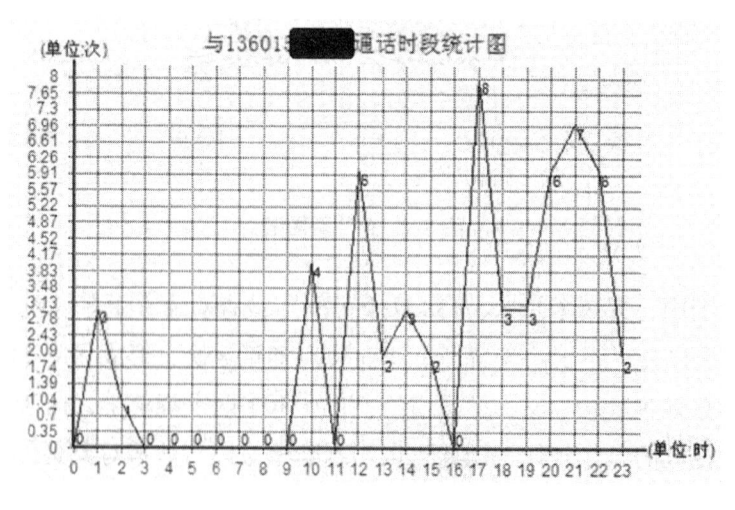

图 6　"不眠不休型"图谱

在该图中，近3个月来，136这个号码与被查对象在晚9点，甚至凌晨1点都有较多通话，我们可以称其为"不眠"特征，中午12点休息时间与下午5点下班时间有明显较多通话，我们可以称其为"不休"特征。具有图谱中这种"不眠不休"特征，如果再符合三个特征：（1）与被查对象联系密切；（2）单个电话通话时长较长（煲电话粥）；（3）不是涉案对象的亲属电话号码，我们基本可以判断这个号码机主与被查对象是情人关系或特定关系人关系。

3. 数据处理的其他功能

（1）发现碰面信息。如果在同一个时间段，两个号码的基站位置相同，或者在同一个区域出现，且号码机主相互熟识，则该时间段内，两人很可能碰面，碰面地点就在该基站位置附件。在办案实践中，以此功能有效戳破了被查对象自称在家未与行贿人员碰面的谎言，从而有效突破案件。

（2）三个节日（春节、端午、中秋）或特定事件前后出现的相同号码，列为排查重点。在调取被查对象长期通话记录的基础上，梳理每年春节、端午、中秋前后的联系号码，并进行比对分析，在三个节日或两个以上节日前后均有联系的，且该号码机主与被查对象平时有业务往来的，往往列为初查中的排查重点。

（3）找出被查对象更换的新手机号码。在办理案件过程中，常出现被查人员更换手机号码的情况。因为被查对象更换新手机号码后，部分必要人员仍需联系，所以，我们需要调取并分析被查对象3人以上亲友通话记录中的共同联系人，如果发现被查对象更换号码后，几个亲友号码中都出现了新的共同联系的陌生号码，则该陌生号码很可能就是被查对象的新手机号码。

（二）金融交易数据

检察机关在初查阶段，能够调取涉案人员在银行、证券等金融机构的定期、活期、理财、股票等交易明细情况，由于金融机构数据格式不统一，所调取来的金融交易数据也不相同，但是至少包含交易卡号（账号）、交易时间、交易类型、交易金额、当前余额五项内容。部分金融机构还会提供交易对手名称（如转账交易对方的名称）、账号、交易柜台号等信息。对于金融数据分析（也称账单分析），难点在于三个方面：一是由于金融机构众多，客观上无法调取到涉案人员全部的金融数据,考虑到工作效率,如何快速选择哪些是需要重点调取的;二是不同金融机构数据由于格式不同,整合需要大量人力物力,即使利用账单分析工具,也需要大量清洗数据格式;三是对于大量金融数据,除了找出几笔交易金额较大的作标注外,如何系统分析无从下手。笔者综合办案实践,认为对于金融交易数据的分析,应当是利用不完整的金融交易数据指明下一步初查、侦查方案,并充分与各类数据关联,找出案件疑点。具体来说,分析目的主要包括掌握家庭资产、甄别异常交易、跟踪资金流向、查明异常轨迹、挖掘潜在信息五个方面。

1. 掌握家庭资产

掌握涉案人员本人及家庭成员的资产状况是账单分析的基础。一般情况下,设定某一时间节点,列明所有已查到的银行卡的余额,分别列明。如果借助账单分析软件,还可以细分到本金情况及利息情况,即资产组成情况。结合房产、车辆等信息,再根据征信报告中涉案人员的贷款记录,可以清晰地掌握涉案人员全部家庭成员的资产情况。一般情况下,家庭成员无涉企人员,总资产超过500万元应当值得我们关注。

2. 甄别异常交易

甄别异常交易的目的在于找出与行受贿行为关联的金融交易行为,以及赃款的来源、去向问题。对于找关联交易,可以采用时间轴加事件波方法进行筛选。对于找赃款来源、去向问题,则要结合其房产、车辆买卖情况进行分析。

(1) 时间轴与事件波筛选异常交易。将涉案人员的所有金融交易情况按照时间顺序列表,形成时间轴(还可以包括涉案人员的家庭成员),每一个交易记录就是一个事件。以月或者星期为单位,筛选出交易次数最多的时间段,以及交易金额最多的时间段,就可以即筛选出交易操作特别频繁、资金量波动特别大的异常交易行为。如果用图形来表示,就如波形图一般,事件有密有疏,形成事件波。一般情况下,职务犯罪都发生在涉案人员金融交易数据的事件波密集的时间段。如无锡检察机关办理某镇党委书记的过程中,通过事件波筛选出行贿人单笔支出90万元、50万元等多笔异常交易,跟踪之后发现,行贿人以向其亲属送干股的形式实现行受贿。

（2）大额资金、大额消费"来无影"分析。"大额资金来无影"是指家庭成员银行资金短时间有大额进账，但单位无奖金发放，且无卖房、卖车等大宗交易信息，可列为异常交易，存在赃款存入或投资款回款等可能性。"大额消费来无影"是指购房、购车或其他大额支出之前，家庭资产无相应支出，存在赃款直接购买或投资款直接购买的可能性。这些异常交易可以让侦查人员在初查期间快速聚焦。无锡检察机关在办理某国土局局长一案过程中，发现在其用现金购置别墅过程中，其本人及家庭成员所有的银行账户不存在大额取现，其辩称购房款系从本人银行支取，未得到一审法院认定，仍然认定其受贿犯罪。

（3）大额资金、大额收入"去无踪"分析。"大额资金去无踪"是指家庭成员在银行短时间内取出大额资金，但无明显用途，可列为异常交易。这一异常交易往往可以排查出涉案人员对于大额资金的处理习惯，比如投资、入股等，以此挖掘出涉案人员的"金库"。通过"金库"可能会找到涉案人员的不正当资金。"大额收入去无踪"是指家庭成员卖房、卖车，有了大额收入后，但未落地在金融机构，可列为异常交易。该交易同样可以排查出涉案人员对大额资金的处理习惯。

3. 跟踪资金流向

侦查人员对于每一笔异常交易资金，应当追根溯源，绘制出资金走向图，直至排除非法用途或者非法来源为止。对于以现金取出、现金存入等中断资金流向的操作，利用时间轴工具，排查该段时间内，其本人其他银行账户或者家庭成员所有银行账户有无对应或者相当的现金存入、现金取出，或者大额交易等情况，逐一列明，作为初查工作排查重点。

4. 查明异常轨迹

金融交易数据一般情况下会包含交易行信息（网银操作显示交易行并非网银操作地），我们可根据涉案人员在金融机构操作的时间和位置关系，排出列表。对于远离居住地、工作地的银行交易地属于异常轨迹，要列明重点排查涉案人员"舍近求远"的真实目的。此外，如果能够调取到相对应时间的通话记录，可根据同一时间段，涉案人员的通话位置与其银行交易地位置是否大致相当，来判断是否存在"人卡分离"情况。如某院在办案中，发现行贿人通话前后 5 分钟，其名下的一张银行卡在另外一个城市取款，则判断这张银行卡不在行贿人身上，后根据通话对象，锁定了行贿人送银行卡给犯罪嫌疑人的事实。

5.挖掘潜在信息

此外，对于金额超过 5 万元、节假日前 2 周现金存款在 1 万元以上、ATM 机连续交易超过 2 万元、金额为 0.8 元的交易（开本票）等行为要重点标注予以提醒。另外，在转账对手一栏中，可综合分析涉案人员的购房、装修、投资等行为。

（三）互联网及行业数据库数据

互联网、行业数据库中包含了海量电子数据，但哪些电子数据对办案工作有用，需要按照一定的规律对海量电子数据进行筛选和提取。职务犯罪侦查实践过程中，常围绕以下五个侦查目的，通过综合比对的方式对各类互联网及行业数据库数据进行处理。

1.处理互联网及行业数据库数据的实例

某受贿案件审讯出现僵局，受贿人员、行贿人员同时在案，亟须短时间再找出一个行贿人作为突破口。我们对受贿人员的话单进行了分析，排查出联系人号码。但面对大量陌生的号码，通过运营商反查已经来不及，于是尝试运用互联网查询。我们利用百度搜索反查人名，发现一个做绿化工程的王老板，且话单图谱显示 8 小时之外两人联系密切，于是将其列为重点。我们通过警务系统反查身份证号码，但居住地户籍地登记不一致，无法判断其居住在哪个位置。于是我们将该身份证号码输入基础信息平台进行查询，通过水、电、天然气等信息登记的地址锁定了其真实居住地，继而通过派出所协助将王老板找到案，前后仅用 2 个小时。当晚，王老板就交代了与受贿人之间有不正当经济往来，我们以此为突破口，顺利查办了此案。

2.数据处理的五个侦查价值

（1）身份判断

主要采用数据库中的关联信息，如通过水电煤登记信息发现与身份有关的电话号码、姓名、身份证号码、车牌号码等信息，再通过公安基础信息平台、互联网查询、社保数据库等平台查询，最终可以确定人员身份。如上述案例中锁定王老板的真实居住地就是用此方法。

（2）资产判断

确定被查人员的资产情况是职侦工作的重要步骤。常规查询通过房产数据库、工商数据库、车辆管理数据库等可确定其房产、车辆购买信息以及经办企业信息，银行、证券、保险机构调取相关信息可以掌握涉案人员的资产情况。一般情况下，检察机关会与相关机构建立合作关系，通过连线或者拷贝上述数据，侦查人员就可以足不出户在保密情况下获取资产类数据，这也是检察机关初查职务犯罪案件过程中常用的办法。

（3）关系判断

在查办案件过程中，涉案人员及其亲属往往也是我们查询的目标。通过房产信息数据库中的房屋共有人可以找到夫妻、子女信息；公安人口数据库中可以查询到主要社会关系信息；计划生育数据库中可以查询到非同户口下的子女信息。通过数据库，可以将涉案对象的亲友圈初步锁定。

（4）居所判断

涉案人员的居所既关系到其家庭资产情况，又关系到找涉案人员到案的问题。通常情况下，可以通过①房产登记信息；②公安机关人口信息、网上作战平台等登记信息；③水、电、燃气、广电数据库中登记信息；④个人征信报告中发现的贷款信息，进而确定房产信息。

（5）隐秘事项

主要围绕互联网查询、举报线索梳理、行政违法信息平台查询、调取住宿记录等方式，发现其违法信息、行政处罚信息、情人信息等有利于突破犯罪的涉案人员的相关隐私信息。

（四）手机终端数据

被查对象随身携带的手机中包含了大量与其密切相关的信息，有通讯录、短信、微信、照片等相关信息。如果按照操作系统分类，手机总的可以分成智能手机和非智能手机。目前市场上流行的智能手机又可分为 IOS、Android、Symbian、Blackberry 操作系统。对于非智能手机，包含了电话簿、短信、照片、通话记录等信息。但对于智能手机，其中包含了短信、电话簿等常用信息以及QQ、微信、网盘等手机软件中的重要数据。通过手机取证系统，可以将手机中已保存的电子数据和已删除的电子数据提取出来，使侦查人员能够获取到手机终端中隐藏的用户痕迹，以此辨明侦查方向。

1. 手机通讯录撞库分析

办案实践中，手机电话簿的价值是排在第一位的。对于初查中调取的通话记录，与其本人的手机通讯录进行匹配后，大量的未查询到的陌生号码均有了具体的名字，再通过公安基础信息平台、行业数据库以及互联网的配合，可以再次排查出新的重点往来人员，作为案件的突破口。如在一起案例中，为进一步深挖余罪，侦查人员将涉案人员手机进行取证，并将其手机电话簿比对其通话记录，确定了一批尚未掌握的通话记录号码的对应姓名，再通过基础信息分析研判，确定这些人员所在企业与涉案人员职务有密切联系，再结合通话记录重点人员图谱分析法，排查出了新的潜在行贿人员。

2. 聊天记录因果分析

聊天记录数据包括短信、微信等记录，尤其是已经被涉案人员删除的信息价值更大，对于指明侦查方向、发现职务犯罪案件线索、辅助审讯突破等方面具有天然优势。如市院查办锡山区财政局原局长案件时，手机取证环节的运用就为案件突破起到了关键性作用。如在2014年办理的一起案件中，市院收到举报信，某局长在深圳、上海、香港均有房产，大量资金已经转移到香港。该局长到案后，在谈自己的家庭资产时仅交代在无锡有两套房，其中一套还是房改房，家庭资产并不多。我们了解到该局长的女儿、女婿在香港工作，该局长可能会将房产转移到香港，但内心仍无确切判断。在该局长的手机中，仅存了几十条短信，没有发现有价值线索。于是我们使用了手机取证系统对其手机进行取证，并恢复了短信2975条、通话记录262条、社交聊天记录262条，通讯录349条。其中3条删除信息引起办案人员的注意。其中一条是深圳某小区发给该局长的电费缴费通知，另外一条删除的短信显示，该局长近期在咨询并办理投靠女儿赴香港定居的手续。结合举报信内容，侦查人员心中有了初步判断，该局长即将退休，准备移居香港，那么很可能资产已经全部转入香港，由于深圳离香港较近，在深圳买房也是为去香港过渡作的铺垫，此外，该局长一定不止在深圳买房，在其他地方可能也有购房情况。坚信判断后，对该局长进行审讯，该局长如实交代在深圳、上海均有房产的事实，并在香港收受他人100万元的事实。

3. 账号信息关联分析

对于手机中提取的各类账号信息，包括邮箱、QQ号、记账软件账号等，一方面可通过互联网继续反查更多的涉案信息，另一方面可以通过更先进的技术手段，获取账号背后的隐藏信息，如手机记账软件中的数据库信息等。在一起案件中，侦查人员在审讯某行贿人员时陷入僵局，分析出某电话号码为该行贿人的秘密情人，但该行贿人手机中将该号码存了一个"×总"的假名字，侦查人员通过公安机关、基础信息库调取该号码信息均无法调取该人员任何资料，通过运营商反调又耗时耗力，时限也不允许。在此情况下，侦查人员发现该号码绑定了一个微信号，微信号既有一年轻女子的头像，又关联着一个QQ邮箱号码，侦查人员将此QQ邮箱号码在互联网上搜索时发现在"世纪佳缘"网站有一注册信息，通过该注册信息，发现其中留的相片与微信上为同一人，通过世纪佳缘网站该女子注册的网名又搜索到该女子的微博。通过微博中大量的图片和信息，确定了该女子的年龄、姓名、工作单位。以此为切入点，顺利攻破行贿人员内心，并将案件顺利突破。

4. 字典库快速分析

手机终端提取的数据，有时有数万条，逐条浏览费时费力。为了在短时间内找到突破口，笔者结合工作实践，总结了一套"字典库"，可快速筛选谋利事项、资产情况、隐蔽信息等内容，实现快速分析。如设定关键词"领导、请托、拜托、谢谢、多谢、麻烦"等词语，可对于手机中请托谋利事项进行快速筛选，设定关键词"尊敬的、客户、尾号、转入"等词语，可以对资金交易进行快速筛选，设定关键词"老婆、老公、爱你、想你、生日"等词语，可以对其特定关系人进行快速筛选。

（五）计算机数据

在所有电子数据类型中，涉案人员的个人计算机中的电子数据与其本人关联性最为密切，相关数据量也是最大的。在职务犯罪侦查过程中，侦查人员面对涉案人员的计算机往往采用以下几种方式对数据进行处理使用。

1. 拷贝电子数据与证据转换

个人计算机作为辅助工具,是办公、生活必不可少的设备,很多工作也都在计算机中完成。涉案人员的相关记录也会在计算机中有所反映,部分涉案电子数据既可以作为案件线索,又能够转化为其他证据。如2012年年底,某区检察院查办了市环保局一名中层干部受贿案,行贿单位是一家环保公司。董事长刘某交代了向该中层干部行贿20余万元的事实,但直接经手人总经理王某外逃下落不明。律师在侦查阶段介入后,该犯罪嫌疑人全面翻供,案件很棘手。2个月后,通过多方努力,潜逃在外的公司总经理王某在自称"国安安全部干部"的陪护下从北京到无锡接受询问,该"干部"还不断发短信向市区两级检察院检察长、反贪局长施压。市院反贪局同步介入后,王某仍不配合,一谈问题就以"国家秘密"搪塞,询问无法正常进行。经过初步研判,该公司绝不可能不只给环保局该中层干部一人行贿,但如果此案拿不下,再扩大新的线索更不可能,而且随着时间推移,还出现了对办案工作质疑的杂音。为有效突破行贿经手人王某,我们利用技术手段对该公司计算机进行数据获取和分析。侦查人员在该公司查账过程中,秘密启用计算机快速取证系统,调取该公司主办会计电脑存储信息,试图找到行贿记录或类似的文档。成功取回后,发现在该公司主办会计的计算机内保存有三封针对检察机关的尚未发出的控告信。当该公司董事长刘某看到他们秘密商量的"控告信"后大惊失色,认为检察机关已掌握他们先期串供拒供等细节,故很快彻底交代,上述三份材料系其听从了某冒充国家安全部干部的人员自称能"摆平"该案件后,安排公司人员杜撰的,而且该公司已经支付给该"国安安全部干部"百万元费用和公司上市后股权的事实。刘某防线先行突破后,继而又很快突破王某防线。两人不仅如实讲清了向市环保局中层干部行贿的全部事实,对原案进行固证,而且侦查人员乘胜追击,又先后取得该公司向市环保局副局长、新区环保局主持工作副局长、环保处处长三人行贿的证言。2013年春节前后,检察机关查处了所有涉案人员。计算机中电子数据虽然不直接证明犯罪,但能够指明侦查方向,为案件的查实起到了关键性作用。

2. 校验电子数据与证明犯罪

计算机中发现的能够证明有罪或者无罪的电子数据，可以直接作为证据使用。下面的案例中，检察机关在涉案单位会计电脑中发现的"走账"字样电子表格印证了行贿款来源，成了该案的定案证据。在一起案件中，检察机关在查办某大型国企高管王某贪污案中，检察机关对帮助王某套现的猎头公司（相当于人才中介公司）进行查账，同时对公司会计电脑进行勘验，发现电子账目中"部分业务往来"项目，在备注栏标注红色"走账"字样。比对该猎头公司银行账户交易明细，发现标明"走账"的每一笔业务都有相应的银行转账记录，且最终均转至猎头公司负责人孙某的银行卡上。对于这一电子数据，为了能够作为证据使用，检察机关立即对相关电子数据进行了规范取证，并将该文件刻录双盘，并计算文件内容的哈希值；光盘一份正本密封保存，一份作副本，均随案移送；同时打印表格内容，让猎头公司孙某签字确认。确保电子数据的客观性和证明力。将确定好的电子数据询问猎头公司负责人孙某，面对证据，孙某很快承认标明"走账"字样的业务往来都是虚设的，同时交代了将虚设猎头费套现资金都转入自己的银行卡后，将银行卡交给王某的事实。检察机关继而调取了该银行卡的交易记录，发现该卡多次在自动取款机取现，有一次在银行柜面取现，经调原始凭据，发现为王某本人签字，从而确定王某为该银行卡的实际持有人。面对铁的证据，王某不得不交代了伙同下属贪污公款数十万元的犯罪事实。

3. 文本信息、附属信息与重塑犯罪行为

由于电脑中的电子数据既有能够反映文字内容的文本数据，又有能够反映文档生成日期等相关内容的附属数据，还有电子设备插拔、打开应用程序、开关机等痕迹数据，因此对计算机中三类电子数据进行收集、分析，可以实现重塑犯罪行为的目的。北京市人民检察院赵宪伟在《最高人民检察院运用电子数据名案讲析》中谈到一起渎职案件非常值得我们关注。在吉林省四平市招生办工作人员利用分拣研究生考试试题过程中将试卷盗出，并卖给考生，需要侦查人员获取证据证明犯罪。侦查人员对该工作人员工作电脑进行扣押，并进行数据恢复，试图找到试卷上的关键字，但只有在QQ聊天记录中，发现有"政治""数学""英语"等字样，没有发现试卷中的一些"关键词"。

侦查人员思考，试题分拣过程时间很短，最方便的方式很可能是扫描和拍照成为图片。有了这个思路，立即对电脑中恢复的图片文件进行搜索，并进行时间排序，发现在分拣试题的当天晚上20分钟内，有30余张"SCAN"打头的连续号段的图片，检查后发现，果然是当年考试的"政治""数学""英语"题的扫描件。此外，还发现该行为人将图片打包，并利用本人QQ将该打包件发送给相关人员的文件传输记录，传输时间就是打包文件后不久，内容正是当年的考试试卷。同时，在电脑中操作痕迹中提取到该行为人对该考题以及打包文件的删除操作行为，删除时间正是QQ传输后不久的时间。由此，根据电脑中的电子数据恢复、提取、分析，清晰地展现了该工作人员在进行分拣试卷期间内进行"扫描试卷——保存打包——QQ传输——销毁扫描文件"全过程，在虚拟空间这个"现场"内，电子数据很好地重塑了犯罪行为，一起故意泄露国家秘密罪案件就此告破。另外在2014年2月，江阴发生某小区"2·22"高处坠落事故，为准确查清事故背后的职务犯罪，市院反贪局干警充分发挥技术优势，根据市院电子数据实施办法，与江阴市院一起对涉案对象建设工程监理部总监柯某电脑开展电子数据取证。该事故中，虽有《工程暂停令》，签发时间为2014年2月22日，涉案对象辩称，该《工程暂停令》22号上午即向施工单位下达，但施工单位未执行，导致当天下午16:30分左右发生事故。通过干警的电子数据取证，发现柯某电脑中的《工程暂停令》文档创建时间为当天下午的18:33分，明显系事后补制。根据这一重要电子证据，江阴市院深挖犯罪，查清了事故背后的渎职犯罪，立案侦查案件2件4人。另外，利用勘验手段，帮助基层院固定电脑中的虚假合同套现清单、手机短信等，也起到了关键性作用。

（六）综合处理各类电子数据模式

1.电子数据的综合处理实例

通话记录数据、金融交易数据、互联网及行业数据库数据、手机终端数据、计算机数据都与职务犯罪行为有着千丝万缕的联系，在侦查工作的每一个环节，如何将单一的技术手段综合起来，从线索到成案形成科学地、系统地办案模式，才是职务犯罪侦查工作转型的关键。在办案实践中，笔者探索总结出一套综合运用电子数据技战法，并成功运用到案件之中。如在查办市环保局副局长戴某受贿案过程中，在案件初查阶段，承办人员利用市院侦查基础信息查询平台，仅用30分钟就确定了戴某及其家庭成员的房产、车辆、社保、编办、水电、燃气、广电、电信、工商等各类基础信息；通过线索管理平台梳理了历年来环保系统的所有举报材料；通过互联网调取其任职情况及分管机构职责；此外调取了银行、证券存取款记录等大量电子数据，为成案奠定了良好基础。通过话单图谱分析，发现了某电镀公司耿某与其在非工作时间联系频繁。在正式接触戴某之初，戴某拒不承认收受贿赂的犯罪事实。在审讯出现僵持状态时，办案干警适时抛出"电镀"二字，没有任何思想准备的戴某心理防线瞬间崩溃，马上承认曾收受耿某数万元现金、进口名表等贿赂的犯罪事实，并如实交代我们先前已掌握的其主要犯罪事实。为进一步深挖余罪，办案干警对戴某手机进行取证，将其手机通讯录与其话单匹配比对，发现了另外一部分尚未掌握的号码机主身份，通过分析研判，又确定了与其联系频繁的还有企业老板丁某、杨某等人，迅速扩大了可能的行贿人范围。通过审讯，戴某如实交代了收受包括丁某、杨某在内的多名老板贿赂的犯罪事实。在"人与电脑同时到案"的理念下，通过搜查戴某办公室、住宅，对其电脑及U盘等存储介质进行数据提取、恢复操作，并还原了其部分个人工作总结及述职述廉报告，面对自己曾经在述职述廉报告中写下话，戴某泣不成声，表示一定要重新改过。调取戴某及其家庭成员的银行证券、股票账户等电子数据，发现频繁出现2万~3万元小额存款的异常现象。在审讯钱款去向问题上，戴某交代将收受现金分几份存放家中，再陆续小额存入银行的事实，为证实贿赂款的去向和固定证据提供了有力支撑。至此，戴某受贿近百万元的案件得以告破。

2. 电子数据的综合处理模式探讨

上面这个案例，也展现了职侦工作新型办案模式的雏形。为了方便记忆，笔者将其称为"数据侦查六步法"，即在办理职务犯罪案件过程中，关于电子数据收集运用的六个步骤必须进行。未接触涉案人员前：（1）收集数据（互联网数据、行业数据库数据、通话记录、金融交易数据），全方位储备数据资源。（2）数据分析。运用图谱分析法找出疑似涉案人员号码、特定关系人号码；通过基站位置确定其经常活动地，发现与其居住地、工作地不一致的其他经常活动地；找出三个节假日前均联系的人员；通过金融交易数据分析找出异常资金和异常轨迹。（3）确定身份。通过互联网查询、数据库比对查询、运营商反查，确定疑似涉案人员、特定关系人员身份。（4）手机取证。找出异常短信分析备用；将手机通讯录与其通话记录进行匹配，并通过互联网及行业数据库反查姓名，再次确定身份，找出尚未发现的疑似涉案人员的身份。（5）网络取证。通过互联网信息，结合已有数据进行碰撞，挖掘出包括疑似串供人员的更多信息。（6）现场勘查。对涉案人员工作、生活场所计算机、U盘等存储介质、手机等进行勘验检查或提取电子数据，并进行有效分析。

四、电子数据的证据形成

经过处理后的电子数据为职务犯罪侦查实现判断价值和证据价值。作为证据价值，要实现在提取、技术处理过程中能够确保电子数据的真实性、合法性、相关性，那么，电子数据就能够作为证据使用。但是，由于电子数据的特殊性，必须厘清以下几个问题。

（一）原件与复制件

原始证据是指直接来源于案件事实或原始出处的证据，传来证据是指经过复制、复印、传抄、转述等中间环节形成的证据。以书证为例，往往原始证据指的是"原件"，传来证据指的是复印件。按照这一标准，电子数据的原件应当是指记录在各种存储介质上的原始数据。此外复制后的数据均属于复制件。虽然《刑事诉讼法》没有明确规定，但民事、行政等相关法律对此作了规定。最高人民法院《关于民事诉讼证据的若干规定》第22条规定，"调查人员调查收集计算机数据或者录音、录像等视听资料的，应当要求被调查人提供有关资料的原始载体。提供原始载体确有困难的，可以提供复制件"。《关于行政诉讼证据若干问题的规定》第12条规定，"根据行政诉讼法第三十一条第一款第（三）项的规定，当事人向人民法院提供计算机数据或者录音、录像等视听资料的，应当符合下列要求：（一）提供有关资料的原始载体。提供原始载体确有困难的，可以提供复制件……"。

但是,"原始载体才是原件"这一观点尚存在问题。一方面,在司法机关勘验或调取电子数据之前,使用U盘、移动硬盘、存储卡天然地是为了复制电子数据而存在的。也就是说,很可能某个电子数据最初形成是在另外一台电脑中,硬盘、U盘等只是复制件。司法机关勘验、调取的这些存储介质,已经丧失了"原始载体"性。

前文提到,电子数据一段段在光介质、电介质、磁介质上存储的排列组合,因此,在另外的存储介质上复制一份一摸一样的排列组合(我们称之为"镜像"),虽然从物理空间来看这些存储介质的形态,可能发生了改变(如硬盘上的磁粒变成了光盘上的激光坑),但电子数据本身没有产生任何变化,而且完整性校验值[①]也完全相同。在司法活动中,对于这种"完全一样"的客观性资料,是没有必要区分原件、复印件的。另外,通过邮件发送的一份电子邮件,其中发送的文档无论从发件人电脑中调取还是从收件人电脑中调取都是一样的,就该证据而言,没有作区分的必要。

但是,电子数据是不是没有复制件呢?也不是。对于勘验过程中发现的某个电子数据需要提取,在不扣押载体的情况下,往往是对其进行拷贝,司法机关对于考出的电子数据,如果是一个文档的话,其属性信息会变更,"创建时间"就是拷贝到新介质中的时间,但是文档标题、属性信息这不属于电子数据的内容要素,因此完整性校验值也没有变,这也为法庭采信提供了基础。

(二)证据形成时间抗辩问题

一般情况下,电子数据往往具有时间属性,其形成时间、修改时间等是证据在法庭上抗辩的焦点问题之一,如果形成时间与案件发生所产生的电子数据痕迹时间不相符,或者电子数据所在载体的系统时间是错误的,那么电子数据可能由于不具有相关性而被排除。为了避免证据形成时间的抗辩问题,笔者认为,在提取电子数据阶段,就应当确定电子数据所在载体的系统时间是否与当前时间一致,尤其在现场,应当在勘验开始前,首先确认系统时间与当前网络时间(如利用智能手机上的网络时间)对比,并将时间差记录在

[①] 完整性校验值是按照确定的算法将文件内容计算出一个结果(不可逆),相同内容的文件计算出的结果是相同的,经常用作同一认定。

勘验笔录中，在见证人的见证下，可以拍照录像加以固定。但是，要防止涉案人员在生成电子数据时曾经修改过系统时间，之后再还原为正常系统时间的情况，因此还可以采取以下四种方式进行检验鉴定：（1）关联行为判断方法。查找计算机中制作电子文档在逻辑上的先后顺序，查找相关痕迹是否也符合逻辑。（2）网络发布时间比对方法。在疑似修改系统时间的阶段看有无邮箱发信记录、上网记录，看相同阶段的网络时间与系统时间是否相同。（3）事件管理器查看方法。在windows环境下运行"eventvwr"，调出"事件查看器"，安全日志中"4616"表示更改系统时间行为。（4）应用程序开关时间。查找疑似修改时间结点前后的应用程序开启时间，判断有无逻辑上的错误。

（三）证据监督链完整

证据监督链（chain of Custody）是指证据在发现、获取、流转过程中均处于监督之下，此举的目的不仅是要保护证物的完整性，更重要的是：它是要辩护方律师很难说明证物在你的监管过程中被篡改过。监督链是一个简单而且有效的过程，它记录了证物在案件周期内证物的完整经历。[1]顾名思义，电子数据应当从收集至法庭示证期间确保流转过程均有记录、检材确保不被污染。证据监督链完整问题也是电子数据作为证据的基础。

在《美国法庭科学的加强之路》书中提到，数字证据已经经历了一个快速的成熟过程。这一学科并不是开始于法庭科学实验室。相反，计算机作为证据研究是由对电脑有兴趣或者专长于电脑的警察和侦探进行的。[2]在我国职务犯罪案件实践中，运用电子数据还处于初级阶段，仍然以侦查人员为主体进行搜集，一般在检察机关内设的鉴定中心进行检验鉴定（也可以送第三方鉴定机构）。因此在流转过程中，就涉及五个环节，一是从现场到侦查人员控制下；二是从侦查人员到检验鉴定机构人员手中；三是从检验鉴定机构重新到侦查人员控制下；四是从侦查人员控制下移送诉讼监督部门（包括起诉、

---

[1] 参见［美］Warren G Kruse II、Jay G Heiser：《计算机取证应急响应精要》，中国教育和科研计算机网紧急响应组（GCERT）、段海新、刘武、赵乐楠译，人民邮电出版社2003年版，第5页。

[2] 参见美国国家科学院国家研究委员会著：《美国法庭科学的加强之路》，王进喜等译，中国人民大学出版社2012年版，第190页。

批捕部门）；五是从诉讼监督部门移送法院。为了确保五个环节电子数据不被污染或篡改，因此应当具备三个要件：一是法律文书，确保每一环节的操作均是在法律授权范围内的合法行为。二是完整的提取、操作记录，电子数据及相关介质的清单。三是电子数据的可重复校验的校验值（如 MD5 值等），确保最终环节与最初环节的电子数据内容不改变。

（四）电子数据的系统性证据

1. 电子数据的稳定性

电子证据客观可靠，采信问题无须过度担忧。2012 年《刑事诉讼法》实施后，电子数据被列为新的证据种类，电子证据的采集运用，对我们案件查办过程中发现犯罪、突破案件、强化证据体系和锁定证据链、获取再生证据、追逃追赃以及拓展案件查办空间等方面，无疑起着重要的作用。且现代通信技术、电子计算机技术、互联网技术等科技的飞速发展，能够作为证据使用的电子数据种类繁多，无处不在，如文本文档、U 盘插拔记录、上网痕迹信息等。对于电子数据真实性问题，从技术层面来看，电子数据很难被彻底伪造或篡改。因为每一类电子数据均有其独特的属性。美国判例中，还习惯于根据电子设备在产生电子证据过程中的作用，将纷繁芜杂的电子证据归纳为计算机存储记录（Computer-stored Records）和计算机生成记录（Computer-generated Records）两大类。[①]对于计算机的系统性来说，由于计算机系统规则，当计算机存储记录内容发生改变时，会形成相应的计算机生成记录。如新建一个电子文档，会在电脑中 40 余处形成相关文件，记录文件的方方面面属性，并且存在内在逻辑，因此也更客观，是可以信赖和依靠的手段。由此，电子证据也被誉为新的"证据之王"。这也是确保证据监督链完整性的基础。

2. 电子数据的系统性

如前文所述，职务犯罪也有"现场"，侦查要从现场勘查开始。各类新型技术在为人们生活提供便利的同时也记录着人们的各种行为，并不可避免地产生大量电子数据。我们普遍认为的"职务犯罪没有现场"这一概念，有

[①] 转引自刘品新：《美国电子证据规则》，中国检察出版社 2004 年版，第 9 页，People v.Holowko，486 N.E.2d 877，878-79（Ⅲ.1985）。

可能通过获取这类电子数据痕迹来打破。这些留下的电子痕迹虽然只存在于"虚拟空间"里，但只要经过有效提取、恢复、科学分析，就可以用来印证案件事实，重塑犯罪过程脉络。因此，职务犯罪侦查要对涉案人员工作、生活场所进行勘查、搜查，对现场发现的包括手机、电脑、存储介质等一切电子设备均进行现场勘验，或扣押送交鉴定，通过获取与案件有关的电子数据来发现犯罪线索或犯罪事实。但需注意的是，由于勘验是对计算机等介质原件直接进行操作，因此只有一次机会，而鉴定是针对介质复制件进行操作，因此鉴定可以重复操作。所以职务犯罪必须重视首次现场勘查，对于手机、电脑、U盘等物要做到必扣、慎取，确保取证效果最大化，对于系统性证据有着与单一证据的不同要求，系统性证据无论从提取、流转、示证都要将电子数据内容和附属信息、操作痕迹组合起来，共同说明或证明一个问题，而单独的一项操作痕迹不能说明问题。如前文所述吉林四平考题泄露案件中，证明工作人员泄露试题需要将每一步操作痕迹以及其中的逻辑关系说明清楚。

3. 数据库与大数据侦查

大数据是以电子数据的形式存在的。据著名咨询公司 IDC 的统计，2011年全球被创建和复制的电子数据总量为1.8ZB（10 的 21 次方），远远超过人类有史以来所有印刷材料的数据总量（200PB）。2012 年 3 月 22 日，奥巴马宣布美国政府投资 2 亿美元启动"大数据研究和发展计划（Big Data Research and Development Initiative）"。由于网络化的存在，数据之间的复杂关联无处不在，而且数据产生速度快，具有很强的实效性，其价值也通过时空变化而发生演变。[①]无疑，大数据隐含着巨大的价值，包括侦查价值。

一般利用电子数据进行侦查的方式被称为信息化侦查，也叫"数字化侦查""数据库侦查"，是目前国外比较流行的侦查模式，如利用社会人员的DNA信息库、银行数据库等各类数据库进行信息搜集，实现确定犯罪行为人、发现犯罪行为的一种侦查模式。国内如公安机关的"金盾工程"等，现已建立了"全国人口基本信息库"等8大基本数据库和"在逃人员管理系统"等

[①] 参见李国杰、程学旗：《大数据研究：未来科技及经济社会发展的重大战略领域——大数据的研究现状与科学思考》，载《中国科学院院刊——战略与决策研究》2012年第 27 卷（第 6 期），第 647~648 页。

23个重点系统数据库,对于侦破犯罪案件起到了极其有效的作用。大数据侦查较一般的信息化侦查更具有复杂性和挑战性,目前还处于探索阶段。最高人民检察院在今年建立了电子数据云平台,要求接入单位将获取的手机取证数据与计算机取证数据上传,作为大数据的原始积累,需要查询时,可在搜索栏中输入想搜索的任意词汇,这也为今后大数据侦查奠定了良好的基础和平台。另外,检察机关的已办案件数据库、行贿人档案数据库等各类数据库也在不断扩充着数据,也为大数据侦查进行类案分析、网上作战奠定了基础。

笔者认为,今后的大数据侦查应当分为大数据储备和大数据处理两个环节。在大数据储备环节,一方面不断"借用"外部行政单位已有的数据库,如公安、社保、计划生育等数据库,充实完善检察机关侦查基础数据库平台查询体系,服务于职务犯罪侦查工作需要。另一方面要不断完善内部的侦查基础数据库和电子取证数据,如已办案件数据库、行贿人档案数据库等,手机取证数据、计算机取证数据等,并将获取的各类数据进行整合、分类,建立大平台,并实现如百度搜索类似的检索功能。在大数据处理环节,一方面要根据犯罪侦查规律建立不同种类的侦查模型,不断探索职务犯罪与大数据之间的联系规律;另一方面要构建符合大数据分析、处理运用的平台,包括软件、硬件和相关电子数据实验室、数据分析工作室等机构的建立;最终还要在大数据侦查的实践经验基础上建立不同种类的侦查技战法,实现精细化、科学化侦查。

从证据角度来看,从检察机关自己收集的数据库中调取的电子数据能否直接作为证据使用,当前还是一个难题。但公安机关的人口信息、社保机关的社保数据已经能够作为证据使用的情况下,司法机关自身收集的数据却不能直接作为证据使用未免有些尴尬。因此,应当将此作区分,凡是检察机关正式的法律文书、工作文书,或者依据法律文书、工作文书构建的统计数据库,其数据是可以直接作为证据使用的,但需要统一规则和标准。另外,鉴于互联网是全球最大的数据库,检察机关对互联网取证的问题,则可以通过网络公司服务器中调取或者通过"远程勘验""网络勘验"的形式予以规范提取,作为证据使用,但仍需统一的技术操作规范作为指引。

五、结语

　　电子数据是"痕迹",不是"物体",同书证天然应当包括载体一样,电子数据也不能脱离载体而单独存在。即使是"云空间"或"网络"上的文件,看似在虚拟空间,但其也是承载在网络运营商的服务器中的。但由于电子数据存在可复制、有附属信息等特性,检察机关在办理职务犯罪案件过程中,可实现获取并充分利用电子数据服务侦查办案工作,侦查模式也由传统的"人—事""事—人"转变为"人—机—事""事—机—人"的模式。当前,由于各地检察机关发展不平衡,有的地区还处于获取信息阶段,有的地区已经上升到信息研判阶段,各地也在纷纷探索大数据侦查。但随着云计算、证据云、区块链等技术的成熟,未来的职务犯罪侦查工作会出现全电子化证据,并且实现"侦查阶段收集的所有电子数据秒存入证据云,起诉阶段审查云空间相对应编号的电子证据,审判阶段实现云举证、云质证",从而高效、客观、公正地完成诉讼活动。

后 记

为了进一步提高全国检察机关科学办案能力及应用大数据、人工智能等辅助办案能力，提升检察工作科学化、智能化水平，最高人民检察院检察技术信息研究中心于2017年在全国举办了一系列专题培训班。这些培训分享了难得的检察科技应用的新思路、新方法与新技能，也锻炼了队伍。我们将重点授课内容进行整理，编制了《科技强检人才讲演录——检察大数据》《科技强检人才讲演录——检察新科技》两本书籍。前者主要涉及大数据在检察系统中的应用，后者则包括其他新兴科技（如心理测试技术、司法会计、物证检验鉴定等）的应用。我们期望，通过展示科技强检人才能力，汇集科技强检人才智慧，起到良好的示范和借鉴作用；同时，也为检察系统同志以及期望了解检察系统科技应用的读者们，提供宝贵的资料。

本书的整理与出版，得到了最高人民检察院检察技术信息研究中心、中国检察出版社有关领导与同志们的积极支持和帮助。在此，还要特别感谢本书学术秘书们的辛勤努力，他们是唐超琰、唐万辉、童庆庆、陈默、王昊等。

编 者

2018年4月1日

图书在版编目（CIP）数据

科技强检人才讲演录. 检察大数据 / 赵志刚等著. —北京：中国检察出版社，2018.4

ISBN 978-7-5102-2079-1

Ⅰ.①科…　Ⅱ.①赵…　Ⅲ.①数据处理－应用－检察机关－工作－中国　Ⅳ.①D926.3-39

中国版本图书馆 CIP 数据核字（2018）第 051178 号

科技强检人才讲演录——检察大数据

赵志刚　刘品新　缪存孟　等著

出版发行：	中国检察出版社
社　　址：	北京市石景山区香山南路 109 号（100144）
网　　址：	中国检察出版社（www.zgjccbs.com）
编辑电话：	（010）86423704
发行电话：	（010）86423726　86423727　86423728
	（010）86423730　68650016
经　　销：	新华书店
印　　刷：	保定市中画美凯印刷有限公司
开　　本：	710 mm × 960 mm　16 开
印　　张：	27.25
字　　数：	553 千字
版　　次：	2018 年 4 月第一版　2018 年 5 月第二次印刷
书　　号：	ISBN 978-7-5102-2079-1
定　　价：	88.00 元

检察版图书，版权所有，侵权必究
如遇图书印装质量问题本社负责调换